# casa GUCCI

Sara Gay Forden

# casa GUCCI

*Tradução*
Gloria Cunha

Título original: *The House of Gucci — A Sensational Story of Murder, Madness, Glamour and Greed.*
Copyright © 2020, 2001, 2000 Sara Gay Forden.
Copyright da edição brasileira © 2008, 2021 Editora Pensamento-Cultrix Ltda.
Tradução autorizada da edição americana publicada pela HarperCollins.
2ª edição 2021. / 1ª reimpressão 2022.

Todos os direitos reservados. Nenhuma parte desta obra pode ser reproduzida ou usada de qualquer forma ou por qualquer meio, eletrônico ou mecânico, inclusive fotocópias, gravações ou sistema de armazenamento em banco de dados, sem permissão por escrito, exceto nos casos de trechos curtos citados em resenhas críticas ou artigos de revistas.

A Editora Seoman não se responsabiliza por eventuais mudanças ocorridas nos endereços convencionais ou eletrônicos citados neste livro.

**Editor:** Adilson Silva Ramachandra
**Gerente editorial:** Roseli de S. Ferraz
**Gerente produção editorial:** Indiara Faria Kayo
**Editoração eletrônica:** Join Bureau
**Revisão:** Vivian Miwa Matsushita

### Dados Internacionais de Catalogação na Publicação (CIP)
### (Câmara Brasileira do Livro, SP, Brasil)

Forden, Sara Gay
 Casa Gucci /Sara Gay Forden; tradução Gloria Cunha. 2ª ed. São Paulo: Editora Pensamento Cultrix , 2021.

 Título otiginal: The house of Gucci: a sensational story of murder, madness, glamour and greed.
 ISBN 978-65-87143-11-8

 Gucci (Firma) História 2. Gucci, Maurizio, 1948-1995 3. Homens de negócios Biografia Itália 4. Processos (homicídio) Itália 5. Vestuário Comércio Itália I. Título.

21-60566 CDD-364.1523092

### Índices para catálogo sistemático:

Homens de negócios: Assassinatos: Investigação: Criminologia: Biografia 364.1523092
Maria Alice Ferreira – Bibliotecária – CRB-8/7964

Seoman é um selo editorial da Pensamento-Cultrix Ltda.
Direitos de tradução para o Brasil adquiridos com exclusividade pela
EDITORA PENSAMENTO-CULTRIX LTDA.,
que se reserva a propriedade literária desta tradução.
Rua Dr. Mário Vicente, 368 – 04270-000 – São Paulo, SP
Telefone: (11) 2066-9000
http://www.editoracultrix.com.br
E-mail: atendimento@editoracultrix.com.br
Foi feito o depósito legal.

PARA JULIA

# Agradecimentos

Muitas pessoas dividiram comigo suas experiências nas empresas e na família Gucci. Isso tem grande valor para mim, porque essa ligação com os Gucci inevitavelmente provoca emoções profundas e impressões duradouras. Agradeço a importantes fontes que contribuíram para este livro, incluindo o CEO da Gucci, Domenico De Sole, e o diretor de criação, Tom Ford, que concederam inúmeras entrevistas entre 1998 e 2000. A antiga diretora de criação Dawn Mello também gastou horas comigo entre Nova York, Milão e Paris, descrevendo seu trabalho ao lado de Maurizio Gucci. Andrea Morante ofereceu-me abundantes informações e compreensão valiosa da personalidade dos envolvidos. O presidente do grupo Investcorp, Nemir Kirdar, recontou sua comovente história, como afiançou a visão de Maurizio a respeito da Gucci e como dolorosamente percebeu que toda a esperança de realizar aquele sonho juntos tinha se desvanecido. O ex-executivo do grupo Investicorp, Bill Flanz, também me ofereceu sua própria experiência, além de tempo e contatos, ajudando-me a encontrar uma grande quantidade de pessoas no exterior, que também contribuíram com suas próprias dimensões desta história. Rick Swanson, ex-funcionário do Investicorp e atualmente na Gucci, pintou-me retratos vívidos das experiências de Maurizio Gucci no Investicorp, misturando narrações preciosas entre fatos reais e números.

O diretor financeiro da Gucci, Robert Singer, descreveu a aventura de tornar a empresa pública. Dentre os antigos executivos do Investicorp que auxiliaram neste livro, estão: Paul Dimitruk, Bob Glaser, Elias Hallak, Johannes Huth e Sencar Toker. Agradeço também a Larry Kessler, Jo Crossland e seu pessoal.

Em Florença, foi valiosa a contribuição da historiadora de moda, Aurora Fiorentini, que fez uma diligente pesquisa para juntar as partes do arquivo Gucci. Fiorentini dividiu comigo suas descobertas – desde documentos oficiais desenterrados de arquivos governamentais até histórias coletadas uma a uma de antigos clientes ou relatos de artesões locais. As assessorias de imprensa Gucci do mundo todo, sob a supervisão de Giulia Masla, auxiliaram-me eficientemente com materiais impressos e fotográficos e coordenaram uma assustadora série de entrevistas. Claudio Degl'Innocenti dividiu sua visão pessoal a respeito da produção da Gucci, enquanto Dante Ferrari auxiliou-me a voltar aos tempos antigos. Muitos outros cujos nomes não aparecem nas páginas deste livro também contaram suas experiências ímpares.

Roberto Gucci merece agradecimentos particulares por sua contribuição inestimável – muito embora exista uma grande parte da história de Gucci que ele preferiria esquecer. Giorgio Gucci abasteceu-me com material impresso sobre os negócios da família e a respeito de seu pai, Aldo, enquanto a filha de Paolo Gucci, Patrizia, auxiliou-me respondendo a algumas das minhas dúvidas.

Embora as autoridades penitenciárias tenham negado meus pedidos para entrevistar Patrizia Reggiani Martinelli na prisão San Vittori, em Milão, ela se correspondeu comigo de sua cela, enquanto sua mãe incansavelmente respondeu às minhas perguntas. Paola Franchi também me convidou para ir a sua casa diversas vezes, ocasiões em que se recordou dos anos passados com Maurizio.

Algumas das mais inestimáveis reminiscências vieram da leal assistente de Maurizio, Liliana Colombo, e do motorista dele, Luigi Pirovano, pessoas importantes que se tornaram uma espécie de família protetora para ele.

O advogado de Maurizio, Fabio Franchini, forneceu registros precisos que me ajudaram a conhecer um homem apaixonado e vulnerável, de quem ele aprendeu a gostar e que tentou ajudar. Severin Wunderman contou-me várias horas de histórias, o que me capacitou para construir o perfil de Maurizio, de Aldo e de outros. Logan Bentley Lessona, o primeiro relações-públicas de Aldo Gucci, abriu suas memórias e arquivos. Enrica Pirri dividiu suas ricas lembranças de seus mais de vinte anos passados com a família Gucci, com quem mantém ainda laços profundos.

Respeitando a investigação e o julgamento de Patrizia Reggiani, o antigo chefe de polícia criminal, Fillipo Ninni, o promotor público, Carlo Nocerino, Giancarlo Tagliatti e o juiz Renato Lodovici Samek auxiliaram-me a traçar a história e a compreender a complexidade do sistema judicial italiano enquanto meu amigo e colega Damiano Iovino se tornou um inestimável e espirituoso colega de bancada durante as longas horas de depoimento.

Nenhuma dessas experiências teria se transformado em livro sem a colaboração de minha agente, Ellen Levine, e de minha editora, Betty Kelly, duas pessoas marcantes que perceberam o fascínio da história de Gucci. O interesse delas e o apoio que ofereceram foram incalculáveis. Quero agradecer a meus pais, David Forden e Sally Carson, pelo seu constante encorajamento e pelos aconselhamentos editoriais de minha mãe. Minha consideração também por meu marido, Camillo Franchi Scarcelli, que me impulsionou a dar o salto e me deu apoio no esforço de escrever este livro. Nossa filha, Julia, aprendeu a aceitar meu compromisso com paciência.

Meu bom amigo Alessandro Grassi me ofereceu um adequado escritório em casa para trabalhar.

Devo agradecimentos especiais a amigos e colegas do mundo todo que me acolheram em minhas viagens a diversas cidades: em Nova York, Eileen Daspin e Marina Luri; em Londres, Anne e Guy Collins, Constance Klein, Karen Joyce e Marco Franchini; em Paris, Janet Ozzard, Gregory Viscusi e Penny Horner. Agradeço ainda a Teri Agins, Lisa Anderson, Stefano e LeeAnn Bortolussi, Frank Brooks, Aurelia Forden e Thomas

Moran pela ajuda e encorajamento ao longo do caminho e também às minhas assistentes, Chiara Barbieri e Marzia Tisio, que transcreveram pilhas de fitas de entrevistas. Em Roma, o chefe da Associated Press, Dennis Redmont, e a senadora Francesca Scopeelliti fizeram tudo o que puderam para que eu tivesse uma entrevista com Patrizia Reggiani. Em Paris, Marie-France Pochna ofereceu-me brilhantes *insights* a respeito de dois homens de negócios franceses: Bernard Arnault e François Pinault.

Meus agradecimentos ainda a Patrick McCarthy e a Fairchild Publications, meus antigos empregadores, por me deixarem ausentar para escrever o livro, e em particular a Melissa Comito e Gloria Spriggs, pela agradável e rápida pesquisa fotográfica. Finalmente, agradeço a alguns mentores inesquecíveis dos tempos de Mount Holyoke College, onde compreendi que escrever poderia ser um meio de vida: Caroline Collette, Richard Johnson, Mark Kramer e Mary Young.

# Sumário

| | |
|---|---|
| A morte | 13 |
| A dinastia Gucci | 19 |
| Gucci americaniza-se | 45 |
| Rebeldia juvenil | 67 |
| Rivalidades de família | 93 |
| Paolo contra-ataca | 117 |
| Perdas e ganhos | 133 |
| Maurizio assume o controle | 147 |
| Mudança de sócios | 183 |
| Americanos | 215 |
| Um dia no tribunal | 229 |
| Divórcio | 255 |
| Uma montanha de dívidas | 277 |
| Vida de luxo | 311 |
| Paradeisos | 329 |
| Reviravolta | 345 |
| Prisões | 377 |
| Julgamento | 397 |
| Tomando o controle | 425 |
| Epílogo | 465 |
| Posfácio | 481 |
| Fotos | 495 |

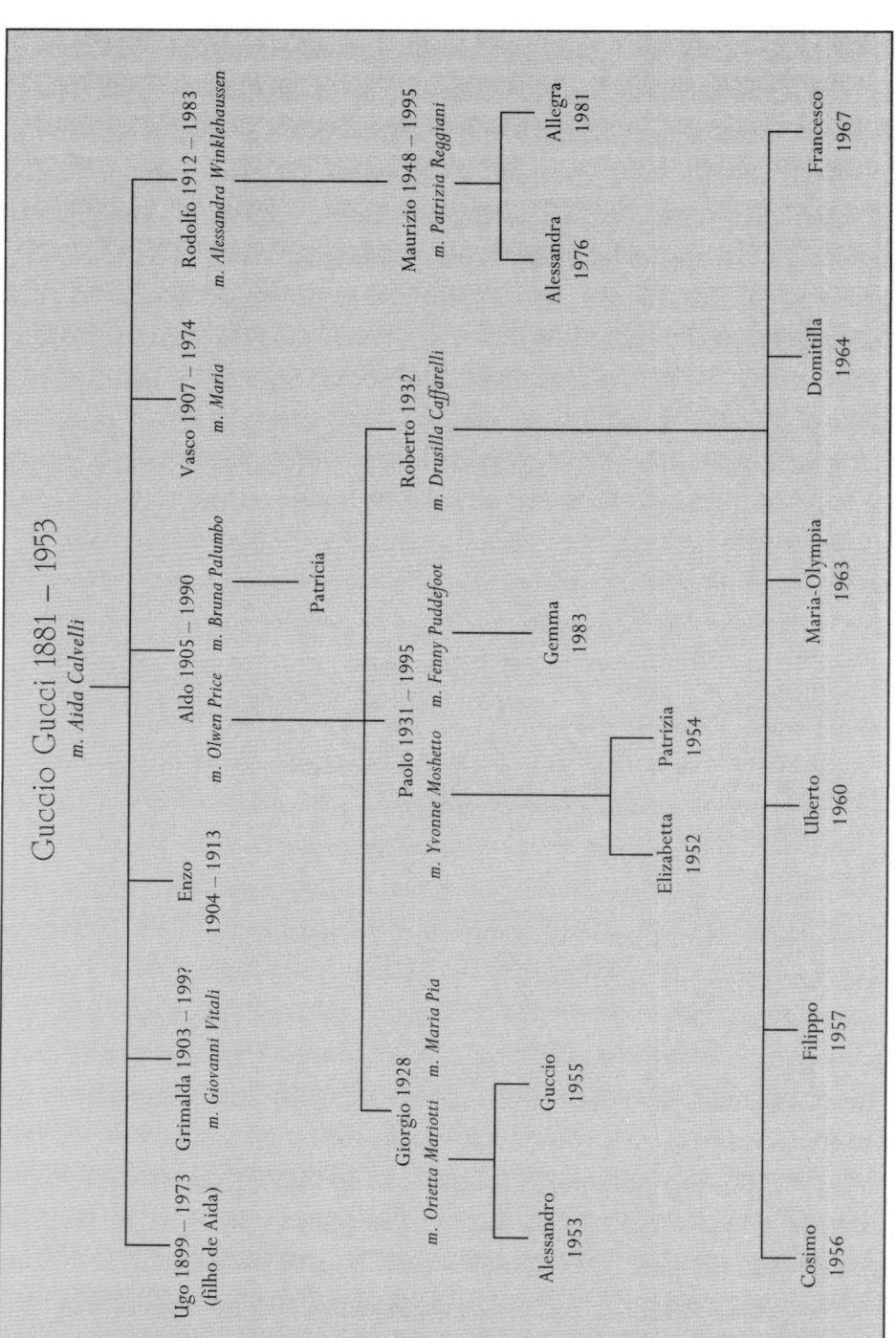

# A morte

Às 8h30 da segunda-feira, 27 de março de 1995, Giuseppe Onorato estava varrendo as folhas caídas na porta da entrada do edifício onde trabalhava. Havia chegado às 8 horas, como costumava fazer todos os dias da semana, e aberto as duas enormes portas de madeira do prédio da Via Palestro, 20. A construção de quatro andares e estilo renascentista abrigava residências e escritórios e ficava num dos bairros mais elegantes de Milão. Do outro lado da rua, em meio a altos cedros e álamos, estendia-se o gramado bem cortado e os caminhos sinuosos do Giardini Pubblici, um oásis de folhagem e serenidade em uma cidade brumosa e apressada.

Durante todo o fim de semana, um vento quente havia soprado na cidade, levando embora a sempre presente camada de neblina e derrubando as últimas folhas secas das árvores. Onorato tinha encontrado a entrada coberta de folhas naquela manhã e apressou-se em varrê-las antes que as pessoas começassem a entrar e sair do prédio. O treinamento militar havia dado a ele um forte senso de ordem e obrigação, embora tivesse destruído sua vivacidade. Com 51 anos, ele estava sempre bem-vestido e impecavelmente elegante: bigode branco perfeitamente aparado e os cabelos remanescentes cortados rentes à cabeça. Era um siciliano da cidade de Casteldaccia, que viera para o norte como muitos outros à procura de trabalho e de vida nova. Após a aposentadoria do exército, em 1980, depois de quatorze anos como oficial não comissionado, decidiu estabelecer-se em Milão, onde trabalhou por vários anos em diversos serviços ocasionais. Assumiu o posto de porteiro na Via Palestro em 1989, indo e vindo de lambreta do apartamento onde morava com a esposa na parte noroeste da cidade. Um homem gentil, de claros olhos azuis e sorriso doce e tímido, Onorato conservava a entrada imaculada. Os seis degraus de granito vermelho muito polido que ficavam imediatamente após a pesada entrada, as portas de vidro faiscantes no alto da escada e o chão brilhante de pedra do *foyer* refletiam seus esforços. No fundo do *foyer*, Onorato tinha um cubículo envidraçado e de madeira, com mesa e cadeira, mas raramente se sentava lá, preferindo manter-se ocupado com seus afazeres. Nunca se sentira à vontade em Milão, cidade que havia lhe oferecido pouco mais que trabalho. Ele percebia a tendência ao preconceito que muitos italianos do norte tinham com os *meridionali*, ou italianos do sul, o que o irritava facilmente. Não respondia e obedecia aos superiores, como havia aprendido no exército, mas se recusava a abaixar a cabeça.

"Sou tão digno como qualquer outro homem", pensava, "mesmo que seja rico ou de família importante."

Onorato levantou os olhos enquanto varria e notou um homem do outro lado da rua, que já tinha visto pela manhã, assim que abriu as portas. Estava parado próximo a um carro verde estacionado a 45 graus de frente ao Giardini Pubblici, longe do edifício. Os carros costumavam ficar estacionados no meio-fio da Via Palestro, uma das poucas ruas no centro de Milão com estacionamento livre. Era cedo ainda e aquele era o único carro estacionado ali. A placa do automóvel chamou a atenção porque estava muito baixa e quase tocava o chão. Onorato queria saber que tipo de trabalho o homem teria àquela hora da manhã. Barbeado e bem-vestido, usava um sobretudo marrom-claro e olhava insistentemente para baixo, em direção à Corso Venezia, como se esperasse alguém. Onorato passou a mão distraidamente em sua careca e percebeu com certa inveja que o homem tinha uma cabeleira ondulada, escura e farta.

Desde que uma bomba havia sido colocada naquela rua em julho de 1993, Onorato vivia alerta. Com um barulho que balançou a cidade, um carro com dinamite explodiu, matando cinco pessoas e destruindo o Padiglione d'Arte Contemporanea, o museu de arte moderna, que ruiu em escombros de cimento, vigas de aço e pó. Na mesma noite, outra bomba explodiu em Roma, danificando a San Giorgio Velabro, igreja do centro histórico da cidade. As explosões foram depois relacionadas a outra, que aconteceu em Florença, na Via dei Giorgofili e que também tinha matado cinco pessoas, ferido trinta e destruído dúzias de peças de arte, guardadas num prédio próximo. Mais tarde, descobriu-se o envolvimento de um chefe da máfia siciliana, Salvatore "Toto" Riina, preso no começo daquele ano pelo assassinato do mais importante promotor da máfia italiana, Giovanni Falconi. Riina havia ordenado o bombardeio em alguns dos mais preciosos monumentos culturais italianos em retaliação à sua captura. Foi condenado por todos os delitos e cumpre dupla pena de prisão perpétua. A Digos, polícia política italiana com missão específica de combater atos terroristas, entrevistou todos os *portinai*, ou porteiros, nas vizinhanças da Via Palestro. Onorato informou que havia visto um *trailer* suspeito estacionado próximo a um dos portões do parque naquele dia. Depois desse fato, ele registrava tudo o que fosse estranho em um bloco de papel, que ficava no seu cubículo.

"Nós somos os olhos e ouvidos da vizinhança", explicava para um colega do exército que sempre aparecia para um café. "Sabemos quem entra e quem sai; observar é parte da nossa missão."

Onorato se virou e empurrou a porta da direita para varrer as últimas folhas atrás dela. De lá, pôde ouvir passos rápidos na escada e uma voz familiar dizendo "*Buongiorno!*".

Voltou-se e viu Maurizio Gucci, que tinha escritórios no primeiro andar, subindo vigorosamente os degraus da entrada com sua habitual energia, balançando seu casaco de lã de camelo.

"*Buongiorno, Dottore*", respondeu com um sorriso e um aceno de mão. Onorato sabia que Maurizio Gucci era membro da famosa família Gucci de Florença, fundadora da luxuosa empresa de mesmo nome. Na Itália, o nome Gucci sempre esteve associado a elegância e estilo. Os italianos sempre se orgulharam de sua criatividade e tradição. Gucci, assim como Ferragamo e Bulgari, simbolizava qualidade e arte. A Itália havia produzido alguns dos maiores estilistas do mundo, como Giorgio Armani e Gianni Versace, mas Gucci era um nome que remontava a gerações, antes que os estilistas tivessem nascido.

Maurizio Gucci tinha sido o último da família a dirigir as empresas, antes que fossem vendidas, havia dois anos, para sócios financeiros, que naquela primavera tinham começado a estudar um plano para tornar a Gucci popular. Maurizio, sem mais envolvimento com os negócios da família, abriu escritório próprio na Via Palermo na primavera de 1994.

Gucci morava na outra esquina, num palácio majestoso da Corso Venezia e caminhava para o trabalho toda manhã, geralmente chegando entre 8h e 8h30. Em alguns dias, entrava com sua própria chave, antes que o porteiro abrisse as pesadas portas de madeira.

Onorato tinha grande curiosidade de saber como era ser Gucci, rico, atraente, com uma namorada alta, magra e loira. Ela o havia ajudado a decorar seu escritório lá em cima, com antiguidades chinesas, sofás e poltronas elegantemente estofadas, tapeçarias ricamente coloridas e pinturas valiosas. Vinha com frequência para almoçar com Gucci, vestindo um Chanel, com seus cabelos longos e loiros perfeitamente arrumados. Para Onorato, eles pareciam um casal perfeito com uma vida também perfeita.

Quando Maurizio Gucci chegou ao topo da escada em direção ao *foyer*, Onorato viu o homem de cabelos escuros entrar pela porta. Num instante, entendeu que ele estava esperando por Gucci e quis saber por que havia parado no começo da escada, onde o grande capacho de cerdas marrons acabava e começava a passadeira de tecido cinza, presa aos degraus por uma barra de metal. Gucci não havia notado que o homem parara logo atrás, já que não tinha sido chamado por ele.

Como Onorato testemunhou, o homem abriu o sobretudo com uma das mãos e com a outra puxou uma arma. Esticou seu braço em direção às costas de Gucci e começou a atirar. A pouco mais de um metro dali, Onorato permaneceu imóvel com a vassoura na mão. Chocado, ele se sentiu incapaz de coibir o homem.

O porteiro ouviu três estampidos rápidos e silenciosos e, sem ação, assistiu a tudo com horror. Ele viu a primeira bala entrar pelo casaco de lã de camelo no lado direito do quadril. O segundo atingiu o ombro esquerdo de Gucci. Onorato notou como o casaco tremeu a cada vez que as balas entravam no tecido. "Não é igual às pessoas baleadas nos filmes", pensou.

O rosto de Gucci tinha uma expressão perplexa, atordoada. Ele olhou para o atirador, sem reconhecê-lo, e então olhou adiante, na direção de Onorato, como se perguntasse: "O que está acontecendo? Por quê? Por que isso está acontecendo comigo?".

Uma terceira bala atingiu de raspão o seu braço direito.

Gucci gemeu e caiu, e seu agressor deu um último tiro fatal no lado direito da têmpora, virando-se em seguida para partir e parando apenas rapidamente sob o olhar de Onorato, que o fitava aterrorizado. Onorato viu as sobrancelhas do homem se erguerem com surpresa, como se não esperasse que ele estivesse presente.

A mão empunhando a arma ainda estava estendida e agora apontava diretamente para ele. Onorato olhou para ela e percebeu que tinha um silenciador cobrindo o cano. Então olhou para a mão que a segurava, com dedos bem-feitos e unhas manicuradas.

Por um instante, que pareceu uma eternidade, Onorato olhou nos olhos daquele homem, ouvindo, em seguida, sua própria voz:

"Nãããão", gritou, encolhendo-se para trás, levantando a mão esquerda como se dissesse: "Eu não tenho nada a ver com isso!".

O homem então atirou mais duas vezes e correu porta afora. Onorato ouviu um som metálico e percebeu que era das balas rolando no chão de granito.

"Inacreditável", ele se pegou pensando, "não sinto nenhuma dor! Eu não sabia que não dói quando a gente é baleado." Tinha curiosidade de saber se Gucci sentia alguma dor.

"Então é isso", pensou. "Agora vou morrer. Que vergonha morrer desse jeito. Não é justo."

Aí Onorato deu-se conta de que ainda estava em pé. Olhou para seu braço esquerdo, que pendia de uma forma estranha. Sangue gotejava pela manga da camisa. Vagarosamente, ele se abaixou para sentar no primeiro degrau da escada de granito.

"Pelo menos, não caí", pensou, preparando-se para morrer. Lembrou-se da esposa, de seus dias no exército, da vista do mar e das montanhas de Casteldaccia. Só aí entendeu que estava apenas ferido; tinha sido atingido duas vezes no braço e não iria morrer. Uma onda de felicidade atingiu-o. Virou-se para ver o corpo sem vida de Maurizio Gucci caído no topo da escada em meio a uma extensa poça de sangue. Gucci estava esticado, da mesma maneira que caíra de lado, com a cabeça pousada em seu braço direito. Onorato tentou gritar por ajuda, mas, quando abriu a boca, não pôde ouvir sua voz.

Poucos minutos depois, o tom choroso de uma sirene começou a ficar cada vez mais forte e, por fim, silenciou de maneira abrupta no momento em que o carro de polícia freou ruidosamente em frente ao número 20 da Via Palestro. Quatro *carabinieri* uniformizados saltaram armados.

"Foi um homem com uma pistola", gemeu Onorato fracamente de seu lugar quando os homens correram em sua direção.

# A dinastia Gucci

Respingos de sangue vermelho-claro formavam desenhos em estilo Jackson Pollock nas portas e paredes brancas da entrada onde Maurizio jazia. Cápsulas se espalhavam pelo chão. O proprietário do quiosque do outro lado da rua no Giardini Publicci ouviu Onorato gritar e rapidamente chamou os *carabinieri*.

"Aquele é o *Dottor* Gucci", disse Onorato aos oficiais, gesticulando com o braço direito em direção ao alto da escada onde estava o corpo imóvel de Maurizio, enquanto o esquerdo pendia sem firmeza. "Ele está morto?"

Um dos *carabinieri* ajoelhou-se ao lado do corpo e pressionou o pescoço de Maurizio com os dedos, indicando com a cabeça quando verificou que não havia pulso. O advogado de Gucci, Fabio Franchini, que havia chegado minutos antes para uma reunião, precipitou-se desconsolado ao lado de Maurizio – e permaneceu lá pelas quatro horas seguintes, enquanto os oficiais e paramédicos trabalhavam. Como ambulâncias e mais carros de polícia chegavam, um pequeno grupo de curiosos se formou em frente ao edifício. Os paramédicos cuidaram rapidamente de Onorato, transportando-o dali pouco antes de o pelotão da homicídios aparecer. O cabo Giancarlo Togliatti, um oficial loiro, alto e magro, com doze anos de experiência na divisão de homicídios examinou o corpo de Maurizio. Nos últimos anos, a principal atribuição de Togliatti tinha sido investigar assassinos entre clãs rivais de imigrantes albaneses que haviam se mudado para Milão. Este era o seu primeiro caso entre a elite – não era todo dia que um executivo era abatido a sangue-frio no centro da cidade.

"Quem é a vítima?", perguntou Togliatti, inclinando-se. "É Maurizio Gucci", um de seus colegas respondeu.

Togliatti levantou os olhos, gracejando. "Certo, e eu sou Valentino", disse sarcasticamente, referindo-se ao eterno estilista de moda romano de pele bronzeada e cabelos escuros. Ele sempre associara o nome Gucci aos artefatos de couro florentinos – o que fazia Gucci em Milão?

"Para mim, ele era um defunto como outro qualquer", ele diria mais tarde.

Togliatti gentilmente puxou o jornal manchado de sangue da mão de Maurizio e removeu o relógio Tiffany ainda funcionando. Quando estava cuidadosamente remexendo os bolsos, chegou o promotor público de Milão, Carlo Nocerino. A cena era quase um pandemônio; câmeras de televisão e jornalistas se acotovelavam com paramédicos e oficiais *carabinieri* e da *polizia*. A Itália tem três corporações – os *carabinieri*, a *polizia* e a *guardia di finanza*, ou polícia fiscal. Uma vez que as evidências poderiam ser destruídas com o tumulto, Nocerino perguntou qual delas havia chegado primeiro. Um dos costumes das corporações italianas é que a primeira a chegar assume o caso. Ao saber que os *carabinieri* haviam sido os primeiros, Nocerino despachou rapidamente a *polizia*, determinando que as portas fossem fechadas e a calçada isolada para segurar a multidão. Em seguida, subiu as escadas até onde Togliatti examinava o corpo. Os investigadores achavam que o ataque a Maurizio tinha jeito de execução da máfia. A pele e os cabelos próximos ao ferimento estavam queimados, indicando tiro à queima-roupa.

"Isto é trabalho profissional", disse Nocerino enquanto estudava a lesão e o chão onde os investigadores haviam contornado as cápsulas com giz.

"É o clássico *colpo di grazia*", concordou o capitão Antonello Bucciol. Eles ainda estavam perplexos. Muitas balas tinham sido disparadas e duas testemunhas oculares, Onorato e uma jovem que quase colidiu com o assassino quando ele corria porta afora, tinham permanecido com vida – dificilmente o trabalho de um profissional foi tão agraciado com tamanha sorte.

Togliatti gastou uma hora e meia para examinar o corpo, mas demorou os três anos seguintes para entender cada detalhe da vida de Maurizio.

"Maurizio Gucci era desconhecido para nós", Togliatti diria mais tarde. "Nós tínhamos que tomar a vida dele nas mãos e abri-la como a um livro."

PARA ENTENDER MAURIZIO GUCCI e a família de onde veio, é necessário conhecer a natureza toscana. Diferentemente dos afáveis emilianos, os austeros lombardos e os confusos romanos, os toscanos tendem a ser individualistas e arrogantes. Eles se sentem representantes do manancial de cultura e arte da Itália e são especialmente orgulhosos de seu papel de fundadores da língua italiana moderna, graças em grande parte a Dante Alighieri. São chamados por alguns de "franceses da Itália" – insolentes, autossuficientes e fechados aos estrangeiros. O romancista italiano Curzio Malaparte escreveu sobre eles em *Maledetti Toscani*.

Em seu "Inferno", Dante descreveu Fillipo Argenti como "il fiorentino spirito bizzarro". O bizarro espírito florentino ou toscano pode ser rascante e sarcástico, pronto para comentários rápidos e piadas, como os de Roberto Benigni, o ator de *A Vida É Bela*, pelo qual ganhou o Oscar de melhor direção.

Quando um jornalista da revista *Town & Country* perguntou, em 1977, a Roberto Gucci, primo de Maurizio, se eles poderiam ter vindo de outra parte da Itália, Roberto olhou para ele estupefato.

"Você também poderia ter me perguntado se o Chianti poderia vir de outra parte da Itália além da Lombardia", vociferou. "Não se chamaria Chianti se não fosse de lá – como Gucci também não seria Gucci", gritou abrindo os braços e completando: "Como não seríamos florentinos se somos o que somos?".

A secular e rica história da classe mercante florentina pulsou nas veias dos Gucci. Em 1293, um decreto judicial definiu Florença como república independente. Até que os Medici tomassem o poder, a cidade foi governada por *arti*, vinte e uma associações de mercadores e artesãos. Essas associações são hoje nome de rua: Via Calzaiuoli (sapateiros), Via Cartolai (papeleiros), Via Tessitori (tecelões), Via Tintori (tintureiros) e assim por diante. Gregorio Dati, um mercador de seda renascentista escreveu certa vez que "um florentino que não é mercador, que não viajou pelo mundo, conhecendo nações e povos para depois voltar a Florença com alguma riqueza, não merece estima de jeito nenhum".

Para os mercadores de Florença, a riqueza era uma honra que trazia consigo certas obrigações como o financiamento de prédios públicos, vida em grande *palazzo* com lindos jardins, patrocínio de pintores, escultores, poetas e músicos. De Giotto e Michelangelo aos artífices atuais em suas oficinas, os frutos das artes propagadas pelos mercadores tiveram início lá.

"Nove entre dez florentinos são mercadores; o décimo é padre", brincava o tio de Maurizio, Aldo Gucci. "Somos tão florentinos como Johnnie Walker é escocês; e não há muito a nos ensinar sobre comércio ou artesanato", continuava. "Temos sido mercadores desde aproximadamente 1410. O nome Gucci não remete à Macy's."

"São pessoas simples, de humanidade inacreditável", opinou um antigo funcionário a respeito dos patrões. "Mas todos têm aquela terrível personalidade toscana."

A história pessoal de Maurizio começa com seu avô, Guccio Gucci, cujos pais lutavam contra a falência no negócio de confecção de chapéus de palha no final do século XIX. Guccio abandonou a casa e a ruína do pai, aceitando emprego em um cargueiro a caminho de Londres, onde se empregou no famoso Hotel Savoy[*]. Deve ter ficado boquiaberto com as joias e sedas dos hóspedes e com a pilha de bagagens que traziam. Baús, malas, caixas de chapéus, entre outros, tudo em couro e ornado com timbre em relevo e iniciais floreadas, tomavam conta do saguão do hotel,

---

[*] Muitos relatos afirmam que ele lavou louças, foi porteiro, garçom e maître, mas o hotel não tem registro de seu emprego.

a meca da alta sociedade na Inglaterra vitoriana. Os hóspedes eram ricos e famosos, ou queriam ficar ombro a ombro com os que eram. Lillie Langtry, amante do príncipe de Gales, mantinha uma suíte por 50 libras anuais, onde podia entreter seus convidados. O grande ator sir Henry Irving sempre vinha jantar no restaurante do hotel e Sarah Bernhardt dizia que o Savoy se tornara seu "segundo lar".

O salário de Guccio era baixo e o trabalho árduo, mas ele aprendia rápido e a experiência deixou marcas profundas em sua vida. Não demorou muito a descobrir que as pessoas que frequentavam o hotel traziam consigo posses que atestavam sua influência e gosto. A chave de tudo isso, ele compreendeu, eram as inúmeras bagagens que os meninos carregavam pelos corredores acarpetados, para cima e para baixo nos elevadores. O couro lhe era familiar; Guccio havia tido contato com ele em alguns cursos na Florença de sua juventude. Depois que deixou o Savoy, de acordo com seus filhos, Guccio empregou-se na Wagons Lits, a empresa inglesa de trens dormitórios, e cruzou a Europa toda, servindo e observando os viajantes, seus assessores e bagagens, antes de retornar a Florença, com algumas economias, quatro anos depois.

De volta ao lar, Guccio se apaixonou por Aida Calvelli, uma costureira e filha de alfaiate. Parecia não se importar que ela já tivesse um filho de 4 anos, Ugo, fruto de uma paixão com um homem que desenvolveu uma tuberculose terminal e, por isso, não pôde se comprometer com ela. No dia 20 de outubro de 1902, algum tempo depois de completar um ano de seu regresso, casou-se com Aida e adotou Ugo. Ela já estava grávida de sua filha Grimalda, que nasceu três meses mais tarde. Aida lhe deu ainda mais quatro crianças, dentre elas, Enzo, que morreu na infância. Os outros também eram meninos: Aldo (1905), Vasco (1907) e Rodolfo (1912).

O primeiro emprego de Guccio, assim que voltou para Florença, foi provavelmente num antiquário, de acordo com seu filho Rodolfo. Depois, ele foi para uma empresa de couro, onde aprendeu o básico sobre o comércio desse material, antes de ser promovido a gerente.

Na época do início da Primeira Guerra Mundial, ele estava com 33 anos e uma família imensa; todavia foi alistado como motorista. Com o fim da guerra, Guccio foi trabalhar para a Franzi, outra empresa de artefatos de couro. Lá estudou a arte de secar e curtir o couro e aprendeu a selecionar as diferentes peles *in natura*. Rapidamente se tornou gerente da filial romana da empresa, mas foi para a capital sozinho; Aida, em casa com as crianças, relutou em mudar-se. Guccio vinha para casa todos os fins de semana e almejava abrir seu próprio negócio na terra natal para abastecer clientes que entendiam de produtos finos feitos em couro. Num domingo de 1921, durante um passeio com Aida, notou uma pequena loja para alugar numa rua estreita de Florença, a Via della Vigna Nuova, entre a elegante Via Tornabuoni e a Piazza Goldoni, às margens do rio Arno. O casal começou a considerar a possibilidade de ficar com o espaço. Com as economias de Guccio e, segundo um relato, mais empréstimo de um conhecido, fundaram a primeira companhia Gucci, Valigeria Guccio Gucci, transformada, em 1921, em Azienda Individuale Guccio Gucci, uma sociedade limitada.

Perto da rua mais sofisticada da cidade, a Via Tornabuoni, a vizinhança era estratégica para a clientela que Guccio pretendia atrair. Entre os séculos XV e XVII, algumas famílias nobres – Strozzi, Antinori, Sassetti, Bartolini Salimbeni, Cattani e Spini Feroni – construíram finos *palazzi* ao longo da Via Tornabuoni, e no começo dos anos 1800 luxuosos restaurantes se instalaram no andar térreo deles. O Caffè Giacosa, ainda hoje lá, tem servido doces caseiros e bebidas para clientes finos desde que abriu no número 87, em 1815. Fornecedor da família real italiana, o Giacosa foi o primeiro a criar o coquetel Negroni, em homenagem a seu cliente, o conde homônimo. O Ristorante Donay, fundado em 1827, localizado em frente à Gucci, abriria depois para servir às famílias aristocráticas de Florença e recepcionar as senhoras no masculino jóquei clube florentino. Na porta ao lado, uma floricultura, a Mercatelli, também servia as famílias nobres da cidade. Outros estabelecimentos ainda abertos hoje incluem a

Rubelli, que vende finos tecidos venezianos, a Profumeria Inglese e a Procacci, conhecida por seus sanduíches de trufas de dar água na boca. Viajantes europeus abonados ficavam no Albergo Londres et Suisse, perto da agência de viagens americana Thomas Cook & Sons, localizada na esquina da Via Del Parione.

No início, Guccio comprava produtos em couro de alta qualidade de manufatureiros toscanos, alemães e ingleses e os revendia a turistas, que chegavam em bandos a Florença, como acontece até hoje. Ele selecionava malas bem-feitas e resistentes a preços razoáveis e, se não encontrasse artigos dos quais gostasse, encomendava peças especiais. Guccio aspirava à elegância e vestia-se impecavelmente com camisas finas e ternos bem cortados.

"Era um homem com um bom gosto que todos nós herdamos", relembrou seu filho Aldo. "Sua marca estava presente em cada item que vendia."

Guccio abriu uma pequena oficina atrás da loja, onde podia fazer produtos exclusivos em couro para acrescentar aos importados, além de iniciar o negócio de consertos, que logo se tornou muito lucrativo. Ele contratou artesãos locais e logo construiu uma reputação por oferecer serviços adicionais a produtos confiáveis. Muitos anos mais tarde, Guccio adquiriu uma oficina maior próximo à ponte Santa Trinità projetada por Michelangelo, na margem oposta do rio Arno ao longo da avenida Lungarno Guicciardini. Guccio ordenou que seus sessenta artesãos trabalhassem até tarde da noite para atender a um número crescente de pedidos.

A área ao sul do Arno se tornou local de muitas oficinas, que aproveitavam a água do rio para movimentar as máquinas que teciam lãs, sedas e brocados. A larga avenida às margens do rio e as ruas menores que iam em direção ao sul nessa região de classe trabalhadora tinham sons de martelos e serras elétricas, de lãs sendo lavadas e sovadas e de couro sendo curtido, costurado e polido. Negociantes de antiguidades, forjadores e outros artesãos também se estabeleceram ali. Logo depois do rio, a área ao redor da Piazza della Repubblica se tornou o coração comercial e financeiro de Florença, voltando aos tempos da Idade Média, quando lá ficavam os quartéis-generais de poderosas associações mercantis que regulavam o próspero artesanato da cidade.

À medida que cresciam, as crianças de Guccio começaram a trabalhar nos negócios da família, com exceção de Ugo, que não mostrou o mínimo interesse pelo assunto. Aldo tinha senso muito aguçado para o comércio, enquanto Vasco, apelidado de *Il Succube*, "o inerte", se responsabilizou pela produção, embora preferisse caçar no interior da Toscana sempre que podia. Grimalda, cujo apelido era *La Pettegola*, "a fofoqueira", trabalhava atrás do balcão da loja ao lado de um jovem assistente de vendas contratado por Guccio. Rodolfo ainda era criança para trabalhar na loja; quando ficou mais velho, preferiu seguir seu sonho de trabalhar em filmes.

Guccio criou seus filhos com severidade, insistindo que todos se dirigissem a ele chamando-o de senhor. Exigia bom comportamento à mesa e usava seu guardanapo como açoite, chicoteando aqueles que saíssem da linha. Quando a família passava os fins de semana em sua casa de campo, perto de San Casciano, aos domingos Guccio amarrava o cavalo na charrete de duas rodas, subia nela com Aida e as crianças, e trotava pelos campos a caminho da missa.

"Ele tinha uma personalidade muito forte e ordenava respeito e distância", contou Roberto Gucci, um de seus netos. Econômico, pedia o *prosciutto* cortado em fatias as mais finas possíveis para render. Ele imprimiu esses valores nos filhos; tornou-se uma lenda familiar que Aldo enchia garrafas de água mineral com água da torneira. Guccio tinha seus prazeres também. Um deles era a apetitosa comida toscana que Aida colocava na mesa. Provavelmente por causa da pobreza que experimentou na juventude, Guccio aproveitou seus últimos anos. Ele e Aida ficaram gordos com sua aromática cozinha caseira.

"Sempre vou me lembrar dele com o charuto havana e seu aparentemente eterno relógio de ouro no pulso", contou Roberto.

Guccio procurava não fazer diferença entre Ugo e seus filhos legítimos, mas o menino parecia não querer se adequar aos padrões de seu pai e irmãos. Seu grande porte e suas maneiras desagradáveis fizeram com que herdasse dos irmãos o apelido de *Il Prepotente*. Como Ugo não mostrava interesse em ajudar na loja da família, Guccio arrumou um emprego para o filho com um de seus abastados clientes, o barão Levi, um proprietário de terras bem-sucedido, que empregou o rapaz como gerente assistente de uma de suas fazendas nos arredores de Florença. A situação parecia ideal para o jovem musculoso. Logo Ugo, já casado, começou a gabar-se de seus feitos. Guccio, ansioso por saldar suas antigas dívidas, pediu um empréstimo a Ugo, que estava na verdade em dificuldades financeiras por causa de uma namorada que secretamente cortejava. O filho ficou sem-jeito de confessar ao pai que não tinha dinheiro e prometeu que ceder-lhe um empréstimo. Nesse meio-tempo, Guccio conseguiu um adiantamento bancário para quitar a dívida. Depois de acertar suas contas com o banco, Guccio concordaria em pagar juros para o filho. O que ele não sabia é que Ugo, envergonhado de admitir que não tivera tanto sucesso como se gabava, roubara 70 mil liras, uma quantia significativa na época, do caixa do barão Levi. Deu a seu pai 30 mil liras e sumiu com o restante por três semanas com a namorada, uma dançarina de um pequeno teatro local.

O barão Levi falou de suas fortes suspeitas a respeito do roubo para Guccio, despedaçando a felicidade do pai em ter, por fim, liquidado suas dívidas. Ele mal podia acreditar que seu filho lançaria mão desse artifício, mas, revendo os fatos, não teve dúvidas do ocorrido e concordou em pagar ao barão o valor de 10 mil liras dentro de um mês.

Ugo angustiava seus pais de outras maneiras também. Em 1919, o jovem Benito Mussolini tinha fundado o Fasci di Combattimento, precursor do seu partido fascista, e, em 1922, depois de eleito para o Parlamento, o Partito Nazionale Fascista já tinha atraído 320 mil membros em toda a Itália, incluindo burocratas, industriais e jornalistas. Ugo associou-se ao partido – talvez por rebeldia a Guccio – e tornou-se um oficial local. Com isso, usava seu poder para aterrorizar o barão e outros com quem um dia ele havia trabalhado, chegando a qualquer momento com grupos de amigos bêbados e exigindo comida e bebida.

Nesse tempo, Guccio lutava para ter sucesso em seu negócio. Em 1924, depois de dois anos na praça, alguns fornecedores que o abasteceram com artigos em confiança para que abrisse suas portas, estavam cobrando. Por outro lado, alguns de seus clientes não pagavam o que deviam. O novo negociante não tinha dinheiro em caixa para pagar suas contas. Uma noite, em uma reunião a portas fechadas com a família e seus funcionários mais próximos, Guccio contou entre lágrimas que estava sendo obrigado a fechar a loja.

"A menos que um milagre aconteça, não posso continuar aberto nem mais um dia", disse.

O homem forte e robusto "parecia estar encarando sua sentença de morte" lembrou Giovanni Vitali, noivo de Grimalda. Inspetor local, ele conhecia bem a família, frequentado a escola com Ugo e, mais tarde, a faculdade católica romana de Castelletti com Aldo.

Vitali, que trabalhava no negócio de construção com seu pai, tinha guardado algum dinheiro para seu futuro com Grimalda. Ofereceu ajuda a Guccio, que aceitou humildemente o empréstimo, agradecendo a seu futuro genro por salvar o pequeno empreendimento. Durante os meses seguintes, pagou tudo a Giovanni.

Com a melhora nos negócios, aumentou a oficina e encorajou seus artífices a produzir artigos originais para a loja. Ele identificou artesãos hábeis e criou uma equipe qualificada de especialistas em couro, que eram mais artistas do que trabalhadores. Produziam bolsas finas de pelica e pastas de camurça legítima, bolsas com reforços laterais e valises inspiradas nas bolsas Gladstone que Guccio vira nos seus tempos de Savoy. Outros produtos incluíam caixas de sapatos e porta-roupa de cama – naquela época, os turistas levavam suas próprias roupas de cama em viagens.

Os negócios iam tão bem que, em 1923, Guccio abriu outra loja na Via del Parione e nos anos seguintes expandiu sua loja na Via della Vigna

Nuova. A loja mudou de endereço diversas vezes na história da companhia, ficando por último no número 47-49, hoje ocupado pelas butiques Valentino e Armani.

Aldo começou a trabalhar nos negócios da família em 1925, com 20 anos, fazendo entregas de charrete para os clientes hospedados nos hotéis. Também fazia tarefas simples na loja, como varrer, arrumar e, por fim, ajudando a vender e a compor as vitrines.

A aptidão de Aldo para negócios variados ficou evidente desde o início. Além de desenvolver habilidade nas vendas, transformou sua competência em lidar com as clientes jovens e bonitas em flertes excitantes. Jovem, magro e atraente, com olhos azul-claros, feições bem talhadas e um largo e caloroso sorriso, ele encantava as jovens senhoras que entravam na loja. Guccio gostava do efeito das maneiras cativantes de Aldo e fechava os olhos para as escapadas amorosas do filho até que uma de suas clientes mais prestigiadas, a princesa grega exilada Irene, veio até a loja e pediu para falar com Guccio em particular, que a levou até o escritório.

"Seu filho anda se encontrando com minha criada, Olwen", censurou. "Isso tem que acabar ou serei forçada e enviá-la para casa. Sou responsável por ela."

Guccio relutava em dizer ao filho qual cliente ele podia ou não cortejar, mas também não queria ofender clientela de tal importância e, então, chamou seu filho para esclarecimentos.

Aldo se encontrou com Olwen Price, uma jovem ruiva de olhos brilhantes do interior da Inglaterra, pela primeira vez na recepção do consulado britânico em Florença. Olwen já havia visitado a loja durante seus passeios com a patroa. Filha de carpinteiro e treinada como costureira, ela almejara uma chance de trabalhar no estrangeiro como acompanhante de senhoras. Ela tinha atraído Aldo com suas maneiras tímidas e modestas, seu musical sotaque inglês e seu jeito simples. Ele a persuadiu a encontrá-lo em particular e rapidamente descobriu que a conduta tranquila da moça escondia um espírito aventureiro. Logo se tornaram amantes e desapareciam pela Toscana para seus retiros amorosos. Aldo em pouco tempo entendeu que seu relacionamento com Olwen era mais do que um simples flerte. Quando Guccio e a princesa o confrontaram, Aldo surpreendeu a ambos, anunciando que eles pretendiam se casar.

"De agora em diante, Olwen não é mais uma preocupação sua", Aldo declarou galantemente à princesa. "Ela é minha e eu tomarei conta dela", concluiu sem contar que a moça já estava grávida.

Aldo trouxe Olwen para casa, colocando-a aos cuidados da irmã mais velha, Grimalda, e continuou a encontrá-la para excursões furtivas ao campo. Depois Aldo acompanhou-a à Inglaterra para conhecer a família dela. Casaram-se no dia 22 de agosto de 1927, numa igrejinha na vila inglesa de Oswestry, perto de West Felton, cidade natal de Olwen, nas proximidades de Shrewsbury. Ele estava com 22 anos; e ela, com 19. Seu adorado primeiro filho, Giorgio, a quem Aldo sempre chamou de *figlio del amore*, nasceu em 1928. Dois outros se seguiram: Paolo, em 1931, e Roberto, em 1932. Entretanto, o casamento não estava destinado a ser feliz. As escapadas amorosas de Aldo e Olwen excitavam a ambos, mas estabelecer-se na vida familiar de Florença era diferente. Primeiro o casal tivera que viver com Guccio e Aida, o que forçava Olwen a adequar-se à família italiana e a submeter-se ao estilo rigoroso do sogro. Eles lotaram o apartamento do velho Gucci na Piazza Verzaia, perto da porta de pedra San Frediano, entrada da cidade murada. Depois que se mudaram para sua própria residência na Via Giovanni Prati, nas redondezas de Florença, a tensão diminuiu por um tempo. Olwen se dedicava integralmente aos três meninos, enquanto Aldo se tornava cada vez mais envolvido nos negócios da família. Ela nunca aprendeu bem o italiano, era muito tímida e tinha dificuldades em fazer amizades. Ao mesmo tempo que ele expandia seus horizontes nos negócios, ela se tornava extremamente possessiva e ressentida.

"Aldo amava a vida, mas a mulher desencorajava tudo o que ele gostaria de fazer", lembrou sua irmã mais velha, Grimalda. "Não permitia que ele a levasse a lugar nenhum, sempre com a desculpa de ter de cuidar das crianças. Não foi para isso que ele se casou com ela."

Rodolfo, o filho mais novo de Guccio e Aida, não mostrava nenhum interesse no trabalho da família, mesmo depois que seus irmãos já estavam atrás do balcão na loja do pai na Via della Vigna Nuova. Rodolfo tinha outros sonhos. Queria atuar no cinema.

"Não nasci para ser lojista", protestava o jovem Rodolfo — a quem todos chamavam de *Foffo* — quando o pai enchia-lhe a cabeça. "Quero trabalhar no cinema."

Guccio não conseguia entender de onde seu filho caçula tinha tirado tal ideia e tentava desencorajá-lo. Um dia, em 1929, quando Rodolfo tinha 17 anos, seu pai mandou-o a Roma para entregar um pacote a um cliente importante. O diretor italiano Mario Camerini recebeu-o no *lobby* do hotel Plaza de Roma e convidou o bonito jovem a fazer um teste. Pouco tempo depois, um telegrama confirmando o compromisso chegou à casa dos Gucci em Florença. Quando o leu, Guccio explodiu:

"Você está fora de seu juízo", gritava com o filho. "O mundo do cinema é cheio de loucos. Você pode ter sorte em conseguir seus cinco minutos de fama, mas o que acontecerá quando ficar esquecido e não for chamado para trabalhar novamente?"

Guccio compreendeu que Rodolfo estava determinado e permitiu que fosse a Roma para o teste, no qual obteve sucesso. Rodolfo ainda usava calças curtas, como era costume naquela época, e teve pegar emprestadas as calças compridas de seu irmão Aldo para a ocasião. Camerini gostou de Rodolfo e deu-lhe um papel em *Rotaie*, uma das obras-primas do cinema italiano, história dramática sobre dois amantes que resolvem cometer suicídio num hotel barato de estrada. Rodolfo tinha um rosto expressivo e sensível, perfeito para o cinema estilizado da época. Depois de *Rotaie*, ele se tornou mais conhecido por papéis cômicos, nos quais suas expressões contorcidas e suas palhaçadas lembravam Charlie Chaplin. Rodolfo usava o nome artístico de Maurizio D'Ancora. Nenhum de seus filmes obteve o mesmo sucesso, embora realmente tenha tido um papel importante em *Finalmente Soli* ao lado da jovem atriz italiana Anna Magnani, com quem supostamente ele teve um *affair*.

Durante as filmagens de um de seus primeiros filmes, Rodolfo notou uma estonteante loira no *set*, atriz que tinha uma pequena participação naquela filmagem. Vivaz e com o espírito muito livre para a época, seu nome era Alessandra Winklehaussen, conhecida como Sandra Ravel. O pai alemão trabalhava na indústria química e a mãe era descendente da família Ratti, da margem norte do Lago Lugano, na Suíça italiana. Logo após ter chamado a atenção de Rodolfo, Alessandra foi antagonista dele em um dos primeiros filmes falados, no qual interpretava uma jovem atriz que entrou num quarto errado de hotel e por engano dormiu ao lado dele, que, tanto na vida real como no filme, caiu de amores por ela. O encontro deles passou dos lençóis do filme para a vida real. Alessandra e Rodolfo se casaram em 1944 numa cerimônia romântica em Veneza. O casamento foi filmado em longa-metragem e mostrava o casal deslizando em uma gôndola ou brindando feliz durante o jantar de recepção.

Quando seu filho nasceu, em 26 de setembro de 1948, eles o chamaram de Maurizio, em homenagem ao nome artístico do pai.

Rodolfo ainda investia em sua carreira cinematográfica e não tinha a menor intenção de se juntar aos negócios da família, quando, em 1935, Mussolini invadiu a Etiópia. Embora longe da costa italiana, esse fato atingiu grandemente os negócios da Gucci. A Liga das Nações impôs um embargo mercantil à Itália. Como 52 países se recusaram a vender seus produtos para lá, Guccio não pôde mais importar o couro fino e outros materiais que precisava para a confecção de suas bolsas e malas exclusivas. Temendo que a pequena empresa entrasse em colapso como a fábrica de chapéus de seu pai, Guccio equipou sua indústria para produzir calçados para o Exército e assim manter-se em funcionamento.

Criou alternativas como fizeram os outros empresários. Seu vizinho, Salvatore Ferragamo, produziu os melhores calçados nos piores anos do embargo e não ignorou nenhuma possibilidade, usando de maneira astuciosa na produção de seus sapatos cortiça, ráfia e mesmo celofane, que originalmente era utilizado para embrulhar doces. Os Gucci usaram todo o couro que podiam proveniente do interior da Itália e começaram a utilizar o *cuoio grasso* de um curtume em Santa Croce. Novilhos criados especialmente no próspero Val di Chiana eram alimentados nos estábulos para evitar abrasão no couro. As peles eram então curtidas e tratadas com gordura de peixe. Esse tratamento deixava-as macias, lisas e flexíveis, as ranhuras desapareciam miraculosamente apenas passando o dedo. Esse *cuoio grasso* passou rapidamente a ser marca registrada da Gucci. O patriarca também introduziu outros materiais em seu negócio, como a ráfia, o vime e a madeira para reduzir o uso do couro. Fez malas de tecido com enfeites de couro, encomendou cânhamo de Nápoles. Com esse tecido, desenvolveu uma linha leve, porém resistente, de bagagens que reconhecidamente se tornou um de seus produtos mais famosos. Guccio criou a primeira marca da empresa – um precursor do duplo G – com uma série de pequenos losangos conectados em marrom-escuro sobre o couro natural.

A marca parecia a mesma, vista do avesso. Também elaborou outros itens além de bolsas e malas, essência de seus negócios. Ele descobriu que pequenos acessórios de couro como cintos e carteiras geravam bom lucro, atraindo para sua loja pessoas que não estavam à procura de itens grandes.

Na mesma época, Aldo viajou pela Itália e para outras partes da Europa testando o interesse por sua empresa. A primeira resposta positiva ele encontrou em Roma, depois na França, Suíça e Inglaterra, o que o convenceu de que ter uma loja apenas em Florença limitava o potencial da Gucci. Se tantos clientes vinham até eles, por que eles não poderiam ir aos clientes? Aldo tentou persuadir o pai a abrir as portas em outras cidades.

Porém Guccio não aceitou a proposta. "E quanto ao risco? Pense no enorme investimento. Onde vamos obter tanto dinheiro? Vá ao banco e peça um financiamento para você!"

Nas batalhas domésticas, Guccio descartava todas as ideias de Aldo, mas às escondidas ia aos banqueiros e dizia que apostava no plano do filho.

Aldo finalmente conseguiu o que queria. Em 1º de setembro de 1938, a apenas um ano do início da Segunda Guerra Mundial, Guccio abriu uma filial em Roma, num prédio histórico chamado Palazzo Negri, situado na elegante Via Condotti, número 21. Naquela época, outros nomes ficavam na mesma rua: o exclusivo joalheiro Bulgari e a fina camisaria Enrico Cucci, que vestia Winston Churchill, Charles de Gaulle e a família real italiana da Casa Savoia.

Muito tempo antes dos dias de *la dolce vita*, Aldo já havia identificado a capital da Itália como um dos mais populares parques de diversão da elite mundial. Enquanto seu pai ficava apreensivo com as contas, Aldo insistia que nenhum dinheiro deveria ser poupado para transformar a Gucci em um atrativo a turistas ricos e educados. A loja ocupava dois andares com portas duplas de vidro e maçanetas em formato de duas oliveiras esculpidas em marfim.

"As maçanetas eram cópias das que ficavam nas portas da loja na Via della Vigna Nuova, e foram um dos primeiros símbolos da Gucci", relembra Roberto, o terceiro filho de Aldo.

Pesadas vitrinas em mogno e vidro apresentavam os produtos; bolsas e acessórios no andar de baixo, artigos para presente e valises em cima. Um rico linóleo cor de vinho cobria a entrada e carpetes da mesma cor subiam as escadas, entrando por um corredor que levava ao primeiro andar. Aldo mudou-se para Roma com Olwen e as crianças, e alugou um apartamento no segundo e no terceiro andares sobre a loja. Tendo de início levado os filhos para a Inglaterra, Olwen decidiu trazê-los de volta quando a guerra começou. Os Aliados consideravam Roma uma cidade aberta e não a bombardearam logo no começo. Enquanto Aldo se esforçava para manter a loja lucrativa, os meninos iam para uma escola dirigida por freiras irlandesas e Olwen trabalhava com um grupo de padres também irlandeses, ajudando os Aliados prisioneiros a fugirem. Nas últimas semanas, contudo, os aviões desses combatentes bombardearam estradas de ferro nas cercanias da cidade. Aldo levou a família para o campo, mas foi forçado a voltar para Roma, onde os administradores da cidade ordenaram aos donos de lojas que mantivessem suas portas abertas.

Durante a guerra, a família Gucci se dispersou. Ugo, que havia participado da marcha fascista em Roma em 1922, tornou-se administrador do partido na Toscana. Rodolfo assinou contrato com a unidade de entretenimento das forças armadas e viajava com as tropas, apresentando os papéis cômicos de seus filmes mudos e falados. Vasco, depois de um breve período de serviço militar foi liberado para voltar à fábrica em Florença, onde supervisionava a produção de calçados para as forças bélicas.

No fim da guerra, Olwen foi homenageada por seu trabalho. Leal também à sua família italiana, quando soube que Ugo havia sido capturado e estava preso em Terni pelo Exército britânico, ela usou seus contatos primeiro para apelar por melhores tratamentos a seu cunhado e mais tarde por sua soltura. Também foi a Veneza com Aldo para resgatar Rodolfo, retido com as tropas após a capitulação da Itália.

A Itália precisou de tempo para reconstruir o país. A fábrica em Lungarno Guicciardini estava isolada, desde que os alemães partiram explodindo as pontes florentinas, incluindo a Santa Trinità. A família começou a procurar outro lugar para retomar a produção de produtos de couro. Nesse meio-tempo, Guccio estava aterrorizado com a ideia de que a posição de Ugo dentro do Partido Fascista pudesse levar o novo e democrático governo italiano a sequestrar a parte dele nos negócios como uma forma de penalizá-lo pelas atividades da guerra. Sentou-se então com o filho adotivo e ofereceu-lhe terras e uma boa soma em dinheiro por sua cota na empresa. Ugo aceitou e abriu uma oficina de couro em Bolonha, onde confeccionava finas bolsas e acessórios para senhoras daquela cidade, além de fornecer produtos para sua família.

Embora Rodolfo tenha tido sucesso em sua carreira, a indústria cinematográfica mudou drasticamente após a guerra. Os filmes falados suplantaram os mudos e os novos diretores realistas da Itália – Rossellini, Visconti e Fellini – não procuravam os atores estilizados dos diretores predecessores. Assim o jovem Gucci logo percebeu que bons papéis e roteiros não viriam ao seu encontro. Com esposa e um filho para sustentar, Rodolfo – por insistência de Alessandra – pediu ao pai para voltar aos negócios da família. Aldo, advogando pela empresa desde o início, recomendou ao pai que o aceitasse de volta – com a expansão dos negócios, precisariam de ajuda. Guccio inicialmente o colocou para trabalhar na loja da Via del Parione e Rodolfo provou ter sucesso instantâneo com as mulheres, que ficavam excitadas em descobrir um vendedor tão bonito na loja Gucci.

"Mas você não é o Maurizio D'Ancora? É muito parecido com ele!", algumas das clientes mais audaciosas perguntavam com curiosidade.

"Não, madame, meu nome é Rodolfo Gucci", ele respondia com um cumprimento galante e um brilho de felicidade nos olhos.

Por um ano, Guccio observou seu filho e ficou satisfeito com seu trabalho. Delicado, determinado e atento para os problemas do negócio, Rodolfo provou sua confiabilidade. Em 1951, Guccio convidou o casal para ir a Milão, onde Rodolfo gerenciaria uma nova loja Gucci na Via Monte Napoleone. Entre a Via Alessandro Manzoni e Corso Matteotti, no centro de Milão, a Via Monte Napoleone era a principal rua de compras, com finos joalheiros, alfaiates, artesãos de objetos em couro, entre outros, colocando-a no patamar da Via Tornabuoni, em Florença, ou da Via Condotti, em Roma. A nova loja passou a suprir as necessidades da classe literária e artística de Milão, que se reunia na esquina, na Tratoria Bagutta, um lugar de encontros habituais.

Nessa época, a aposta de Aldo em Roma estava dando certo. As tropas americanas e britânicas que ficaram lá após a guerra adquiriam as bolsas, cintos e carteiras Gucci feitas à mão, o tipo de *souvenir* que procuravam. Faziam sucesso particularmente as malas Gucci cobertas com cânhamo, que traziam cabides e eram escolhidas pelos oficiais britânicos e americanos para transportarem seus uniformes. De início, os negócios em Florença ficaram atrás dos de Roma, porém mais tarde pegaram o fluxo de turistas americanos que iam à Itália para visitar os monumentos históricos e culturais e também para gastar seus abundantes dólares nas lojas elegantes. Logo o problema de Gucci era apenas ter uma produção que atendesse a demanda. Em 1953, Guccio abriu uma nova oficina em Oltrarno, distrito localizado do outro lado do rio. Situada num edifício histórico na Via delle Caldaie, essa oficina permaneceu como ponto importante de confecção da Gucci até os anos 1970.

A Via delle Caldaie, assim chamada por causa dos enormes tonéis usados nos séculos XIII e XIV para tingimento de lã, dirigia-se para o sul a partir da Piazza Santo Spirito. O *palazzo* que Guccio comprou tinha sido originalmente uma loja que vendia feltro e lã até que, no fim dos anos 1500, uma família de mercadores chamada Biuzzi construiu o espaçoso palacete Casa Grande no local. Em 1642, a construção foi adquirida pelo cardeal, mais tarde arcebispo, de Florença, Francesco Nerli, a quem Dante tece comentários em *A Divina Comédia*. Durante os dois séculos seguintes, o palacete figurou em diversas histórias da diplomacia. Depois de 1800, várias famílias importantes foram donas da propriedade até que Guccio Gucci a comprou em 1953. Velhos afrescos cobriam muitas das salas; os mais elaborados ornavam as paredes e o teto das salas do primeiro andar, onde os artesãos de Gucci cortavam e costuravam o suave *cuoio grasso* para as bonitas bolsas. No andar térreo, sob o teto em arcos, outros artesãos confeccionavam as malas.

Como a demanda cresceu, mais jovens artífices eram contratados, além de aprendizes para os profissionais, todos sob o olhar cuidadoso do *capo operaio*, ou artesão-chefe. Cada grupo consistia de um aprendiz júnior e um profissional sênior que partilhavam uma bancada, na qual cada artesão colocava um alfinete com o selo da Gucci e um número de identificação – o mesmo número que constava no cartão de ponto que batiam de manhã e à tarde. Quando a Gucci abriu uma moderna fábrica nas redondezas de Florença em 1971, o número de funcionários já era mais que o dobro, e chegava a 130.

Os oficiais em couro toscanos viam Gucci como um patrão insuperável, que oferecia segurança até a morte, sem se abalar com os altos e baixos do mercado.

"Era como um emprego no governo", contou Carlo Bacci, que começou trabalhando na Via delle Caldaie como um jovem aprendiz em 1960. "Uma vez que entrasse na Gucci, você sabia que seria para sempre", explicou com seu ritmado sotaque toscano. "Outras firmas mandavam as pessoas para casa quando o trabalho era escasso, mas na Gucci você tinha segurança, porque continuava produzindo; eles sabiam que poderiam sempre vender o que tinham" completou. Depois de trabalhar por mais de onze anos na Via delle Caldaie, Bacci abriu sua própria companhia de couro, como fizeram outros, e continua fornecendo para a Gucci até hoje.

"Nós entrávamos todas as manhãs entre oito e oito e meia", lembrou Dante Ferrari, outro empregado da Gucci de longo tempo. "O intervalo para lanche era às dez; se o *capo operaio* visse você escondendo um *panino* sob o banco, dava parte! Não só porque você estaria perdendo tempo, mas porque suas mãos ficariam engorduradas e arruinariam o couro!"

Os profissionais eram especializados tanto em preparar a pele como em montar bolsas. Naqueles tempos, a preparação incluía retirar a parte interna da pele do animal, que geralmente vinha grudada. Outros profissionais cortavam as peças e outros ainda pressionavam as bordas com uma ferramenta especial, tornando-as finas e fáceis de costurar, uma operação que se chama *scarnitura*.

"Cada trabalhador era responsável pelo que fazia e seu número de registro era marcado dentro das bolsas – se houvesse algum defeito, elas voltariam para ele. Não era como linha de montagem, em que alguém faz os bolsos e outra pessoa faz as mangas", explicou Ferrari, que guardou uma coleção de cadernos pretos nos quais desenhava e numerava meticulosamente cada modelo de bolsa, conforme era criado, para ter um registro.

"Além da máquina de costura, tudo de que precisávamos era uma mesa, um bom par de mãos e uma boa cabeça", explicou Ferrari.

A maioria dos desenhos das bolsas vinha da família Gucci, que também encorajava os profissionais a desenvolverem eles mesmos um novo estilo, com a supervisão e a aprovação dos patrões.

A bolsa com alça de bambu, chamada simplesmente pelo código 0633, provavelmente surgiu dessa maneira. Embora não exista um registro de quando exatamente ela foi desenvolvida e por quem, a historiadora de moda Aurora Fiorentini, que ajudou a criar um arquivo da Gucci, aponta a data por volta de 1947. A introdução do bambu veio com a necessidade de utilização de novos materiais sob o embargo comercial pós-guerra. Alguns acreditam que a "bolsa de bambu" foi inicialmente criada por Aldo e o *capo operaio* da época, com alça de couro, provavelmente baseada em uma bolsa trazida de uma de suas viagens a Londres. O formato inconfundível da bolsa foi inspirado na lateral de uma sela. Seu formato rígido – no estilo de uma pequena caixa, ao contrário das macias, mais fabricadas por Gucci até então – também a distinguia. O bambu, adaptado ao formato da mão por meio de maçarico, deu aos produtos Gucci uma aparência diferente e esportiva. Alguns anos depois, no filme *Viagem à Itália* (1953), de Roberto Rossellini, a jovem Ingrid Bergman carrega um guarda-chuva e uma bolsa de alça de bambu, ambos da marca Gucci.

A família estabeleceu um convívio amigo e pessoal com os artesãos que trabalhavam para eles e dedicavam seu tempo à oficina, chamando-os pelo nome, batendo jovialmente nas costas dos velhos mestres, perguntando sobre seus familiares.

"Conhecíamos cada funcionário e tínhamos notícias de suas crianças, seus problemas e suas alegrias", disse Roberto Gucci. "Se precisassem de ajuda para comprar um carro, ou pagar uma prestação da casa, eles vinham até nós. Além do mais, todos somos iguais – embora obviamente alguns tenham mais oportunidades que outros", acrescentou timidamente.

Vasco Gucci, que se tornou responsável pela fábrica, passeava por Florença numa pequena lambreta chamada Motom, popular naqueles tempos. Os funcionários na Via delle Caldaie sabiam quando ele estava chegando pelo barulho que a lambreta fazia no meio da rua estreita com prédios muito próximos um do outro.

"*'Uffa! Ecollo arrivato!'*, costumávamos dizer", relembra Ferrari. "Vasco era como um psicólogo; podia realmente sentir se estávamos interessados ou não no que íamos fazer."

Os funcionários tinham uma relação de amor e ódio com a família Gucci. Orgulhosos e altamente críticos com seu próprio trabalho, eles se suplantavam para ouvir um vigoroso "Bravo!" de Guccio, Aldo, Vasco e Rodolfo.

Na primavera de 1949, Aldo, sempre à procura de novas oportunidades, foi a uma das primeiras feiras de produtos industrializados em Londres. Lá descobriu um estande expondo pele de porco e ficou encantado pela linda cor avermelhada. Encomendou várias peles do curtidor, um certo senhor Holden da Escócia, perguntando se poderia tingir algumas peças de várias cores, incluindo azul e verde.

"O curtidor disse: 'Bem, meu jovem, nunca fizemos isso antes, mas, se você quiser, eu tentarei!'", Aldo se lembraria mais tarde. "Ele me apresentou seis peles em diferentes tonalidades, balançando a cabeça e dizendo 'Você decide, nós achamos horrível!'."

De acordo com os relatos da família, o senhor Holden era também a fonte de pele de porco malhada, que se tornou marca registrada da Gucci. Conforme consta, a primeira pele de porco provou ser realmente um erro. Algo deu errado no processo de curtimento, que criou manchas escuras e levemente em relevo.

"Espere um minuto, parece original", disse Aldo, que mandou que as peles se transformassem em bolsas. Mesmo que sua decisão tenha sido por mera economia, como sugerem alguns, por relutar em descartá-las, foi criada uma nova assinatura para a companhia, que mais tarde se tornou uma proteção maravilhosa contra imitações, por ser difícil de reproduzir. A pele de porco tornou-se tão crucial para a companhia que Aldo comprou o curtume em 1971.

Os anos de pós-guerra marcaram a ascensão de Aldo nos negócios e trouxe a necessidade de um marketing habilidoso que fizesse da Gucci um nome conhecido mundialmente. Guccio, cada dia mais velho, queria consolidar os negócios em Florença. Relutante em colocar tudo o que havia construído em risco com os planos audaciosos de Aldo, ele recusava as ideias do filho.

Soltando, irritado, a fumaça de seu charuto havana, Guccio enfiava teatralmente a mão no bolso esquerdo da calça – ele usava o direito para guardar o relógio – e a tirava vazia. "Você tem dinheiro? Se você tiver dinheiro, faça o que quiser", ele dizia.

Contudo, intimamente Guccio aprovava o instinto de Aldo para os negócios. A loja de Roma prosperava. As estrelas de Hollywood divertiam-se na capital, como retratado em *La Dolce Vita*. Elas deram a Gucci uma nova força, atraindo ainda mais clientes. Aos poucos, Guccio foi deixando Aldo seguir seu caminho. Enquanto ainda discutiam calorosamente sobre as ideias de expansão de Aldo, no fundo Guccio o apoiava, mais uma vez indo aos bancos e financiando os planos do filho.

Nesse meio-tempo, Aldo começou a olhar para fora, para Nova York, Londres e Paris. Por que teriam que esperar que os clientes fossem até a Gucci? Por que não ir até eles? Ele parecia não se preocupar com a origem do dinheiro. A despeito das reservas de Guccio, Aldo tinha a crença de que suas ideias se pagariam.

Com seu senso inato de marketing, Aldo inspirou-se na dedicação pela qualidade do pai e cunhou o lema *Quality is remembered long after the price is forgotten* [A qualidade é lembrada muito tempo depois que o preço é esquecido], que mandou gravar em letras douradas sobre placas de pele de porco exibidas em lugares estratégicos das lojas.

Aldo também promoveu o "conceito Gucci", uma harmonia de estilos e cores que unificava seus produtos e identificava o nome. O mundo de estábulos e cavalos se tornou uma rica fonte de ideias para novos produtos. O pesponto duplo usado na confecção de selas, o verde e o vermelho das correias, e a forma dos estribos e freios de cavalo tornaram-se marcas da Gucci. Logo, esse marketing de Aldo criou o mito de que a família Gucci foi uma nobre fornecedora de selas para a corte medieval – uma imagem que se encaixava perfeitamente com sua clientela elitizada. Tachas de sela e acessórios de montaria espalhados pelas lojas enriqueciam a lenda de confecção de selas, e alguns itens eram até mesmo vendidos. O mito permanece. Mesmo hoje, membros da família e antigos empregados ainda dizem que os Gucci eram seleiros há muito tempo.

"Eu quero que a verdade seja dita", Grimalda declarou a um jornalista em 1987. "Nunca fizemos selas. Os Gucci vêm de San Miniato, distrito de Florença." De acordo com a história de famílias florentinas, os Gucci de San Miniato atuam desde 1224 como advogados e tabeliães, embora pareça que essa história tenha sido maquiada mais tarde, de acordo com os historiadores. O escudo da família apresentava uma roda azul e uma rosa sobre uma bandeira dourada flutuando sobre listras vermelhas, azuis e prateadas. Roberto gastou uma fortuna em pesquisa heráldica e introduziu a rosa e a roda – para simbolizar poesia e liderança – no logotipo da companhia. O logo original mostrava um porteiro de hotel carregando uma mala em uma das mãos e uma sacola na outra. Com a chegada do sucesso, um cavaleiro com armadura substituiu o modesto porteiro.

Nos anos 1950, ter uma mala ou pasta Gucci era sinônimo de ter gosto refinado e estilo. A princesa Elizabeth, perto de se tornar rainha, visitou a loja Gucci em Florença, assim como fizeram Eleanor Roosevelt, Elizabeth Taylor, Grace Kelly e Jacqueline Bouvier, que logo se casaria com John F. Kennedy. Muitas das relações de Rodolfo dos tempos de cinema se tornaram clientes, incluindo Bette Davis, Katharine Hepburn, Sophia Loren e Anna Magnani.

"Nos anos que se seguiram à Segunda Guerra, a Itália se tornou um centro de produtos finos e luxuosos – sapatos de couro feitos à mão, bolsas e finas joias em ouro", recordou a veterana varejista Joan Kaner, atualmente vice-presidente sênior e diretora de moda da Neiman Marcus. "A Gucci foi uma das etiquetas de *status* que saíram da Europa – depois de muitos anos de escassez, as pessoas queriam ostentar. Foi quando me dei conta do nome Gucci. As pessoas sentiam, com a Gucci, que estavam comprando qualidade."

Ao mesmo tempo, os primeiros desenhistas de moda ganhavam reconhecimento. Um jovem nobre florentino, Giovan Battisti Giorgini, que abrira um escritório de vendas para as lojas de departamento americanas em 1923 e, com o fim da guerra gerenciava uma loja de presentes das Forças Aliadas, organizou um desfile em sua própria residência em fevereiro de 1951. Ele programou o evento para coincidir com os desfiles de alta-costura de Paris e convidou jornalistas especializados e compradores de lojas de departamento americanas, tais como Bergdorf Goodman, B. Altman & Co., e I. Magnin. Os jornalistas deliraram com os *designs* estilosos e ainda usáveis, e os compradores correram para casa em busca de mais dinheiro. As apresentações de Giorgini se tornaram os primeiros desfiles de moda *prêt-à-porter* italianos, nos quais nomes como Emilio Pucci, Capucci, Galitzine, Valentino, Lancetti, Mila Schön, Krizia e outros debutaram sob as luzes dos lustres da Sala Bianca no Palazzo Pitti.

# Gucci americaniza-se

Como o interesse americano pelo design italiano cresceu, Aldo resolveu levar a Gucci à América, especialmente a Nova York. Os americanos eram os melhores clientes da marca. Amavam a qualidade e o estilo das bolsas e acessórios manufaturados em couro.

Ele pressionara Guccio a deixá-lo abrir uma loja em Nova York, e foi o pai quem meteu a mão no bolso.

"Arrisque seu pescoço se quiser, mas não espere que eu pague por isso", Guccio explodiu de início. "Vá aos bancos, se quiser; veja se eles se arriscam por você."

"Você pode estar certo, afinal eu estou velho", começou depois a ceder. "Sou antiquado o suficiente para acreditar que os melhores legumes vêm de nossa própria horta."

Aldo não precisava ouvir mais. O pai, a seu modo, tinha lhe dado carta branca. Voou para Nova York, numa viagem que naquela época levava quase vinte horas, com paradas em Roma, Paris, no aeroporto internacional de Shannon e em Boston, onde encontrou um advogado, Frank Dugan, que aceitou ajudá-lo em seus planos. Mais tarde, Aldo retornou a Nova York com seus irmãos Rodolfo e Vasco. Quando chegaram à cidade, levou-os à Quinta Avenida, mostrando as elegantes lojas e gesticulando animadamente.

"Vocês gostariam de ver o nome Gucci em letras garrafais nesta avenida?", perguntava ele.

Abriram uma pequena loja no número 7 East da rua 58, longe da Quinta Avenida, com duas vitrines para a rua. Com o auxílio de Dugan, fundaram sua primeira companhia na América, as Lojas Gucci Inc., com o capital inicial de 6 mil dólares. A nova empresa também tinha o direito de usar a marca Gucci no mercado americano. Essa foi a única vez que a marca registrada foi concedida para fora da Itália. Todas as subsequentes operações da Gucci no exterior foram realizadas por meio de acordos de franquias.

Aldo enviou um telegrama a Guccio em Florença, informando-o sobre sua nomeação como presidente honorário da recém-fundada companhia. Guccio ficou furioso e telegrafou de volta: "Voltem imediatamente, seus loucos e irresponsáveis", lembrando-os de que ele ainda não havia morrido e ameaçando-os deserdá-los se continuassem com um esquema tão desastrado. Aldo ignorou as ameaças e inseguranças de seu pai e conseguiu, inclusive, trazer o velho Guccio a Nova York para ver a nova loja, um pouco antes que ele morresse. Guccio ficou muito entusiasmado, como se a inauguração em Nova York tivesse sido ideia sua. De fato, ele contou a amigos que a ideia tinha sido dele!

"Nossa, *commendatore!*", seus amigos diziam, usando o título a ele conferido por uma ordem nacional ligada à antiga monarquia italiana, "Você é um homem de muita visão!"

"Ele chegou a ver que as ideias de Aldo não eram tão loucas assim no fim das contas", lembra Grimalda.

Guccio, àquela época em seus 70 anos, tinha tudo para ficar satisfeito. Seus negócios estavam frutificando. O nome Gucci tinha sido tão bem recebido na longínqua América como na Itália. Seus três filhos estavam trabalhando ativamente e lhe deram netos que um dia fariam parte da companhia da família. A cada novo neto que nascia, Guccio dizia: "Deixe-o cheirar um pedaço de couro, pois este é o cheiro de seu futuro".

Guccio encorajava Giorgio, Roberto e Paolo (filhos de Aldo) a trabalharem nas lojas, empacotando e enviando as encomendas, como seus próprios filhos tinham feito, acreditando firmemente que a única maneira de conhecer o negócio era começando de baixo. Naquela época, o filho de Rodolfo, Maurizio, era um jovem que morava em Milão e ainda não tinha sido introduzido nos negócios familiares da Gucci.

Apenas quinze dias após Aldo ter inaugurado a loja em Nova York, Guccio morreu de ataque cardíaco, em uma tarde de novembro de 1953, quando se preparava para ir ao cinema com Aida. Estava com 72 anos de idade. Quando Aida subiu para saber por que o marido estava demorando tanto tempo para se arrumar, ela o encontrou caído no banheiro. O médico disse que o coração de Guccio tinha parado de bater como um velho relógio. Sua devotada esposa o seguiria dois anos mais tarde, aos 77 anos.

Começando como lavador de pratos, Guccio Gucci tornou-se milionário e seu negócio ficara famoso em dois continentes. Seus filhos estavam dando continuidade ao império que ele havia criado e tinha sido poupado das amargas discussões que viria a caracterizar a dinastia Gucci anos mais tarde. Mas ele próprio tinha aberto o precedente – sempre jogara os filhos uns contra os outros, acreditando que essa competição os estimularia a um desempenho melhor.

"Ele jogava um contra o outro, desafiando-os para provar que tipo de sangue corria em suas veias", lembrou Paolo.

Foi ele também quem causou a maior desavença na família: excluiu da herança da companhia sua filha Grimalda, a primogênita, somente porque ela era mulher. Grimalda, que morreu aos 52 anos de idade, serviu-o fielmente em sua loja por muitos anos, e seu marido, Giovanni, ajudou a salvar o negócio de Gucci da falência em 1924. O velho Guccio entregou a seus filhos um preceito escrito por ele, no qual estipulava que nenhuma mulher poderia herdar o controle da companhia. Grimalda nunca percebera o fato até que seus irmãos se recusaram a lhe dar um papel ativo nas decisões dos negócios. Foi com surpresa que ela descobriu que eles tinham herdado partes iguais da companhia e ela apenas recebeu uma fazenda, algumas terras e uma modesta quantia em dinheiro.

"Era um conceito arcaico", admitiu seu sobrinho Roberto anos mais tarde. "Eu nunca vi o estatuto, mas meu pai me contou que a nenhuma mulher era permitida a sociedade nos negócios Gucci."

Após o fracasso em conseguir um acordo com seus irmãos, Grimalda contratou um advogado para obter seus direitos. Seus esforços foram em vão. Ela disse mais tarde que não entendeu uma questão-chave durante o julgamento e inadvertidamente passou seus direitos sobre a empresa Gucci em troca de um acordo; uma experiência que a amargurou por anos.

"O que eu realmente queria era uma parte no desenvolvimento da companhia que vi crescer do nada", disse ela. Extremamente próxima de seus irmãos, ela nunca imaginou que eles tirariam vantagens sobre ela.

"Ela não recebeu participação nas empresas, mas ganhou outros bens", disse Roberto anos mais tarde, "embora não reste dúvidas de que a companhia cresceu muito e valia muito, muito mais que isso."

Para os filhos, a morte de Guccio foi um misto de tristeza e bênção. Embora sentissem falta de sua orientação e mão firme, eles tinham, pela primeira vez, liberdade para seguir seus objetivos e dividirem o negócio em três áreas de influência que, inicialmente, deu certo para todos. Aldo, finalmente livre para seguir seus sonhos de expandir a Gucci, viajava constantemente. Rodolfo gerenciava a loja de Milão enquanto Vasco ficava na fábrica de Florença. A harmonia também existia porque Rodolfo e Vasco deixaram Aldo seguir seu próprio curso. Raramente o encontravam, a menos que achassem que Aldo estava se desviando muito dos princípios e orientações que Guccio havia deixado.

Aldo e Olwen mudaram-se para uma espaçosa *villa* que ele construiu ao lado da Villa Petacci, uma enorme residência onde, segundo diziam, a amante de Mussolini, Clara Petacci, havia morado. A residência ficava ao longo da Via della Camilluccia, uma estrada idílica, toda arborizada, que terminava em uma das colinas de Roma e onde hoje ficam algumas das mais exclusivas residências da cidade. Aldo passava pouco tempo lá, pois viajava muito entre a Europa e os Estados Unidos, abrindo novas fronteiras para o nome Gucci. Embora ele e Olwen continuassem casados, o relacionamento deles terminara havia muito tempo.

Aldo escolheu uma funcionária de cabelos escuros, que ele havia contratado para a loja da Via Condotti, para ir como sua assistente a Nova York. Seu nome era Bruna Palumbo e ela se parecia com a esfuziante atriz de cinema Gina Lollobrigida. Bruna tornou-se a companheira de Aldo e mudou-se para um pequeno apartamento alugado por ele no número 25 West da rua 54, em frente ao Museu de Arte Moderna. No início, eles ficaram juntos de forma discreta. Aldo a idolatrava, enchia-a de presentes caríssimos e tentava dividir com ela seu entusiasmo pela expansão cada vez maior dos negócios Gucci. Aldo implorava para que a jovem viajasse com ele, mas Bruna hesitava, em parte devido ao desconforto por sua condição de amante. Finalmente, anos mais tarde, Aldo casou-se com Bruna nos Estados Unidos, muito embora Olwen nunca lhe tivesse concedido o divórcio. Depois disso, Bruna concordou algumas vezes em acompanhar Aldo a festas e inaugurações, nas quais ele a apresentava como a "Sra. Gucci".

Nesse meio-tempo, Rodolfo criou as bolsas e os acessórios mais caros da Gucci, além de gerenciar a loja de Milão.

"Rodolfo tinha um gosto muito refinado", lembra Francesco Gittardi, que trabalhou para Gucci por dezoito anos e gerenciou a loja de Milão sob a gestão de Rodolfo, de 1967 a 1973. "Foi ele quem criou os fechos em ouro 18 quilates para as bolsas de crocodilo; ele amava essas coisas e despendia horas trabalhando nelas."

Mais romântico que os irmãos, Rodolfo, vestia-se como o ator que um dia fora. Usava paletós de veludo de cores incomuns, tais como verde floresta ou dourado, e com lenços de seda brilhante nos bolsos. No verão, usava ternos de linho bege e chapéus de palha joviais.

Vasco, naquele tempo, começou a criar seus próprios designs na fábrica de Florença, onde também supervisionava o filho de Aldo, Paolo, que começou a trabalhar em 1952. As maiores paixões de Vasco, nas horas vagas, eram caçar, sua imensa coleção de armas e seu Lamborghini, passatempos que lhe deram um novo apelido, "O Sonhador".

Dos três filhos de Guccio, Aldo tornou-se o mais forte nos negócios, tomando as mais importantes decisões, embora sempre procurasse o consenso com seus irmãos.

"Aldo sempre quis fazer as coisas com o consentimento da família", lembrou Gittardi, "ele podia ter as ideias, mas as decisões eram sempre tomadas pela família toda, o que equivalia dizer que eles o deixavam à vontade porque sempre teve a intuição certa, especialmente quando se tratava de abrir lojas", disse Gittardi.

Aldo voava entre os Estados Unidos e a Europa, quando mudou, em 1959, a loja de Roma para a Via Condotti 8, em frente ao histórico Caffè Greco e a apenas alguns passos da Praça de Espanha, onde permanece até hoje. Em 1960, garantiu a primeira exposição da Gucci da Quinta Avenida com a nova loja no Hotel Saint Regis, na esquina com a rua 55. No ano seguinte, Gucci abriu suas portas na cidade balneária de Montecatini, na Itália, na Old Bond Street de Londres e no Royal Poinciana Plaza, em Palm Beach. A primeira loja Gucci em Paris, na Rue Saint Honoré, perto da Place Vendôme, foi inaugurada em 1963. A segunda loja, na Rue du Faubourg Saint-Honoré com a Rue Royale, foi aberta em 1972.

Aldo trabalhava arduamente e em raras ocasiões tirava mais de três ou quatro dias de férias por ano. Ele cruzava o Atlântico pelo menos doze vezes ao ano. Mantinha apartamentos em Londres e Nova York e, mais tarde, comprou um imóvel de frente para o oceano em Palm Beach, o único lugar em que ele realmente relaxava. Quando um amigo lhe perguntou se tinha algum passatempo, ele apenas riu. Mesmo quando visitava Palm Beach aos domingos, ele encontrava uma desculpa para ir até loja, verificar alguns papéis ou checar a mercadoria. A cada duas ou três semanas encontrava-se com Rodolfo e Vasco em Florença para discutirem negócios. Não tendo mais residência nessa cidade, ele permanecia no Hotel de la Ville, na Via Tornabuoni, cuja inauguração tinha ocorrido no início de 1950, competindo com os dois mais elegantes hotéis da cidade, o Excelsior e o Grand.

Como seu pai, Aldo também encorajava seus filhos a se juntarem aos negócios. Graças a Olwen, os rapazes eram fluentes em inglês – e tratavam o pai por *daddy*. Aldo levou seu filho mais novo, Roberto, à Nova York para ajudá-lo a abrir a loja da rua 58, onde permaneceu por quase dez anos, até 1962, retornando a Florença para estabelecer novos escritórios administrativos e lojas perto das matrizes da família. Roberto também abriu a primeira franquia em Bruxelas, no fim da década de 1960, a feliz aposta, que mais tarde seria usada como modelo para o desenvolvimento dos negócios de franquia da Gucci nos Estados Unidos. Em Florença também abriu um departamento para gerenciar todo e qualquer problema que os clientes pudessem ter com os serviços ou artigos Gucci. Aldo confiava cada vez mais em Roberto, ao qual deu o apelido de Sonny.

Em 1956, Roberto casou-se com Drusilla Caffarelli, uma jovem de pele clara e olhos azuis, filha de uma nobre família romana, refinada e muito católica. Eles tiveram seis filhos: Cosimo (1956), Filippo (1957), Uberto (1960), Maria-Olympia (1963), Domitilla (1964) e Francesco (1967). Dos filhos de Aldo, Roberto era o mais conservador e respeitoso com seus pais, obediente e dócil. Paolo o apelidou de "*Il Prete*" (O Padre), em razão de seus modos e crença religiosa. Mesmo Aldo, às vezes, considerava o estilo de Sonny um pouco sóbrio.

Durante os meses de verão, Roberto, Drusilla e os filhos moravam na Villa Bagazzano, uma casa de campo da família de Drusilla, nos arredores de Florença. Durante o inverno, voltavam para o apartamento na cidade.

"Quando convidávamos Aldo para almoçar ou jantar em nossa casa de campo", lembrou Roberto, "ele observava todas as pinturas da Virgem Maria em nossa sala de jantar e dizia, 'meu Deus, Roberto!, eu me sinto como se estivesse em um cemitério'."

Giorgio juntou-se a Roberto em Nova York por um curto período de tempo, levando consigo sua primeira esposa, Orietta Mariotti, mãe de seus dois filhos, Alessandro, nascido em 1953, e Guccio, nascido em 1955. Orietta preparava espaguete no pequeno apartamento alugado pelos Gucci e alimentava o clã inteiro nos jantares com o clássico estilo de família italiana. Mas a agitada vida em Nova York e a vida à sombra de seu pai irritavam Giorgio. Ele logo retornou à Itália para gerenciar a loja de Roma e cuidar de sua mãe, a quem levava a Porto Santo Stefano para veranear.

"Giorgio era muito tímido", recordou Chantal Skibinska, que Aldo contratou em 1974 como diretora de relações públicas para a Europa e coordenadora de moda internacional. "Ele se sentia oprimido pela enorme personalidade de seu pai."

Aldo, como Guccio, era duro e dominador. Certa vez, quando Paolo estava com 14 ou 15 anos e fez algo errado, Aldo tirou seu cachorro como punição. Paolo ficou devastado quando deu pela falta do cachorro e chorou por uma semana. "Meu pai era muito mais duro com seus próprios filhos do que com a sua equipe de trabalho", concordou Roberto.

Surpreendentemente, Giorgio foi o primeiro filho a quebrar os moldes da família quando adulto. A despeito de sua timidez, tinha seu próprio jeito e infernizou tanto seu pai como seu tio Rodolfo quando, em 1960, decidiu abrir sua própria loja, a Boutique Gucci, com Maria Pia, uma antiga vendedora da empresa, que se tornaria sua segunda esposa. Localizada na Via Borgognona, uma rua ao sul paralela à Via Condotti, em Roma, a Boutique Gucci tinha um conceito diferente das outras lojas. Atendia a uma clientela mais jovem, estocando a loja com acessórios de preços mais baixos e itens para presente. Giorgio e Maria Pia desenvolveram sua própria linha de malas e acessórios, tudo produzido na fábrica Gucci. A rebelião de Giorgio soou inicialmente como traição, embora isso tenha sido um pálido exemplo comparado à discórdia familiar de anos mais tarde.

Quando um jornalista perguntou a respeito de Giorgio e sua segunda loja em Roma, Aldo respondeu: "Ele é a ovelha negra da família. Trocou um transatlântico por um barco a remo, mas ele voltará!". Aldo estava certo. Em 1972, a Boutique Gucci foi reabsorvida pela família, embora Giorgio e Maria continuassem a gerenciá-la.

Após atender clientes na loja de Roma quando era jovem, o segundo filho de Aldo, Paolo, estabeleceu-se em Florença. Considerado por muitos o mais criativo dos três, começou trabalhando com o tio Vasco na fábrica, onde descobriu que tinha talento para criar. Ele colocou suas ideias em produção e logo trouxe à tona uma linha completa de produtos Gucci. Sabendo como era difícil estar perto de seu dinâmico e autoritário pai, Paolo inicialmente resistiu à ideia de ir a Nova York, feliz em trabalhar com seus próprios designs na cidade natal de Florença. Em 1952, casou-se com uma jovem local, Yvonne Moschetto, e teve duas filhas, Elisabetta, nascida em 1952, e Patrizia, em 1954.

Paolo não tinha o respeito ou a diplomacia de seus irmãos e amargamente ressentia-se da atitude tirânica de seu pai. Sua experiência trabalhando na loja de Roma quando rapaz foi humilhante para ele – somente com muita relutância oferecia um tratamento gentil aos clientes, sempre VIPs e celebridades. Ele usava um bigode em desafio às normas de Guccio; seu avô odiava ver pelos em rostos masculinos.

O trabalho de Paolo floresceu muito enquanto lhe deram carta branca para criar e desenvolver novos produtos. Foi ele quem concebeu aos primeiros artigos *prêt-à-porter* da Gucci. Em seu tempo livre, criava pombos-correio e chegou a ter quase duzentos deles em um aviário construído por ele mesmo perto de sua casa em Florença, introduzindo mais tarde estampas de pomba e falcão nas echarpes. Entretanto, Aldo logo viu que não ia ser fácil fazer Paolo seguir os passos da família.

"Aldo costumava dizer que Paolo, que amava cavalos, era um puro-sangue, mas que infelizmente nunca permitira ser montado", comentou um velho funcionário da Gucci, Francesco Gittardi.

A direção, energia e ideias de Aldo pareciam não ter limites. Quando em Nova York, se não estivesse em voos para abrir uma nova loja ou dar alguma entrevista, acordava entre seis e meia e sete horas, tomava o café da manhã no apartamento da rua 54 com Bruna, que cuidava dele, de sua dieta e de suas roupas. Após o café, a primeira parada de Aldo em Nova York (ou em qualquer cidade onde estivesse) era em uma loja Gucci, onde cumprimentava todos os funcionários chamando-os pelo nome.

"Nunca diga 'Posso ajudar?' a um cliente!" instruía ele aos vendedores. "Por favor, diga sempre 'Bom dia, madame!' ou 'Bom dia, senhor!'."

Então, checava as mercadorias e vitrines, antes de atender em seu escritório aos chamados telefônicos do outro continente. Certa vez, quando visitava uma franquia Gucci, correu os dedos por uma prateleira e percebeu que estava toda empoeirada. Aldo cancelou o contrato imediatamente.

A mente de Aldo trabalhava em dobro pensando em novos produtos, novas localizações de lojas e novas estratégias de venda. Andava de um lado para outro em seu escritório durante o dia e em seu quarto à noite, parando somente para tomar notas daquilo que precisava fazer. "Ele era uma espécie de funcionário único que gerenciava a empresa inteira", explicou um antigo empregado.

"Sempre entrava nas lojas num ímpeto, a passos largos", lembrou Chantal Skibinska. "Subia as escadas da loja de Roma de dois em dois ou três em três degraus, com os membros da equipe agitando-se em volta dele."

Aldo inspirava lealdade em seus funcionários graças à sua própria dedicação e à convicção de que eles estavam todos trabalhando por alguma coisa que realmente admiravam e de que poderiam se orgulhar. Tratando sua equipe como uma família, ele conseguiu o compromisso de todos – um modelo comum de gerência numa empresa de italianos.

"Aldo estimulava as pessoas que trabalhavam para ele; prometia muito a todos individualmente", lembrou um antigo empregado. "Isso fazia com que trabalhassem muito."Alguns acabavam desiludidos quando percebiam que, mesmo após uma vida inteira de trabalho pesado, não conseguiriam nunca se tornar parte da família e, naqueles dias, os planos de participação não faziam parte do programa das empresas.

De temperamento forte e instável, Aldo podia ser alternadamente dócil, paterno ou um tirano duro e dominador.

"Eu tinha 21 anos quando comecei a trabalhar para Aldo", lembra Enrica Pirri sobre seus primeiros dias na loja da Via Condotti. "Para mim, ele era como um pai ou um irmão mais velho", disse ela, lembrando-se de que o procurou para pedir ajuda sempre que precisou, inclusive solicitando a ele um empréstimo para pagar seu primeiro apartamento, o que ele concedeu.

"Ele era também muito duro comigo", disse ela. "Quando eu cometia um erro, ele gritava comigo e me fazia chorar. Mas sempre tinha tempo para nós; era alguém com quem se podia brincar. Adorava rir", lembrou ela.

Brincalhão e travesso como uma criança, Aldo encantava os clientes problemáticos pela frente e fazia pouco deles pelas suas costas, uma prática que embaraçava os funcionários, que tentavam se manter sérios, e que culminou com um tipo de tratamento descuidado aos clientes Gucci, tornando-se motivo de comentários em jornais.

Certa vez, em um jantar formal em Londres, uma senhora inglesa perguntou inocentemente a Aldo por que havia tantos Gucci e ele respondeu alegremente, deliciando-se com a expressão de choque da mulher: "Porque na Itália nós começamos a fazer amor bem cedo!".

Aldo amava mulheres e tinha muitas amantes. Segundo rumores na companhia, ele até acomodou uma de suas amantes em um luxuoso apartamento nos arredores de Roma onde instalou uma entrada própria, particular, diretamente do *hall* para o quarto dela. Assim, poderia passar sem ser notado pelos criados ou pelas crianças dela. Ele flertava desavergonhadamente e cumprimentava algumas editoras de moda com beijos na boca. Sabia ser galante, nunca esquecendo que mulheres eram os melhores clientes da Gucci.

"Ele era um malandro", lembrou Enrica Pirri com um sorriso. "Sabia perfeitamente bem que todo beijo na mão de uma rica senhora de Palm Beach significava a venda de outra bolsa."

Aldo também tinha um truque para florear — maquiar a verdade — e encaixar a mensagem que desejava passar, e era provavelmente ele mesmo um dos mais ativos arquitetos das histórias a respeito do nobre passado Gucci fabricante de selas. Domenico De Sole, ex-chefe executivo da Gucci, era um jovem advogado representante da família quando conseguiu conhecer Aldo muito bem. Ele lembra que Aldo fazia comentários calma e despreocupadamente contra todas as lógicas e provas em contrário.

"Ele era o tipo de pessoa que poderia ir e vir na chuva, olhar nos seus olhos e dizer que estava um lindo e ensolarado dia lá fora", afirmou De Sole.

Se irritado, Aldo andava de um lado para o outro, mais rápido que o usual, braços cruzados no peito, bufando e esfregando seu queixo obsessivamente com os dedos de uma das mãos, "Hein, hein, HEIN!". E quando finalmente explodia, seu rosto se tornava púrpura, as veias em seu pescoço saltavam, seus olhos ficavam esbugalhados; batia com seu punho na mesa ou escrivaninha, quebrando o que por acaso estivesse em suas mãos no momento. Certa vez ele inadvertidamente quebrou seus próprios óculos. Quando percebeu o que havia feito, bateu-os fortemente contra a mesa diversas vezes.

"Você não conhece Aldo Gucci!", rugia ele. "Quando eu decido alguma coisa, faço do meu jeito!"Antigos empregados tinham visto até máquinas de escrever voarem pelas salas durante os acessos de raiva de Aldo.

Ele conservava o jeito avaro que tinha aprendido com seu pai. Em Nova York, gostava de almoçar, tanto sozinho como com sua equipe, no refeitório de empregados do Saint Regis, que servia uma refeição morna por 1,5 dólar. Frequentava também os restaurantes Primeburger e Schraft's, onde pedia um sanduíche e uma torta de maçã. Outro favorito era o sanduíche de rosbife no Reuben's, em frente à loja da rua 58. Um almoço caro no restaurante "21" ou no La Caravelle era um grande evento, e algumas vezes sua avareza contraditória chocava as pessoas.

"Ele economizava nos aperitivos das coletivas de imprensa, mas gastava uma fortuna em um telefonema internacional para discutir convites", lembrou Logan Bentley Lessona, um escritor americano radicado na Itália, que Aldo contratou em 1968 para gerenciar as relações com a imprensa – a primeira pessoa que a Gucci empregou para esse fim.

Sempre impecavelmente vestido, Aldo tinha um porte elegante, com seus finíssimos ternos e camisas italianos feitos à mão. No inverno, usava chapéus, paletós de *cashmere*, *blazers* azuis e calças de casimira cinza. No verão, vestia ternos impecáveis de linho em cores claras e mocassins brancos. Inicialmente, esnobou os próprios mocassins da Gucci em favor do mais tradicional estilo italiano. Naqueles tempos, os mocassins eram considerados muito femininos. Entretanto, na metade da década de 1970, Aldo mudou seu ponto de vista e incluiu em seu traje um par de mocassins com reluzentes ornamentos em formato de freios de cavalo. Ele também frequentemente usava uma flor em sua lapela. "Seus ternos eram sempre um pouco apertados, ele era um pouco chamativo demais", lembrou Lessona.

Aldo adorava ser chamado de *dottore*, na Itália, ou "Dr. Aldo", nos Estados Unidos, e tirou todas as vantagens de um título honorário de bacharel em Economia que ele recebeu da Faculdade San Marco em Florença. Em 1983, Aldo conseguiu seu título americano de doutor honorário em Letras Humanas da Escola Graduada e Centro Universitário da cidade de Nova York.

Aldo continuou abrindo novas lojas. Ele escolheu a então sonolenta Rodeo Drive, em Beverly Hills, bem antes de ela se tornar uma avenida de lojas chiques, e em outubro de 1968 inaugurou uma elegante loja com os mais famosos figurões da moda. Localizada na North Rodeo Drive, a loja de Beverly Hills foi desenhada para as estrelas. Ela possuía uma espécie de varanda aberta ornamentada com plantas onde os enfastiados maridos poderiam observar as garotas da Califórnia enquanto esperavam por suas esposas. A enorme porta de vidro e bronze abria para um elegante interior decorado com carpete verde esmeralda e iluminado por oito lustres modelo Giotto feitos de vidro de Murano e bronze florentino. Rodolfo chegou a contratar uma equipe de filmagem para registrar a inauguração.

No ano anterior, numa longa espera para que esse sonho se tornasse realidade, Gucci abriu suas portas na Via Tornabuoni, em Florença. Até hoje, a mais elegante e luxuosa, essa loja tinha portas de entrada elaboradas, decoração em tons pastel, carpete espesso, balcões e vitrines em nogueira, e espelhos discretos. Um elevador, forrado em couro e ornamentado com a sempre presente faixa em vermelho e verde, levava a família e a equipe aos quatro andares do espaço de vendas e escritório. Os Gucci tinham também alguns monitores instalados no escritório de Roberto, por meio dos quais ele podia controlar todos os ângulos do andar de vendas. "Eu podia ver tudo e todos os lugares", Roberto disse rindo baixinho, "mas após três anos o sindicato me obrigou a retirá-las – disseram que isso era uma invasão à privacidade dos funcionários."

Com a inauguração da Via Tornabuoni, Gucci também exigiu que os vendedores usassem uniformes: camisa branca, paletó preto, gravata preta, e calças listradas de preto e cinza para os homens. Para as mulheres, conjunto de três peças na cor bordô usado no inverno, e em bege no verão. As vendedoras usavam escarpins simples, mas nunca os mocassins da Gucci – naquela época, não era considerado apropriado que os empregados usassem os mesmos artigos que eram oferecidos aos clientes.

Inicialmente marcada para dezembro de 1966, a inauguração da Tornabuoni foi adiada em razão da famosa enchente do mês anterior, quando as águas do Arno ultrapassaram suas margens e inundaram a cidade, danificando e destruindo preciosas peças de arte e arquivos históricos, enchendo as lojas e escritórios locais numa altura de quase dois metros. Quando o alarme soou na manhã de 4 de novembro de 1966, o marido de Grimalda, Giovanni, e Roberto, Paolo e Vasco eram os únicos membros da família em Florença.

Juntos, carregaram mercadorias e estoque avaliados em centenas de milhares de dólares do porão para um lugar seguro no segundo andar.

"Nós só mudaríamos para a Via Tornabuoni em algumas semanas e toda a mercadoria estava ainda na Via della Vigna Nuova", lembrou Giovanni.

Sob seus pés, o espesso carpete encharcado levantava bolhas de água enquanto eles carregavam as mercadorias. Quando terminaram, eles estavam andando com a água pela cintura.

"A loja estava um rebuliço, mas conseguimos salvar noventa por cento do estoque", disse Paolo, "e não tivemos necessidade de gastar com uma nova decoração porque as novas instalações da Via Tornabuoni seriam inauguradas alguns meses mais tarde. Considerando tudo, começamos tranquilamente."

Felizmente, a fábrica na Via delle Caldaie ficava em andar superior e não sofreu quase nenhum dano. A enchente foi embora, mas os pedidos continuavam transbordando e muito. Os artesãos da Via delle Caldaie trabalhavam horas extras e ainda assim não davam conta. A família Gucci logo percebeu que precisava expandir seus negócios e, em 1967, adquiriu um lugar nos subúrbios de Florença. Giovanni, o marido de Grimalda, foi encarregado de construir uma nova fábrica que contemplasse o crescimento do império Gucci: tinha de ser moderna, com cerca de 14 mil metros quadrados e acomodações completas para design, produção e estoque. Aldo também previu espaço para hotel e lugar para as reuniões bianuais dos empregados do mundo todo. Entretanto essas instalações nunca foram concretizadas.

Em 1966, Rodolfo, com a ajuda do artista italiano Vittorio Accornero, criou outro ícone Gucci, a echarpe floral. Certo dia, a princesa Grace de Mônaco foi à loja de Milão e Rodolfo correu para atendê-la e mostrar toda a loja a ela. No fim da visita, ele virou-se para a princesa e disse que queria lhe dar um presente.

Ela recusou, mas como ele insistiu, disse: "Bom, se você faz questão, que tal uma echarpe?".

O que a princesa não sabia era que a Gucci até aquele momento não tinha desenvolvido quase nenhuma echarpe, exceto algumas pequenas, com motivos indianos, de estribo de cavalo ou de trem, que Rodolfo não achava apropriados para uma princesa. Pego de surpresa e tentando ganhar tempo, Rodolfo lhe perguntou que tipo de echarpe exatamente ela tinha em mente.

"Bom, eu não sei", ela respondeu. "Que tal uma com estampa de flores?"

Rodolfo não sabia o que fazer. Pensou rapidamente.

"Princesa", disse ele com um sorriso charmoso, "acontece que estamos justamente desenvolvendo uma echarpe assim. Tão logo esteja pronta, eu lhe prometo, será a primeira a possuí-la."

Feito isso, ele a presenteou com uma bolsa com alça de bambu e se despediu. No mesmo instante em que ela pôs os pés para fora da loja, Rodolfo ligou para Vittorio Accornero, que ele conhecia desde seus dias de ator. "Vittorio, você pode vir a Milão imediatamente? Aconteceu uma coisa fantástica!"

Accornero chegou a Milão vindo da província de Cuneo, perto dali, e Rodolfo contou-lhe sobre a visita da princesa Grace.

"Vittorio", Rodolfo disse ao seu amigo, "eu preciso que você desenhe uma echarpe que seja uma explosão de flores! Não quero um desenho linear, quero uma explosão, uma echarpe que qualquer um que olhe para ela veja flores."

Accornero concordou em tentar, e quando ele voltou com o desenho completo, era exatamente o que Rodolfo tinha sonhado, uma cornucópia magnífica de flores. Então pediu a Fiorio, um dos grandes estampadores de seda da Itália, sediado em Como, no norte de Milão, para estampar uma echarpe com 90 cm². Fiorio havia desenvolvido uma técnica, similar ao *silk-screen*, que permitia estampar mais de quarenta cores separadas sem que os tons manchassem. Quando a echarpe ficou pronta, Rodolfo mandou entregar em mãos à princesa. Embora o desenho original ou mesmo a echarpe não tenham se estabelecido, o floral impulsionou a expansão da divisão de seda da Gucci e foi subsequentemente adaptado às roupas, bolsas, acessórios e até mesmo às joias. A versão menor, chamada "mini-floral", também se tornou popular. Essa estampa também abriu as portas para uma linha completa de roupas leves poucos anos mais tarde. Accornero começou criando duas ou três echarpes novas por ano para a Gucci.

Em meados de 1960, a Gucci era conhecida pela elite fashionista, que achava seus produtos de alta qualidade, elegantes, de bom gosto e práticos. Entretanto, o que tornou a Gucci um símbolo de *status* no mundo todo foi uma linha diferente até aquele momento: um clássico mocassim, de salto baixo e ornamento em metal imitando freio de cavalo no peito do pé. O masculino foi batizado como Model 175. Uma versão feminina mais clássica sairia em seguida.

"A Gucci não tinha feito isso ainda", lembrou Logan Bentley Lessona. "Esse tipo de calçado era conhecido dos comerciantes e carregadores, mas não da classe média alta. O calçado fez o nome Gucci decolar", completou.

Pensado primeiramente no início da década de 1950, por sugestão de um empregado da fábrica que tinha parentes no negócio de produção de sapatos, o mocassim foi colocado em produção e vendido na Itália pelo equivalente a quatorze dólares. Quando Gucci começou a vendê-lo nas lojas de Nova York, o salto *stiletto* era a última moda e o mocassim foi considerado bizarro e quase sem saída. Mas as mulheres elegantes logo o popularizaram pelo conforto chique, preço acessível e também pelos saltos baixos.

O modelo original Gucci para mulheres, conhecido na fábrica como Model 360, era feito em couro macio, ornamentado com um freio de cavalo estilizado e tinha as duas partes costuradas em relevo, que se estreitavam em direção à ponta dos pés, alargando-se depois. Em 1968, o modelo original foi modificado ligeiramente e renomeado como Model 350. Esse famoso calçado tornou-se muito copiado. Era um pouco mais extravagante, caracterizado por salto em couro adornado com estreita tira dourada, e uma corrente combinando com essa tira atravessada na gáspea. Esse sapato foi lançado em sete tipos de couro (bezerro, lagarto, avestruz, porco, crocodilo, couro reverso de bezerro e em verniz) e com uma nova linha de cores, incluindo um diferente bege rosado e um verde amêndoa claro. O *International Herald Tribune* aclamou a sua chegada com um longo artigo e uma foto grande: "Gucci tem novo mocassim, o que só por ele já vale uma visita a Roma", escreveu Hebe Dorsey, respeitada crítica de moda do jornal.

Em 1969, Gucci vendia 84 mil pares por ano nas suas dez lojas americanas, 24 mil somente em Nova York. Naquele tempo, Gucci era uma das poucas etiquetas italianas com lojas próprias na cidade de Nova York, junto com o figurinista Emilio Pucci, cujas estampas coloridas tinham se tornado famosas graças a Giovan Giorgini e seu desfile na Sala Bianca do Palazzo Pitti. A rima entre os elegantes de Nova York era "Gucci-Pucci".

Alguns observadores não conseguiam explicar o sucesso do mocassim Gucci, que continuava vendendo bem nos anos 1970 e começo dos anos 1980. Paul P. Woolard, na época vice-presidente sênior da Revlon e um ávido consumidor dos sapatos, ficava surpreso com a maneira da Gucci fazer moda com o que ele considerava um produto estabelecido. "É apenas um mocassim italiano que custa centavos", disse ele ao *New York Times* em 1978.

Aldo sempre achou que o sapato tinha se popularizado quando as esposas dos ricos industriais italianos começaram a usá-lo para viajar.

Baixinho, confortável e versátil, o sapato parecia chique mesmo usado com saias ou calças compridas.

Custando 32 dólares, o mocassim Gucci era um dos mais acessíveis – e visíveis – símbolos de luxo que uma pessoa podia comprar. "O símbolo do *status* sempre foi meio secreto, usufruído por mulheres que realmente se preocupavam com roupas e as usavam como insígnias de clã", escreveu a colunista de moda Eugenia Sheppard à época. Um confortável sapato para trabalhar, que estava na moda e a um preço acessível, o mocassim rapidamente tornou-se popular entre secretárias e bibliotecárias. Com tal sucesso, logo vieram novos problemas.

"Tantas secretárias e outras consumidoras começaram a vir às lojas para comprar os mocassins que a clientela regular acabou achando que estava sendo deixada de lado e não ficou feliz com isso", lembrou Lessona.

Aldo, em outro golpe de genialidade, fez um trato com o St. Regis Hotel. Tomou o espaço da tabacaria do hotel e transformou-o em butique de sapatos no outono de 1968. Essa ideia deu às mulheres de Nova York que trabalhavam espaço suficiente para experimentar e comprar os sapatos e deixarem a principal loja da Quinta Avenida mais livre para servir sua clientela tradicional.

O mocassim também encontrou seu caminho nos pés dos políticos e lobistas de Washington, D.C., e os *halls* do Congresso ganharam o apelido de "Gucci Gulch". Em 1985, o mocassim foi exposto no Museu Metropolitano de Arte em Nova York em uma exibição desenvolvida por Diana Vreeland. O mocassim ainda faz parte da coleção permanente do museu.

Os homens também gostaram da ideia de símbolo de *status*, então a Gucci redesenhou o mocassim para eles. A nova filial da Gucci em Beverly Hills não tinha nem mesmo aberto suas portas quando Frank Sinatra mandou sua secretária comprar um par do mocassim para ser acrescentado à sua coleção Gucci de quarenta pares. A Gucci também criou uma linha masculina constituída de cintos, joias, sapatilhas para dirigir e até uma bolsa, que recebeu o nome de "porta-documentos". Red Skelton possuía um conjunto de malas bordô em crocodilo, Peter Sellers uma mala executiva em crocodilo. Laurence Harvey encomendou uma "valise para bar", com alças para segurar garrafas, copos e balde de gelo. Sammy Davis, Jr. comprou dois sofás em couro branco iguais aos da loja de Beverly Hills. Outros clientes famosos incluíam o esportista Jim Kimberly, Nelson Doubleday, Herbert Hoover III, Charles Revson, o senador Barry Goldwater, e astros de cinema como George Hamilton, Tony Curtis, Steve McQueen, James Garner, Gregory Peck e Yul Brynner.

Como as malas e os sapatos Gucci se tornaram um forte símbolo de *status*, a companhia introduziu o *prêt-à-porter*, iniciando uma década de desafio. Paolo desenhou o primeiro conjunto Gucci, todo em couro ou ornamentado com detalhes em couro, em meados de 1960. A Gucci apresentou um de seus primeiros vestidos na inauguração da loja em Beverly Hills. O trapézio de manga longa foi feito em seda floral brilhante com 32 cores diferentes. Três correntes de ouro com pequenos botões em madrepérola acentuavam a gola estilo cossaco e fenda frontal, e havia um arremate, em cores florais, na gola, mangas e bainha. Outra variação apresentava botões de prata em formato de ferradura. No ano seguinte, a Gucci lançou o primeiro vestido echarpe, feito a partir de quatro echarpes com motivos de flores e insetos.

No verão de 1969, a Gucci debutou seu tecido com o monograma GG, que era uma evolução da velha estampa de diamante em cânhamo. Na nova versão, os dois Gs foram colocados face a face, formando um 6 e um 9 dentro de um diamante. O tecido com esse novo monograma foi usado para uma linha completa de malas para viagem, ornamentadas com o então famoso couro de porco, incluindo uma frasqueira feminina e uma *nécessaire* para homens – similar ao que estava sendo feito na época pela Louis Vuitton.

A Gucci apresentou as novas malas para um público entusiasta em um desfile no Instituto Smithsonian, que havia convidado Aldo para receber um prêmio em Washington, D.C. Como uma forma de divulgar suas malas, a Gucci promoveu um ovacionado espetáculo, fazendo os modelos masculinos e femininos, vestidos em calças e saias feitos do mesmo tecido das malas, percorrerem a passarela carregando as bolsas e malas com o monograma.

A Gucci apresentou sua primeira coleção de linha completa de roupas em julho de 1969, durante a Semana de Alta-Costura em Roma. As novas roupas eram esportivas e práticas; Aldo queria que as mulheres usassem Gucci todos os dias da semana — e não apenas em ocasiões especiais.

"Elegância é como bons modos", ele costumava dizer. "Você não pode ser educado somente na quarta ou quinta-feira. Se você é elegante, deverá ser todos os dias da semana. Se você não é, então essa é outra história."

A coleção incluía um conjunto de calças em *tweed* claro com a parte superior da túnica debruada em pelica, uma saia longa de couro com debruns em pelo de raposa na bainha, saias curtas e esportivas, vestidos soltos, e um conjunto composto de um sutiã de suedine e uma saia que poderia ser presa com fechos na cintura.

A colunista de moda do *International Herald Tribune,* Eugenia Sheppard, escreveu com muito entusiasmo a respeito das novas roupas, elogiando em particular a capa de chuva em couro com mangas raglã e um largo cinto em lona vermelha e azul combinando com uma das mais populares bolsas Gucci. Ela enalteceu também as joias esmaltadas e os relógios com malaquita e mostrador de olho de tigre.

No início da década de 1970, os produtos Gucci iam de um chaveiro de cinco dólares até um cinto em forma de elos de corrente em ouro dezoito quilates, pesando quase um quilo e avaliado em alguns milhares de dólares. Na década seguinte, a variedade dos produtos Gucci cresceria a uma velocidade alucinante.

"Era difícil para qualquer pessoa sair de uma loja Gucci de mãos vazias porque havia sempre alguma coisa de qualquer preço para todo mundo", contou Roberto. "Havia todos os produtos, com exceção de roupas de baixo, para vestir uma pessoa da cabeça aos pés para qualquer ocasião, desde ficar em casa até para pescar, andar a cavalo, esquiar, jogar tênis, polo, ou mesmo mergulhar em um oceano! Nós tínhamos mais de 2 mil produtos diferentes."

Nos anos 1970, a Gucci chegou a ser símbolo de *status* em dois continentes. Dez lojas de propriedade total dos Gucci abriram suas portas nas principais capitais do mundo, e a primeira franquia Gucci estava operando em Bruxelas sob a cuidadosa supervisão de Roberto. Aldo foi até mesmo chamado de "primeiro embaixador italiano dos Estados Unidos" pelo presidente John F. Kennedy graças à popularidade do clássico e chique estilo Gucci.

# Rebeldia juvenil

"Tenha cuidado, Maurizio", berrava Rodolfo. "Eu recebi informações sobre essa garota. Não gosto nem um pouco do jeito dela. Disseram que ela é vulgar, ambiciosa, uma alpinista social que não tem nada em mente a não ser dinheiro. Ela não é garota para você, Maurizio."

Maurizio lutou para manter sua compostura, mudando o peso de seu corpo de um pé para o outro com desejo de sair correndo da sala. Ele odiava confrontos, e ainda mais com seu pai dominador. "*Papà*", ele disse, "não posso deixá-la. Eu a amo."

"Amor!", bufou Rodolfo. "Não estou falando de amor e sim de ela querer pôr as mãos em nosso dinheiro. Mas ela não vai conseguir! Você tem de esquecê-la! Que tal fazer uma viagem a Nova York? Você sabe quantas mulheres poderá encontrar lá!"

Maurizio lutou contra as lágrimas de raiva. "Desde que a *mamma* morreu, você não pensa em mim!", explodiu. "Só se preocupa com negócios. Você nunca se incomodou em pensar o que era importante para mim, quais eram os meus sentimentos. Apenas queria que eu me tornasse um robô para obedecer a suas ordens. Mas agora não, papai! Vou me casar com Patrizia, goste você ou não!"

Rodolfo, estupefato, observou seu filho. Tímido, dócil, o jovem Maurizio nunca havia respondido ao pai antes. Ele viu o filho virar-lhe as costas, sair da sala, e subir as escadas com uma determinação jamais vista. Maurizio tinha decidido fazer as malas e deixá-lo. Não adiantaria mais argumentar com seu pai; ele não iria desistir de Patrizia. Cortaria relações com Rodolfo.

"Vou deserdá-lo!", Rodolfo gritava atrás de Maurizio. "Você me ouviu? Você não terá um centavo de mim; nem ela!"

Patrizia Reggiani havia encantado Maurizio com seus olhos de cor violeta e um tipo *mignon*, quando se conheceram na noite de 23 de novembro de 1970. Para ele, foi amor à primeira vista; para ela, o começo da conquista de um dos mais proeminentes jovens solteiros de Milão – e um dos mais glamourosos nomes da Itália. Ele tinha 22 anos, e ela, 21.

Maurizio conhecia quase todos os jovens na festa de debutante de sua amiga Vittoria Orlando. O apartamento da família Orlando ficava na Via dei Giardini, uma prestigiosa avenida de três pistas no coração da cidade, que também abrigava a residência de alguns dos mais ricos empresários de Milão. Maurizio também conhecia a maioria dos convidados – filhos e filhas das famílias mais importantes da cidade. Durante o verão, o mesmo grupo se reunia nas praias de Santa Margherita, na Ligúria, cerca de três horas de carro a oeste de Milão. Lá, eles se encontravam no Bagno del Covo, um popular hotel balneário com vista para o mar, restaurante e discoteca, onde famosos cantores pop da época, tal como Patty Pravo, Milva e Giovanni Battisti, se apresentavam.

Maurizio não bebia, não fumava e ainda não tinha desenvolvido seu talento para entabular uma conversa. Alto e desajeitado, nunca havia namorado seriamente, tivera apenas algumas paqueras adolescentes. Rodolfo desencorajava rapidamente quaisquer aventuras, advertindo Maurizio várias vezes para apenas se aproximar de garotas de boa família.

Maurizio estava achando a festa sem graça até que Patrizia apareceu usando um brilhante vestido vermelho, que mostrava suas curvas. Ele não conseguia tirar os olhos dela. Maurizio, vestindo um estranho smoking sem lapelas, ficou conversando distraidamente com o filho de um conhecido homem de negócios, enquanto observava Patrizia rindo e tagarelando com suas amigas. Seus olhos violeta, muito acentuados com bastante delineador e rímel, observavam de tempos em tempos os modos de Maurizio, desviando-se logo em seguida; fingia não ter consciência de que o jovem rapaz, de cabelos louro-escuros, finos e compridos até a nuca a estava observando desde sua chegada. Ela sabia exatamente quem ele era. Vittoria tinha dito a Patrizia tudo a respeito de Maurizio, pois as duas moravam no mesmo prédio.

Maurizio finalmente inclinou-se e cochichou no ouvido de seu amigo, "quem é essa garota de vestido vermelho que se parece tanto com Elizabeth Taylor?".

O amigo sorriu. "O nome dela é Patrizia; é filha de Fernando Reggiani, dono de uma importante companhia de transportes em Milão", o amigo respondeu, seguindo o olhar atento de Maurizio para o vestido vermelho. Ele fez uma pausa e depois acrescentou significativamente: "Ela tem 21 anos e eu acho que não tem namorado".

Maurizio nunca tinha ouvido falar de Reggiani e não estava acostumado a iniciar conversas com garotas – elas usualmente se aproximavam dele –, mas buscou coragem e foi em direção ao outro lado do salão onde Patrizia conversava com suas amigas. Ele encontrou uma oportunidade na mesa de bebidas, quando ofereceu a ela um longo e fino copo de ponche.

"Por que eu nunca vi você antes?", Maurizio perguntou, tocando os dedos dela ao entregar o copo gelado. Esse era o jeito dele para perguntar se ela tinha namorado.

"Eu acho que você nunca percebeu a minha existência", ela respondeu rapidamente fazendo charme, cerrando seus cílios escuros e depois olhando para ele fixamente com os olhos violeta.

"Alguém já disse que você se parece muito com Elizabeth Taylor?", ele perguntou.

Ela sorriu, lisonjeada com a comparação – como se nunca tivesse ouvido aquilo antes – e lhe lançou um longo olhar.

"Posso assegurar que sou muito melhor", ela respondeu, provocante e fazendo beicinho com os lábios vermelho-coral, sublinhados em um tom vermelho mais escuro.

Maurizio arrepiou-se da cabeça aos pés. Chocado e encantado, ele a fitava sem palavras, excitado, enfeitiçado. Desesperado por querer dizer algo, ele perguntou desajeitadamente, corando ao perceber que gaguejara um pouco: "Ahhh, oo qquue seu pai faz?".

"Ele é motorista de caminhão", Patrizia respondeu com um sorriso, rindo escancaradamente em seguida ao ver a expressão de espanto de Maurizio.

"Mas... ah, eu pensei... ele não é um homem de negócios?", Maurizio hesitou.

"Você é bobo", Patrizia riu extremamente alegre. Ela sabia que havia conquistado não só a atenção de Maurizio, mas também sua simpatia.

"No início, eu não gostava nem um pouco dele", lembrou Patrizia. "Eu estava namorando outra pessoa. Mas quando rompi com meu noivo, Vittoria me revelou que Maurizio estava profundamente apaixonado por mim. Então, pouco a pouco, tudo começou. Ele é o homem que eu mais amei, a despeito do que ele se tornou depois de todos os seus erros."

Amigos dela na época diziam que Patrizia nunca fez segredo de que ela não queria apenas casar com um homem rico, mas que esse homem tivesse um nome também. "Patrizia estava saindo com um rico industrial amigo meu, mas, para a mãe dela, não possuía nome suficiente, então Patrizia o descartou", confidenciou uma amiga.

Maurizio e Patrizia começaram a sair junto com outro casal do grupo de Santa Margherita. Logo de início, ela descobriu que Maurizio não era tão fácil como havia imaginado.

A mãe de Maurizio, Alessandra, morrera quando ele tinha 5 anos e ele havia crescido sob os cuidados de Rodolfo, atencioso, mas severo. A saúde de Alessandra tinha começado a declinar justamente quando ela e Rodolfo começavam a usufruir uma vida nova em Milão. Amigos próximos disseram que um tumor havia se desenvolvido no seu útero logo após a cesariana feita para o nascimento de Maurizio. Gradualmente o câncer se espalhou pelo corpo, destruindo sua beleza. Enquanto esteve hospitalizada, Rodolfo levava Maurizio para visitá-la regularmente. Alessandra faleceu no dia 14 de agosto de 1954 com apenas 44 anos; o óbito foi atribuído à pneumonia. Em seu leito de morte, ela implorou a Rodolfo, então com 42 anos, e o fez prometer que Maurizio não chamaria nenhuma outra mulher de *mamma*. Profundamente abalado, Rodolfo disse muito triste a amigos que Alessandra lhe dera os anos mais maravilhosos de sua vida – e ela o havia deixado naqueles que poderiam ser ainda melhores. Muito embora o relacionamento do casal não tivesse sido sempre feliz, ele a santificava.

Apesar da preocupação de Guccio e Aida em dar ao jovem Maurizio uma figura maternal, Rodolfo recusava-se a casar novamente ou procurar uma companhia firme. Embora de tempos em tempos se encontrasse com algumas mulheres – na maioria velhas conhecidas do seu tempo de ator –, ele limitava seus relacionamentos, com medo de fazer falta a Maurizio ou deixá-lo com ciúmes. Todas as vezes que Maurizio o pegava conversando com uma mulher, Rodolfo costumava dizer que o menino puxava nervosamente seu paletó. Tullia, uma jovem simples e robusta dos arrabaldes de Florença, sempre foi a governanta de Maurizio e permaneceu na casa após o falecimento de Alessandra para ajudar Rodolfo a criar o filho. Mesmo depois de Maurizio ter deixado a casa, Tullia continuou lá para cuidar de Rodolfo. Embora Maurizio e Tullia fossem próximos, ela nunca seria a segunda mãe para ele – Rodolfo não toleraria esse tratamento.

Maurizio morava com Rodolfo em um iluminado apartamento no décimo andar de um prédio na Corso Monforte, uma rua estreita de Milão alinhada com imponentes palácios do século XVIII e algumas lojas. Rodolfo gostava do apartamento não apenas porque era a alguns passos da loja Gucci, mas porque também ficava exatamente em frente à *prefettura*, ou chefia de polícia. Em época de frequentes sequestros de italianos ricos e importantes, Rodolfo sentia-se seguro em ter somente que atravessar a rua para obter ajuda. O apartamento não era grande; tinha apenas os dormitórios de Rodolfo, Maurizio, Tullia e Franco Solari, secretário e motorista de Rodolfo. Era decorado com muito bom gosto, embora não ostensivo, pois Rodolfo não era dado a excessos. Toda manhã, Rodolfo se vestia com um de seus ternos coloridos, juntava-se a Maurizio, Tullia e Franco para o café, e andava alguns quarteirões até a loja Gucci na Via Monte Napoleone. À tarde, voltava para jantar, insistindo para que Maurizio permanecesse à mesa até que ele tivesse terminado. Se os amigos de Maurizio telefonassem enquanto eles estivessem jantando, Tullia atendia as chamadas.

"*Il signorino*", ela dizia – embaraçando e irritando Maurizio –, "está jantando e não pode atender o telefone."

Após o jantar, Maurizio corria para encontrar os amigos enquanto Rodolfo se recolhia a seu estúdio de filmes, no porão do prédio. Ele amava ver e rever seus velhos filmes mudos, lembrando-se dos glamourosos dias com Alessandra. Rodolfo ainda viajava frequentemente a negócios, o que significava que Maurizio cresceu sentindo-se sempre muito só e triste.

A morte da mãe traumatizou Maurizio. Por anos, ele não conseguiria pronunciar a palavra *mamma*. Quando queria perguntar a seu pai a respeito dela, referia-se a "*quella persona*" ou "aquela pessoa". Rodolfo, trabalhando com uma velha moviola em seu estúdio, começou a juntar todos os pedaços de filme que podia encontrar para mostrar a Maurizio como era a mãe. Montou cenas de seus filmes mudos, do documentário de seu casamento em Veneza e cenas familiares mostrando Maurizio brincando nas cercanias de Florença com a mãe. Pedaço por pedaço, ele criou um filme todo a respeito da família Gucci, chamando-o de *Il Cinema nella Mia Vita*, ou *O Cinema na minha Vida*. Essa atividade tornou-se o trabalho da vida de Rodolfo, um projeto que ele revisava e editava continuamente durante anos.

Numa manhã de domingo, quando Maurizio estava com 9 ou 10 anos e frequentava uma escola particular, Rodolfo convidou a classe toda de Maurizio para a primeira exibição de seu filme no Cine Ambasciatori, localizado sob a Galleria Vittorio Emanuele, a apenas alguns passos de seu apartamento. Pela primeira vez, Maurizio viu sua mãe como nunca havia visto, a charmosa e jovem atriz, a romântica noiva e a feliz mãe – sua mãe. Após a sessão, ele e Rodolfo voltaram para casa. Tão logo chegaram, Maurizio jogou-se no sofá da sala, soluçando *"Mamma! Mamma! Mamma!"* repetidas vezes até não conseguir mais chorar.

Maurizio estava crescendo e Rodolfo esperava que ele trabalhasse na loja após a escola e nos fins de semana, dentro da tradição Gucci. Para isso, fez com que o filho se tornasse um aprendiz de *Signore* Braghetta, uma "instituição" da loja na Via Monte Napoleone, que ensinava Maurizio a fazer maravilhosas embalagens.

"Os pacotes de Braghetta eram maravilhosos", lembrou Francesco Gittardi, que gerenciava a loja de Milão na época. "Mesmo que comprasse apenas um chaveiro de 20 mil liras, você o levaria para casa em um pacote que faria com que parecesse uma joia Cartier."

O relacionamento de Rodolfo com Maurizio era intenso e exclusivo, dominado pelo estilo possessivo de Rodolfo. Apavorado pela ideia de que o filho pudesse ser sequestrado, Rodolfo ordenou a Franco que seguisse Maurizio de carro mesmo quando ia passear de bicicleta. Nos fins de semana, pai e filho se retiravam para a propriedade que Rodolfo havia construído aos poucos, em Saint Moritz. Durante anos, Rodolfo investira sua parte no lucro sempre crescente oriundo da Gucci na construção de uma propriedade na colina de Suvretta, uma das mais exclusivas áreas de Saint Moritz, até que conseguiu terminar uma idílica casa de mais de 18 mil metros quadrados.

Gianni Agnelli, dono do grupo automotivo Fiat, Herbert von Karajan e Shah Karim Aga Khan também tinham casas de veraneio ali – e dizem que Agnelli fez diversas tentativas de comprar a propriedade escolhida pela família Gucci.

Rodolfo chamou o primeiro chalé que construiu em Suvretta de Chesa Murézzan, ou "Casa de Maurizio", no dialeto suíço local. Rodolfo pessoalmente selecionava e transportava as lajotas de pedra na cor pêssego, de um vale próximo, para as paredes externas, onde colocou o brasão da família no beiral do telhado juntamente com a flor-de-lis, símbolo de Florença. Chesa Murézzan tornou-se o retiro dos dois até que Rodolfo construiu a segunda casa, Chesa D'Ancora, alguns anos mais tarde. Localizada bem no alto da colina, com vista para o maravilhoso Vale Engadine, Chesa D'Ancora tinha terraços com vigas de madeira aparente. Chesa Murézzan passou então a ser usada pelos empregados e sua sala de estar tornou-se uma enorme sala de projeção para os tão queridos filmes de Rodolfo.

Todavia Rodolfo mantinha-se de olho num chalé vizinho, uma charmosa casa de madeira com flores pintadas à mão nas venezianas e flores azuis no jardim da frente. Construído em 1929, L'Oiseau Bleu, como era chamado o chalé, foi o lar da senhora idosa que havia vendido a Rodolfo a propriedade de Saint Moritz alguns anos antes. Rodolfo havia cultivado amizade com a velha senhora durante anos, visitando-a para um chá em tardes de conversas intermináveis. Ele achou que L'Oiseau Bleu poderia ser o lugar perfeito para viver na sua velhice.

Rodolfo tentou ensinar Maurizio sobre o valor do dinheiro sendo uma pessoa precavida e lhe dando uma mesada bem limitada. Quando Maurizio chegou à maioridade e podia dirigir, Rodolfo comprou-lhe um Giulia amarelo mostarda, modelo popular da Alfa Romeo. Carro robusto de traseira alta com um motor potente – por anos esse carro foi associado com a *polizia* nacional italiana, que o usava para sua patrulha –, não era a Ferrari que Maurizio ansiava. Rodolfo também mantinha um estrito toque de recolher para o filho, que tinha de chegar em casa bem antes da meia-noite durante o período escolar. Intimidado pela autocrática e quase neurótica personalidade de seu pai, o rapaz odiava pedir qualquer coisa a ele. Encontrou a verdadeira amizade em um homem doze anos mais velho que ele – Luigi Pirovano, que Rodolfo havia contratado em 1965 como motorista para suas viagens de negócios. Maurizio tinha apenas 17 anos de idade. Quando precisava de dinheiro, Luigi adiantava-lhe o que ele necessitava; quando acumulava multas de estacionamento proibido, Luigi pagava-as; quando queria convidar uma garota para sair, Luigi emprestava-lhe o carro – e depois se acertava com Rodolfo.

Enquanto Maurizio prosseguia com seus estudos de Direito, na Universidade Católica de Milão, Rodolfo preocupava-se por seu filho ser tão crédulo e ingênuo. Um dia, Rodolfo sentou-se com ele para uma conversa de pai para filho.

"Você não pode esquecer nunca, Maurizio, que é um Gucci. Você é diferente do resto. Há muitas mulheres que gostariam de colocar as garras em você – e em sua fortuna. Tenha cuidado, porque há mulheres cuja profissão é trapacear jovens como você."

No verão, enquanto os amigos do filho passavam as férias nos hotéis das praias italianas, Rodolfo enviava Maurizio a Nova York para trabalhar com o tio Aldo, que estava expandindo a Gucci na América. Maurizio nunca foi motivo de grande preocupação para Rodolfo – até a festa na Via dei Giardini.

No início, Maurizio não conseguia falar com Rodolfo sobre Patrizia. Ele jantava com seu pai todas as noites como sempre. Rodolfo, sentindo Maurizio impaciente, inevitavelmente retardava o passo – arrastando o jantar tanto quanto podia, enquanto Maurizio inquietava-se, agoniado. No instante em que Rodolfo terminava de comer, Maurizio desculpava-se, saía da mesa e ia correndo ao encontro de Patrizia, a sua "Vênus de bolso", como um amigo a chamava.

"Aonde você vai?", Rodolfo perguntava. "Sair com amigos", Maurizio respondia vagamente.

Rodolfo, então, descia até seu estúdio para trabalhar em sua obra--prima. Enquanto o pai assistia repetidamente aos velhos filmes preto e branco, Maurizio corria para seu *folletto rosso*, ou "pequeno elfo vermelho", o apelido que dera a Patrizia em referência ao vestido vermelho usado na noite em que se encontraram. Ela o chamava de "Mau". Eles sempre jantavam na Santa Lucia, uma tratoria de comida caseira no centro da cidade, que continuou sendo o restaurante favorito de Maurizio por anos. Ele mordiscava com esforço seu prato enquanto Patrizia saboreava as deliciosas massas e risotos, admirando-se pela falta de apetite do namorado. Somente mais tarde descobriu que Maurizio estava jantando duas vezes

— a primeira em casa com seu pai e a segunda no restaurante com ela. Maurizio se derramava por Patrizia, que era apenas alguns meses mais jovem, mas aparentava ser bem mais experiente e esperta. Ele sabia que a aparência sedutora de Patrizia era resultado de horas em cabeleireiros e em frente ao espelho, maquiando-se, mas ele não se importava. Mesmo quando jovem, o estilo de Patrizia era artificial e carregado. Seus amigos se perguntavam o que Maurizio enxergaria nela quando estivesse sem os cílios postiços, com seus cabelos desalinhados e sem os saltos altos — mas Maurizio adorava toda e qualquer coisa nela. Ele a pediu em casamento no segundo encontro que tiveram.

Rodolfo levou algum tempo para notar a mudança que tinha ocorrido com Maurizio. Um dia, ele confrontou o filho com a conta de telefone nas mãos.

"Maurizio!", ele esbravejou.

"*Si, Papà?*", Maurizio respondeu da sala ao lado, sobressaltado. "É você quem tem feito todas essas chamadas telefônicas?", Rodolfo perguntou assim que Maurizio enfiou a cabeça no escritório do pai.

Maurizio ficou vermelho e não respondeu.

"Maurizio, responda. Olhe esta conta de telefone! É um ultraje!"

"*Papà*", Maurizio suspirou, sabendo que o momento tinha chegado.

"Eu tenho uma namorada", ele disse entrando no escritório. "E eu a amo. Quero me casar com ela."

Patrizia era filha de Silvana Barbieri, uma mulher ruiva e de infância simples, que cresceu ajudando e servindo no restaurante de seu pai em Modena, uma cidade na região da Emília-Romanha, a menos de duas horas ao sul de Milão. Fernando Reggiani, o cofundador de um próspero negócio de transportes, sediado em Milão, frequentemente parava para almoçar ou jantar no restaurante dessa família quando passava pela cidade. Ele gostava também da farta comida regional da Emília-Romanha, na qual ele tinha crescido, e observava a bonita e ruiva filha do dono andando pelas mesas e registrando as contas na caixa registradora. Embora estivesse em seus 50 anos e fosse casado, Reggiani não conseguia se afastar de Silvana, que não tinha mais de 18 anos na época. Ela achava que ele se parecia com Clark Gable.

"Ele me cortejava assiduamente", lembrou Silvana, contando que eles começaram um caso que durou anos. Ela afirma que Patrizia, nascida em 2 de dezembro de 1948, é realmente a filha de Reggiani, dizendo que ele não podia reconhecê-la na época devido ao seu casamento. Falando a respeito de sua própria infância, entretanto, Patrizia sempre se referia a Reggiani como seu *patrigno*, ou "padrasto". Silvana casou-se com um rapaz da região chamado Martinelli para dar nome à filha e seguiu o seu Clark Gable para a capital de negócios da Itália.

"Eu fui a amante, concubina e esposa de um homem, e um homem apenas", insistiu Silvana, que se mudou com Patrizia para um pequeno apartamento na Via Toselli, em um bairro semi-industrial perto da matriz dos negócios de Reggiani.

Ao longo dos anos, Reggiani fez uma confortável fortuna com a Blort, como sua companhia se chamava, nome formado pelas iniciais de quatro sócios fundadores, que juntaram seus recursos antes da guerra para comprar o primeiro caminhão. Embora o exército alemão tivesse confiscado subsequentemente os caminhões da Blort, Reggiani reconstruiu seu negócio após a guerra, comprando as ações de seus sócios, um de cada vez, até permanecer como proprietário único. Ele se tornou um respeitável membro do empresariado e da comunidade religiosa de Milão e um generoso contribuinte para obras sociais, recebendo o título de *commendatore*. A esposa de Reggiani morreu de câncer em fevereiro de 1956, e, no fim desse mesmo ano, mãe e filha mudaram-se para a confortável casa de Reggiani na Via dei Giardini. Anos mais tarde, Reggiani casou-se, de forma discreta, com Silvana e adotou Patrizia.

Silvana e Patrizia descobriram que não estavam sozinhas na casa de Fernando. Em 1945, Reggiani havia adotado o filho de um parente que não podia cuidar do menino. Enzo, com 13 anos de idade naquela época, tinha personalidade perturbada e se ressentia das novas moradoras.

"Silvana será a sua nova professora", Fernando disse ao menino. "Como ela vai poder me ensinar qualquer coisa?", Enzo protestou com o pai. "Ela é ignorante e comete erros de gramática."

O menino não se deu bem com Patrizia também; as duas crianças brigavam continuamente e a vida na casa de Reggiani tornou-se insuportável. Silvana, que tinha sido educada em uma escola de rígidas regras e pesados castigos, tentou sem sucesso controlar Enzo. Ela finalmente falou com Reggiani.

"Ele não é inteligente, Fernando, não vai bem na escola" – e o pai enviou Enzo para um internato.

Patrizia, encantada com seu novo pai e vida familiar, conquistou o coração de Fernando. Ele a papariacava desavergonhadamente; ela o chamava de "*Papino*" e o adorava. Quando completou 15 anos, ele lhe deu de presente um casaco de *mink* branco, que ela ostentava orgulhosamente às colegas do Collegio delle Fanciulle, uma escola exclusiva para garotas na parte oeste de Milão, perto do conservatório musical da cidade. Quando fez 18 anos, encontrou um Lancia Fulvia Zagato estacionado em frente à sua casa, enfeitado com uma enorme fita vermelha.

Ela brincava e o escandalizava com questões sobre sua fé religiosa. "*Papino*, se Cristo é supostamente eterno, então por que é necessário fazer estátuas de madeira dele?", ela perguntava enquanto ele gemia tentando responder. "*Papino*, na Páscoa, a cruz de madeira na qual você se curva para beijar Cristo, antes era uma árvore!" Ela atirava seus braços em volta do pescoço de Reggiani enquanto este tartamudeava encolerizado.

"*Papino*, eu vou à igreja com você domingo!"

Enquanto Reggiani papariacava Patrizia, a mãe a enfeitava. Silvana a havia trazido de Modena para Milão, agora cabia a Patrizia dar os passos necessários para entrar nas salas de estar das melhores famílias na cidade. Patrizia tornou-se a imagem viva da ambição de Silvana. Mas os carros, peles e outros símbolos de *status* somente se tornavam motivo de fofocas entre as amigas de escola de Patrizia, que comentavam em voz alta a origem simples de sua mãe e faziam pouco do ostensivo estilo de Patrizia. À noite, em casa, a moça chorava com a mãe.

"O que elas têm que eu não tenho?", perguntava infeliz. Silvana a repreendia, lembrando-lhe que elas tinham deixado para trás aquela vida no pequeno apartamento da Via Toselli.

"Você não conseguirá nada chorando", dizia. "A vida é uma batalha e você deve lutar. A única coisa que importa é a substância. Não ligue para essas pessoas maldosas. Elas não sabem quem você é."

Após Patrizia formar-se no colégio, ela se matriculou em uma escola para tradutores. Era esperta e aprendia facilmente, mas divertir-se era seu maior interesse. As amigas de escola lembram-se de como ela chegava cintilante na classe às oito da manhã, deixando escorregar nos ombros os diferentes e ostensivos casacos de pele e revelando que ela ainda estava usando um minivestido com vidrilhos e paetês do coquetel da noite anterior.

"Ela saía todas as noites", disse Silvana com desaprovação. "Ela entrava na sala para dizer até logo com seu casaco dobrado apertado ao peito e dizia: '*Papà,* eu estou saindo agora'. Fernando olhava para o relógio e dizia: 'OK, mas à meia-noite e quinze eu tranco a porta, se você não estiver em casa até essa hora, vai dormir nas escadarias!'. Depois que ela saía, olhava para mim e dizia: 'Vocês duas pensam que sou idiota, mas eu sei por que ela enrola o casaco no peito desse jeito. Você não deveria deixar nossa filha sair vestida assim!'. Foi sempre minha culpa!"

Embora Patrizia raramente parecesse se incomodar com os estudos, ela facilmente tornou-se fluente em inglês e francês, além do italiano, fazendo seu *papino* Reggiani curvar-se às suas boas notas. Ao mesmo tempo, ela tornou-se conhecida em Milão por seus modos provocativos.

"Eu conheci Patrizia no casamento de um amigo meu", lembrou um antigo amigo. "Ela estava usando um vestido maravilhoso de organza lilás, só que não tinha nada por baixo. Na época, aquilo foi um escândalo!", o amigo disse. "Enquanto Maurizio tinha recebido uma educação rígida de seu pai, todos os rapazes de nosso grupo sabiam que tipo de garota ela era. Na verdade, diziam que sabiam *muito* bem, mas Maurizio não queria ouvir nada. Ele estava completamente caído por ela."

Rodolfo foi tomado de surpresa pela declaração de que Maurizio amava Patrizia.

"Na sua idade?", trovejou. "Você é jovem, ainda estuda e nem começou o seu treinamento para trabalhar na companhia da família." Rodolfo protestava enquanto Maurizio ouvia silenciosamente. Queria preparar o filho para comandar a Gucci um dia. Ele sabia que nenhum dos filhos de seu irmão Aldo estava apto para a função, o que Aldo também sabia.

"E quem é a garota de sorte?", Rodolfo, apreensivo, perguntou ao filho. Maurizio lhe contou. O nome não tinha significado algum para Rodolfo, que esperava que todo o assunto fosse logo esquecido assim que Maurizio perdesse o interesse pela moça.

Provavelmente nenhuma mulher seria boa o suficiente para Maurizio aos olhos de Rodolfo. Por algum tempo, o pai nutriu esperanças de que Maurizio se casasse com uma amiga de infância, Marina Palma, que mais tarde se casou com Stavros Niarchos e cujos pais tinham uma casa perto da de Rodolfo em Saint Moritz. Os dois costumavam brincar juntos quando crianças.

"Ela era uma pessoa que Rodolfo pensou ser boa o suficiente para o filho", lembrou Liliana Colombo, que trabalhou primeiro para Rodolfo e mais tarde tornou-se a leal secretária de Maurizio. "Sonhava com Maurizio casando com Marina porque ela vinha de uma boa família; ele conhecia o pai dela. Mas não estava tão seguro a respeito de Patrizia."

Após cerca de seis semanas de relacionamento entre Maurizio e Patrizia, um episódio fez com que a relação do casal se tornasse pública. Patrizia havia convidado Maurizio para um fim de semana em Santa Margherita, onde seu pai tinha uma pequena casa de dois andares com um terraço dando para a praia. Mobiliada com elegantes esculturas de Veneza, a casa era o ponto de encontro de Patrizia e seus amigos.

"Aquela casa era como o porto da cidade", disse Silvana. "Nando trazia para casa *focaccia* e eu preparava bandejas cheias de pequenos sanduíches e em poucas horas não havia mais nada!"

Mas naquele fim de semana, Patrizia não se importava com quantas pessoas estavam se amontoando na casa, ela apenas se preocupava com aquele que não tinha aparecido. Ela ligou para Maurizio para saber se tinha acontecido alguma coisa, e ficou surpresa quando ele mesmo atendeu ao telefone.

"Eu disse a meu pai que queria ir e ele não me deixou", Maurizio respondeu timidamente.

Patrizia estava furiosa e incrédula por sua hesitação.

"Você é adulto! Tem de pedir permissão para tudo? Nós nos amamos e é algum crime você vir para ficar comigo? Por que você não vem apenas para passar o dia?"

No domingo, Maurizio finalmente apareceu, tendo prometido ao pai que estaria de volta naquele mesmo fim de tarde. Mas durante o jantar Patrizia convenceu-o a passar a noite. Quando Rodolfo percebeu que Maurizio não tinha voltado para casa, ligou. Silvana atendeu ao telefone apenas para ouvir Rodolfo berrar do outro lado da linha.

Ele queria falar com o pai de Patrizia. Quando Fernando Reggiani veio ao telefone, o pai de Maurizio esbravejou: "Não estou feliz com o que está acontecendo entre meu filho e sua filha. Ela está distraindo Maurizio de seus estudos".

Reggiani tentou acalmá-lo, mas foi cortado. "Basta! Diga a sua filha que não tem permissão para ver Maurizio nunca mais. Eu sei que ela está apenas atrás do dinheiro dele, mas nunca terá nem um tostão. Nunca! Você entendeu?"

Fernando Reggiani não era homem de ouvir desaforo calado e o ataque de Rodolfo o ofendeu profundamente.

"Você é muito rude! Devia saber que não é o único neste mundo a ter dinheiro", rebateu Fernando. "Minha filha é livre para ver quem ela quiser. Eu confio nela e em seus sentimentos, e se quiser ver Maurizio Gucci ou qualquer outra pessoa é livre para isso", gritou, batendo o fone no gancho.

Maurizio, ao ouvir a conversa, ficou mortificado. Ele e Patrizia foram dançar naquela noite na discoteca da praia, mas ele não conseguiu se distrair. Na manhã seguinte, de madrugada, voltou para Milão. Maurizio apreensivamente abriu a porta de madeira maciça do escritório do pai. Rodolfo, sentado atrás de sua pesada e antiga escrivaninha, olhou furiosamente para o filho e disse coisas que culminaram com a saída de Maurizio de casa.

Menos de uma hora mais tarde, Maurizio colocou sua grande valise, que trazia a tradicional tira da Gucci em verde e vermelho, na porta de entrada do prédio na Via dei Giardini. Ele tocou a campainha da casa de Patrizia. Quando ela o cumprimentou na porta, seus olhos se arregalaram ao ver a pesada mala e os tristes olhos azuis de Maurizio.

"Eu perdi tudo", ele chorou. "Meu pai enlouqueceu. Ele me deserdou, ele nos ofendeu, a mim e a você. Não posso repetir as coisas que ele disse."

Patrizia o abraçou em silêncio, acariciando sua cabeça. Então estendeu seus braços e sorriu, acariciando-lhe o pescoço.

"Nós somos como Romeu e Julieta, e nossas famílias são como os Montéquios e os Capuleto", disse. Ela apertou suas mãos trêmulas e o beijou suavemente.

"O que eu vou fazer agora, Patrizia? Não tenho um centavo em meu nome", ele disse com uma voz que era quase um gemido.

O olhar de Patrizia estava sério. "Venha comigo", ela disse, puxando-o para a sala de estar. "Meu pai voltará para casa logo. Ele gosta de você. Nós conversaremos com ele."

Fernando recebeu sua filha e o jovem Gucci em seu escritório, simples mas elegantemente mobiliado com estantes de livros, uma antiga escrivaninha de madeira, duas pequenas poltronas e um sofá. Ele gostava de Maurizio, embora estivesse furioso por causa dos insultos de Rodolfo.

"*Commendatore* Reggiani", Maurizio disse em voz baixa, "eu tive um desentendimento com meu pai, que me forçou a deixar minha casa e os negócios da família. Ainda estou estudando e não tenho emprego. Estou apaixonado por sua filha e gostaria de me casar com ela, embora não tenha nada para oferecer no momento."

Fernando ouviu cuidadosamente e o questionou a respeito da discussão com Rodolfo. Ele acreditava no que o rapaz estava lhe dizendo, tanto a respeito da briga com seu pai como dos sentimentos por Patrizia. Apiedou-se de Maurizio.

"Eu lhe darei um emprego e abrirei minha casa para você", Fernando disse finalmente, escolhendo as palavras com cuidado, "com a condição de que termine seus estudos e você e minha filha fiquem longe um do outro. Eu não vou tolerar namoricos sob meu teto e, se houver algo, acabo com tudo", Fernando acrescentou, olhando seriamente para o rapaz. Maurizio aceitou silenciosamente.

"Quanto a casamento, ainda vamos pensar, primeiro porque ainda estou magoado com o tratamento recebido de seu pai, e segundo porque quero ter certeza de que vocês dois estejam certos desse passo. Eu levarei Patrizia para uma longa viagem neste verão e quando retornar, se vocês ainda estiverem apaixonados, então pensarei a respeito."

Numa atitude que se tornaria sua marca na vida adulta, Maurizio terminou o relacionamento com seu pai — que o criticava e o restringia — e encontrou uma nova fonte de proteção e forças em Patrizia e na sua família. Para os Regianni, Maurizio parecia tão bem-intencionado e vulnerável, que eles estavam felizes em recebê-lo em suas vidas e salvá-lo do furioso e irracional Rodolfo. O sofá do escritório tornou-se a cama de Maurizio nos meses que se seguiram enquanto ele ia trabalhar para Reggiani durante o dia e terminar seus estudos à noite.

A notícia de que os dois jovens estavam morando sob o mesmo teto ardia como fogo nos círculos sociais de Milão. Os amigos de Patrizia a crivavam de perguntas a respeito de como era viver com o namorado. A moça brincava com a situação, discretamente.

"*Papà* se certifica de que dificilmente nos cruzemos nos corredores", ela se queixou, encantada com a curiosidade de seus amigos. "Eu não vejo mais Maurizio. Durante o dia, ele trabalha com *Papà* e à noite estuda para os exames", ela dizia fazendo beicinho.

Enquanto Maurizio aprendia os segredos dos negócios de transporte, Rodolfo meditava amargamente, incapaz de aceitar a pronta partida e a disposição de Maurizio em desistir de tudo o que lhe aguardava por uma mulher. O orgulho de Rodolfo não lhe permitia procurar uma reconciliação. Sentindo falta dos jantares que ele dividia com Maurizio, Rodolfo permanecia no escritório até mais tarde, noite após noite, instruindo a cozinheira a deixar somente uma refeição fria para que comesse sozinho – usualmente constituída de frutas e um pedaço de queijo. Quando seus irmãos Aldo e Vasco vinham vê-lo, consternados com a ruptura entre pai e filho, ele os cortava rapidamente.

"Para mim, aquele *bischero*, aquele filho idiota, não existe mais, vocês entenderam?", gritava.

"Rodolfo nunca me rejeitou como Patrizia Reggiani, mas como a mulher que estava roubando seu filho amado", Patrizia diria algum tempo depois. "Pela primeira vez, Maurizio desafiou suas ordens e ele ficou furioso por causa disso."

Nesse meio-tempo, Reggiani fez uma viagem de volta ao mundo com Patrizia. Quando retornaram em setembro de 1971, Patrizia e Maurizio estavam mais apaixonados do que nunca. Os gerentes de Fernando relataram que Maurizio provou ser um trabalhador sério e com a cabeça no lugar. Nunca desanimou e até fez trabalho braçal como descarregar contêineres no porto. Ele trabalhou com afinco para resolver os problemas da companhia, coordenando cuidadosamente as escalas dos motoristas. Alguns dias após seu retorno, Reggiani chamou a filha em seu escritório.

"*Va bene*", ele disse. "Vocês dois me convenceram que são sérios. Eu vou concordar com seu casamento com Maurizio. É uma vergonha que Rodolfo seja tão teimoso, porque, agindo assim, ele perderá um filho e eu ganharei outro."

A data do casamento foi marcada para 28 de outubro de 1972, e sob os olhos vigilantes de Silvana, os preparativos do casamento ganharam asas. Quando Rodolfo percebeu que Maurizio não ia abrir mão de Patrizia, decidiu tomar medidas drásticas. Uma manhã, em fins de setembro de 1972, foi visitar o cardeal de Milão, Giovanni Colombo – mas não para procurar consolo espiritual. Após uma longa espera no sombrio *hall* de teto alto, do lado de fora do escritório do cardeal, localizado em um prédio bem atrás da catedral de Milão, o Duomo, ele apareceu.

"Sua Eminência", ele implorou ao cardeal, "preciso de sua ajuda. O casamento entre meu filho e Patrizia Reggiani deve ser impedido!"

"Baseado em quê?", o cardeal Colombo perguntou.

"Ele é meu único filho, sua mãe está morta e ele é tudo o que tenho", Rodolfo disse-lhe, trêmulo. "Essa Patrizia Reggiani não é a mulher certa para ele e eu estou com medo. O senhor é o único que pode impedi-los!"

O cardeal ouviu-o.

"Sinto muito", disse ele finalmente, levantando-se e sinalizando o fim da audiência. "Se eles estão apaixonados e querem se casar, não há nada que eu possa fazer para impedir isso", acrescentou, conduzindo Rodolfo até a porta.

Rodolfo tornou-se uma pessoa fechada, ruminando sobre seu filho que considerava perdido. Ao mesmo tempo, Maurizio parecia renascido, agora formado em Direito pela Universidade Católica de Milão. Durante os meses em que morou com os Reggiani, percebeu que o mundo não se resumia a seu pai. Ele parecia mais amadurecido, tinha mais controle sobre si e sobre seu futuro – mesmo que não fosse na empresa da família. Estava se saindo bem e gostando do trabalho com o pai de Patrizia, a quem aprendeu a querer bem. Os Reggiani também gostavam dele; Maurizio chamava Fernando de "*Papà Baffo*", por trás, devido ao seu eriçado bigode grisalho.

"Maurizio chegou mesmo a dizer abertamente que gostava de carregar os caminhões!", disse, surpreso, um de seus amigos. "Aqueles foram anos de movimentos estudantis na Itália. Em Milão, como em outras cidades, havia passeatas, guerras de gangues e bombas de gás lacrimogêneo nas ruas do centro da cidade. Maurizio não se envolvia nos tumultos estudantis. Patrizia era a rebelião de Maurizio. Ele encontrou sua independência", o amigo comentou.

Entretanto, Maurizio não estava completamente em paz consigo mesmo. Alguns dias antes de seu casamento, ele foi se confessar no Duomo, a magnífica catedral do século XIV em Milão. Caminhou pela bela e escura nave em direção ao confessionário. Ele gostava de se sentir anônimo, de ser um entre muitos, sentindo o murmúrio das vozes, os passos soando macios e as luzes, esmaecidas, filtradas pelos vitrais. "Perdoe-me, padre, por ter pecado", Maurizio murmurava, ajoelhado no genuflexório estofado do confessionário, abaixando sua cabeça em direção às mãos, segurando-a com os dedos cruzados, em frente a uma cortina de um bordô desbotado.

"Eu desobedeci a um dos dez mandamentos", disse ele. "Não honrei os desejos de meu pai. Eu vou me casar contra a sua vontade."

A BASÍLICA DE TIJOLOS vermelhos Santa Maria della Pace, do século XIV, fica em um pátio cercado de árvores, localizado bem atrás do Palácio da Justiça do século XX, em Milão. Como é de costume na Itália, Silvana mandou forrar os bancos com veludo bordô, que foram decorados com buquês de flores do campo. *Papino* Reggiani esbanjava dinheiro; alugou um Rolls-Royce para trazer sua filha até a igreja e seis recepcionistas uniformizados conduziam os convidados. Uma rápida recepção nos salões da Ordem do Santo Sepulcro, sob a igreja, seguiu-se à cerimônia, e os quinhentos convidados sentaram-se para jantar sob os reluzentes lustres do Club dei Giardini — o mesmo clube social de Milão onde, com muita música e luzes, a Gucci faria voltar às passarelas sua moda moderna vinte e três anos mais tarde.

O casamento de Maurizio e Patrizia foi um dos grandes acontecimentos sociais do ano — mas nenhum parente de Maurizio estava lá. A família de Patrizia, ciente de que Rodolfo era contra o casamento, não o convidou. Logo cedo, naquela manhã, Rodolfo chamou seu motorista, Luigi, e pediu que o levasse a Florença, como desculpa. "Parecia que toda a cidade estava comemorando aquele casamento", lembrou Luigi. "A única coisa que Rodolfo podia fazer era deixar a cidade."

Enquanto os amigos e conhecidos de Patrizia lotavam a igreja, os convidados de Maurizio se resumiam a apenas um de seus professores e alguns amigos de escola. Seu tio Vasco mandou um vaso de prata.

Patrizia estava convencida de que Rodolfo apareceria. "Não se preocupe, Mau", ela consolava-o, "as coisas mudarão. Apenas espere até que um neto ou dois cheguem; seu pai fará as pazes com você."

Patrizia estava certa, mas ela não era o tipo que deixava as coisas à sua própria sorte. Fazia *lobby* com Aldo, que sempre fora um bom advogado da família nos negócios. Ele vinha observando Maurizio e estava impressionado pela determinação de seu sobrinho em enfrentar o pai. Estava começando a perceber que nenhum de seus filhos tinha o desejo de juntar-se a ele nos Estados Unidos para trabalhar, nem possuíam a ambição em continuar com seu trabalho. Seu filho Roberto havia se estabelecido em Florença com a esposa, Drusilla e seus numerosos filhos; Giorgio tinha se estabelecido em Roma, onde supervisionava duas butiques; e Paolo estava trabalhando para Vasco, em Florença.

Em abril de 1971, Aldo deu a entender ao *New York Times* que estava procurando um sucessor porque seus próprios filhos não podiam largar suas funções dentro dos negócios. Disse ainda que poderia treinar um jovem sobrinho, que em breve se diplomaria na universidade. "Talvez antes que ele encontre alguma jovem sem atrativos e se estabeleça em uma vida familiar", acrescentou, "eu lhe darei o desafio de me substituir." Isso foi um forte sinal para Maurizio.

Aldo foi falar com Rodolfo.

"Você tem mais de sessenta anos. Maurizio é seu único filho. Ele é sua verdadeira fortuna. Olhe, Patrizia não é uma garota tão má e eu estou convencido de que ela realmente o ama." Ele estudou o irmão, que estava fechado com um olhar cheio de ódio. Aldo percebeu que teria de ser bem insistente e precisaria de muito esforço para promover a paz entre os dois.

"Foffo!", Aldo disse em desaprovação. "Não seja idiota! Se você não trouxer Maurizio de volta à família, eu estou dizendo, você se tornará um velho solitário e amargo." Dois anos tinham se passado desde que Maurizio deixara a casa do pai. Naquela tarde, quando ele voltou para o jantar, no aconchegante apartamento que Reggiani havia dado a eles na Via Durini, no centro de Milão, Patrizia o recebeu com um misterioso sorriso.

"Tenho boas notícias para você", ela disse. "Seu pai quer vê-lo amanhã." Maurizio ficou surpreso e feliz.

"Você deve agradecer ao seu tio Aldo... e também a mim", continuou ela, abraçando-o.

No dia seguinte Maurizio andou poucos quarteirões até o escritório de seu pai, sobre a loja Gucci, pensando a respeito do que falariam um ao outro. Não foi preciso. Seu pai o cumprimentou calorosamente na porta como se nada tivesse acontecido entre os dois – no típico estilo Gucci.

"*Ciao*, Maurizio!", Rodolfo disse sorrindo. "*Come stai?* Como vai?"

Não mencionando nada sobre seu descontentamento ou a respeito do casamento, Rodolfo perguntou por Patrizia.

"Vocês gostariam de viver em Nova York?", Maurizio arregalou os olhos. "Seu tio Aldo gostaria que você fosse para lá a fim de ajudá-lo."

Maurizio estava estupefato. Menos de um mês depois, o jovem casal mudava-se para Nova York. A despeito de seu entusiasmo em chegar a Manhattan, Patrizia não estava nada contente com o hotel de terceira classe que Rodolfo havia reservado para eles ficarem até que pudessem comprar um apartamento.

"Seu nome é Gucci e nós temos que viver como camponeses?", ela se queixou a Maurizio. No dia seguinte, ela conseguiu a mudança para uma suíte no Hotel St. Regis, na esquina da Quinta Avenida com rua 55, a poucos metros da loja. De lá, eles se mudaram para um dos apartamentos alugados de Aldo, onde ficaram por cerca de um ano até que Patrizia encontrou um luxuoso apartamento na Olympic Tower, um arranha-céu com vidros cor de bronze, construído por Aristóteles Onassis. Ela adorou a aparência do elegante porteiro na entrada e das janelas do chão ao teto com vista para a Quinta Avenida.

"Oh, Mau, eu quero morar aqui!", ela disse, abraçando-o enquanto ele corava na presença do corretor de imóveis.

"Você está louca?", ele protestou. "Como vou dizer para meu pai que gostaria de uma *penthouse* em Manhattan?"

"Bem, se você não tem coragem, eu tenho", ela prontamente respondeu.

Quando ela pediu a Rodolfo, ele ficou furioso. "Você quer me arruinar?"

"Se você pensar bem, isso será um excelente investimento", Patrizia retrucou calmamente.

Ele balançou a cabeça negativamente, mas prometeu pensar no assunto. Dois meses mais tarde, Patrizia tinha seu apartamento, medindo aproximadamente, 150 metros quadrados. Forrou as paredes com uma imitação de camurça amarelo-clara, mobiliou os aposentos com peças modernas adornadas com vidro fumê, colocou peles de leopardo e jaguar sobre os sofás e no chão. Extasiada, ela passeava em um carro com motorista, em cuja placa se lia "Mauizia", e adorava a vida em Nova York. Certa vez, numa entrevista pela televisão, ela confessou que preferiria "chorar em um Rolls-Royce do que ser feliz em uma bicicleta". Com os anos, outros presentes se seguiram: um segundo apartamento na Olympic Tower, um terreno nas colinas de Acapulco, onde ela pretendia construir no futuro, a fazenda Cherry Blossom em Connecticut, e uma cobertura dúplex em Milão.

A generosidade de Rodolfo estava inteiramente alinhada com o costume italiano, em que os pais geralmente oferecem alojamento aos filhos quando eles se casam. Até o casamento, habitualmente, os filhos adultos moram na casa dos pais. O presente da moradia varia de uma acomodação na casa da família a um apartamento em comum, ou algumas vezes, até uma casa independente. Pais ricos, claro, podem fornecer casas de campo ou propriedade na praia, além de uma casa principal.

Em razão do rompimento de Rodolfo com Maurizio por causa de Patrizia, o jovem casal mudou-se inicialmente para um apartamento que *Papino* Reggiani tinha oferecido a eles em Milão. Patrizia, aborrecida, sentia que eles tinham direito a mais. Após Rodolfo e Maurizio se reconciliarem, o apartamento na Olympic Tower e as outras propriedades do jovem casal representaram os esforços de Rodolfo em pedir desculpas – e, Patrizia achava, para também agradecer a ela por tudo o que estava fazendo por Maurizio.

"Rodolfo tornou-se mais generoso comigo", contou Patrizia. "Todos os presentes representavam uma maneira de me agradecer pela felicidade que eu estava proporcionando a meu marido. Em especial, era seu agradecimento silencioso pelo meu diplomático trabalho com o irmão dele, Aldo."

Entretanto, Patrizia não tinha nenhum direito aos apartamentos em Nova York, ao terreno em Acapulco, à fazenda em Connecticut, nem mesmo à cobertura em Milão. Uma companhia controladora dos bens da família no exterior, sediada em Liechtenstein e chamada Katefid AG – provavelmente estabelecida para protegê-los dos impostos – controlava todos os direitos dos imóveis. Colocar os ativos da família em uma companhia controladora era também uma forma efetiva de prevenir que a riqueza da família se dispersasse. Dessa forma, se uma nora, por exemplo, deixasse a família, teria muitos problemas em entrar com uma queixa legal para obter alguma propriedade, porque, na verdade, essa propriedade pertencia à companhia controladora.

Patrizia, apaixonada por Maurizio e exultante pela generosidade de Rodolfo, não prestou muita atenção ao problema de propriedades na época. Ela dedicava sua atenção em ser uma boa esposa e mãe. Alessandra, a primeira filha do casal, nascida em 1976, recebeu o nome da mãe de Maurizio – uma decisão que deixou Rodolfo muito feliz. A segunda filha, Allegra, nasceu em 1981.

"Nós vivíamos grudados", Patrizia contou. "Éramos leais um com o outro e tínhamos um relacionamento sereno. Ele deixava que eu tomasse todas as iniciativas na casa, com nossa vida social e com as meninas. Cobria-me de atenções, sempre me olhando com olhos cheios de amor, presentes... Ele me ouvia."

Em comemoração ao nascimento de Allegra, Maurizio fez uma das mais ambiciosas compras – um iate de 64 metros e 3 mastros batizado com o nome *Creole*, que era de propriedade do magnata grego Stavros Niarchos. Os marinheiros diziam que era o iate mais bonito do mundo, embora quando Maurizio e Patrizia viram pela primeira vez o *Creole*, ele era pouco mais que um casco velho e podre. Maurizio tinha comprado o barco pelo que foi considerado uma barganha – menos de um milhão de dólares – de uma instituição dinamarquesa para reabilitação de drogados, que não podia mais usá-lo. Trouxe o iate do estaleiro dinamarquês, onde ele o havia visto pela primeira vez, até o porto liguriano La Spezia, na Itália, para os primeiros reparos. Queria restaurar o *Creole* até que voltasse à sua beleza original.

Construído pelo famoso estaleiro inglês Camper & Nicholson em 1925, a pedido do rico americano Alexander Cochran, fabricante de carpetes, o iate recebeu originalmente o nome de *Vira* e era uma das maiores escunas da época. Mas a sua história estava também ligada a tragédias. Cochran morreu prematuramente, vítima de câncer, e seus herdeiros venderam o iate logo depois. Ele mudou então de proprietário e nome diversas vezes. Após a guerra, quando o navio não era mais requisitado pela marinha britânica, retornou ao mercado comercial de iates. Stavros Niarchos apaixonou-se por ele e comprou-o de um executivo alemão em 1953, reabilitando-o e o rebatizando de *Creole*. Niarchos substituiu a pequena cabina do convés por uma espaçosa cabina em teca e mogno, grande o suficiente para uma suíte com escritório – ele detestava dormir embaixo do convés, apavorado com a ideia de morrer afogado enquanto dormia. Embora alguém possa não acreditar no adágio de marinheiros, que é de má sorte mudar o nome de barcos – e o nome do *Creole* foi mudado três vezes –, o fato é que a tragédia atingiu Niarchos. Sua primeira esposa, Eugenia, tomou uma overdose de pílulas e cometeu suicídio no *Creole* em 1970. Alguns anos mais tarde, sua segunda esposa, Tina, que era a irmã mais nova de Eugenia, também se matou no iate. Em sua dor, Niarchos passou a odiar o barco e nunca mais pôs os pés nele. Finalmente vendeu-o para a marinha dinamarquesa, que o doou ao instituto de reabilitação de drogados. Maurizio comprou o *Creole* em 1982.

Embora excitada com a perspectiva de idílicos cruzeiros assim que o *Creole* fosse restaurado, Patrizia temia que as mortes trágicas das esposas de Niarchos pudessem lançar uma aura negativa sobre o iate. Cliente assídua de astrólogos e paranormais que era, Patrizia convenceu Maurizio a trazer a bordo Frida, uma paranormal, para exorcizar os maus espíritos que, ela tinha certeza, ainda estavam assombrando o iate. O iate tinha sido retirado das águas para reparos e estava escorado em um hangar no estaleiro de La Spezia como uma baleia encalhada. Assim que subiram, Frida pediu a todos, incluindo dois membros da tripulação que os acompanhavam como guias com suas lanternas, a permanecerem atrás. Ela entrou em transe e começou a andar vagarosamente pelo convés, dentro da cabina central e em um dos corredores abaixo, murmurando palavras incompreensíveis. Patrizia, Maurizio e os dois empregados sicilianos seguiam à distância. Os dois trabalhadores trocavam olhares céticos.

"Abra a porta, abra a porta", Frida gritou de repente enquanto Maurizio e Patrizia se entreolharam surpresos. O lugar onde estavam era um corredor apenas, não havia porta. Mas os empregados empalideceram. Antes da reforma havia uma porta exatamente no mesmo lugar, disseram. O grupo continuou a seguir Frida, que entrava e saía das cabinas resmungando. De repente, ela parou perto da cozinha.

"Deixe-me em paz!", gritou. O siciliano olhou para ela com horror e depois para Maurizio.

"Este é o lugar onde o corpo de Eugenia foi encontrado", ele sussurrou. Repentinamente, uma lufada de ar gelado varreu o iate, gelando o pequeno grupo.

"O que é que está acontecendo aqui?", explodiu Maurizio, tentando imaginar de onde vinha aquela corrente de ar frio. O *Creole* estava no hangar de construção, e não havia nenhuma porta ou janela que pudesse ter causado aquela repentina corrente de vento. Naquele momento, Frida saiu do transe.

"Está acabado", disse ela. "Não há mais maus espíritos no *Creole*. O espírito de Eugenia me prometeu que, daqui para a frente, protegerá o *Creole* e sua tripulação."

# Rivalidades de família

Enquanto Maurizio era um jovem estudante de Direito em Milão, o espetacular crescimento do império Gucci continuava com força total. Aldo havia começado a década de 1970 inaugurando uma nova e enorme loja no número 689 da Quinta Avenida, esquina nordeste com a rua 54. Essa loja tomou o lugar da de calçados I. Miller, no edifício de dezesseis andares chamado French Renaissance Aeolian. Aldo havia contratado o escritório de arquitetura Weisberg and Castro, conhecido pelas reformas de excelentes lojas de moda em Nova York. Os arquitetos criaram um visual contemporâneo usando muito vidro, mármore travertino e aço inoxidável tratado para parecer bronze.

Procurando novas formas de financiar futuras expansões, Aldo reuniu os diretores em 1971 para reavaliar um antigo princípio estabelecido por seu velho pai, o de que a posse da empresa nunca deveria deixar de ser da família.

"Eu acredito que deveríamos abrir o capital da empresa, hoje em cerca de 30 milhões de dólares, para venda na bolsa de valores", disse Aldo enquanto seus irmãos o olhavam silenciosamente. "Poderíamos vender quarenta por cento e manter sessenta por cento da empresa americana. Se começarmos com dez dólares, aposto que em um ano estarão valendo vinte", dizia ele entusiasmado.

"A hora é perfeita", continuava. "A Gucci é um símbolo de *status* e estilo não somente para as pessoas de Hollywood, mas também para corretores e banqueiros! Não devemos ficar para trás; precisamos manter o ritmo nessa competição. Podemos usar esse dinheiro para nos mantermos no topo de nossos mercados já consolidados na Europa e nos Estados Unidos, e também para atingirmos o Japão e o Oriente."

Rodolfo e Vasco, sentados na enorme mesa de conferência em formato oval do escritório em cima da loja da Via Tornabuoni, onde os diretores haviam se reunido, trocavam longos olhares. Nenhum dos dois estava convencido apesar dos argumentos bastante persuasivos de Aldo. Fundamentalmente conservadores, eles não viam vantagem nos planos ambiciosos de seu irmão. Os negócios Gucci estavam lhes dando uma vida confortável e eles não queriam colocar suas rendas em risco. Com maioria de dois terços, eles não somente recusaram as ideias de Aldo como também concordaram em não vender nenhuma de suas ações para alguém fora da família pelos próximos cem anos. Como de costume, Aldo não perdeu tempo remoendo-se. Seu estilo, como havia instruído seus filhos, era seguir em frente.

"Virem a página!", dizia aos meninos. "Continuem. Não olhem para trás. Chorem se precisar, mas mexam-se!"

Por "mexam-se", Aldo queria dizer ajam e reajam – exatamente o que ele fez. Ele acelerou o crescimento da Gucci à velocidade máxima. Novas lojas foram abertas em Chicago em 1971, depois na Filadélfia e em São Francisco. Em 1973, Aldo abriu uma terceira loja na Quinta Avenida, próximo à loja de sapatos do número 699. A nova loja tinha roupas da moda enquanto a butique que ficava na esquina da rua 54 vendia malas e acessórios. A Gucci também abriu suas primeiras franquias americanas, incluindo butiques nas lojas de departamento Joseph Magnin em São Francisco e Las Vegas. Aldo gabava-se pública e privadamente a respeito da maior vantagem da empresa: continuava a ser inteiramente um negócio de família.

"Nós somos como uma trataria italiana", disse ele certa vez. "A família toda está na cozinha."

Agora podia realizar seu sonho de expandir a próxima fronteira — o Oriente, em especial, o Japão. Por muitos anos, compradores japoneses se amontoaram nas lojas da Gucci na Itália e nos Estados Unidos. Inicialmente, até o grande homem de negócios Aldo havia subestimado a importância do consumidor japonês.

"UM DIA, EU ESTAVA atendendo um cavalheiro japonês que havia entrado na loja em Roma", relembra Enrica Pirri. "Quando ele não estava olhando, Aldo acenou para mim. '*Vieni qui!*', disse. 'Você não tem nada melhor pra fazer?'"

Pirri fez uma careta para seu chefe e balançou a cabeça. O cavalheiro estava olhando uma série de bolsas de pele de avestruz coloridas.

"Elas eram realmente horrorosas, mas estavam na moda nos anos 1960", relembra Pirri. "O homem continuou olhando para as bolsas e dizendo: '*Ahem, ahem, ahem*'. Eu disse ao Dr. Aldo que queria terminar a venda e voltei para junto do homem. Ele comprou cerca de sessenta bolsas! Foi a maior venda individual que já fizemos", contou Pirri.

Aldo logo mudou o tom. "Eles têm excelente gosto!", disse ao *New York Times* em 1974.

"Digo à minha equipe que os japoneses são os aristocratas dos consumidores", disse Aldo a um repórter em 1975. "Podem não parecer muito bonitos, mas neste momento são os aristocratas." Ele também instituiu uma regra em que a equipe de vendas não poderia vender mais de uma bolsa para cada consumidor — imaginava que os compradores japoneses costumavam comprar em grandes quantidades e depois revender as bolsas no Japão por preços muitas vezes maiores do que haviam pago na Itália. Percebeu que precisava encontrar uma maneira de levar a Gucci diretamente aos japoneses.

Aldo recebeu uma proposta de um executivo japonês, Choichiro Motoyama, de abrir sociedade para operar uma rede de lojas no Japão. O relacionamento tornou-se importante e duradouro, pavimentando o caminho do estrondoso sucesso da Gucci no Oriente. Motoyama abriu a primeira loja Gucci em Tóquio, em 1972, sob forma de franquia. A primeira de Hong

Kong foi aberta em 1974, também em sociedade com Motoyama. O império Gucci agora contava com 14 lojas e 46 franquias ao redor do mundo.

Em apenas vinte anos, Aldo havia transformado a empresa de uma corporação de 6 mil dólares e uma pequena loja no Savoy Plaza Hotel em um resplandecente império por todo os Estados Unidos, Europa e Ásia. A presença mais intensa da Gucci era em Nova York, onde agora tinha três butiques na Quinta Avenida, entre as ruas 54 e 55, o que o *New York Times* chamou de "uma espécie de cidade Gucci".

Na metade dos anos 1970, a antiga filosofia de Aldo de que "o cliente sempre tem razão" transformou-se em um tipo de rigidez autocrática que logo chamou atenção. Aldo estabeleceu suas próprias políticas, estando elas ou não em sintonia com o que os demais comerciantes faziam. Não aceitava devoluções, por exemplo, nem reembolsava ou dava descontos. No máximo, o cliente poderia trocar uma mercadoria apresentando o recibo no período de dez dias após a compra – enquanto outros nomes luxuosos, incluindo Tiffany e Cartier, ofereciam reembolso total dentro do prazo de trinta dias. Qualquer um que quisesse pagar com cheque tinha que esperar enquanto a vendedora ligava para o banco para confirmar se havia fundos disponíveis. Se a venda fosse em um sábado, a vendedora simplesmente informava ao consumidor que iria reter a mercadoria na loja e mandaria entregar na segunda-feira, após o banco aprovar o cheque. A equipe de vendas também reclamava de uma prática interna da Gucci: no fim do dia, eles tinham de sortear bolinhas dentro de um chapéu. A pessoa que pegasse a única bolinha preta no meio das brancas deveria ter sua bolsa revistada antes de deixar a loja.

O que enfurecia os consumidores na maioria das vezes era a insistência de Aldo em fechar a loja para almoço todos os dias entre 12h30 e 13h30, uma prática que ele instituiu em 1969. O costume era um reflexo da Itália, onde até hoje muitas lojas fecham das 13 às 16 horas.

"As pessoas formavam filas fora da loja e começavam a bater na porta para que abríssemos", relembra Francesco Gittardi, gerente da loja de

Nova York por muitos anos na década de 1970. "Eu olhava meu relógio e dizia para eles: 'Mais cinco minutos'", lembrou Gittardi.

Aldo alegava que depois de experiências com turnos para almoço, ele preferia permitir que todos os empregados fizessem a refeição no mesmo horário. Desse modo, dizia, poderia promover a administração no estilo familiar do qual se orgulhava tanto e, simultaneamente, evitar o risco de um serviço lento devido à rotatividade das pausas para almoço da equipe de vendas. Ele também dizia que esperava evitar que um cliente entrasse na loja e não encontrasse seu vendedor favorito.

"Nós poderíamos alternar os horários de almoço para nossos empregados, mas alguns só iriam almoçar muito tarde", ele explicou ao *New York Times*. "Então decidi que os clientes entenderiam e agora todos almoçam no mesmo horário." Em vez de prejudicar o negócio, a prática parece que só incrementou o estilo Gucci de ser.

"Qual é o segredo da Gucci?", questionou o *New York Times* em dezembro de 1974, descrevendo como os clientes faziam filas de até três pessoas no balcão à espera de serem atendidos, enquanto Aldo permanecia "acariciando sua gravata azul com a famosa estampa de freio de cavalos e sorrindo ao ver desde casacos de *vison* até calças jeans acotovelarem-se nos balcões". A multidão crescia na época de Natal, época em que Aldo em pessoa tentava agradar, assinando pessoalmente os pacotes de presente.

Consumidores continuavam a lotar as lojas, e saírem irritados com o serviço. Uma das razões era o costume de Aldo de contratar filhos de famílias italianas proeminentes com pouca experiência. Ele os deslumbrava com ofertas tentadoras de trabalho glamouroso em Nova York e lhes oferecia hospedagem em um dos apartamentos que havia alugado na região. Mas como as longas horas de trabalho, o pagamento baixo e a supervisão rígida de Aldo lhes tiravam a paciência, os jovens inexperientes tornavam-se brutos e pouco gentis com os clientes. Algumas vezes, eles debochavam dos clientes pelas costas, ou ridicularizavam-nos em italiano – não muito diferente do comportamento do próprio Aldo – pensando que os clientes não os entenderiam.

"A minha loja Gucci é mais exuberante que a sua", tornou-se uma das mais populares formas de inferiorizar os associados para ganhar *status* entre certos círculos de Nova York. Em 1975, o serviço da Gucci havia se tornado uma discussão tão em pauta que a revista *NewYork* dedicou uma reportagem de capa com quatro páginas à Gucci, intitulada "A loja mais grosseira de Nova York". "A equipe da Gucci especializou-se na arte da humilhação sem disfarce e do olhar gelado, deixando transparecer que o cliente não lhes era importante", escreveu a autora Mimi Sheraton. "Apesar do tratamento grosseiro", disse ela, "os clientes sempre voltam, e pagam muito bem por isso!"

Quando Aldo finalmente concordou em dar uma entrevista para Sheraton, ela estava muito apreensiva com o fato de encontrar com o homem que ela sabia ser chamado de *L'Imperatore* em certos círculos. Ela foi levada ao seu escritório sombrio, todo em tons de marrom. Aquele Aldo que veio recebê-la de trás de uma mesa semicircular havia percorrido um longo caminho desde o tímido jovem de óculos com armação preta, que deu sua primeira entrevista a um jornalista em seu simplório escritório sobre a loja de Roma, na Via Condotti, quinze anos antes.

Vestido em tons de azul brilhante – terno de linho em azul jacinto, camisa azul-clara e gravata azul-celeste com toques vermelhos que acentuavam seus olhos de porcelana azuis e sua pele rosada – Aldo a surpreendeu com sua vivacidade.

"Eu estava totalmente despreparada para o homem efusivamente charmoso, entusiasmado e vigorosamente bem conservado em seus 70 anos, que me cumprimentou", escreveu Sheraton. "Ele se destacava no ambiente."

Em seu estilo lírico, completado por voz modulada, ele recontou a história de quinhentos anos da Gucci, incluindo seu suposto início fabricando selas. Enfatizava o orgulho da Gucci pela qualidade e atenção aos detalhes.

"Tudo deve estar perfeito", disse ele com um largo movimento de braço. "Até mesmo os tijolos nas paredes devem saber que são Gucci." Apesar do charme e da personalidade magnética de Aldo, Sheraton concluiu que a fama de esnobismo das lojas da Gucci vinha diretamente do topo: "A rudeza da Gucci... é, sem dúvida, um reflexo do que o Dr. Gucci considera ser orgulho, mas que o resto do mundo reconhece como arrogância", foi como ela terminou a história. Longe de se sentir ofendido ou furioso, Aldo ficou tão emocionado com o artigo – ele o considerou uma ótima publicidade – que mandou flores para a autora.

Assim como continuava a abrir novas lojas, Aldo também desenvolvia novas categorias de produtos Gucci. Voltou à sala de reunião da família e pediu a seus irmãos que considerassem a venda de um perfume Gucci. Novamente, Rodolfo e Vasco retardaram o assunto.

"Nosso negócio é couro", protestou Vasco, que achava Aldo muito impulsivo e muito ansioso. "O que sabemos sobre fragrâncias?"

"Fragrâncias são a nova fronteira dos itens de luxo no mercado", insistiu Aldo. "A maioria de nossa clientela é feminina e todos sabem que mulheres amam perfumes. Se fizermos uma essência de prestígio que seja cara, nossos clientes a comprarão."

Vasco e Rodolfo por fim concordaram, ainda que contrariados, e em 1972 uma nova empresa, Gucci Perfume International Limited, nasceu. Aldo tinha um duplo motivo para iniciar o negócio de fragrâncias. Estava convencido de que era uma diversificação potencialmente lucrativa que iria complementar o negócio de artefatos de couro; mas também queria fazer da nova companhia de perfumes um veículo para trazer seus filhos para o negócio sem dar-lhes muito poder. Aldo teve pouca resistência por parte de seus irmãos na proposta de incluir a nova geração da família Gucci com um certo benefício para seus filhos. Vasco ficou indiferente, não tinha herdeiros reconhecidos e Rodolfo brigava com seu filho Maurizio no momento por causa de seus planos de casamento e estava muito bravo para dar a seu filho parte das ações da nova empresa.

Outra importante categoria de produtos Gucci surgiu quando Aldo conheceu um homem chamado Severin Wunderman em 1968. A vida de Wunderman foi uma escola difícil e, como resultado, sua filosofia de vida era "quem bate primeiro ganha". Filho de imigrantes europeus orientais, Wunderman ficou órfão aos 14 anos. Cresceu entre Los Angeles, onde sua irmã mais velha morava, e a Europa. Com 18 anos, começou a trabalhar para um atacadista de relógios de pulso, Juvenia. Wunderman percebeu que o negócio de relógios poderia lhe trazer uma boa vida.

Quando conheceu Aldo, Wunderman estava trabalhando como vendedor por comissão para uma empresa francesa de relógios chamada Alexis Barthelay. Em uma viagem de negócios a Nova York, onde já havia se encontrado com clientes como Cartier, Van Cleef e joalheiros importantes por toda a rua 47, ele decidiu visitar representantes da Gucci, que estavam em reunião no hotel Hilton. Não familiarizado com os novos telefones de teclas do saguão, Wunderman discou o número direto de Aldo por engano. Para sua surpresa, o próprio Aldo atendeu ao telefone. Os dois homens começaram a conversar.

"Aldo estava esperando por uma ligação de alguém que deveria lhe apresentar uma garota, e ele achou que eu estava retardando a questão porque eu não conseguia falar abertamente", lembrou Wunderman.

"Não sendo um homem de muita paciência, Aldo não conseguia entender por que o homem não ia direto ao ponto", Wunderman contou.

Finalmente, Aldo explodiu em um dialeto florentino, dizendo algo equivalente a "Quem diabos é você?".

Wunderman o compreendeu perfeitamente porque nessa época ele estava namorando uma mulher de Florença.

"Eu não sou o tipo de pessoa que aceita algo desse gênero", disse Wunderman, "então devolvi o xingamento na hora."

"Quem diabos é você?", disse Wunderman. "Onde você está?", gritou Aldo.

"Aqui embaixo!", gritou de volta Wunderman.

"Bem, então por que você não sobe aqui para eu quebrar a sua cara?"

Wunderman marchou para cima pronto para bater primeiro. "Então, nós nos atracamos e depois olhamos um para o outro e começamos a rir. E esse foi o começo do meu relacionamento com Aldo e com a Gucci", disse Wunderman.

O relacionamento dos dois iria muito além dos negócios. Eles não apenas tornaram-se bons amigos e companheiros de boxe, mas Aldo tornou-se mentor de Wunderman e este, um dos confidentes mais próximos de Aldo.

Em 1972, Aldo expediu uma licença para que o amigo fabricasse e distribuísse relógios sob o nome Gucci. Wunderman estabeleceu sua própria empresa, Severin Mountres Ltd., em Irvine, Califórnia, e pelos vinte e cinco anos seguintes transformou o negócio de relógios da Gucci em um dos mais importantes líderes do mercado. Com sua experiência em vendas, imprevisibilidade e personalidade marcante, ele havia trilhado seu caminho na fechada instituição de fabricantes de relógios suíços, assegurando os processos de produção e distribuição e o espaço de que precisava nas feiras de exposições para se tornar um grande fabricante. A Gucci tornou-se a primeira marca de roupas a se destacar também pela grande venda de relógios suíços.

"Todas as principais empresas de relógios suíços no mundo tiveram pelo menos um modelo de grande sucesso; poucas tiveram dois. Nós tivemos dez!", disse Wunderman.

O primeiro relógio Gucci sob a nova licença foi mais um estilo clássico chamado Modelo 2000, o qual Wunderman vendeu em parceria com a American Express em uma campanha de mala-direta sem precedentes. Do dia para a noite, as vendas dos relógios Gucci decolaram de aproximadamente 5 mil unidades para 200 mil. Esse relógio até entrou para o *Guinness World Records*, o livro dos recordes, por vender mais de 1 milhão de unidades em dois anos. Era um relógio feminino, que depois veio a ser conhecido como o relógio anel. O maquinário ficava em um bracelete de ouro e vinha com aros coloridos que podiam ser trocados e encaixados ao seu redor. O negócio foi uma mina de ouro do dia para a noite – para ambos, Wunderman e Gucci, que haviam assegurado lucrativos quinze por cento nos direitos de comercialização, considerados altos ainda hoje.

"Se você fosse para Oshkosh, Wisconsin, e mencionasse a palavra Gucci", disse Wunderman, "as pessoas diriam: 'Ah, sim, eles também fazem sapatos!'."

Wunderman, que transformou sua inteligência limitada em tino para os negócios, logo estava fretando jatinhos entre os escritórios de Londres e suas instalações de produção na Suíça, para aproveitar o máximo de seus dias de trabalho. E apesar de talvez ter se tornado o "bicho-papão" da conservadora comunidade suíça de fabricantes de relógio, portas rapidamente se abriram para ele nos melhores restaurantes e hotéis ao redor do mundo, que aprenderam a oferecer serviço extraespecial em troca das gorjetas generosas de Wunderman.

Wunderman manteria a licença de produção de relógios Gucci – a primeira e única licença de relógios que a Gucci já expediu – por vinte e nove anos. No fim dos anos 1990, o negócio de relógios da Gucci somava vendas de aproximadamente 200 milhões de dólares e gerava *royalties* de 30 milhões de dólares – provendo receita fundamental para a empresa Gucci nos tempos de crise. Wunderman, enquanto isso, fazia sua própria fortuna, estabelecendo suntuosas residências na Califórnia, em Londres, Paris e Nova York, e mais tarde, comprando seu próprio *château* no sul da França.

Durante os anos 1970, um acontecimento mudou dramaticamente a estrutura da Gucci: Vasco morreu de câncer no pulmão em 31 de maio de 1974, aos 67 anos. Nos termos da lei italiana de herança, seu terço de direito da companhia passou para a viúva, Maria. Eles não tinham filhos. Aldo e Rodolfo propuseram comprar as ações dela para manter a posse da empresa na família, e para alívio dos irmãos, ela concordou. Aldo e Rodolfo tornaram-se os únicos acionistas do império Gucci, com cinquenta por cento cada um – uma quantidade de ações que limitaria profundamente o futuro da Gucci. Rodolfo, ainda teimando em manter os conflitos com Maurizio, recusou-se a considerar qualquer divisão de ações com ele, mas Aldo sentiu que era hora de trazer seus filhos para a empresa-mãe da Gucci. Ele dividiu dez por cento de suas ações entre seus três filhos, Giorgio, Paolo e Roberto. Agiu como um pai generoso e justo, sem se preocupar com o fato de que havia aberto mão de seu poder de comandar. Um de seus filhos poderia agora aliar-se a Rodolfo e ter maioria de votos nas reuniões de negócios da família. Ao mesmo tempo, os dois irmãos criaram empresas em paraísos fiscais nas quais depositavam os lucros da Gucci. Vanguard International Manufacturing, no Panamá, era de Aldo; Anglo American, de Rodolfo.

Enquanto o negócio de relógios decolou quase imediatamente, os esforço iniciais da Gucci em começar sua própria linha de perfumes falhava — os custos e a *expertise* necessários estavam além do alcance da família. Relutante em desistir, Aldo consolidou novamente o empreendimento como Gucci Parfums SpA em 1975, e expediu a primeira licença para a Mennen desenvolver e distribuir o primeiro perfume da marca. A posse da nova empresa era dividida igualmente entre Aldo, Rodolfo e os três filhos de Aldo, cada um com vinte por cento.

Aldo intimamente sentiu, assim como seus filhos, que os cinquenta por cento de Rodolfo na Guccio Gucci era desproporcional à sua contribuição nos negócios da família. Planejava redirecionar mais e mais os lucros da empresa para a Gucci Parfums, desenvolvendo um novo negócio sob sua direção. Para tanto, Aldo reteve o direito de desenvolver e distribuir uma nova linha de bolsas e acessórios para ser vendida em perfumarias, assim como nas lojas da Gucci. Ele também quis dar uma mão para seu filho Roberto, que tinha uma família de seis pessoas para sustentar, e nomeou-o presidente da Gucci Parfums. A nova linha foi batizada de Gucci Accessories Collection, ou GAC. Roberto Gucci fiscalizava o negócio de Florença, enquanto Aldo supervisionava seu desenvolvimento em Nova York. A nova linha consistia em bolsas para cosméticos, bolsas grandes e itens similares feitos de lona tratada estampada com o monograma de dois Gs e enfeitados com a assinatura Gucci em couro marrom ou azul-escuro, com tecido listrado combinando. A coleção era conhecida tanto como GAC quanto como a coleção das "lonas". Com um custo de produção mais barato do que as bolsas e acessórios em couro Gucci feitos à mão, a GAC foi desenvolvida para levar o nome Gucci a um número maior de consumidores. A ideia era vender as bolsas para cosméticos e as bolsas maiores, dentre outros produtos, em perfumarias e lojas de departamento ao lado dos perfumes Gucci.

Um aparentemente bem-intencionado e bem pensado movimento que parecia em sintonia com a época em que foi lançado, em 1979, a Gucci Accessories Collection acabou tornando-se uma força desestabilizadora tanto nos negócios quanto na família. Seu lançamento representou o momento em que a Gucci perdeu o controle sobre o fator "qualidade". Roberto inseria cada vez mais produtos sob o nome GAC – incluindo produtos pequenos como isqueiros e canetas – e a subsidiária de perfumes logo começou a colher lucros maiores do que a empresa-mãe. Nessa época, a maioria dos negócios da Gucci era feita diretamente em lojas próprias ou em franquias. Em parceria com Aldo, uma executiva chamada Maria Manetti Farrow, que havia gerenciado as franquias da Gucci na Joseph Magnin, começou uma operação de vendas por atacado da GAC direcionada para um número bem maior de varejistas. Também de origem florentina, Manetti Farrow tinha talento para os negócios e gosto para o sucesso, e logo se tornou conhecida no mercado de varejo norte-americano por sua administração dos negócios por atacado da GAC. Já familiarizada com processos de produção e vendas, ela levou o negócio da GAC do zero para um atacado de 45 milhões de dólares em apenas um ano, comprando as bolsas de lona diretamente da empresa-mãe em Florença e vendendo-as para lojas de departamento e de moda por todos os Estados Unidos. Começou com oito pontos de venda. Quando a Gucci conseguiu retomar o negócio dela, em 1986, Maria Manetti Farrow estava vendendo 600 mil peças por ano, das quais 30 mil eram malas de mão em lona, as mais vendidas, por 180 dólares cada, em mais de duzentas cidades por todo o país. Ela vendeu a GAC para mais de trezentos clientes varejistas, que totalizavam vendas de mais de 100 milhões de dólares. No fim da década, as bolsas de lona da Gucci eram vendidas em mais de mil lojas ao redor do país.

"Eu estava atingindo aqueles que não viajavam muito, pessoas que se sentiam intimidadas demais para entrarem em uma loja Gucci", explicou ela.

No fim dos anos 1980, a GAC seria o produto – distribuído em massa por meio de lojas de departamentos e balcões de cosméticos – que os compradores profissionais associavam a uma "versão barata" da Gucci.

A GAC também intensificou outro fenômeno – a falsificação. Era muito mais fácil copiar as baratas bolsas de lona do que as bolsas de couro, detalhadas e cuidadosamente feitas à mão; cópias sem qualidade logo inundaram o mercado. Carteiras com as iniciais GG e bolsas com ornamentos vermelhos e verdes entupiam as grandes e pequenas lojas de Florença e as lojas de acessórios baratos nas principais cidades americanas. Aldo sabia que as falsificações destruiriam seu negócio.

"Como poderia uma mulher ver uma bolsa cara, que ela acabou de comprar, copiada em apenas três meses?", declarou Aldo para a revista *New York*.

A Gucci teve uma longa e incansável batalha judicial contra a falsificação. Só em 1977, abriu 34 processos em seis meses, incluindo um para eliminar a produção de papel higiênico com a marca Gucci. Um precedente disso havia acontecido quando a Gucci abriu um processo contra a Federação das Lojas de Departamentos por produzirem filões de pão com as palavras "Gucci Gucci Goo". Aldo não importunou o fabricante de sacolas de compras de lona gravadas com a palavra "Goochy" porque achou engraçado. Mas falsos sapatos Gucci da Venezuela, camisetas Gucci de Miami e uma loja falsa da Gucci na Cidade do México não o divertiam.

"Notáveis caçadores de pechincha", disse Roberto Gucci ao *New York Times* em 1978, "incluindo a esposa de um ex-presidente do México, tentaram mandar produtos defeituosos comprados na suposta loja da Gucci na Cidade do México para serem arrumados na loja de Nova York, apenas para descobrirem que eram falsificações."

Somente na primeira metade de 1978, os esforços judiciais da Gucci resultaram no confisco de 2 mil bolsas e na eliminação de quatorze falsificadores italianos. Enquanto os Gucci combatiam as ameaças a seu nome, negligenciaram a pior ameaça presença dentre seus próprios membros. O criativo e excêntrico Paolo, frustrado por sua tentativa malsucedida de manter um grande cargo na empresa, havia começado a bater de frente com seu tio Rodolfo, a quem se reportava a respeito da direção de criação da empresa e também das estratégias de negócios. Rodolfo, que se via como o chefe de criação da Gucci, não recebia bem as críticas e sugestões de Paolo. Apesar de o presente de Aldo de pouco mais de três por cento da companhia ter acalmado os ânimos de Paolo por algum tempo, ele começou a usar seu *status* de acionista nas reuniões de negócios da família com a finalidade de apresentar suas ideias sobre design, produção e marketing.

Paolo, então separado da mulher e alheio às duas filhas, havia encontrado uma nova namorada, Jennifer Puddefoot, uma inglesa loira e rechonchuda, que queria ser cantora. Jenny tinha um senso de humor sarcástico e também havia terminado seu primeiro casamento. O casal fugiu para o Haiti em 1978, onde ele naturalizou-se para poder se casar com Jenny, devido às difíceis, ou impossíveis, perspectivas de obter o divórcio de Yvonne, com quem havia se casado na Igreja Católica Apostólica Romana. Cinco anos depois, Paolo e Jenny tiveram uma filha, Gemma.

Depois da morte de Vasco em 1974, Paolo assumiu a supervisão da fábrica Scandicci, fora de Florença. De seu escritório envidraçado, podia ver o departamento de pedidos, onde grandes relógios nas paredes marcavam as horas nas diferentes lojas Gucci ao redor do mundo. Através de outra janela, podia ver a equipe de compras, que fazia os pedidos de tecidos a peles preciosas: peles de avestruz e crocodilo da Indonésia e do norte da África, couros de javali e de porco da Polônia, *cashmere* da Escócia e rolos de tecidos estampados com o GG de Toledo, Ohio, para onde o tecido era constantemente enviado a fim de passar por um processo especial de impermeabilização na Firestone. Do outro lado do *hall*, o estúdio de design era um caleidoscópio de rodas coloridas e amostras de tecido pregadas nas paredes junto a desenhos de bolsas, fivelas, relógios, toalhas de linho e peças de porcelana. A paisagem idílica da janela de Paolo mostrava campos de repolho, os campos planos da Toscana pontilhados de palacetes e ciprestes, e ao longe, a sombra dos montes Apeninos.

No andar de baixo da fábrica, máquinas de costura zumbiam e máquinas de corte batiam, todas complementadas por um pano de fundo de exaustores ruidosos usados para aspirar os gases da cola. Em um canto, artesãos habilmente passavam as chamas dos maçaricos pelos rígidos pedaços de bambu, enegrecendo-os e moldando-os em delicadas alças encurvadas para as famosas bolsas Gucci. Carrinhos passavam para cima e para baixo cheios de produtos em vários estágios de produção, alguns para serem colados, outros para serem costurados, cortados, enfeitados ou para terem seus acabamentos em metal colocados. Com exceção dos equipamentos mais modernos de corte e gravação de couro, os artesãos utilizavam as mesmas técnicas usadas antes em Via delle Caldaie e Lungarno Guicciardini. Depois de ser inspecionada, cada peça era colocada em uma embalagem de flanela e preparada para entrega, como ainda é feito hoje.

Para os trabalhadores e vendedores que o viam movimentar-se rapidamente para cima e para baixo, da loja e dos escritórios na Via Tornabuoni para a fábrica em Scandicci, Paolo era uma figura entusiasmada, agradável e estranha, que tornou-se conhecida por suas explosões de ideias e por correr para lá e para cá usando uma calça estampada com monogramas Gucci que ele mesmo desenhou. Sua equipe rapidamente aprendeu que, assim como seu pai, ele poderia ser alternadamente empolgado e furioso. Depois de uma apresentação bem-sucedida, ele se voltava para sua assistente de design e dizia "Eles estão me aplaudindo, mas eu sei que o mérito é seu". Mas se a mesma assistente o contradissesse, ele jogaria uma pilha de anotações na cara dela e sairia furioso da sala.

A absorvente e aparentemente serena vida de Paolo entre suaves colinas toscanas apenas mascarava a turbulência por baixo da calmaria. Ele acreditava que faltava à empresa visão e planejamento, e menosprezava seu tio Rodolfo pela falta absoluta de habilidade organizacional. Seu pai, por outro lado, era um líder nato, mas pouco cauteloso.

"Meu tio era um bom ator, mas como homem de negócios era um lixo", Paolo disse uma vez. "Ele foi esperto o bastante para ter boas amizades, mas não era um líder. Meu pai, por outro lado, era exatamente o oposto: um líder nato, mas com péssimos conselheiros."

De Florença, escrevia cartas de reclamações diariamente para seu tio Rodolfo em Milão: a Gucci deveria licenciar e distribuir produtos mais baratos para os consumidores mais jovens e antenados; a Gucci deveria abrir uma segunda rede de lojas, nos mesmos padrões da bem-sucedida loja de Giorgio, em Roma. Além de promover suas ideias — rapidamente rejeitadas — sobre o desenvolvimento do negócio Gucci, Paolo usava sua posição nas reuniões de negócios da família para fazer perguntas desconfortáveis a respeito das finanças da empresa. As vendas seguiam a galope ao redor do mundo, as fábricas em Florença produziam em velocidade máxima, a Gucci empregava centenas de pessoas no mundo todo, e, mesmo assim, nunca parecia haver dinheiro nos cofres da empresa. No ano em que ele e Jennifer se casaram, a Gucci Shops Inc. divulgou um recorde no movimento de vendas de 48 milhões de dólares nos Estados Unidos e não havia lucro. Como isso era possível? Paolo pensava alto. Além disso, achava que o rendimento mensal que ele e seus irmãos recebiam mal dava para sobreviver. Aldo mantinha seus filhos com pequenos salários para poder conservá-los sem recursos e na linha. Vez por outra, ele lhes dava um bônus para deixá-los felizes. "Vamos dar algo aos garotos para fazê-los sorrir", Aldo dizia jovialmente, e colocava um extra em seus pagamentos no fim do mês.

A falta de lucros visíveis começou a causar mais confusão na família. Rodolfo atribuía os baixos resultados à fome de Aldo por expansão. O lançamento da Gucci Parfums havia sido caro e, possuindo apenas vinte por cento, Rodolfo via apenas uma fração dos lucros, dos quais oitenta por cento iam para Aldo e seus filhos. Um a um, Paolo e seus irmãos sentiam-se incomodados com a metade das ações da empresa-mãe que Rodolfo possuía e que eles sabiam ter sido construída por Aldo. À medida que as reclamações escritas se empilhavam sobre sua mesa em Milão, Rodolfo perdia a paciência.

Um pequeno episódio no fim dos anos 1970, que os funcionários da Gucci nem mesmo consideravam raro, supostamente deu início ao grande conflito. Certo dia, depois de chegar na loja da Via Tornabuoni, Paolo tirou uma das bolsas favoritas de Rodolfo da vitrine porque ele, Paolo, não havia sido consultado a respeito do design. Quando Rodolfo ficou sabendo do ocorrido, exigiu saber quem havia ousado meter-se com sua vitrine. Quando lhe contaram, explodiu. Logo depois, em uma apresentação para a imprensa, Rodolfo repreendeu Paolo publicamente, que saiu da sala possesso. Em outra reunião no escritório de design de Florença, bolsas voaram, algumas atravessando as janela abertas e aterrizando no gramado embaixo. O episódio entrou para a história da Gucci depois que, na manhã seguinte, um vigia encontrou as bolsas no chão, quando abria a fábrica, e chamou a polícia – achando que havia acontecido um assalto.

"Isso era usual", lembrou um ex-empregado, referindo-se às bolsas voadoras. "Esse tipo de coisa acontecia o tempo todo."

Mas as cartas de crítica e o comportamento insolente de Paolo foram demais para Rodolfo. Ele enfrentou seu sobrinho furiosamente ao telefone e o intimou a comparecer em seu escritório em Milão. Quando Paolo apareceu em seu escritório na Via Monte Napoleone, Rodolfo não perdeu tempo.

"Eu estou farto da sua insolência", gritou ele. "Estou farto de você. Se não consegue trabalhar aqui na Itália, então é melhor você ir trabalhar para seu pai em Nova York!"

Paolo contra-atacou – exigindo ver os livros da empresa. "Eu sou diretor da Gucci e um acionista", devolveu. "Eu tenho o direito de saber o que está acontecendo nesta empresa! O que está acontecendo com os milhões de dólares que são colocados aqui?"

Paolo ligou novamente para seu pai e alegou que Rodolfo estava obstruindo seus direitos dentro da empresa, reduzindo seu papel como diretor de design, começando coisas sem consultá-lo. Aldo, sempre pacificador, deixou o problema de lado e convidou Paolo para trabalhar para ele em Nova York.

"Você precisa de um tempo, Paolo", disse Aldo de forma benevolente do outro lado da linha. "A América é um lugar maravilhoso para se viver e trabalhar – você pode ser responsável pelos acessórios e design aqui. A Jenny também vai gostar – talvez ela possa progredir em sua carreira de cantora." Paolo e Jenny ficaram empolgados. Aldo deu-lhes um apartamento a menos de cinco minutos a pé da loja da Quinta Avenida e o promoveu a vice-presidente de marketing e diretor administrativo da Gucci Shops Inc. e da Gucci Parfums of America, com um salário executivo à altura de sua posição. O empolgado Paolo transbordava com novas ideias para explorar o potencial aparentemente ilimitado do mercado americano. Estavam em 1978.

Em 1980, Aldo abriu uma nova e glamourosa loja do outro lado da rua 45, no número 685 da Quinta Avenida, em um antigo prédio da Columbia Pictures que ele havia comprado em 1977. Trabalhadores quebraram as paredes dos primeiros quatro dos dezesseis andares enquanto mantinham os elevadores e outros serviços para os inquilinos dos andares acima. A reforma custou 1,8 milhão de dólares só para instalar novas vigas de aço e concreto nos espaços abertos, a fim de manter o prédio de pé. Quando terminada, a loja apresentava um espaçoso átrio no qual um enorme tapete de parede, *The Judgment of Paris*, tecido em 1583 para o grande duque Francesco de Médici, encontrava-se pendurado entre dois elevadores panorâmicos. Os três primeiros andares, novamente desenhados pelos arquitetos de Nova York, Weisberg e Castro, tinham acabamento em vidro, mármore travertino e estátuas de bronze. O primeiro andar exibia bolsas e acessórios, o segundo, produtos masculinos, e o terceiro, femininos. Essa loja manteve-se essencialmente com a mesma decoração até ter sido fechada para renovações sob a então administração da Gucci de 1999.

Aldo investiu mais de 12 milhões de dólares no empreendimento, incluindo 6 milhões só para uma coleção de arte exposta no quarto andar da loja, a Galleria Gucci, que foi desenhada por Giulio Savio de Roma. Por anos, misturando arte com comércio, ele havia organizado improvisados jantares de espaguete para amigos depois de concertos do tenor italiano Luciano Pavarotti, também seu amigo. Gradualmente, esses eventos transformaram-se de reuniões informais em bailes de gala, como a noite de estreia de *Don Pasquale* com Beverly Sills em 1978. A Gucci contribuiu para o evento patrocinando um jantar de gala e uma apresentação de moda Gucci depois do espetáculo.

Aldo contratou Lina Rossellini, esposa de Renzo, irmão do diretor de cinema Roberto Rossellini, como uma anfitriã VIP, pois acreditava que o contato pessoal era a melhor propaganda para a Gucci. A senhora Rossellini, como todos a tratavam, era socialmente bem relacionada em Nova York e sempre recebia clientes importantes na Galleria. Ela sempre os conduzia graciosamente a confortáveis sofás e poltronas em tecido cinza-claro onde garçons de luvas brancas serviam café ou champanhe sobre mesas de mármore travertino. Lá eles podiam admirar originais de De Chirico, Modigliani, Van Gogh e Gauguin, entre pinturas de outros artistas, e escolher uma joia de edição limitada desenhada pela Gucci, ou bolsas feitas de peles preciosas que apresentavam estrutura em ouro 18 quilates com preço variando entre 3 mil a 12 mil dólares.

"Você pode perguntar: onde estão as pessoas que compram essas coisas em tempos de recessão?", disse Aldo para a *Women's Wear Daily* na véspera da inauguração. "Eu tenho um ditado a respeito de mulheres bonitas continuou, respondendo à sua própria pergunta. "Apenas cinco por cento são realmente bonitas. E o mesmo acontece com pessoas de grandes posses. São apenas cinco por cento da população. Mas cinco por cento são suficientes para nos fazer sorrir." Ele previu que o negócio americano da Gucci atingiria entre 55 e 60 milhões de dólares até o fim do ano fiscal, em agosto de 1981.

Uma das tarefas preferidas de Paolo era entregar pessoalmente aos clientes VIPs a chave da Gucci folheada a ouro — mais uma das invenções de Aldo — que lhes concedia acesso à Galleria. Em pouquíssimo tempo, a pequena chave de ouro — pouco menos de cem foram emitidas — tornou-se um item cobiçado em certos círculos de Nova York.

A Gucci, considerada então o que havia de mais moderno em classe e estilo, ficou marcada na mentalidade americana como a número um de tudo o que era chique. Em 1978, os personagens de *California Suite*, de Neil Simon, carregavam todos malas da Gucci e até mencionavam seu nome. Em uma cena do filme *Manhattan*, de 1979, Woody Allen rodou suas câmeras em frente às vitrines resplandecentes da Quinta Avenida. Ronald

Reagan usava mocassins Gucci enquanto Nancy carregava a bolsa de bambu no dia a dia e escolhia sapatos de cetim da Gucci e bolsa com pérolas para ocasiões especiais. A piada de Sidney Poitier correu o mundo: durante uma viagem à África, um jornalista perguntou ao ator qual foi a sensação de gravar com os pés no solo de seus ancestrais. Com um olhar embaraçoso ele revidou: "Bem, foi através das solas dos meus sapatos Gucci". Em 1978, a colunista de fofocas Suzy referiu-se a Peter Duchin no *Daily News Sunday* como "o Gucci de todos os maestros da sociedade". Em 1981, a revista *Time* descreveu o novo Volkswagen como um novo minicompacto de quatro lugares que "parece mais um chinelo Gucci que um carro".

Enquanto Paolo aproveitava sua vida em Nova York, seu tio não havia perdoado a campanha do sobrinho contra ele. Rodolfo ressentiu-se da solução simples de Aldo e do fato de Paolo deixar sua posição na Itália sem aviso ou substituição. Agora que Maurizio estava de volta às graças do pai, Rodolfo não poderia mais aceitar que Paolo tivesse mais *status* na empresa que seu próprio filho. Em abril de 1978, escreveu uma carta de próprio punho para Paolo, demitindo-o da empresa italiana por não cumprir seus deveres na fábrica em Florença. Equivalente a uma declaração de guerra a Aldo, a carta mostrou que Rodolfo sentiu que havia sido provocado além de sua tolerância.

Paolo recebeu a carta logo cedo em Nova York, quando deixava sua casa para seguir para a loja. Em vez de aterrorizá-lo, ela só o fez sentir-se mais determinado. "Se eles vão me matar, eu também os matarei", disse a Jenny. Ele jurou destruir a posição de Rodolfo na empresa por meio do poder que seu próprio pai exerce. Calculou que a importância crescente da Gucci Parfums com a lucrativa Gucci Accessories Collection, da qual Rodolfo só tinha vinte por cento, enfraqueceria o poder de negociação de seu tio.

O problema era que Paolo não estava se dando muito bem com seu pai. Enquanto Maurizio agradava Aldo, Paolo o confrontava. Trabalhar lado a lado constantemente frustrava os dois. Aldo era autoritário e queria estar a par de tudo, além de ter ideias bem claras a respeito de como queria que as coisas fossem feitas.

"Não me era permitido fazer nada", reclamou Paolo. "Eu não tinha autoridade."

Quando, para variar, Paolo mandou rechear as bolsas com papel de seda colorido em vez de branco, ele provocou a fúria de Aldo: "Você não sabe que as cores desbotam? Seu idiota!", gritou Aldo.

Ou quando ele devolveu mercadorias que haviam sido encomendadas, mas que chegaram atrasadas, Aldo soltou fumaça: "Nós temos trabalhado com esses fornecedores por anos, você não pode tratá-los assim".

Eles também discordavam a respeito do orçamento para propaganda e sobre o catálogo, em razão da preferência de Aldo pela divulgação da Gucci boca a boca. Apenas as vitrines do filho, que ganharam reconhecimento, pareciam agradar a Aldo — até que Paolo contratasse o mais badalado decorador de vitrines do momento e que Aldo o demitisse no primeiro dia de trabalho. Mesmo socialmente, Aldo era o único Gucci a ter alguma classificação em Nova York. Apelidado de "O guru da Gucci" pela imprensa, apenas ele aparecia no furacão dos eventos beneficentes da Gucci relacionados à moda.

Paolo achava os modos tirânicos de seu pai insuportáveis e pensava no que fazer. Voltar para Florença estava fora de questão. Já que havia construído um círculo de amigos e de contatos, ele explorou a possibilidade de fazer algo com seu próprio nome. Não levou muito tempo para sua família se inteirar de seus planos.

"Aldo, o que o *bischero* do seu filho está querendo?", gritou Rodolfo pelo telefone de seu escritório em Scandicci. Ele tinha ouvido de muitos fornecedores locais que Paolo os tinha abordado a respeito de sua própria linha — a PG collection — e que isso não era só conversa. Havia estilos, preços, datas de entrega. E o plano de distribuição era em massa; ele queria vender até mesmo em supermercados, de acordo com um relato.

Aldo desligou o telefone lívido. Paolo havia calculado muito mal a reação de seu pai. Em vez de tomar partido dele contra Rodolfo, Aldo estava furioso. Apesar de Aldo e Rodolfo discutirem constantemente, quando se tratava de proteger o bem-estar da empresa, eles se uniam.

Ambos sentiram que Paolo era uma ameaça para o nome Gucci e a tudo o que haviam conquistado. Aldo esmurrou a mesa furioso. Depois de tudo o que havia feito por Paolo, era assim que ele lhe agradecia?

Ligou para Paolo em seu escritório sobre a loja da Quinta Avenida.

O lugar tremeu com seus gritos.

"*Bischero!* Está demitido! Você é um idiota por tentar competir conosco! Um grandessíssimo idiota! Eu não posso mais protegê-lo."

"Por que você deixa que eles me matem?", Paolo gritou de volta. "Eu só queria melhorar a empresa, não destruí-la! Se você me demitir, eu vou lançar minha própria empresa e então veremos quem está certo!"

Ele saiu furioso da loja e ligou para seu advogado, Stuart Speiser. Poucos dias depois, deu entrada nos papéis para registrar a nova marca: PG.

Não levou muito tempo até que a carta de demissão escrita por seu próprio pai chegasse — uma carta registrada dos diretores datada de 23 de setembro de 1980. Quando Paolo percebeu que não havia indenização depois de vinte e seis anos de empresa, voltou aos tribunais, entrando com uma ação contra a empresa-mãe, na Itália — que serviu para convencer ainda mais Rodolfo de que Paolo era um grande perigo. A família fez uma reunião em Florença, para a qual Paolo não foi convidado, e autorizou um orçamento de 8 milhões de dólares para lutar contra o empreendimento dele. Giorgio, que havia tentado ficar fora dessas batalhas de família, estava lá, assim como Roberto, que achou que Paolo havia ido longe demais em querer tudo de seu jeito. Ele havia tentado trazer o irmão à razão: "Você não pode ser um de nós e competir conosco ao mesmo tempo. Se quer jogar, respeite as regras do jogo. Você não pode brigar com a empresa e se manter dentro dela. Se quer seguir seu próprio caminho, então venda suas ações".

Paolo ressentiu-se da pressão feita sobre ele. "Todos estavam protegendo seus próprios interesses dentro da empresa, eu não sei por que eu não deveria cuidar dos meus", disse ele.

Rodolfo assegurou-se de que Maurizio também estivesse presente na reunião, apesar de não ser acionista. Havia recebido o diagnóstico de um câncer de próstata e, apesar de ainda ser bastante ativo na empresa, queria trazer Maurizio para a briga o mais rápido possível.

"Você deve lutar contra Paolo com tudo o que você tem", confidenciou Rodolfo a Maurizio. "Ele deve ser derrotado, total e rapidamente. Está ameaçando tudo o que temos e eu não estarei aqui para sempre." A essa altura, Rodolfo estava perto dos 70 anos e sob radioterapia intensiva para tentar retardar a doença.

A empresa Gucci entrou em ação contra Paolo, contratando advogados, rapidamente colocando todas as licenças que Paolo havia expedido sob aviso de que qualquer tentativa de distribuir produtos sob o nome Paolo Gucci seria bloqueada. Rodolfo pessoalmente escreveu para todos os fornecedores da Gucci que qualquer um que fizesse negócio com Paolo seria eliminado da lista. A batalha contra falsificadores era apenas uma briguinha comparada a isso. O conflito de família havia se agravado e se tornava uma completa guerra comercial. Por toda a década seguinte, a guerra de família abriria as cortinas do mundo normalmente particular de negócios familiares cuidadosamente controlados, revelando alianças de interesses, traições repentinas e reconciliações largamente caracterizadas na imprensa como *"Dallas on the Arno"*, mas na verdade lembrava mais as intrigas da Florença renascentista de Nicolau Maquiavel.

# Paolo contra-ataca

Enquanto a Gucci tomava posição e criava seus planos de batalha, a busca de Paolo em desenvolver seu próprio nome se tornou decidida e implacável. Sua investida começou em 1981 com o primeiro processo em que buscava o direito ao uso do próprio nome. Em 1987, ele já tinha aberto dez casos contra Aldo e a companhia. Quando seu pai e seu tio bloquearam seus esforços em assinar contrato com fornecedores, ele explorou a possibilidade de manufaturar seus desenhos no Haiti, onde sua família descobriu que ele havia criado uma falsificação da Gucci.

Nesse meio-tempo, Aldo e Rodolfo entraram em choque sobre a crescente importância do nome Gucci. Embora Rodolfo reconhecesse que levava a vida que tinha em grande medida por causa de Aldo, ao mesmo tempo invejava a confiança e o poder de seu irmão mais velho e desejava ser tudo o que ele era.

Ele não se dava com o gênio de Aldo, resistia e se ressentia do controle que o irmão mais velho tinha sobre os negócios. Rodolfo lamentava também a falta de poder que Maurizio, seu único herdeiro, tinha na companhia.

No princípio do conflito com Paolo, Rodolfo tentou reivindicar controle sobre alguns aspectos do negócio que diziam respeito a ele, pois sabia da estratégia de Aldo que era desviar as receitas da Gucci para a subsidiária Gucci Parfums, da qual tinha apenas vinte por cento e Maurizio não tinha nada. Rodolfo pressionou Aldo a lhe passar uma fatia maior do negócio de perfumes, mas o irmão se recusou.

"Não vejo razão para forçar meus filhos a darem a parte deles para que você tenha mais", Aldo dizia.

Como não conseguiu nada com relação aos perfumes, Rodolfo tentou exercer sua influência de outro modo. Contratou um jovem advogado italiano, Domenico De Sole, que obteve sucesso exercendo Direito em Washington, D.C. De Sole foi a primeira pessoa que Rodolfo encontrou — além de Paolo — que ofereceu resistência a Aldo. Nascido em Roma, De Sole era filho de um general de uma pequena cidade chamada Cirò, na Calábria. Quando criança, ele viajou muito pela Itália com a família em razão da carreira do pai e cresceu sabendo que o mundo era muito mais do que a Calábria, uma região assolada pela pobreza e pelas atividades da Máfia. Depois de terminar sua graduação em Direito na Universidade de Roma, De Sole decidiu se dedicar ao mestrado da escola de Direito da Universidade Harvard, por sugestão de um amigo, Bill McGurn, que estudava lá.

Harvard aceitou De Sole e lhe deu uma bolsa de estudos. Brilhante, ambicioso e motivado, ele logo identificou os Estados Unidos como uma terra de oportunidades.

"Eu amava o país", diria mais tarde. "Era parte da minha personalidade. Os italianos da minha geração são muito *mamma* e *pasta*, mas, para mim, tudo o que dissesse respeito aos Estados Unidos era novo e excitante." Ele sempre falava aos amigos de um estudo que mostrava que a maioria das pessoas abastadas na América tinha vencido sozinha, enquanto na Europa geralmente eram ricas de berço. Ele percebia que a sua ambição e energia se adequavam ao escopo de oportunidades do país onde morava. Ele também gostava da ideia de estar a milhas de distância da mãe, que ele descrevia como geniosa e controladora.

"Na mentalidade americana, ir embora para a universidade é um rito de passagem", De Sole observava. "Ainda lembro de meu horrível quarto do primeiro ano no dormitório em Dane Hall. (Mais tarde, ele se mudaria para Story Hall.) Minha mãe veio me visitar e, assim que viu minhas acomodações, disse: 'Seu quarto em casa ainda está esperando por você'. Naquele momento percebi que não queria voltar!"

"De Sole é duzentos por cento americano", contou seu colega de longo tempo Allan Tuttle, conselheiro legal da Gucci. "Ele mudou-se de uma sociedade relativamente fechada para uma mais aberta e hoje é mais americano que italiano, especialmente no seu entusiasmo pelo sistema."

De Sole estudou com afinco, terminou seu mestrado em 1970 e trabalhou por um curto período para Cleary, Gottlieb, Steen & Hamilton em Nova York, antes de se mudar para Washington a fim de trabalhar no respeitável escritório de advocacia Covington and Burlings. Foi morar num apartamento da rua N, em Georgetown, em frente à ex-residência de John F. Kennedy. Conheceu sua esposa, Eleanore Leavitt, em junho de 1974 num encontro às cegas e apaixonou-se por seus olhos azuis, gênio forte e valores americanos – sentindo que com ela tinha entrado no coração da América. Estava com 30 anos, sete a mais que Eleanore, e se jogou aos pés dela.

"Ele era charmoso, espirituoso e cortês", disse ela. Uma profissional com um futuro promissor na IBM, ela também ficou impressionada por sua determinação pelo trabalho árduo – o Covington and Burlings aceitava somente um advogado estrangeiro no seu quadro a cada ano.

Logo que se conheceram, ele a apresentou aos pais, que vieram visitá-lo em Washington e ficaram por seis semanas. A mãe de De Sole gostou de Eleanore imediatamente e disse isso a ele. Em agosto, De Sole pediu a mão da namorada e, em dezembro de 1974, eles se casaram na igreja episcopal de Saint Albans, localizada na área da National Cathedral. Ele todo de branco e ela com o vestido de noiva da mãe.

De Sole passou no exame da Ordem e foi trabalhar no Patton, Boggs & Blow, um novo e dinâmico escritório em ascensão, que hoje se chama Patton & Boggs. O escritório era respeitado e fazia muitos trabalhos internacionais, o que interessava a De Sole. Ele se determinou a virar sócio – uma perspectiva competitiva na firma de trezentos advogados – e investiu nisso incessantemente.

"Ser um dos sócios se tornou minha meta", disse. "Eu trabalhava mais do que todos, não pedia folga e era obstinado."

Depois de entrar na sociedade em 1979, De Sole se desenvolveu como advogado tributarista — uma das áreas mais difíceis profissionalmente para um estrangeiro nos Estados Unidos — e começou um negócio lucrativo para o escritório trabalhando para a maioria das companhias italianas que procuravam se expandir no país.

De Sole conheceu a família Gucci no ano seguinte, numa viagem a Milão, onde estava associado a um importante advogado local, professor Giuseppe Sena. Um dia, Sena o convidou para participar de uma reunião com a família Gucci. Assim que chegaram, eles se sentaram divididos em facções ao longo da mesa de reunião no centro da sala. Aldo, os filhos e seus advogados de um lado; Rodolfo, Maurizio e seus advogados do outro. No começo da reunião, De Sole prestou pouca atenção. Manteve a cabeça baixa, lendo um jornal escondido sob a mesa. Como a conversa esquentou — e Sena receou que pouco resultasse dela —, pediu para que De Sole encabeçasse a reunião. Ele concordou e deixou o jornal de lado.

Firme e prático, De Sole não se deixou intimidar pelos Gucci. Por sua vez, no princípio, a família não ficou particularmente impressionada com ele. Embora brilhante e talentoso na sua esfera de ação, faltavam-lhe elegância e polidez. Se nos Estados Unidos uma pessoa podia ser bem-sucedida com base no mérito, as relações pessoais e de negócios italianas ainda estavam altamente condicionadas à educação familiar e posição social. Ter o nome certo, o endereço certo, os amigos certos e o estilo certo eram parte do conceito italiano de *bella figura*, o de ter a forma certa o tempo todo. Os Gucci o examinaram superficialmente, analisando sua barba irregular, seu terno americano mal cortado e surrado e suas meias brancas usadas com sapatos sociais. Mas quando o efusivo Aldo começou a falar além do que devia, De Sole foi decisivo dizendo: "Agora não é sua vez de falar, senhor Gucci, por favor, aguarde". Os olhos de Rodolfo se arregalaram com assombro e admiração. Assim que a reunião terminou, encontrou-o na esquina e o contratou no ato — apesar do terno barato e das meias brancas.

"Qualquer um que possa enfrentar Aldo daquele jeito deve trabalhar comigo!", disse Rodolfo animadamente. Com De Sole, Rodolfo desenvolveu uma campanha para incorporar os perfumes Gucci à marca Guccio Gucci — um movimento que aumentaria e consolidaria o controle dele sobre o lucrativo negócio, elevando sua participação de vinte para cinquenta por cento.

Furioso com a petulância do irmão, Aldo convocou Paolo para ir ao seu escritório em Palm Beach. Queria pedir ao filho que ficasse do seu lado em uma reunião de acionistas, na qual ele tinha esperança de tirar a força de Rodolfo. Este não pôde comparecer e pediu a De Sole que interrompesse suas férias na Flórida e aparecesse na reunião representando seus interesses. Os três se sentaram em torno de uma pequena mesa de reunião da sala estreita e longa, dividida ao meio pela mesa de Aldo.

Paolo não estava disposto a satisfazer a vontade do pai. Sua lealdade às empresas e à família tinha sido rompida pelo que ele chamava de tratamento injusto. Então disse a Aldo que ele poderia ter seu voto se o deixasse trabalhar sua própria marca.

"Como você acha que posso ajudá-lo a lutar contra Rodolfo se nem me deixa respirar?", Paolo perguntou ao pai, que pulou da cadeira e começou a andar agitadamente. "Se eu não posso trabalhar dentro da companhia, devo ter a possibilidade de trabalhar fora. Você me demitiu; eu não pedi para ser demitido", disse friamente.

Aldo acelerou o passo. O pensamento de que o filho estava forçando a situação era inaceitável para ele. Quando se dirigiu à sua mesa, já estava fervendo. Pegou a coisa que estava mais ao alcance, um cinzeiro de cristal Gucci que Paolo havia desenhado.

"Seu filho da p...", rugiu Aldo enquanto atirava o cinzeiro em direção ao filho. O objeto se estilhaçou na parede cobrindo Paolo e De Sole com pequenos fragmentos de cristal.

"Você está louco!", gritava Aldo com as faces vermelhas e as veias do pescoço saltadas. "Por que não faz o que eu mando?"

O incidente acabou com qualquer esperança que Paolo tinha de investir num acordo com a família, e daquele momento em diante, ele decidiu acabar com o império Gucci. Paolo sabia que sua família estava contra ele; estava em suas mãos mostrar-lhes que tinham cometido um erro grave.

Porém Aldo não ficou feliz com o conflito. Em termos de negócios, estavam sendo drenados energia e recursos preciosos da companhia, além de gerar propaganda negativa. Em termos pessoais, era doloroso lutar contra o próprio filho. Aldo acreditava na força da família e queria muito estar unido a Paolo. Decidiu então tentar um armistício. Convidou Paolo e Jenny para juntar-se a ele e à Bruna em sua casa em Palm Beach entre o Natal de 1981 e o Ano-Novo de 1982. Pai e filho saudaram-se calorosamente, num típico estilo Gucci, como se nada houvesse entre eles. Aldo ligou para Rodolfo em Milão para desejar boas festas. Depois, foi direto à questão.

"*Foffo*, eu tive uma longa conversa com Paolo. Acho que ele está querendo ceder. Precisamos pôr um fim nessa guerra." Eles concordaram em fazer uma oferta a Paolo em janeiro. Fizeram uma mudança extensa na estrutura do império Gucci: a matriz Guccio Gucci e todas as afiliadas, incluindo a Gucci Parfums, seriam consolidadas na grande companhia Guccio Gucci SpA, para ser cotada na Bolsa de Valores de Milão. Os três filhos de Aldo iriam receber onze por cento cada um pelo negócio todo, Aldo ficaria com dezessete por cento e Paolo seria empossado vice-presidente da Guccio Gucci SpA. Para completar, uma nova divisão seria estabelecida sob a Gucci Parfums chamada Gucci Plus, que teria autoridade para licenciar a marca. Paolo seria diretor desse novo negócio e poderia ficar com os antigos contratos de licenciamento que haviam sido assinados com a matriz da Gucci. E ainda teria direito a indenização pela sua demissão e um salário de 180 mil dólares anuais. Parecia ser tudo o que Paolo sempre quisera. Sob os termos do acordo, ambas as partes iriam renunciar às ações de indenização e Paolo desistiria do direito de desenhar e promover produtos com seu próprio nome.

Paolo permaneceu desconfiado. Suas dúvidas se confirmaram quando foi dito a ele que todas as suas propostas de desenho teriam de ser aprovadas pelo conselho, do qual Rodolfo era presidente. Todavia, Paolo resolveu aceitar. Ele finalmente assinou o contrato em meados de fevereiro, mas a trégua não estava predestinada a durar.

O conselho da Gucci convocou Paolo em março de 1982, pedindo para que trouxesse uma lista detalhada de linhas de produtos que já estavam contratadas e todas as novas ideias para a linha Gucci Plus. Paolo trabalhou muito para preparar o material, mas a reunião não foi como o esperado. O conselho rejeitou todas as novas propostas, dizendo que o conceito de produtos mais baratos era "contrário aos interesses da companhia". Paolo, mais amargo que nunca, sentiu que havia caído numa armadilha. Mais tarde, De Sole negou que Paolo havia sido enganado, lembrando como suas ações foram danosas para as empresas.

Em curto espaço de tempo, o conselho suspendeu o direito de Paolo assinar pela companhia. Ele seria membro do conselho, mas sem poder para operar ou executar seus desenhos. Após ter recebido sua indenização em fevereiro, ele foi novamente demitido três meses depois. "Me senti um idiota", disse Paolo. "Todos aqueles acordos e garantias dadas por meu tio não tinham valor."

Na época em que aconteceu uma famosa reunião de conselho, em 16 de julho de 1982 nos escritórios sobre a loja da Via Tornabuoni, em Florença, a tensão chegou ao ponto de ebulição. Paolo já não tinha mais função na companhia, mas usava sua posição de acionista para criar empecilhos nas decisões. Quando Aldo, Giorgio, Paolo, Roberto, Rodolfo, Maurizio e outros diretores da companhia tomaram seu lugar em torno da mesa, o calor da convocação não era menos opressivo do que a atmosfera da sala. Aldo assumiu seu posto na cabeceira da mesa, com seu filho Roberto do lado direito e Rodolfo do lado esquerdo. Paolo se sentou do outro lado da mesa, ladeado por Giorgio e Maurizio. Aldo abriu a reunião, pedindo para que o secretário lesse a ata da reunião anterior, que foi aprovada. Então Paolo pediu a palavra, o que causou murmúrios e olhares furtivos.

"Por quê? O que você tem a dizer?", perguntou Aldo irritado. "Quero dizer que, como diretor desta companhia, foi-me negado qualquer oportunidade de ver ou de examinar os livros e documentos da empresa", respondeu Paolo. "Quero que minha posição fique clara antes que sigamos em frente".

Ele foi interrompido por gritos de desaprovação.

"Quem são os dois acionistas misteriosos de Hong Kong que estão recebendo dinheiro da empresa?", Paolo deixou escapar. Mais gritos.

Paolo notou que o secretário – Domenico De Sole – não tomava notas.

"Por que você não está escrevendo minhas perguntas? Eu exijo um registro desta reunião!", exclamou Paolo. De Sole olhou em volta e notou que ninguém mais concordava, permanecendo sem ação. Diante disso, Paolo puxou um gravador de sua pasta, ligou-o e começou a relatar suas queixas. Depois, jogou sua lista de perguntas sobre a mesa. "E eu quero que isso tudo seja introduzido na minuta", gritou ele.

"Desliga esse negócio", berrou Aldo quando Giorgio inclinou-se sobre a mesa e arrancou o gravador de Paolo, quebrando-o inadvertidamente.

Aldo correu em direção ao filho. Maurizio pulou, pensando que Paolo iria agredir o pai e o irmão, e segurou o primo por trás com uma chave de braço. Aldo alcançou Paolo e tentou brigar pela posse do gravador. No tumulto, o rosto de Paolo foi severamente arranhado e começou a sangrar. Quando viram o sangue, que era mínimo, todos se afastaram. Maurizio e Giorgio soltaram Paolo, que pegou a pasta e saiu da sala rapidamente, gritando aos empregados atônitos: "Chamem a polícia, chamem a polícia!".

Agarrou o fone das mãos da telefonista e ligou para seu médico e para seu advogado, depois tomou o elevador e desceu. Paolo atravessou a loja, ainda gritando com os balconistas e clientes assustados. "Vejam. Isto é o que acontece nas reuniões de diretoria da Gucci! Eles tentaram me matar!" Depois correu para encontrar o médico em uma clínica local, onde foi tratado e ordenou que os ferimentos fossem fotografados. Naquela época, Paolo estava com 51 anos; Giorgio tinha 53; Rodolfo tinha 70 anos e Maurizio tinha 34.

Quando Paolo voltou para casa aquela noite, pálido e cheio de curativos, Jenny ficou chocada. "Eu não podia acreditar. Todos eles, homens-feitos, brigando como *hooligans*!", disse.

"O rosto de Paolo não estava muito machucado", afirmou De Sole anos mais tarde. "Era apenas um arranhão, mas o incidente se tornou um fiasco."

Uns dias depois em Nova York, o advogado de Paolo, Stuart Speiser, começou o segundo *round* com os processos contra a Gucci. Dessa vez as acusações incluíam ataque e agressão, e também ruptura de contrato, por ter sido negado a ele, na qualidade de diretor, o direito de investigar as finanças da companhia.

Ele pediu um total de 15 milhões de dólares pelos abusos sofridos: 13 milhões pela quebra de contrato, classificando a assim chamada proposta de paz de uma armadilha para neutralizá-lo, e 2 milhões por tentativa de agressão. Para a tristeza de Aldo, a imprensa cobriu prazerosamente a confusão.

"Mais do que em *Dallas* – por trás da resplandecente fachada, a disputa familiar balança a Casa Gucci", escreveu a revista *People*; "Luta violenta na Casa Gucci" acrescentou o *Il Messaggero*, de Roma; "A briga dos irmãos Gucci", estampou o *Corriere della Sera*. A corte de Nova York se negou terminantemente a ouvir o caso, sob o pretexto de que o episódio ocorreu na Itália, mas a história uniu a corte da opinião pública dos dois lados do Atlântico. Alguns dos clientes mais importantes da Gucci ficaram transtornados. O telegrama com apenas duas palavras – "Por quê?" – de Jackie Kennedy a Aldo tornou-se parte da lenda da empresa. O príncipe Rainier de Mônaco também contatou a família para saber se poderia ajudar.

No dia seguinte à briga, compradores do mundo todo se juntaram na matriz da Gucci em Scandicci, onde a apresentação da coleção de outono estava acontecendo. Quando Aldo soube que, além de Paolo ter aberto um processo, a notícia estava em todos os jornais, todos na fábrica ouviram seus berros enfurecidos.

"Se ele vai abrir processo contra mim, então, por Deus, eu também vou processá-lo!"Aldo trovejou no telefone com quem lhe deu a notícia. Engolindo seu desprazer com o lance bem-sucedido de Rodolfo para aumentar seu controle sobre a Gucci Parfums, incorporada a Guccio Gucci em 1982, Aldo contratou De Sole para defender a ele próprio e a empresa dos ataques de Paolo. No dia seguinte, deu uma entrevista à *Women's Wear Daily*, minimizando o conflito. "Qual pai não dá um tapinha no filho indisciplinado?", disse Aldo, reforçando a ideia de empresa patriarcal. Também afirmou que a família estava próxima de um acordo com Paolo. Mas ele não fazia noção de até onde seu filho iria para conquistar seu espaço; Paolo tinha apenas posicionado sua artilharia pesada.

Durante seus anos na Gucci, Paolo foi silenciosamente coletando e analisando os documentos financeiros aos quais tinha acesso. Ele queria conhecer os meandros da companhia e tirar suas próprias conclusões de como as coisas estavam sendo conduzidas. Descobrindo que milhões de dólares estavam sendo desviados para empresas *offshore* (estabelecidas em paraísos fiscais), com notas fiscais falsas, decidiu usar a evidência como arma em sua batalha para obter a liberdade de utilizar o próprio nome. Na primeira vez, os advogados da Gucci tiveram sucesso em descartar o caso. Sem recuar, em outubro de 1982, usando sua indenização para pagar os advogados, Paolo preencheu documentos acusatórios na corte federal de Nova York em defesa a sua reclamação de demissão indevida. Ele esperava que a evidência forçasse Aldo a mudar o tom e mesmo convidá-lo de volta ao seio da família, ou dar-lhe carta branca para lançar sua própria linha.

As batalhas de Paolo dividiram não só a família, mas também os que estavam próximos a eles. Enquanto alguns condenavam Paolo por levar o próprio pai à Justiça, outros achavam que ele fora obrigado a isso.

"Paolo tinha sido castrado", disse Enrica Pirri, que admitiu ter uma afeição especial pelo filho do meio de Aldo. "Se ele não foi o gênio da família, foi o que deu mais de si. Se ele entregou o pai, foi porque teve razões para isso."

"Paolo não era inocente", opôs-se De Sole. "Ele fazia acordos pelas costas da família e eles precisavam ter certeza de que ele não estava prejudicando a empresa. Ele não agia de boa-fé."

Os papéis preenchidos por Paolo mostravam claramente como a Gucci estava mascarando seus lucros. Empresas panamenhas baseadas em Hong

Kong estavam se apresentando como fornecedores da Gucci Shops Inc. Uma cópia de uma carta do contador-chefe da Gucci em Nova York, Edward Stern, à empresa entregou o esquema: "A fim de legitimar os serviços para os quais tais notas foram emitidas, e para documentar a necessidade premente para a companhia, será necessário remeter uma variedade de desenhos de moda e esboços às lojas Gucci para serem aprovados ou rejeitados. *Isto é somente para criar algum tipo de registro*", escreveu Stern.

Em 1983, enquanto a saúde de Rodolfo piorava, a IRS (Receita Federal dos EUA) e a Procuradoria Geral dos Estados Unidos começaram a vasculhar as contas pessoais, empresariais e as movimentações financeiras de Aldo Gucci. Edward Stern faleceu um pouco antes que o caso terminasse, mas os investigadores encontraram evidências suficientes para levar a matéria para o grande júri.

De todos os processos legais que Paolo impôs à família, somente um foi a julgamento. O juiz William C. Conner da Corte do Distrito de Nova York assumiu o caso em 1988 e encontrou uma solução imparcial para a disputa familiar que tinha se arrastado por quase uma década: proibiu Paolo Gucci de usar seu nome comercialmente ou como marca registrada. Por outro lado, permitiu que usasse seu nome para identificar-se como designer de produtos que fossem vendidos sob uma outra marca registrada e que não incluísse o nome Gucci.

"Desde os tempos de Caim e Abel, disputas familiares têm sido marcadas por decisões impulsivas e irracionais dos envolvidos, as batalhas violentas se seguem, e causam destruições insensatas", escreveu Conner. "Este caso nada mais é que um conflito de disputas de uma das famílias com mais publicidade de nosso tempo", continuou ele. "Questões legais pleiteadas perante juízes e jurados no mundo todo a um custo enorme para os membros da família e para os negócios que ela controlam." A decisão de Conner autorizou Paolo a produzir e a distribuir artefatos com a assinatura *Designs by Paolo Gucci*. Sempre criativo, Paolo comprou um espaço publicitário na *Women's Wear Daily*, em 30 de novembro de 1988, onde publicou um poema dedicado "à comunidade varejista", anunciando sua estreia como *designer* independente.

> *Na quarta-feira, dez de agosto**
> *de mil novecentos e oitenta e oito,*
> *em uma carta aberta, a "Gucci America"*
> *anunciou sua atual posição e futuro destino.*
>
> *Eles clamaram vitória*
> *em um processo judicial*
> *declarando claramente que Paolo Gucci, membro da família,*
> *antigo acionista, tinha recebido a pena.*
>
> *Estou feliz com o resultado*
> *de usar meu nome por direito.*
> *Criar moda e acessórios domésticos*
> *é meu objetivo e minha intenção.*
>
> *A Corte Federal em Nova York*
> *confirmou essa decisão*
> *fazendo-me um homem livre*
> *para continuar minha imaginação.*
>
> *Minha associação à marca e ao nome Gucci*
> *termina após vinte e cinco anos.*
> *Como designer independente eu continuarei*
> *a trabalhar muito, obrigado meus protetores*
> *por seu aplauso e amistoso conforto.*

---

\* Tradução livre do poema publicado. (N. E.)

*Em acordo com a "Gucci America" com relação à
inviolabilidade da marca registrada e nome,
confiantemente meus esforços contínuos serão agora
aclamados individualmente.*

*A Paolo Gucci agora fundada
será uma marca que certamente
reunirá qualidade resistente,
perfeição continuada e excelência em design.*

*Esquecendo o comércio, esta não convencional
carta-resposta dirigida ao refinado
e informado consumidor, é minha forma de dar olá,
bem-vindo, e fazer isso com humor.*

*Com grande prazer e orgulho
na minha visão tradicional
apresento "Designs by Paolo Gucci"
que é muito mais do que aquela "outra"
empresa jamais poderia ser.*

*Para terminar, é engraçado como as coisas
podem acontecer; a vida pode ser um jogo,
eu sei, no fundo do meu coração, que um dia,
"Gucci America", você vai comprar o meu nome.*

A profecia de Paolo de que a Gucci compraria seu nome se tornou realidade apenas oito anos mais tarde. Depois da decisão da corte, Paolo correu com os preparativos para lançar sua própria marca, alugando um espaço na avenida Madison, onde pagou aluguel por três anos, mas nunca abriu a loja. Profissionalmente, seu negócio estagnou e depois fracassou; na vida pessoal, seu casamento com Jenny se desintegrou. Paolo se envolveu com outra inglesa chamada Penny Armstrong, uma garota novinha e ruiva que ele havia contratado para cuidar dos cavalos puro-sangue na sua propriedade de oitenta acres em Sussex. Paolo e Penny tiveram uma filhinha, Alyssa, e Paolo levou Penny para sua mansão, despejando Jenny. Ele encaixotou as coisas da ex-esposa e deixou-as na chuva. Sob protestos e indignada, Jenny mandou sua irmã buscar seus pertences enquanto se alojava provisoriamente com a filha de 10 anos, Gemma, num luxuoso e inacabado apartamento de 3 milhões de dólares que eles haviam comprado em 1990 na Metropolitan Tower em Nova York. O apartamento possuía uma vista do Central Park de tirar o fôlego – e também tinha encanamentos e fiações expostos, que Jenny tentava esconder com muitos metros de tecido de lamê emprestado. Depois de dar os papéis de divórcio a Paolo em 1991, ele deixou de pagar as contas. Em março de 1993, ela conseguiu que ele fosse preso brevemente por não pagar cerca de 350 mil dólares de pensão para Gemma. Naquele novembro, autoridades invadiram sua propriedade em Yorktown Heights, no estado de Nova York, descobrindo mais de cem cavalos árabes premiados que definhavam descuidados. Paolo os havia neglicenciado para provar a Jenny que não tinha o dinheiro que ela cobrava. Pelo menos quinze cavalos ainda não tinham sido pagos totalmente. Paolo pediu concordata.

"O que vocês têm de entender a respeito dos Gucci", Jenny contou a um jornalista em 1994, "é que eles são todos completamente loucos, incrivelmente manipuladores e nada inteligentes. Eles querem estar no controle, mas assim que conseguem o que querem, eles esmagam você! Eles são destruidores, é simplesmente isso!"

Paolo, cheio de dívidas e problemas no fígado, recolheu-se a um quarto escuro de sua propriedade rural e, de acordo com Penny Armstrong, não tinha dinheiro nem para pagar as contas de luz e telefone. As autoridades confiscaram os cavalos famintos e malcuidados, muitos dos quais precisaram ser sacrificados.

"Gastei meus últimos centavos para comprar leite e não sei o que acontecerá amanhã", disse Penny a um jornal italiano em 1995.

O advogado de Paolo, Enzo Stancato, pesarosamente lembrou mais tarde que, quando começou a trabalhar com ele, pensou que havia tirado a sorte grande. "Apenas há um ano eu era o cara mais empolgado do mundo, trabalhava para um Gucci! E de repente eu estava quase sustentando o cara – dei a ele roupas, gravatas, camisas e ternos. Quando veio a Nova York, não tinha nada, eu o vesti. Ele chegou e disse 'Estou doente. Tenho um problema no fígado. Preciso de transplante. É a única forma que tenho para sobreviver'."

O transplante não chegou a tempo e Paolo morreu de hepatite crônica em 10 de outubro de 1995, em um hospital de Londres. Estava com 65 anos. O funeral foi em Florença e ele foi enterrado em um pequeno cemitério de Porto Santo Stefano ao longo da costa toscana, ao lado da mãe Olwen, falecida apenas dois meses antes. Em novembro de 1996, a Corte especializada em falências aprovou a venda de todos os direitos em nome de Paolo Gucci para a Guccio Gucci SpA por 3,7 milhões de dólares, um preço que a companhia prontamente pagou para pôr fim às batalhas de Paolo de uma vez por todas. Havia muitos interessados, nenhum com nome conhecido, inclusive Stancato e os antigos parceiros a quem Paolo prometera o direito do uso do nome. Um deles disputou de todas as maneiras com a Suprema Corte, mas por fim perdeu.

A morte de Paolo e a aquisição comercial do nome e marca registrada da empresa, no entanto, não pôs fim às agitações mortais dentro da Gucci. O conflito apenas deslocou-se para outra parte da família. O estranhamento inicial de Paolo com a família e a sua saída dos negócios coincidiu com o crescimento de seu jovem primo Maurizio, que logo entraria no campo de batalha familiar.

# Perdas e ganhos

Na noite de 22 de novembro de 1982, um público de mais de mil e trezentos convidados, murmurando excitadamente, juntava-se no Cinema Manzoni, em Milão. Rodolfo havia orientado Maurizio e Patrizia a convidarem amigos para mostrar aquilo que seria a última versão de seu filme *Il Cinema nella Mia Vita*.

Convites formais foram impressos e distribuídos anunciando a projeção com a melancólica frase: "Nunca perca contato com a importância da alma e do sentimento. A vida pode ser um campo vasto e árido onde a semente que se semeia sempre brota de tudo o que é bom".

Depois de trabalhar em Nova York com Aldo por sete anos, Maurizio, Patrizia e suas filhas voltaram para Milão no começo de 1982. A saúde de Rodolfo se deteriorava, a doença era mantida em segredo. O médico baseado em Verona que administrava a terapia de cobalto para tratar o tumor de próstata faleceu de repente, deixando Rodolfo desesperado por uma nova cura. Ele chamou Maurizio de volta para Milão a fim de encabeçar uma nova fase de crescimento da Gucci.

Rodolfo fez um gesto bonito a Maurizio e Patrizia reapresentando seu filme autobiográfico numa ocasião social. Ele queria fechar a porta de seus conflitos e mostrar a amigos e conhecidos de Milão que a família dava calorosas boas-vindas ao jovem casal.

Patrizia cumprimentava os convidados graciosamente, radiante em um vestido Yves Saint Laurent com um broche Truth's Eye da Cartier. As coisas estavam correndo tão bem quanto ela havia imaginado. A reconciliação de Maurizio e Rodolfo colocou seu marido em uma ótima posição para trazer de volta a liderança jovem para a empresa da família, que ela julgava ter perdido o glamour sob a supervisão de Aldo e Rodolfo. Para Patrizia, a estreia no Cinema Manzoni marcou o início de uma nova era, que ela chamava "a era Maurizio".

Quando as luzes se apagaram e a cortina de veludo se abriu, o documentário começou com uma cena do jovem Maurizio correndo e rolando na neve de Saint Moritz, com Rodolfo, apenas alguns meses após a morte de sua mãe.

"O que segue é uma patética história de amor, que eu desejo não termine nunca... a história de um homem que quer contar a seu filho sobre sua família e ajudá-lo a ver o mundo em uma perspectiva correta", o narrador explicava enquanto a tela mostrava imagens em preto e branco de Guccio e Aida e seus filhos, da mesa de jantar da família, da oficina original em Florença. Depois vinham clipes de Rodolfo e sua esposa atuando sob nomes artísticos, Maurizio D'Ancora e Sandra Ravel. Um documentário recente comentava o crescimento do nome Gucci: a abertura na Via Tornabuoni; Rodolfo na loja de Milão, na Via Monte Napoleone, cumprimentando o gerente, Gittardi, por uma boa venda; Aldo e seu jovial chapéu fedora, entrando pelas portas giratórias da Gucci, na Quinta Avenida; o delírio das roupas Gucci nas discotecas dos anos 1970; Maurizio e Patrizia orientando operários na reforma de seu novo apartamento na Olympic Tower; e os batismos de Alessandra e Allegra. O filme terminou com uma idílica cena de Rodolfo com Alessandra ainda bebê no gramado imaculadamente aparado na Chesa Murézzan, em Saint Moritz, brincando com a manivela de uma velha câmera de cinema. A narração de Rodolfo terminou com uma mensagem tocante: "Se ainda resta alguma coisa para eu ensinar a você, é ajudá-lo a entender a profunda relação que existe entre a felicidade e o amor, e que a vida não é vivida em décadas ou mesmo em estações, mas na beleza de manhãs ensolaradas como esta, observando suas filhas crescerem... A verdadeira sabedoria é aquilo que podemos fazer com as verdadeiras riquezas do mundo – além de algumas que podemos negociar ou gerenciar –, as riquezas da vida, juventude, amizade, amor. Estas são as riquezas que devemos prezar e guardar sempre".

O filme era uma expressão exata do caráter de Rodolfo – romântico, grandioso, exagerado. Sua obra-prima, seu testamento de amor pela sua falecida esposa e pelo filho deles, o filme simbolizava a reconciliação com esse filho. Mas também continha uma mensagem para Maurizio: Rodolfo tinha visto a ambição dele, seu zelo e a maneira como ele lidava com dinheiro. Por meio das cenas do filme, ele queria lembrar Maurizio a não perder de vista o que ele, Rodolfo, em seus últimos anos, sentia que eram os verdadeiros valores da vida.

"Toda criatura humana", ele costumava dizer, "tem três coisas essenciais que devem estar sempre em harmonia umas com as outras: um coração, um cérebro e uma carteira. Se esses três elementos não trabalharem juntos, problemas então surgirão."

Quando as luzes se acenderam, os convidados estavam emocionados e impressionados.

"Quando será lançado o próximo filme?", um deles perguntou a Rodolfo. "Vamos ver, vamos ver", ele respondeu com um sorriso triste. Somente os amigos mais próximos dele sabiam que o câncer estava consumindo seu corpo, que ele procurava em clínica após clínica uma cura que pudesse mantê-lo vivo. Ele se cansava mais facilmente e tinha a expressão cada vez mais melancólica. Ainda ia regularmente a seu escritório na Via Monte Napoleone, mas começava a ficar cada vez mais tempo em sua amada Saint Moritz – onde tinha finalmente comprado a charmosa casa L'Oiseau Bleu, de sua idosa vizinha – satisfeito em deixar o filho tomar cada vez mais conta dos negócios.

Maurizio voltara de Nova York para Milão cheio de entusiasmo pelo seu novo mandato. Tio Aldo tinha ensinado a ele muitas coisas e o relacionamento era afetuoso e mutuamente respeitoso, embora Aldo, assim como fazia com seus próprios filhos, sempre mantivesse Maurizio em seu lugar.

"*Vieni qui, avvocatino*", ele dizia a Maurizio quando queria lhe falar. "Venha cá, advogadozinho", acenando para ele com a mão como a uma criança, brincando com o título de seu sobrinho, muito embora Maurizio fosse o único da família com curso superior completo. Diferentemente dos filhos de Aldo, que se irritavam com a personalidade dominadora do pai, Maurizio mantinha a cabeça baixa e brincava com Aldo. Ele sabia que se quisesse aprender algo com o tio, ele tinha que saber sobreviver com a escola dura dele. Mas também sabia que haveria recompensas.

"Não era uma questão de viver com meu tio, mas sobreviver", Maurizio disse uma vez. "Se ele faz cem por cento, você tem que fazer cento e cinquenta por cento para mostrar que pode ser tão bom quanto ele."

Dessa forma, ele aguardava, sabendo que, para conseguir o que queria, não podia ir pelo caminho mais curto.

Ainda reservado e hesitante, Maurizio tinha absorvido muito dos ensinamentos de Aldo, desabrochando seu próprio carisma, charme e habilidade em contagiar outras pessoas com seu entusiasmo. Aldo, mais que Rodolfo, tinha sido o mentor de Maurizio.

"A diferença entre meu pai e meu tio era que meu tio era um homem de negócios, um expansionista", relembrava Maurizio. "Ele... tinha uma influência completamente diferente sobre todos. Era humano, sensível, criativo; aquele que criava tudo na companhia, e eu percebia como era capaz de estabelecer um bom relacionamento com as pessoas que trabalhavam para ele, da mesma forma que agia com os clientes. O que mais me fascinava era saber quanto ele era diferente de meu pai, que era um ator em tudo o que fazia. Meu tio não interpretava um papel, ele era real com tudo", Maurizio dizia.

Enquanto Aldo se tornava mais agressivo e extrovertido, Rodolfo ficava mais reflexivo e introvertido, raramente confrontando seu irmão de maneira direta. Quase sempre enfurecido, chamava Maurizio para ir a Florença com ele, para desafiarem mais um exemplo do abuso de poder de Aldo. Com o fiel motorista Luigi Pirovano ao volante, lá iam eles num reluzente Mercedes prata pela autoestrada A-1 de Milão em direção ao sul.

"Dessa vez ele foi longe demais! Eu vou dizer a ele como estou furioso", Rodolfo explodia, enquanto Maurizio o consolava e Luigi ouvia silenciosamente, dirigindo o veloz carro pela estrada — primeiro através das planícies até Bolonha e depois serpenteando os Apeninos até Florença. Três horas mais tarde, enquanto Luigi fazia a curva, entrava nos portões da fábrica em Scandicci e passava pela guarita, a raiva de Rodolfo ia desaparecendo e ele ia se acalmando.

"*Ciao, carissimo!*", invariavelmente cumprimentava Aldo com um abraço afetuoso.

"*Foffino!* O que você está fazendo aqui?", Aldo dizia com um sorriso de surpresa, enquanto Rodolfo dava de ombros, com uma desculpa a respeito de uma nova bolsa que estava desenvolvendo e convidando Aldo para almoçar.

Aldo, aos 77 anos, não tinha diminuído seu ritmo, embora estivesse mais interessado em suas festas e bailes beneficentes do que em gerenciar a companhia todos os dias. Tinha abolido o regulamento de fechar as lojas na hora do almoço e promovia o nome Gucci às massas com a coleção de acessórios. Mas começava a procurar sua própria recompensa após uma vida toda dedicada a Gucci. Passava mais tempo com Bruna e a filha deles, Patricia, em sua ajardinada mansão à beira-mar em Palm Beach, e ainda se esforçava em transformar seu *status* de lojista em vocação artística.

"Nós não somos homens de negócios, somos poetas", Aldo informava em sua escrivaninha marchetada, durante uma entrevista em seu escritório na Via Condotti. "Eu quero ser como o Santo Pai. O papa sempre fala no plural."

Onde no início estavam pendurados certificados em uma moldura simples e sem atrativo sobre paredes brancas e lisas, agora, no mesmo lugar, podia-se admirar brilhantes pinturas a óleo dos séculos XVII e XVIII encostadas em uma camurça de cor âmbar queimada e sob um teto em arcos com afrescos. O brasão Gucci ficava pendurado ao lado, com a chave da cidade de São Francisco, oferecida a Aldo pelo prefeito Joseph Alioto, em 1971.

Enquanto Aldo exercia o pontificado, alguém precisava planejar o futuro dos negócios e Maurizio, escorado por Rodolfo e Patrizia, tornou-se um herdeiro aparente. Quando Maurizio retornou a Milão em 1982, uma onda de mudanças tinha atingido toda a indústria de moda italiana, centralizada até então na alta-costura de Roma e nos desfiles *prêt-à-porter* de Giorgini, na Sala Bianca, em Florença. O foco da moda mudou para Milão quando os novos famosos estilistas, tais como Tai e Rosita Missoni, Mariuccia Mandelli da Krizia, Giorgio Armani, Gianni Versace e Gianfranco Ferré, emergiram na capital industrial e financeira da Itália. Valentino, que havia iniciado seus negócios em 1959, em Roma, trocou Milão por Paris, onde apresentou primeiro sua *couture* e mais tarde as coleções *prêt-à-porter*.

Os coordenadores de moda de Milão conseguiram arrancar de Florença os desfiles semestrais das coleções *prêt-à-porter* das grifes, marcando o fim das apresentações estilo Sala Bianca e estabelecendo Milão como o novo centro de moda feminina. Desde o pós-guerra, o desaparecimento dos clássicos alfaiates promoveu o surgimento de jovens estilistas para preencher o espaço vago. Inicialmente, eles criavam estilos modernos em coleções de grife para os fabricantes italianos, de porte médio, no norte da Itália: Armani, Versace e Gianfranco Ferré, todos trabalhavam para pequenas confecções. A crescente demanda por criadores de tendências mostrou que eles podiam investir em seus próprios nomes. Como seus negócios prosperaram muito bem, os jovens estilistas estabeleceram ateliês nas ruas mais famosas de Milão

Armani, na Via Borgonuovo, Versace, na Via Gesù, Ferré, na Via della Spiga, e Krizia, na Via Daniele Manin, para citar alguns. Inspirados, eles trabalhavam até altas horas, com suas fiéis equipes e assistentes de desenho, para aprimorar seus novos estilos, lotando, bem tarde da noite, as poucas notívagas tratorias familiares no centro de Milão

Bice, na Via Borgospesso, Torre di Pisa, no boêmio distrito de Brera, Santa Lucia perto do Duomo – todas ainda muito populares no mundo da moda e dos negócios.

Armani e Versace surgiram como líderes competitivos da moda de Milão. Versace num estilo quente, exuberante e caro; Armani numa serena, discreta e elegante moda. Versace comprou dois palácios expressivos, um em Milão e outro próximo ao Lago Como, e mobiliou-os com preciosas obras de arte, brilhantes, esfuziantes e barrocas, justamente como o estilo que ele promovia. Armani, conhecido como "O Rei do Bege", preferiu comprar seu retiro no tranquilo interior da Lombardia, nos arredores de Milão, e outro em Pantelária, uma ilha no Estreito da Sicília no Mar Mediterrâneo, que ele mobiliou com seu estilo simples e minimalista.

A moda italiana crescia com nova energia. Muito dinheiro inflava os nomes dos estilistas com a ajuda de fotógrafos de destaque, *top models* e campanhas publicitárias cheias de brilho. Lojas de acessórios, gerenciadas por famílias, como Fendi e Trussardi, entraram na nova era do comércio — modernizaram suas imagens e roubaram fatias do mercado da Gucci, que começava a parecer desatualizada. Naqueles dias, a Prada ainda era considerada uma companhia adormecida, quando Miuccia, a neta do fundador, Mario Prada, tomou posse em 1978.

Maurizio entendeu que, para permanecer competitiva, a Gucci precisava encontrar uma nova direção. O nome Gucci ainda simbolizava classe e estilo, mas o glamour que ela personificara nos anos 1960 e 1970 estava esmaecendo. A missão de Maurizio, em Milão, tornou-se a realização de um sonho de longa data de Aldo em fazer o nome Gucci tão famoso para o *prêt-à-porter* como era para acessórios. Patrizia, uma ávida consumidora da alta-costura, estava havia algum tempo forçando Maurizio a contratar estilistas de nome para as roupas Gucci.

"Para a Gucci, o *prêt-à-porter* era um grande desafio", lembrou Alberta Ballerini, que começou a trabalhar na primeira coleção Gucci ao lado de Paolo nos anos 1970 e continuou na companhia como gerente de produção. A coleção *sportswear* de Paolo foi bem-sucedida, mas o valor das vendas foi insignificante em relação ao faturamento total da Gucci.

Ballerini lembrou que um dia, em fins da década de 1970, Paolo juntou sua equipe no departamento de estilo na fábrica Scandicci.

"Meu primo Maurizio apareceu com uma ideia maluca", começou Paolo, "ele quer contratar um estilista de fora."

"Bem, talvez essa ideia não seja tão maluca assim", Ballerini respondeu.

"Ele está sempre falando de um estilista chamado Armani", continuou Paolo. "Quem é ele?" Como ninguém parecia saber, Paolo concluiu: "Nós não precisamos dele".

Paolo continuou a desenhar suas coleções por diversas estações e trouxe um estilista cubano de nome Manolo Verde para uma delas, mas, como seu relacionamento com a família logo desandou, ele trocou Florença por Nova York em 1978 e foi afastado de qualquer função operacional dentro da companhia por volta de 1982. A Gucci, então, ficou sem estilista para o *prêt-à-porter* em um momento no qual outros nomes famosos da moda italiana cresciam em popularidade. Por algum tempo, a família tentou permanecer trabalhando com Ballerini e a equipe interna, mas logo percebeu que precisava de ajuda.

Maurizio novamente levantou a hipótese de que a Gucci necessitava de um estilista famoso para reviver sua imagem. Ele conhecia o trabalho de Armani e achava que ele poderia criar o esporte casual e elegante, que era ideal para a Gucci. Mas, naquele momento, Armani já estava dedicando todo o seu tempo ao próprio negócio, que crescia rapidamente. Então a Gucci começou a procurar por alguém abertamente.

Conduzindo a empresa ao novo território do *prêt-à-porter*, Maurizio estava com um dilema: precisava relançar o nome Gucci num mercado de moda em transformação, mas não queria um estilista que pudesse ofuscar a marca Gucci ou perder o cliente tradicional. Ele queria que a Gucci fosse reconhecida como inovadora, sem esquecer sua origem como marca sofisticada.

Em junho de 1982, a Gucci contratou Luciano Soprani, um estilista da Emília-Romanha, região central da Itália, que se distinguia por uma limitada paleta de cores e por ser especialista em tecidos de tramas largas, tule, para o *prêt-à-porter*. Maurizio preparou a empresa para o seu primeiro desfile em

Milão naquele outono. Ele queria estabelecer a presença da Gucci na rede de modas de Milão – longe de Florença, que ele julgava provinciana.

A Gucci apresentou em Milão, em fins de outubro de 1982, a primeira coleção de Soprani, que trazia um tema africano. Manequins foram colocados na passarela decorada com 2500 dálias vermelhas importadas da Holanda. A apresentação foi um sucesso comercial imediato.

"Não esquecerei jamais aquela primeira apresentação", relembra Alberta Ballerini, a funcionária de longa data, que ajudou a desenvolver e coordenar as roupas da coleção. "O *showroom* ficou aberto a noite toda, todos os compradores exaustos, com os pés inchados pelas idas e vindas e a equipe toda trabalhando até altas horas. Os clientes compraram muito, muitíssimo; nós vendemos uma inacreditável soma. Aquele foi o início de um período de glória", completou ela.

A imprensa italiana elogiou a nova direção da Gucci por estar acompanhando os tempos: "Em momentos de crise, a Gucci dispensa suas raízes florentinas e põe seus olhos em Milão como um laboratório para novas ideias e novas estratégias empresariais", escreveu Silvia Giacomini no *La Repubblica*. "Eles decidiram entrar no sistema estelar da moda de Milão, tirando vantagem de todos os recursos que a cidade oferece."

"A Gucci está renovando completamente sua imagem", escreveu Hebe Dorsey para o *International Herald Tribune* após ter visto a coleção. Devido a um resfriado, Aldo ficou em Roma e Maurizio explicou à respeitada jornalista de moda o novo rumo da companhia.

"Nós queremos a Gucci lançando moda em vez de segui-la", afirmou Maurizio. "Não somos estilistas e não queremos criar moda, mas queremos fazer parte dela porque ela é hoje o veículo para alcançar rapidamente as pessoas."

Mas Dorsey não se empolgou com a moda de Soprani e tinha dificuldade em definir um estilo diante dos inúmeros modelos que a Gucci apresentara.

"A nova imagem é um drástico adeus ao clássico – e à imagem da saia de couro cara com uma blusa de seda colorida. O novo estilo tinha diversas facetas, incluindo o *look* colonial — uma moda tirada do famoso *Morte no Nilo*, de Agatha Christie", Dorsey escreveu. Ela observou que a nova linha coordenada de bagagem da Gucci em branco e bege, sem o monograma GG, era o detalhe mais notável da passarela.

Maurizio contratou Nando Miglio, que na época liderava uma agência de propaganda, para providenciar a campanha — uma drástica virada da estratégia de Aldo em fazer contatos pessoais. Quando Aldo viu as imagens do famoso fotógrafo de modas Irving Penn, explodiu.

"Está claro que ele não entende nada do que a Gucci é realmente", esbravejou, mandando uma carta furiosa a Penn. Mas já era tarde. A campanha, apresentando uma *top model* do momento, Rosemary McGrotha, posando em fundo branco, no estilo característico de Penn, já estava sendo veiculada em um grande número de revistas de moda e estilo de vida. Maurizio se recusou a cancelá-la. As quatro campanhas seguintes, uma das quais com Carol Alt, foram feitas pelo pupilo de Penn, o jovem Bob Krieger, seguindo a mesma linha. As novas imagens promoveram uma moda simples, graciosa, esportiva — bem ao estilo que Aldo disse que queria, de volta aos anos 1970. Elas não tinham a força do *look* sensual da Gucci dos dias de hoje.

Durante os anos seguintes, Maurizio também supervisionou a um pouco menos glamourosa, mas igualmente importante, mudança dentro da Gucci: uma revisão nos milhares de produtos e estilos da companhia, visando uma redução gradual.

"A companhia tinha decidido que precisava de algum controle interno de todos os produtos que estavam sendo desenvolvidos e produzidos", relatou Rita Cimino, uma funcionária antiga, ainda na empresa, que supervisionava as coleções de bolsas. Até aquela data, o negócio tinha evoluído ao redor de cada membro da família sem nenhuma supervisão ou coordenação entre os vários grupos. Rodolfo tinha sua equipe e fornecedores que faziam o que ele queria; Giorgio, com Aldo, igualmente tinha os seus; e Roberto, chefe das coleções de acessórios da Gucci, tinha sua própria direção. O resultado era uma mistura de produtos cuja única coisa em comum era o nome Gucci – muito longe do conceito de harmonia de estilos que Aldo havia iniciado. "Eu trabalhei lado a lado com Maurizio para catalogar todos os produtos e tentar trazer uma ordem para tudo aquilo. Ele tinha ideias muito claras a respeito do que achava que os produtos sofisticados da Gucci deveriam ser", Cimino acrescentou.

Não levou muito tempo para que a forma de trabalhar de Maurizio fosse notada. Em dezembro de 1982, a *Capital*, importante revista mensal sobre negócios de Milão, publicou uma reportagem de capa sobre Maurizio, identificando-o como o jovem sucessor da dinastia de moda.

Patrizia vibrou com o artigo – que sublinhou o que ela já sentia. Ela queria que Maurizio se tornasse uma figura líder na indústria da moda de Milão.

"Eu sabia que ele era fraco, mas eu não era", disse Patrizia. "Eu o empurrei muito até ele se tornar presidente da Gucci. Eu era extrovertida, ele não gostava de se socializar; eu saía sempre, ele estava sempre em casa. Eu era a representante de Maurizio Gucci, e isso era o suficiente. Ele era como uma criança, uma coisa chamada Gucci que precisava ser lavada e vestida."

"A era de Maurizio começou", Patrizia repetia para ele e para ninguém mais. Ela o escorava, agindo como conselheira nos bastidores. Mesmo antes de Maurizio tornar-se conhecido nos círculos de Milão, Patrizia interpretava o papel de esposa de celebridade, circulando pela cidade com seu motorista, vestida em seus conjuntos Valentino e Chanel. As páginas sociais a apelidaram de "Joan Collins da Monte Napoleone". Maurizio e Patrizia mudaram para um ensolarado apartamento de cobertura no centro de Milão, oferecido por Rodolfo, na Galleria Passarella, acima da praça de compras San Babila. Um terraço ajardinado circundava todo o apartamento, que Patrizia decorou com painéis de madeira e teto pintado imitando o paraíso de Tiepolo, repleto de antigas estátuas de bronze e vasos art déco.

"Patrizia ajudou realmente Maurizio. Enquanto ele era tímido, reservado e desajeitado em público, ela sabia como brilhar", lembrou Nando Miglio. "Patrizia era agitada. Ela queria que Maurizio se tornasse alguém. 'Você tem que mostrar a todos que é o melhor', ela dizia a ele."

Patrizia convenceu Maurizio a lhe deixar desenhar uma linha de joias em ouro para a Gucci chamada Orocrocodillo. A linha era pesada, maciça, gravada com a textura da pele de crocodilo e incrustada com pedras preciosas. Patrizia esperava que a Orocrocodillo se tornasse para Gucci o que o anel de ouro de três argolas foi para Cartier — um produto de assinatura que identificasse a marca. Vendida nas lojas Gucci, a Orocrocodillo era absurdamente cara — algumas peças custavam o equivalente a 29 milhões de liras (mais de 15 mil dólares) — e mesmo assim as joias pareciam bijuterias berrantes, reluzentes. Os vendedores da Gucci apenas balançavam a cabeça, expunham as peças nas vitrines e se perguntavam quem iria comprá-las.

No final de abril de 1983, a Gucci inaugurou sua nova butique na Via Monte Napoleone, em frente à loja Gucci já existente, que continuava a vender malas e acessórios. A nova loja, na esquina que hoje é ocupada pela Les Copains, vendia a coleção de roupas criada por Luciano Soprani. A companhia persuadiu as autoridades de trânsito da cidade a fechar a mais exclusiva rua de compras de Milão para a inauguração da butique. Mesas e cadeiras e cascatas de gardênias lotavam as calçadas. A rua adjacente, Via Baguttino — também fechada ao trânsito —, tornou-se um restaurante improvisado, onde garçons de luvas brancas levavam bandejas de prata com lagostas e caviar aos convidados, enquanto o champanhe transbordava. Naquele dia, era Maurizio quem cumprimentava os convidados e circulava entre a multidão. Rodolfo tinha sido levado discretamente para a Madonnina, uma das melhores clínicas particulares de Milão, algumas semanas antes.

Ele só deixou a clínica, acompanhado por suas enfermeiras, para ver rapidamente a loja antes da inauguração. Com passos trêmulos, atravessou o espaçoso andar de vendas, escorado por Tullia de um lado e Luigi de outro, admirando a decoração e cumprimentando seus empregados pelo nome.

"Estava tão magro que as roupas dançavam nele", disse Liliana Colombo, assistente de Roberta Cassol, secretária de Rodolfo na época.

Maurizio havia dado instruções explícitas para que ninguém fosse visitar Rodolfo na clínica — exceto ele, o advogado, Domenico De Sole, e seu conselheiro, Gian Vittorio Pilone. Pilone, natural de Veneza, havia estabelecido um lucrativo escritório de contabilidade em Milão, trabalhando para muitas das antigas famílias industriais da cidade. Maurizio confiava nele e relutava muito em tomar decisões ou organizar reuniões se Pilone não estivesse ao seu lado.

Enquanto Maurizio tentava esconder do mundo o fato de que seu pai estava morrendo, Rodolfo permanecia iludido em seu isolamento. De seus empregados italianos, somente Roberta Cassol e Francesco Gittardi foram visitá-lo na clínica, para onde Maurizio e Patrizia enviaram dois enormes vasos de azáleas brancas para enfeitar o quarto de Rodolfo.

Rodolfo manteve-se elegante até o fim, usando roupão de seda e echarpes, mesmo durante seus últimos dias. Uma avalanche de advogados e contadores ia e vinha para o acerto de seus negócios, e mesmo assim Rodolfo permanecia inquieto. Perguntava repetidamente por seu irmão Aldo, que tinha retornado aos Estados Unidos após a inauguração da loja na Monte Napoleone, apenas uma semana antes, sem que tivesse ido à clínica. Em 7 de maio, um sábado, Rodolfo entrou em coma. Maurizio e Patrizia correram para visitá-lo, mas ele já não reconhecia mais ninguém. Aldo retornou no dia seguinte e encontrou Rodolfo chamando seu nome.

"Aldo! Aldo! *Dove sei?*" "Onde está você?", chamava ele.

"Estou aqui, *Foffino*! Estou aqui", Aldo chorava, aproximando-se de seu irmão mais novo, levando seu rosto até o de Rodolfo, que já não enxergava mais. "Diga-me, diga-me, o que posso fazer por você, irmãozinho, como posso fazer você se sentir melhor?"

Rodolfo não podia responder. O câncer já tinha tomado seu curso. Ele morreu no dia 14 de maio de 1983, aos 71 anos de idade. A basílica de San Babila estava lotada de amigos quando o caixão entrou, carregado pelos quatro dos mais fiéis empregados de Rodolfo, incluindo Luigi e Franco. Ao fim da cerimônia, o caixão foi levado a Florença, para que Rodolfo fosse enterrado no túmulo da família. Uma era se encerrava – e uma nova estava começando.

# Maurizio assume o controle

Para Maurizio, com 35 anos, a morte de seu pai foi um choque e uma libertação ao mesmo tempo. Maurizio tinha sido o objeto único do obsessivo, possessivo e autoritário amor de seu pai e ele o havia mantido sob controle estrito. Até o fim, o relacionamento dos dois era tenso e formal. Maurizio dificilmente confrontava o pai ou pedia-lhe alguma coisa – ele ainda recorria a Luigi Pirovano, o motorista, ou a Roberta Cassol, a secretária, quando precisava de dinheiro.

"Eu sempre disse, Rodolfo deu a ele o castelo, mas não lhe deu o dinheiro para mantê-lo", disse Cassol. "Maurizio estava sempre me pedindo dinheiro porque tinha medo de pedir a seu pai."

Mesmo homem-feito, Maurizio se jogava aos pés do pai quando ele entrava na sala. Sua única rebeldia foi ter se casado com Patrizia, que, no fim, Rodolfo aceitou, apesar de contrariado. Embora Rodolfo não tenha tido um convívio próximo com a nora, eles viviam em paz. Ele pôde perceber que ela amava Maurizio, que eles eram felizes juntos e criavam Alessandra e Allegra em um lar cheio de amor.

Rodolfo deixou para Maurizio uma herança multimilionária: a propriedade de Saint Moritz, apartamentos luxuosos em Milão e Nova York, 20 milhões de dólares em contas na Suíça, e cinquenta por cento do império Gucci, que estava gerando lucros rapidamente. Dentre todas as suas riquezas, que na época foram avaliadas em mais de 350 bilhões de liras (por volta de 230 milhões de dólares na época), Rodolfo também deixou para Maurizio um simples, e mesmo simbólico, presente: uma carteira de pele de crocodilo com uma insígnia da Gucci dos anos 1930. Guccio havia presentado Rodolfo com a fina carteira preta, que tinha um antigo xelim inglês fixado no fecho — uma recordação dos dias de Guccio no Savoy. Agora era a vez de Maurizio controlar o tesouro.

Isso significava tomar decisões — pela primeira vez em sua vida, Maurizio estava livre para tomar as próprias decisões. No entanto, faltava-lhe experiência — Rodolfo tinha tomado conta de tudo para ele até então. Além disso, na vida de Maurizio, as decisões se tornariam mais difíceis. As lições que Aldo lhe havia ensinado em Nova York serviram muito bem para seu tio — mas em uma época diferente. O mundo de Maurizio era, de longe, muito mais complexo. O negócio de artigos de luxo estava mais competitivo e as batalhas de família da Gucci eram mais cruéis.

"O maior erro de Rodolfo foi não confiar em Maurizio antes", disse seu conselheiro, Gian Vittorio Pilone, durante uma entrevista em seu escritório em Milão pouco antes de sua morte, em 1999. "Ele controlava os negócios com rédeas curtas e nunca deu a Maurizio a chance de andar com as próprias pernas."

"Houve ocasiões em que Maurizio ficou estupefato com a enormidade das decisões com as quais se deparava", adicionou Liliana Colombo, que veio a ser sua fiel secretária. "Rodolfo sempre cuidou de tudo para ele." Antes de morrer, Rodolfo se preocupava com o fato de, apesar do esforço de educar Maurizio com senso de valores e conhecedor do significado do dinheiro, ele não ter sido bem-sucedido na tarefa. Não possuindo o talento genial para negócios do seu irmão Aldo, ele havia, no entanto, acumulado uma fortuna com a propriedade de Saint Moritz e uma conta numerada num banco da Suíça. Rodolfo gabava-se por ter feito apenas depósitos na conta, e nunca retiradas, mas não tinha certeza se Maurizio teria a mesma determinação. Ele viu como Maurizio podia gastar milhões num piscar de olhos, quão concentrado ele estava nas aparências — mais que na substância – do sucesso. Rodolfo também temia que Maurizio fosse devorado pelas amargas batalhas de família.

"Maurizio foi um jovem doce e sensível", lembrou Pilone. "Seu pai tinha medo de que essa sua característica natural o deixasse vulnerável a ataques."

Muitos dos conselheiros de Rodolfo lembraram que ele os chamou para conversas nos meses que antecederam sua morte e pediu-lhes para tomar conta de Maurizio depois que ele se fosse – um pedido que não melhorava a imagem de Maurizio aos olhos deles.

Um dia, quando Rodolfo ainda estava ativo na empresa, mas já viajando frequentemente para Verona para seu tratamento contra o câncer, ele conversou com Allan Tuttle, um colega de De Sole no Patton, Boggs & Blow, em Washington, D.C. Tuttle, um litigante, havia defendido Rodolfo, Aldo e a empresa Gucci no tribunal contra Paolo e conhecia a família muito bem. Ele acabara de chegar para passar férias em Veneza, que ficava a menos de uma hora de Verona. Rodolfo o encontrou lá e o convidou para almoçar em um dia frio e chuvoso. Tuttle, que havia acabado de chegar de uma quente e ensolarada Washington, encontrava-se despreparado para o frio. "Rodolfo literalmente me deu seu casaco, porque eu não tinha um", ele relembrou.

Os dois homens almoçaram em um restaurante local e depois foram fazer uma longa caminhada pelos tortuosos canais de Veneza. Rodolfo descreveu seu casamento com Sandra Ravel lá, anos antes, recordando como pessoas, em suas gôndolas enfileiradas no canal, jogavam flores com votos de felicidades.

"Ele sabia que estava morrendo, embora não tivesse me dito", contou Tuttle. "Ele me fez um pequeno discurso a respeito de Maurizio e de como estava preocupado com o filho. Queria que eu e Domenico De Sole tomássemos conta de Maurizio."

Quando terminou, entrou em um táxi flutuante, acenou elegantemente e se foi.

"Ele foi um ator até o fim", disse Tuttle. "A cena foi bem-feita e muito tocante."

De Sole, mais tarde, também ouviu as mesmas coisas de Rodolfo. "Ele estava assustado", disse De Sole. "Percebia que Maurizio não tinha noção de limites."

Apesar da sua desconfiança inicial com relação a Patrizia, Rodolfo chegou a confiar na nora. "Assim que tiver dinheiro e poder, ele vai mudar", Rodolfo teria dito a Patrizia. "Você vai achar que está casada com outro homem." Ela não acreditou nele na época.

Nos meses que sucederam a morte de Rodolfo, Aldo observou Maurizio cuidadosamente. Ele sabia que a morte de seu irmão mais novo poderia sacudir o *status quo* que haviam conseguido manter apesar da guerra com Paolo. Os dois haviam dividido a empresa entre eles, de acordo com alguns princípios simples; primeiro, a companhia devia permanecer nas mãos da família e apenas a família poderia decidir a respeito da velocidade de crescimento, para onde e com quais produtos. Segundo, eles haviam dividido o negócio em duas áreas claramente definidas – Aldo controlava a Gucci America e a rede de lojas enquanto Rodolfo controlava a Guccio Gucci e a produção na Itália. Essa divisão de poder havia sido bem-sucedida; quando Rodolfo morreu, a empresa estava vendendo muito, tinha o controle de vinte lojas próprias em importantes capitais ao redor do mundo, 45 franquias entre o Japão e os Estados Unidos, um negócio lucrativo em *free shops* de aeroportos e o bem-sucedido comércio por atacado da GAC. As batalhas contra Paolo haviam acalmado e Aldo encontrou tempo para desfrutar de seu *status* como o patriarca da família.

"Eu era a locomotiva; e o resto da família, o trem", ele relataria mais tarde com satisfação. "A locomotiva sem o trem não tem utilidade e o trem sem a locomotiva – bem, não se move!"

Aldo acreditava que, apesar da morte de Rodolfo, o negócio Gucci continuaria como era. Ele subestimou três coisas. Primeiro, a ambição de Maurizio para levar a Gucci muito além das políticas de família que haviam feito o sucesso da empresa até então. Segundo, a determinação de seu filho Paolo em obter o direito de ter um negócio com seu próprio nome. Terceiro, a atitude do U.S. Internal Revenue Service (Receita Federal dos

Estados Unidos) a respeito da sonegação de impostos. O antigo *status quo* da Gucci reinou apenas por um ano.

Antes de Rodolfo morrer, não havia nenhuma questão além de que Maurizio herdaria seus cinquenta por cento de ações da Gucci. Rodolfo costumava dizer abertamente para a equipe, amigos e familiares que Maurizio herdaria tudo quando morresse, "mas nem um minuto antes". Ele observara na experiência de Aldo com Paolo as consequências de delegar poder tão cedo. Julgava que o gesto de Aldo de passar parte da empresa para seus filhos foi prematuro e desestabilizante, e jurou não cometer o mesmo erro.

O testamento de Rodolfo não foi encontrado imediatamente após a sua morte, mas Maurizio, como seu único filho, ainda era o herdeiro legal sob a lei de herança italiana. Vários anos após a morte de Rodolfo, quando Maurizio encontrava-se enrolado em problemas legais a respeito da herança, um pelotão de investigadores da Guardia di Finanza, a polícia fiscal, encontrou o testamento no cofre da empresa, que eles haviam aberto com um maçarico depois de não encontrarem a chave. Rodolfo havia redigido seus desejos com sua própria e floreada letra de mão, deixando tudo, como esperado, para seu *"unico, adorato figlio"*. Rodolfo também fez provisões para seu leal corpo de empregados – em particular para Tullia, Franco e Luigi.

Na primeira reunião de negócios da família depois da morte de Rodolfo, Maurizio, Aldo, Giorgio e Roberto mediram-se uns aos outros de maneira bastante desagradável. Em contrapartida ao pequeno discurso de Maurizio a respeito de sua vontade de colaborar para o futuro da Gucci, os outros não o levaram a sério.

*"Avvocatino!"*, disse Aldo. "Não tente voar tão alto. Você precisa aprender antes."

Para eles, não era surpresa que Maurizio havia herdado cinquenta por cento, mas ficaram boquiabertos quando ele apresentou os certificados das ações assinados, mostrando que seu pai havia, na verdade, deixado as ações para ele antes de morrer – poupando-lhe de precisar pagar 13 bilhões de liras (8,5 milhões de dólares) em impostos de herança. Suspeitaram que as assinaturas haviam sido forjadas.

Maurizio, frustrado pela impossibilidade de ganhar o apoio de seus familiares na reunião, foi logo ver Aldo particularmente, em Roma. Ele esperava ter a bênção do tio para seus planos de modernizar a Gucci. Uma das assistentes de Aldo em Roma os ouviu por acidente quando Aldo balançava a cabeça categoricamente, mandando Maurizio embora. *"Hai fatto il furbo, Maurizio, ma quei soldi non te li godrai mai"*, ela ouviu Aldo dizendo a ele. "Você foi muito esperto, Maurizio, mas nunca desfrutará desse dinheiro."

Maurizio, não intimidado pela resistência de seus parentes, desenvolveu uma nova visão para a Gucci como uma empresa de produtos de luxo globais com gerenciamento profissional e internacional; design aerodinâmico; eficientes processos de produção e distribuição; e técnicas de marketing sofisticadas. Seu modelo era a firma familiar francesa Hermès, que havia se desenvolvido sem sacrificar nem o caráter familiar, nem seus produtos caros e de alta qualidade. Maurizio queria que a Gucci voltasse para o topo na disputa entre Hermès e Louis Vuitton; ele temia que estivesse no mesmo nível de Pierre Cardin, o designer francês nascido na Itália que fez história na moda por assinar o terno mais vendido da Christian Dior, antes de fazer de seu nome quase uma obra de arte, vendendo sua assinatura rabiscada em tudo, de cosméticos e chocolate a eletrodomésticos.

O conceito de Maurizio para a Gucci era bom; o problema era como alcançá-lo. A empresa havia sido dividida improdutivamente entre os membros da família e cada um defendia seu direito de fazer o que julgava ser melhor para a Gucci. Mesmo Maurizio sendo o acionista majoritário da Gucci, com cinquenta por cento, suas mãos estavam amarradas. Encarando Maurizio do outro lado da mesa de reuniões estavam Aldo, com quarenta por cento da Guccio Gucci SpA, e Giorgio, Roberto e Paolo, com 3,3 por cento cada. Na Gucci America, Aldo tinha 16,7 por cento, enquanto seus filhos tinham 11,1 por cento cada um. Maurizio pouco podia fazer sem o consenso deles e eles não tinham muita paciência para suas ideias. A Gucci sobrevivia de suas glórias passadas e ainda gerava grandes lucros que sustentavam seus estilos de vida – eles não viram necessidade em mudar.

Maurizio, mesmo assim, seguiu rapidamente com seus planos, no máximo que podia. Ele confiou em Roberta Cassol para ajudá-lo a atualizar a equipe da Gucci. Desconfortável com confrontos, assim como seu pai, Maurizio pediu a Roberta que despedisse muitos antigos empregados que ele achava não serem mais viáveis na mutável indústria de artigos de luxo.

"Exatamente como no passado ele me diria coisas que não tinha coragem de falar para seu pai, agora ele estava dizendo para mim, 'Roberta, chegou a hora de livrar-se de fulano'", Cassol disse. "Ele tinha uma frágil e insegura personalidade."

Ao mesmo tempo, a posição de Aldo na Gucci America ficava cada vez mais instável. Em setembro de 1983, com base em documentos judiciais apresentados por Paolo, o Internal Revenue Service (IRS) começou a examinar a movimentação financeira de Aldo Gucci e da Gucci Shops. Em 14 de maio de 1984, o Departamento de Justiça autorizou o escritório da procuradoria dos Estados Unidos a abrir um inquérito judicial sobre o problema. Aldo – muito esperto em questões de negócios – não havia entendido o propósito do país a respeito do pagamento de impostos, mesmo tendo se tornado um cidadão americano em 1976. Na Itália, um cidadão comum, cético e desconfiado do governo, acreditava que pagar impostos é a mesma coisa que dar dinheiro para políticos corruptos sem muito retorno. O ditado americano – apenas duas coisas são certas na vida: a morte e os impostos – não faria sentido algum para um italiano; especialmente nos anos 1980. Hoje, o governo italiano está tentando reverter a extrema sonegação de impostos, mas, naquela época, quanto mais dinheiro alguém conseguisse não pagar, mais esperto era considerado. Era algo para quase se gabar. De Sole, que era mais americano no pensamento do que italiano, havia se especializado em legislação tributária e tentou convencer Aldo da gravidade da situação.

"Eu fiz uma grande apresentação para toda a família no Hotel Gallia, em Milão", disse De Sole. "'Este é um grande problema', eu lhes disse."

"'Não seja ridículo!', eles me responderam. 'Aldo é um grande homem e tem feito coisas ótimas pela comunidade; eles não vão tocar nele'."

"'Vocês não entendem' eu retruquei. 'Aqui é a América, não a Europa. Estamos falando de fraude pesada. Aldo Gucci vai para a cadeia!'"

Ninguém levou De Sole a sério, e Aldo, o "guru da Gucci", deixou o problema de lado. "Você é sempre tão pessimista", disse condescendentemente a De Sole, que continuara a trabalhar para a empresa após a morte de Rodolfo.

"Aldo estava sendo aquele velho tirânico e não discutiria a respeito", lembrou Pilone.

Nesse meio-tempo, De Sole havia descoberto que, além de transferir ilegalmente milhões de dólares da Gucci America para suas empresas em paraísos fiscais, Aldo havia pessoalmente descontado uma pilha de cheques dados à empresa e que somavam centenas de milhares de dólares.

"Aldo estava vivendo como um rei, mas havia fraudes pesadas de todos os níveis!", disse De Sole. "Isso iria arruiná-lo pessoalmente e arruinaria a empresa também".

De Sole implorou a Aldo que ouvisse a voz da razão. Ele fez Aldo e Bruna pegarem um avião para Washington, D.C., onde De Sole e sua mulher, Eleanore — nessa época morando em Bethesda, Maryland, com suas duas filhinhas — os convidaram para jantar em sua casa.

"Eu disse a Aldo, 'não tenho nada contra você, por favor, compreenda'", disse De Sole. Em certo momento durante o jantar, Bruna, aos prantos, chamou De Sole de lado para tentar entender o que acontecia.

"Eu disse a ela 'Lamento, mas ele irá para a cadeia'", De Sole disse. "Aldo renegou a realidade. Ele via a Gucci como seu brinquedinho pessoal. Ele não compreendia a diferença entre o pessoal e o corporativo — a atitude dele era de quem havia construído a empresa e merecia algo em troca por tudo o que havia feito."

No começo, De Sole disse que teve problemas até mesmo para convencer Maurizio das consequências que Aldo teria de enfrentar. "Você não entende", dizia De Sole a Maurizio. "Se Aldo for para a cadeia, não mais estará lá para comandar a empresa. Algo precisa ser feito."

Maurizio finalmente concordou. A vulnerabilidade de Aldo em relação às questões de impostos favoreceu os planos distantes de Maurizio de criar uma nova Gucci. Com a ajuda de Pilone e De Sole, ele desenvolveu um plano para assumir o controle da comissão de diretores. A única maneira de ter o poder era criar uma aliança com um de seus primos. Mas qual? Giorgio era muito reservado, tradicional e leal a Aldo. Ele não ia querer sair da linha. Roberto era ainda mais conservador e preocupava-se em assegurar um futuro para seus seis filhos. Ambos estavam confortáveis com a Gucci como estava. A única possibilidade era Paolo, a ovelha negra, que havia parado de falar com Maurizio dois anos antes, depois do incidente da sala de reuniões. Mas Maurizio também sabia que Paolo era pragmático e estava em dificuldades financeiras – ele já havia conseguido gastar o pagamento que havia recebido da Gucci. Maurizio decidiu fazer-lhe uma oferta. Pegou o telefone e discou o número de Paolo em Nova York.

"Paolo, é o Maurizio. Acho que deveríamos conversar. Eu tenho uma ideia que pode resolver os seus problemas e os meus também", disse. Eles combinaram de se encontrar em Genebra, na manhã de 18 de junho de 1984.

Paolo e Maurizio chegaram quase na mesma hora no Hotel Richemond. Assim que sentaram sob o sol no terraço, com vista para o Lago Genebra, Maurizio contou a Paolo seus planos para criar uma nova empresa, a Gucci Licensing, com base em Amsterdã, por questões fiscais, que controlaria todas as licenças sob o nome Gucci. Maurizio controlaria a nova empresa com cinquenta e um por cento, Paolo teria o restante e o título de presidente. Em troca, Maurizio queria que Paolo juntasse seus 3,3 por cento com os cinquenta por cento dele em votos na diretoria da Guccio Gucci. Maurizio pagaria mais tarde, pelas ações de Paolo, 20 milhões de dólares. E finalmente, Paolo e Maurizio abandonariam os processos pendentes entre eles. No fim da reunião, os dois primos apertaram as mãos e combinaram que pediriam para seus advogados começarem a preparar os documentos necessários.

Eles assinaram seu pacto um mês depois, nos escritórios do Crédit Suisse, em Lugano, onde Paolo depositou o certificado de suas ações e Maurizio depositou um sinal de 2 milhões de dólares. Maurizio ganharia o controle das ações quando a nova companhia, a Gucci Licensing, fosse fundada, e quando ele pagasse a Paolo um adicional de 20 milhões de dólares, totalizando 22 milhões. Nesse meio-tempo, ele teria o voto de Paolo e o controle efetivo da empresa Gucci.

A diretoria da Gucci America reunia-se em Nova York todos os anos no início de setembro. Apenas alguns itens estavam na pauta: aprovação dos resultados para os primeiros seis meses de 1984, um plano para abertura de novas lojas e algumas reuniões com novos funcionários.

Nos velhos tempos em que Rodolfo, Vasco e Aldo gerenciavam o negócio, reuniões de diretoria eram agradáveis encontros de família, quando os três irmãos juntavam-se e aprovavam, sem muitas perguntas, o que Aldo queria fazer, lembrou seu filho Roberto. "Havia tamanha confiança que eles simplesmente votariam pelo que ele queria, sem contestar nada, e eles sairiam e iriam se divertir", disse ele.

No fim de semana anterior à reunião de diretoria da Gucci America, Domenico De Sole voou secretamente para a Sardenha, onde Maurizio e Pilone estavam acompanhando a fase decisiva das disputas para selecionar o desafiante italiano para a competição de regatas America's Cup. Eles se hospedaram na Costa Esmeralda, no Hotel Cervo, em Porto Cervo, que foi criado pelo príncipe Aga Khan, assim como Porto Rotondo, ao lado. Muitos consideram a Costa Esmeralda um dos destinos de férias mais exclusivos da Itália. A vila pré-planejada de Porto Cervo estende-se de uma praça central cheia de cafés, restaurantes e lojas de grife, todos pintados de um mesmo tom de rosa-claro e com visão panorâmica da baía, onde as pessoas mais ricas ancoram seus luxuosos iates e lanchas. Os ensolarados terraços e bem cuidados jardins das luxuosas vilas particulares podiam ser vistos do lado irregular da montanha, que se erguia de dentro da água. O estilo artificial de Porto Cervo e de Porto Rotondo, símbolo dos novos-ricos da Itália, estava em desacordo com a beleza natural espartana da Sardenha.

Durante o dia, Maurizio, Pilone e De Sole abriram caminho por águas espumantes atrás de sagazes barcos de passeio na lancha de alta velocidade *Magnum 36* de Pilone; à noite, eles jantaram num terraço à luz de velas, em Porto Cervo, e reviram o plano, que era consideravelmente simples. De Sole, secretário da comissão de diretores da Gucci America, voaria para Nova York e compareceria à reunião como representante de Maurizio. Ele já havia se encontrado com o representante de Paolo, que se comprometera a votar com De Sole. De Sole proporia dissolver a diretoria existente e nomear Maurizio novo presidente da operação americana da Gucci. Com o controle da maioria dos votos, não poderia haver oposição efetiva dos outros membros da diretoria. Em minutos, Aldo teria perdido o controle da Gucci.

Algumas semanas depois, em Nova York, o plano funcionou ainda mais facilmente do que eles haviam sonhado. A reunião teve lugar na sala de reuniões da diretoria, no décimo terceiro andar do prédio da loja da Quinta Avenida. Antes do início da reunião, De Sole apresentou sua procuração para votar em benefício de Maurizio. Minutos depois, o representante de Paolo fez o mesmo. Aldo, em seu escritório no décimo segundo andar, havia decidido não comparecer à reunião, supondo que seria como de costume. Ele mandou o diretor-executivo da Gucci, Robert Berry, em seu lugar.

De Sole pediu a palavra enquanto os olhos escuros de um sorridente Guccio Gucci, fumando um charuto, o encarava de uma pintura a óleo retratando o fundador da empresa em tamanho natural, que estava pendurada na parede atrás da mesa de conferências.

"Eu gostaria de pedir que uma proposta para dissolver a diretoria fosse colocada na pauta", disse De Sole enfaticamente.

Berry arregalou os olhos e seu queixo caiu ao mesmo tempo. Momentos depois, o representante de Paolo apoiou a proposta. "Eu... eu... eu gostaria de solicitar uma suspensão temporária da reunião", Berry gaguejou antes de sair voando pela porta e correr para o escritório de Aldo a fim de contar-lhe o que estava acontecendo.

Aldo conversava animadamente ao telefone com alguém em Palm Beach, mas desligou o telefone quando Berry o interrompeu.

"Dr. Gucci! Dr. Gucci! O senhor deve subir imediatamente", disse Berry ofegante. "Está havendo uma revolução!"

Aldo ouviu silenciosamente o que Berry tinha a dizer.

"Se é assim que as coisas estão, então não adianta subir. Não há nada que possamos fazer", Aldo disse sucintamente. Havia julgado mal o jovem Maurizio, que ele temia estar cometendo um grave erro.

Berry retornou e tentou em vão suspender a reunião sob a alegação de que o advogado de Aldo, Milton Gould, de uma firma de advocacia muito prestigiada em Nova York, não podia comparecer, pois era feriado judaico. De Sole e o representante de Paolo votaram a favor de dissolver a diretoria e apontaram Maurizio Gucci como presidente da Gucci Shops Inc.

Aldo deixou o prédio com o rosto tenso. Seu próprio sobrinho, o mesmo homem que ele um dia pensou que poderia ser seu sucessor, o havia derrubado em um *coup d'état*. Agora, Maurizio era um inimigo.

Logo depois, Aldo encontrou-se com Giorgio e Roberto, mas eles tristemente perceberam que não havia nada a ser feito; Maurizio, aliado a Paolo, efetivamente controlava a empresa. O mesmo cenário tomaria lugar na reunião seguinte da diretoria Guccio Gucci, em Florença.

Os Gucci chegaram a um acordo antecipadamente, o qual assinaram em Nova York em 31 de outubro de 1984, e que foi aprovado em uma reunião de acionistas em Florença, em 29 de novembro. Maurizio obteve quatro votos da diretoria de sete membros e foi nomeado presidente da Guccio Gucci. Aldo foi nomeado presidente honorário, enquanto Giorgio e Roberto foram nomeados vice-presidentes. Giorgio continuaria a gerenciar a loja de Roma, assim como Roberto continuaria como administrador da empresa em Florença.

Maurizio, entusiasmado, havia conseguido exatamente o que queria. Aldo retinha um título importante, mas havia sido essencialmente neutralizado; aos primos foi permitido manter seus papéis na empresa, mas Maurizio tinha o controle. Além disso, ele conseguiu transformar as ações de Paolo em um fator estabilizante. A imprensa, cobrindo alegremente as intrigas da família, declarou Maurizio como um herói; o *New York Times* apelidou Maurizio de o "Pacificador da Família", pintando-o como a imagem da tranquilidade dentre as excitantes batalhas familiares que haviam lotado as colunas de fofocas.

Maurizio convocou uma reunião com os funcionários de alto escalão em Florença, convidando o grupo de trinta pessoas para entrar na sala de conferência em formato oval que a equipe havia apelidado de "Sala Dynasty", uma referência irônica à popular série de televisão. Os trabalhadores reuniram-se ao redor da sólida mesa de conferência de madeira, cercados por escuras paredes revestidas de madeira e quatro bustos de mármore que representavam os quatro continentes. Maurizio explicou sua visão da nova Gucci ao grupo de funcionários da fábrica e do escritório.

"A Gucci é como um belo carro de corrida", ele começou hesitante, olhando para os velhos rostos familiares agrupados ao seu redor. "Como a Ferrari", disse Maurizio, fazendo uma referência que achava que eles entenderiam. "Mas nós estamos dirigindo como se fosse um Cinquecento", disse ele, referindo-se ao pequeno modelo de carro produzido pela Fiat no pós-guerra.

"A partir de hoje, a Gucci tem um novo piloto. E com o motor certo, as peças certas, os mecânicos certos, nós vamos vencer a corrida!", disse ele com um sorriso largo, fazendo um aquecimento para o assunto. No fim de seu discurso, perguntou aos silenciosos rostos se tinham alguma pergunta. Em meio aos nervosos movimentos de pés e pigarreadas, o olhar de Maurizio caiu em Nicola Risicato, um homem que havia começado como vendedor na loja de Milão, e trilhara seu caminho até a gerência da loja da Via Tornabuoni. Risicato, que já estava na meia-idade, havia visto Maurizio crescer.

"Nicola, nem mesmo você? Você não tem nada a me dizer?", Maurizio perguntou com um sorriso, olhando carinhosamente para aquele senhor, esperando por aprovação.

"Não, eu não desperdiço elogios", Risicato disse secamente, ecoando a preocupação de muitos de seus colegas. Eles haviam se acostumado com o estilo espontâneo e amigável de Aldo e Rodolfo, e não sabiam muito o que fazer com o discurso de Maurizio sobre Ferraris.

Naquele dezembro, o *Wall Street Journal* publicou um extenso dossiê sobre as supostas transgressões financeiras de Aldo Gucci, relatando que ele estava sob investigação de um júri federal por ter supostamente desviado 4,5 milhões de dólares dos cofres da empresa entre setembro de 1978 e o fim de 1981. O artigo mencionou que Aldo havia declarado ganhos anuais de menos de cem mil dólares, "uma pequena quantia para um homem de seu *status*".

A imprensa italiana também ficou sabendo da notícia. A Gucci havia chegado ao auge nos Estados Unidos – mas talvez agora estivesse indo em direção à sua queda. "Pela primeira vez, o nome Gucci não estava sendo mencionado em relação a estilo e classe, mas em relação a um crime sério", escreveu o jornal semanal italiano *Panorama*, em janeiro de 1985.

Maurizio confiava em De Sole intimamente e havia lhe pedido que se tornasse o novo presidente da Gucci U.S. com um mandato específico: limpar e arrumar as tumultuadas transações financeiras da empresa, preparar sua resposta para as alegações de fraude nos impostos e contratar gerenciamento profissional. Antes da chegada de De Sole, o presidente anterior da Gucci Shops Inc. havia sido uma mulher chamada Marie Savarin, uma contadora que fora leal assistente de Aldo por anos; ela foi possivelmente a única mulher em quem Aldo já confiou de verdade – até mesmo a ponto de autorizá-la a assinar por ele.

De Sole concordou em fazer o que Maurizio pediu, com a condição de que pudesse continuar com sua casa e sua posição no escritório de advocacia em Washington, D.C., e executar seus novos deveres corporativos em meio período. De Sole começou viajando para Nova York uma vez por semana. Contratou um homem chamado Art Leshin como chefe da área de finanças para ajudá-lo a organizar as contas da empresa.

"Quando chegamos lá, piramos!", lembrou De Sole. "Era um desastre, um caos total. Não havia inventários, nem procedimentos de contabilidade. Demorou meses para entendermos o que estava acontecendo. Aldo tocava o negócio com intuição – e sua capacidade de marketing era tão boa que ele fora embora com ela!"

A viagem de De Sole a Nova York uma vez por semana passou a ser de segunda a sexta. Sua esposa, Eleanore, mandava-o com uma mala de roupas limpas no começo de cada semana e o recebia em casa no fim de semana junto com sua mala de roupas sujas – até que De Sole finalmente mudou com sua família para Nova York.

Em 1986, em seu programa de limpeza, De Sole reincorporou os negócios da Gucci's U.S sob um novo nome: Gucci America. Em janeiro de 1988, a Gucci America pagou ao Internal Revenue Service (IRS) 21 milhões de dólares em impostos atrasados e multas referentes a apropriações indevidas feitas pela família entre 1972 e 1982. Em troca, De Sole arrancou das autoridades fiscais a promessa de isentar a empresa de qualquer responsabilidade após esse período. A companhia foi forçada a entrar no vermelho para fazer o pagamento ao IRS. Mas De Sole tanto expandiu quanto melhorou as operações. Ele comprou de volta seis das franquias independentes da Gucci, aumentando o número de lojas próprias nos Estados Unidos para vinte, além disso, retomou a distribuição em atacado da GAC de Maria Manetti Farrow, em um processo judicial que se tornou desagradável – mas que instantaneamente aumentou o rendimento direto. Ele também cancelou uma licença para fabricação de cigarros, que havia sido assinada pela família com a R.J. Reynolds Tobacco Corporation, argumentando que a associação da Gucci com o cigarro mataria a marca nos Estados Unidos. A licença foi posteriormente emitida pela Yves Saint Laurent. Em 1989, a Gucci America computou um total anual de vendas de 145 milhões de dólares e lucros de 20 milhões, apesar das contínuas batalhas familiares.

Enquanto De Sole manejava os problemas na Gucci America, Maurizio autorizava a participação da companhia em um consórcio italiano que estava patrocinando um barco na competição America's Cup de 1987. A corrida havia capturado a atenção dos italianos em 1983 quando o barco italiano *Azzurra* competiu nas prova de elite, produzindo enormes retornos para seus patrocinadores, a maior fabricante de automóveis italiana, a Fiat, e a Cinzano, produtora de aperitivos destilados. A corrida histórica atraiu a atenção de espectadores da elite americana e europeia – justamente o tipo de público para quem a Gucci vendia. A ideia de Maurizio era usar a corrida para promover a força da etiqueta "Made in Italy" e ele arrebanhou outros patrocinadores corporativos, incluindo os então gigantes químicos Montedison e os fabricantes de massas Buitoni. Maurizio foi nomeado o diretor de imagem da nova parceria e levou seu papel muito a sério, promovendo a Itália não somente como um país com tradição em arte e artesanato, mas também como uma fonte crescente de tecnologia avançada. O consórcio comprou um barco, o *Victory*, que tivera um bom desempenho na America's Cup anterior, como um protótipo para modelar seu próprio barco, o *Italia*, com três modelos subsequentes. O consórcio também contratou um importante comandante, Flavio Scala, de Verona, e uma equipe de excelente qualidade.

Para o terror de Aldo, Giorgio e Roberto, que pensaram que o patrocínio era uma enorme perda de tempo e dinheiro, Maurizio dedicou-se intensamente – tanto quanto muitos da equipe da Gucci – a desenhar uniformes para a equipe. Cada item era tecnicamente testado para assegurar resistência ao desgaste do trabalho em uma corrida de barcos e ser bonito ao mesmo tempo. As roupas da equipe de corrida também foram desenhadas para fazer brilhar as ondulantes cores da bandeira italiana enquanto os homens enrolavam e desenrolavam as manivelas.

"Eu fui a única que comandei o projeto", lembrou tristemente Alberta Ballerini. "Eu tinha uma pequena equipe que se apaixonou pela corrida.

Nós desenhamos e produzimos tudo para o pessoal de bordo, de camisetas a jaquetas, calças e bolsas. Eles eram os marinheiros mais bem-vestidos que eu já vi."

O visual tricolor que a Gucci criou para a equipe do *Italia* era tão surpreendente que a embarcação rapidamente ficou conhecida como "o barco da Gucci". A participação da Prada na American's Cup 2000 em Auckland, com o *Luna Rossa*, repetiu o feito de Maurizio com o consórcio do *Italia*.

Em outubro de 1984, a competição para selecionar o barco italiano que competiria na America's Cup foi organizada na Sardenha, ao largo da Costa Esmeralda. A Gucci estabeleceu uma base em Porto Cervo, onde poucos meses antes Maurizio, De Sole e Pilone haviam planejado seu golpe.

Depois de vários dias de competições acirradas, o *Italia* venceu a fase final, para a surpresa de todos, derrotando o favorito *Azzurra*.

Infelizmente, o *Italia* não ganhou a America's Cup, e tornou-se muito famoso pelo dia em que um de seus protótipos afundou no porto depois de ser transferido para Perth, Austrália, onde o desafio da America's Cup iria acontecer. No dia do lançamento ao mar, o guindaste que transportava o barco tombou, afundando-o sob seu peso. O barco foi resgatado, mas estava danificado e não houve tempo para reconstruí-lo antes da corrida.

O restaurante Caffè Italia, que Maurizio colocou em funcionamento durante as corridas, foi muito mais bem-sucedido, tornando-se rapidamente o ponto de encontro de todos os participantes da competição. Toalhas de mesa, talheres, cristais e porcelanas foram trazidos da Itália para a ocasião, assim como os chefes, garçons e todo o abastecimento, incluindo água mineral, vinho e massa.

Quando Maurizio não estava fora acompanhando os esforços da America's Cup, ele achava suas novas responsabilidades na Gucci muito exaustivas. Trabalhava de doze a quinze horas por dia, viajava constantemente, incansável em sua busca por realizar seu sonho para a Gucci. Almoço e jantar tornaram-se oportunidades para organizar encontros de negócios. Ele inclusive viajava nos fins de semana para supervisionar inaugurações e reformas de lojas, sacrificando sua vida pessoal, os esportes que amava e sua família.

Como Rodolfo havia previsto, Maurizio mudou. Ele confiava em De Sole e Pilone para aconselhá-lo, ficando cada vez mais incomodado com os esforços de Patrizia em dirigi-lo. Quando mais jovem, Maurizio via em Patrizia um apoio para ele, que lhe dava forças para enfrentar seu pai. Assim que Maurizio ganhou poder, ela de alguma forma assumiu o papel de seu pai – dizendo a ele o que fazer, como e quando fazê-lo, e criticando suas decisões e seus conselheiros. Apesar de ter finalmente obtido o controle da empresa de sua família, ele se sentia oprimido.

"Patrizia realmente acabava com ele", lembra De Sole. "Ela o envenenava contra seu tio, seus primos ou qualquer um que achasse que não o tratava de maneira apropriada. Nos eventos da Gucci, ela dizia coisas do tipo 'não me ofereceram champanhe primeiro, isso significa que eles não te respeitam!'."

"Ela se tornou uma verdadeira chateação", concordou Pilone. "Era uma mulher ambiciosa e queria um cargo na empresa. Eu disse a ela para ficar fora, que era 'proibido para esposas', e ela me odiava por isso."

Enquanto isso, o alerta de Rodolfo ecoava na cabeça de Patrizia. Ela finalmente admitiu que seu sogro estava certo sobre Maurizio. Seu marido, obcecado por seu sonho relacionado à Gucci, excluiu todo o resto, inclusive sua própria família. Ele rejeitava as opiniões e os conselhos de Patrizia, e a distância entre eles começou a aumentar.

"Ele queria que Patrizia dissesse 'bravo' para ele o tempo todo; mas, ao contrário, ela o repreendia constantemente", disse Roberta Cassol. "Ela se tornou desagradável."

De Sole e Pilone tomaram o lugar de Patrizia como sua conselheira de confiança e ela se ressentiu profundamente disso. Levada por sua própria ambição, ela se achava a grande mulher atrás do homem fraco, mas de repente se viu em segundo plano.

"Maurizio ficou instável... arrogante e desagradável", Patrizia lembrou. "Ele parou de vir almoçar em casa, e nos fins de semana ficava fora com seus 'gênios'. Ele engordou e se vestia mal... e ficou rodeado de pessoas sem substância. Pilone foi o primeiro. Pouco a pouco, ele mudou Maurizio. Eu percebi isso quando Maurizio parou de me contar as coisas; ele estava cada vez mais distante. Conversávamos menos. Nós nos tornamos frios e indiferentes um em relação ao outro", disse ela. Maurizio começou a chamar seu *folletto rosso* de *strega piri-piri,* como a bruxa de um popular desenho infantil.

Numa quarta-feira, 22 de maio de 1985, Maurizio abriu seu guarda-roupa na cobertura da família em Milão e fez uma pequena mala. Disse a Patrizia que estava indo a Florença por alguns dias, despediu-se dela e beijou as filhas, Alessandra, de 9 anos, e a pequena Allegra, de 4. Eles conversaram no dia seguinte por telefone; nada parecia estar fora do normal.

Na tarde seguinte, um médico amigo íntimo e confidente de Maurizio foi ao apartamento da família para dizer a Patrizia que Maurizio não iria voltar para o fim de semana — e nunca mais. Patrizia ficou abalada. O médico ofereceu algumas palavras consoladoras — e um frasco de Valium que ele trazia em sua maleta preta. Ela imediatamente expulsou o médico e sua maleta. Patrizia sabia que ela e Maurizio haviam se distanciado, mas nunca imaginou que ele abandonaria a família. Dias depois, uma boa amiga de Patrizia, Suzy, a convidou para almoçar em sua casa a fim de dar outro recado de Maurizio.

"Patrizia, Maurizio não vai voltar para casa", disse Suzy. "Ele quer que você arrume algumas malas com roupas e ele mandará um motorista buscá-las. A decisão dele é final."

"Diga-me onde posso encontrá-lo", murmurou Patrizia com raiva. "O mínimo que ele pode fazer é dizer isso na minha cara."

Em julho, Maurizio ligou e acertou encontros com suas filhas nos fins de semana. Em setembro, ele pediu a Patrizia que o acompanhasse a um jogo de polo que a Gucci havia patrocinado e entregasse a taça ao campeão. Durante a semana em que ele ficou em casa, finalmente tiveram uma chance para conversar a respeito do relacionamento. Maurizio a convidou para jantar na Santa Lucia, a aconchegante cantina em que ele a havia cortejado.

"Eu preciso da minha liberdade! Liberdade! Liberdade!", explicou ele. "Você não entende? Primeiro era meu pai que me dizia o que fazer, agora é você. Eu nunca fui livre em toda a minha vida! Eu não aproveitei minha juventude e agora quero fazer o que eu quiser."

Patrizia estava sentada sem palavras enquanto sua pizza esfriava. Maurizio explicou que não a estava deixando por outra mulher, mas porque se sentia "castrado" pelas críticas cruéis de Patrizia e pelo controle que ela exercia.

"Que liberdade é essa que você quer?", ela finalmente replicou. "Ir fazer *rafting* no Grand Canyon, comprar uma Ferrari? Você pode fazer essas coisas se quiser! Sua família é sua liberdade."

Patrizia não podia entender por que Maurizio queria liberdade para chegar em casa às três da manhã quando era o tipo de homem que normalmente caía no sono às onze da noite em frente à televisão. Ela suspeitou que ele fora seduzido por sua própria crescente importância no negócio de artigos de luxo e pelo respeito dado a ele por seus subordinados no escritório.

"Minha inteligência o perturbava", ela disse mais tarde. "Ele queria ser o número um e pensou que havia encontrado as pessoas que o tornariam o número um!"

"Faça o que tem que fazer", Patrizia, por fim, disse friamente. "Mas não esqueça que você tem obrigações para comigo e para com as crianças." Embora parecesse fria e indiferente, por dentro Patrizia sentiu seu mundo desabar.

Eles concordaram em não dizer nada às meninas imediatamente e Maurizio foi embora. A princípio, ele alugou uma residência no Foro Bonaparte, cheio de árvores, em Milão; mais tarde, comprou um pequeno apartamento na Piazza Belgioioso, apesar de, com todas as suas viagens, raramente dormir lá. Ele nunca voltou à Galleria Passarella para esvaziar seu guarda-roupa – simplesmente comprou camisas e ternos feitos sob medida e encomendou sapatos novos.

Depois que Maurizio deixou o apartamento da família, Patrizia recorreu a uma companhia diferente para se consolar – uma mulher napolitana chamada Pina Auriemma, que se tornara sua amiga. Ela e Maurizio haviam conhecido Pina muitos anos antes, em uma estação de águas em Ischia, uma ilha distante da costa de Nápoles, conhecida por suas cachoeiras térmicas e banhos de lama. Em Pina, que vinha de uma família que operava no setor da indústria de alimentação, Patrizia encontrou uma companhia divertida e cheia de vida. Elas passaram vários verões juntas em Capri, onde Pina havia ajudado Patrizia a encontrar uma casa. O bom humor napolitano sarcástico de Pina e a habilidade com cartas de tarô entretinham Patrizia por horas – ajudando a amenizar a dor da partida de Maurizio.

"Quando estávamos em Capri, ela vinha me visitar todos os dias", Patrizia lembrou. "Nós conversávamos por horas; ela era engraçada e me fazia rir."

As duas mulheres tornaram-se amigas rapidamente e Pina visitava Patrizia com frequência em Milão ou a acompanhava em viagens. Patrizia convenceu Maurizio a permitir que Pina abrisse uma franquia da Gucci em Nápoles, que ela dirigiu por anos antes de passá-la a uma sócia. Pina estava ao lado de Patrizia quando Allegra nasceu em 1981. Depois que Maurizio deixou a família, Patrizia recorreu a Pina para consolar-se. E quando ficou tão perturbada a ponto de pensar em suicídio, a amiga a convenceu a não fazê-lo.

"Ela esteve a meu lado no momento da minha depressão mais profunda", disse Patrizia mais tarde. "Salvou minha vida."

Apesar de Patrizia ter sido bem-sucedida no competitivo ambiente social que encontrou em Milão, ela raramente se sentia aliviada e havia feito pouquíssimos amigos em quem ela sentia que podia confiar de verdade. Se realmente precisava conversar, recorria a Pina. Quando não estavam juntas, elas conversavam por horas ao telefone.

"Eu confiava nela, não tinha que tomar cuidado com as minhas palavras, eu contava tudo para ela", Patrizia recordou. "Sabia que ela não era uma fofoqueira."

Nos primeiros anos depois que Maurizio deixou a família, o casal manteve as aparências com relação ao casamento e às vezes participavam de eventos públicos juntos. Ela se arrumava para mostrar-se bonita sempre que Maurizio ia ver as filhas, mas depois que ele saía, Patrizia trancava a porta de seu quarto, jogava-se na cama e chorava por horas. Apesar de Maurizio depositar todos os meses 60 milhões de liras (por volta de 35 mil dólares) para Patrizia em uma conta bancária de Milão — ela começou a achar que tudo o que havia conquistado estava escapando-lhe por entre os dedos. Recorria aos diários Cartier que comprava a cada ano, encadernados em couro escuro de bezerro com uma fotografia em miniatura dela mesma na capa. Registrava cada contato que tinha com "Mau", como ainda se referia a ele, o que se tornaria uma obsessão.

O fim de seu casamento foi apenas um dos problemas de Maurizio. Aldo e seus filhos não haviam engolido o golpe de Estado. Eles entregaram para as autoridades um dossiê detalhado, cheio de nomes de testemunhas-chave, em junho de 1985, indicando que Maurizio havia forjado as assinaturas de seu pai nos certificados de ações, para evitar pagar impostos de herança. A estratégia de Aldo era parar o avanço de Maurizio na Gucci, mostrando que ele não havia obtido legitimamente seus cinquenta por cento de ações da empresa.

O principal nome no arquivo era Roberta Cassol, a mulher que trabalhara para a Gucci por mais de vinte anos, começando como vendedora e trilhando seu caminho até tornar-se assistente de Rodolfo. Cassol cuidava de todas as questões pessoais e de trabalho de Rodolfo, e quando terminava suas tarefas no escritório, passava longas noites com o chefe em seu estúdio de filmagem no porão, digitando e redigitando a narração dos filmes dele. Quando a saúde de Rodolfo piorou, Cassol passou a viajar com ele frequentemente para Saint Moritz, a fim de ajudá-lo a lidar com a correspondência e outros arranjos mesmo depois que ele estava fora do escritório.

Nos primeiros meses após a morte de Rodolfo, Cassol trabalhou lado a lado com Maurizio assim como havia feito com o pai dele. Quando ele traçava seus planos para modernizar o negócio, Cassol pediu a Maurizio uma promoção para diretora comercial. No entanto, o relacionamento dos dois azedou. Ele associava Cassol a seu pai e ao passado; queria trazer pessoas novas, com ideias frescas para a empresa, e queria profissionais jovens, motivados, para substituir a velha guarda da Gucci e levar adiante seu sonho. Maurizio negou o pedido de Cassol.

"Nós precisamos de ar fresco", disse a ela, e pediu que saísse. Eles discutiram e os dois ficaram aborrecidos.

"Na vida, a gente deve aprender a contar até dez", Cassol disse anos depois, admitindo que não havia lidado com o rompimento deles da melhor maneira. Naquele momento, ela sentiu raiva, depois de tantos anos de devoção a Rodolfo, não havia mais lugar para ela na nova visão de Maurizio.

"Ele não podia suportar que houvesse alguém próximo que o lembrasse de seu passado", Cassol concluiu.

Naquele agosto, o chefe de polícia de Florença, Fernando Sergio, intimou Cassol a comparecer a seu escritório. Ela pegou o trem de Milão, numa viagem de três horas. Quando chegou à polícia, ele tinha um dossiê de quarenta páginas em sua mesa cuidadosamente preparado por Aldo, Giorgio e Roberto. Eles acusavam Maurizio de ter falsificado a assinatura de Rodolfo para evitar pagar impostos de herança de 13 bilhões de liras (pouco mais de 8,5 milhões de dólares).

"Você pode confirmar o que está escrito aqui?", perguntou a ela. "Eu posso confirmar", disse Cassol nervosamente.

"Conte-me como as coisas aconteceram." Cassol respirou fundo.

"Em 16 de maio, dois dias depois da morte do pai, Dr. Maurizio Gucci e seu conselheiro, Dr. Gian Vittorio Pilone, me pediram para forjar a assinatura de Rodolfo Gucci nos cinco certificados de ações que estavam em seu nome. Nós estávamos nos escritórios de Milão, na Via Monte Napoleone. Eu não acreditava que fosse capaz de forjar a assinatura, então sugeri que minha assistente, Liliana Colombo, o fizesse. No fim da manhã, na casa de Pilone, na Corso Matteotti, Colombo falsificou as assinaturas. Porém, elas não ficaram boas, por isso os certificados foram destruídos e novos foram impressos. Dois dias mais tarde, vinte e quatro horas depois do funeral de Rodolfo, novamente na casa de Gian Vittorio Pilone, ela forjou as assinaturas mais uma vez nos certificados de ações da Guccio

Gucci SpA, Gucci Parfums, e vários outros certificados verdes que ela não sabia identificar."

O dossiê identificava outra testemunha fundamental, que também foi intimada por Sergio naquele dia. Giorgio Cantini, um membro da equipe administrativa da Gucci em Florença, tinha as chaves do cofre da empresa, localizado nos escritórios da Gucci de Florença. Um antigo Wertheim preto feito na Áustria em 1911, o cofre continha todos os documentos mais importantes da Gucci.

Cantini disse ao chefe de polícia que os documentos haviam permanecido no cofre de 14 de março de 1982 até 16 de maio de 1983, quando ele os entregou a Maurizio, depois da morte de Rodolfo. Quando Sergio o informou de que os certificados haviam sido assinados por Rodolfo em 5 de novembro de 1982, Cantini, incrédulo, reagiu imediatamente.

*"Impossibile, signore!"*, disse ele. Cantini era a única pessoa, além do próprio Rodolfo, que possuía a chave do cofre e não havia aberto aquela caixa preta para ninguém. Parecia estranho pensar que Rodolfo, enfraquecido como estava, poderia ter viajado por horas até Florença, ter aberto o cofre com sua chave, pegado e depois devolvido os certificados de ações, e tudo sem o conhecimento de Cantini.

Sergio percebeu que o caso estava muito além de sua jurisdição e repassou-o para seus colegas em Milão, onde a suposta falsificação havia sido feita. Em 8 de setembro de 1985, um júri milanês bloqueou as ações de Maurizio na empresa até que fosse feita uma investigação a respeito da suposta falsificação. Maurizio – que acreditou que Cassol havia se aliado a seus parentes em uma vingança pessoal – escreveu um relato indignado em um papel timbrado da presidência da Guccio Gucci. Nesse meio-tempo, Aldo, Roberto e Giorgio – não contentes com a ação criminal que haviam iniciado, também deram entrada em processos civis contra Maurizio. Trabalhando com seus advogados, Maurizio conseguiu que o bloqueio fosse removido em 24 de setembro, mas, para ele, a grande briga havia só começado.

No ano anterior, depois de assumir o controle da comissão de diretores, Maurizio acreditava ter sido magnânimo com Aldo, dando-lhe o título de honorário e deixando-o ficar em seu escritório presidencial no décimo segundo andar do prédio da Gucci em Nova York. Quando Maurizio percebeu que fora Aldo quem colocara o dossiê sobre a mesa de Sergio, não teve piedade do tio. Ele contou a De Sole o que havia acontecido. Durante a noite, De Sole chamou seus funcionários e eles encaixotaram todos os pertences de Aldo e tiraram o guru da Gucci de seu escritório presidencial. Quando a equipe de Nova York chegou ao trabalho na manhã seguinte, Domenico De Sole estava sentado atrás da mesa de madeira de Aldo.

"Eles começaram a guerra de novo", contou De Sole. "Eu disse a Aldo que ele precisava ser racional e tomar decisões justas – se ele começasse um processo litigioso, eu o confrontaria. Aldo continuava me dizendo que gostava do que eu estava fazendo, ele viu que eu estava colocando as coisas em ordem. Mas acho que estava sendo influenciado por seus filhos, mesmo tendo ele próprio o costume de dizer toda hora que os achava burros. Ele nos atacou no tribunal, portanto eu o tirei da jogada", disse De Sole enfaticamente. Com a aprovação de Maurizio, ele proibiu Aldo de entrar no prédio e emitiu uma nota à imprensa dizendo que a gerência da Gucci "decidiu encerrar o cargo de Aldo Gucci na empresa". A nota explicava que Aldo havia sido instruído a "não tomar futuras atitudes para representar a empresa", devido à confusão sobre quem exerce a representação. Então, a Gucci America entrou com um processo contra Aldo e Roberto por supostamente desviarem mais de 1 milhão de dólares dos fundos da empresa para seu próprio benefício.

Quando Bruna Palumbo soube do ocorrido, ligou para Maria Manetti Farrow, a antiga distribuidora da GAC, de quem ele havia se tornado amiga.

"Uma coisa terrível aconteceu", Bruna contou a Maria, pedindo a ela com voz trêmula para acender uma vela para a *Madonna*. Depois de trinta e dois anos, Aldo havia sido atirado porta afora de sua própria empresa por seu sobrinho.

Durante os anos 1980, a Gucci tornou-se mais conhecida por suas guerras de família do que por seus produtos. As reviravoltas das brigas familiares enchiam as páginas das colunas de fofocas assim como a imprensa tinha um dia preenchido escrevendo as histórias. Quanto maiores e mais sensacionalistas eram as manchetes, mais consumidores lotavam as lojas da Gucci.

"Este é um novo episódio de uma nova, autêntica Dinastia italiana, em que os jogadores são todos pessoas reais, não atores", escreveu o *La Repubblica*, referindo-se à série de televisão americana que tinha uma vasta audiência na Europa. Alguns dias depois, o mesmo jornal escreveu, "G não é de Gucci, mas de guerra". E segundo o *Daily Express* de Londres, "a Gucci é uma empresa multimilionária na qual reina mais caos do que em uma pizzaria romana". "Esse é o tipo de briga em que você entra como um porco e sai como salsicha", outro jornal escreveu, fazendo referência a uma anedota inglesa. Mesmo o jornal *La Nazione*, da cidade natal da Gucci, escancarou irreverentemente uma reportagem de duas páginas inteiras a respeito da dinastia Gucci: "Riqueza pode dar tudo – exceto transfusões de sangue azul".

A essa altura, Aldo, já encarando a seriedade de seus problemas legais e fiscais nos Estados Unidos, decidiu que era hora de limpar a casa. Em dezembro de 1985, Aldo ligou para Giorgio e Roberto e eles o encontraram em Roma. Ele foi direto ao ponto, dizendo aos filhos que havia decidido ceder suas ações da Gucci para eles por duas razões. Primeiro, temia que a investigação iminente do IRS resultasse em multas pesadas sobre seus bens; ele queria diminuir sua relação de bens, mas mantê-los na família. Segundo, já estava com 80 anos de idade e queria proteger seus filhos dos excessivos impostos sobre herança, especialmente depois do que acontecera com Maurizio. "Por que dar dinheiro para as autoridades de arrecadação?", pensou ele.

Em 18 de dezembro de 1985, Aldo dividiu os quarenta por cento de ações que lhe restavam na Guccio Gucci SpA entre Giorgio e Roberto em um acordo secreto. Ele já havia dividido inicialmente dez por cento entre seus três filhos em 1974, na época da morte de Vasco. A transação deu a Roberto e Giorgio 23,3 por cento para cada na empresa-mãe italiana e não incluía Paolo na herança, deixando-o apenas com suas ações originais.

Todos os filhos também tinham 11,1 por cento na empresa americana e 16,7 por cento na Gucci Shops Inc. Aldo e seus filhos também possuíam várias ações em empresas estrangeiras da Gucci na França, Reino Unido, Japão e Hong Kong. Maurizio controlava metade da Guccio Gucci e da Gucci Shops Inc, e tinha também ações das unidades estrangeiras que herdara de Rodolfo. Paolo deve ter suspeitado que não estava sendo tratado da mesma maneira que seus irmãos, pois ele já havia anunciado para toda a família: "Se papai morrer sem me deixar nada... eu vou colocar um time de advogados para trabalhar cinquenta anos no caso se for preciso!".

Para evitar futuros confrontos com Paolo, Roberto e Giorgio concordaram em votar com apenas seus 3,3 por cento nas reuniões de diretoria da Guccio Gucci.

Nesse meio-tempo, o acordo de Maurizio com Paolo acabou em novembro de 1985, em uma última reunião que eles haviam marcado para concluir o pacto selado com um aperto de mão naquele dia ensolarado em Genebra. Mensageiros de Paolo e Maurizio corriam de um lado para o outro entre os corredores dos escritórios em Lugano da Crédit Suisse, onde a parte de Paolo fora guardada em títulos. De acordo com documentos legais apresentados por Paolo posteriormente, Maurizio não havia respeitado os termos do acordo. Ele teria supostamente passado Paolo para trás na nova empresa, a Gucci Licensing Service, que deveria ter sido fundada com a participação de Paolo. As horas passaram, com um pequeno progresso em direção à conclusão do acordo que teria selado o controle de Maurizio sobre a Gucci com 53,3 por cento. Finalmente, tarde da noite, bem depois do fim do expediente e com os funcionários do banco irritados, Paolo pôs um fim ao que ele acreditava ter sido uma farsa. Rasgou o rascunho do contrato no qual tinha estado trabalhando, reuniu sua equipe de conselheiros e saiu da sala arrogantemente, levando seus certificados de ações consigo. Alguns dias depois, Paolo deu entrada em novos processos contra Maurizio, declarando que seu primo havia tomado o controle da Gucci em violação de seu acordo, e pedindo a anulação da nomeação de Maurizio como presidente da empresa.

Maurizio, começando a compreender a dinâmica das brigas de família, havia se prevenido da separação de Paolo e tinha outro acordo com Giorgio na manga. Em uma reunião de diretoria em 18 de dezembro de 1985, ele propôs um novo cenário para a empresa com o intuito de nomear um comitê executivo formado por quatro membros, incluindo ele mesmo, Giorgio e um gerente de confiança de cada um. Giorgio seria confirmado como vice-presidente, enquanto o comitê executivo asseguraria uma administração colegiada da empresa. Até Aldo concordou com a proposta.

Maurizio viajou no Natal acreditando que havia encontrado uma solução que poderia funcionar – pelo menos por algum tempo. Enquanto isso, as relações com Patrizia haviam melhorado levemente, já que eles faziam esforço para manter as aparências para as duas meninas. Maurizio esteve bastante em casa no mês de setembro e eles concordaram em passar o feriado de Natal juntos em Saint Moritz. Patrizia sabia quanto Maurizio amava seu refúgio na montanha e esperava que aquele fosse o lugar de sua reconciliação. Ela se dedicou a decorações festivas. Quando terminou, Chesa Murézzan iluminou-se com guirlandas vermelhas e prateadas, velas, musgos e azevinhos. Ela e Alessandra enfeitaram a árvore de Natal, erguida próximo à lareira, com bolas de Natal decoradas em ouro e dúzias de miniaturas de velas reais. Maurizio havia prometido ir à missa da meia-noite com ela, algo que Patrizia sempre amou fazer, e seu espírito pulava de alegria ao pensar que tudo poderia voltar a ser como era antes entre eles. Comprou para Maurizio um conjunto de abotoaduras e botões incrustados de diamantes e safiras e mal podia esperar para ver a expressão no rosto dele quando os visse.

Na noite de 24 de dezembro, Maurizio foi para cama às dez horas sem dizer uma palavra – deixando Patrizia sozinha para ir à missa da meia-noite. Na manhã seguinte, como era de costume, a família convidou os empregados para receberem seus presentes, antes de abrirem seus próprios em particular. Maurizio deu a Patrizia um estojo porta-chaves do iate *Italia* e um relógio, que era uma antiguidade. Ela não sabia se estava mais desapontada ou furiosa. Patrizia odiava relógios antigos e achou que ele sabia; o porta-chaves era um insulto! Naquela noite, eles foram convidados para uma festa, mas Maurizio não queria ir. Patrizia decidiu ir sozinha e lá ficou sabendo, por um dos amigos do casal, que Maurizio planejava ir embora na manhã seguinte. Ela o confrontou furiosamente com uma chuva de críticas e ele reagiu, agarrando-a pelo pescoço e levantando seu delicado corpo do chão, enquanto as duas meninas se encolhiam a um canto, assistindo-os.

"*Così cresci!*", gritou ele. "Assim você fica mais alta."

"Continue!", disse ela entredentes e ofegante, apesar de estar presa pelo pescoço. "Seria ótimo ter alguns centímetros a mais!"

O feriado de Natal da família, em relação ao qual Patrizia estivera tão esperançosa, havia terminado. Assim como o casamento – ela anotou o dia 27 de dezembro de 1985 em seu diário, como a data em que realmente acabou.

"Só um verdadeiro imbecil dispensaria sua esposa no Natal", Patrizia disse tristemente anos depois. Na manhã seguinte, ela acordou e encontrou Maurizio fazendo as malas. Ele disse a ela que tinha de ir a Genebra. Antes de sair, chamou Alessandra de canto e disse: "Papai não ama mais a mamãe; então vai embora. E o papai tem uma casa nova muito legal aonde você pode ir e ficar com ele; uma noite com ele e outra com a mamãe".

Alessandra se desmanchou em lágrimas e Patrizia ficou chocada com a falta de tato de Maurizio, especialmente depois do pacto que fizeram de não contar às crianças sobre a separação. Aquele dia marcou o início da batalha de ambos pelas filhas, disputas que afetariam profundamente a todos. Maurizio acusou Patrizia de tentar manter as meninas longe dele; ela protestou dizendo que as visitas dele as deixavam tão chateadas que ela preferia limitar o tempo das filhas com o pai. "Patrizia afastava as crianças dele porque queria forçá-lo a voltar para ela", contou uma antiga governanta da família.

Se Patrizia usava as crianças contra ele, Maurizio usava suas propriedades contra ela. Ele decidiu proibi-la de entrar na propriedade de Saint Moritz e no *Creole* – mas se esqueceu de avisá-la. Um dia, Patrizia levou as meninas para Saint Moritz – e encontrou as fechaduras trocadas.

Quando chamou os empregados, eles não a deixaram entrar, dizendo que tinham instruções do Sr. Gucci para não permitir a entrada dela na propriedade. Patrizia chamou a polícia. Quando eles souberam que Patrizia e Maurizio estavam separados, mas não divorciados, a polícia forçou as fechaduras e a deixou entrar com as garotas.

Enquanto isso, o julgamento para resolver a disputa entre Paolo e Maurizio havia começado, apesar de nenhuma solução ter sido encontrada antes da reunião familiar de diretoria em Florença, marcada para o início de fevereiro de 1986. Aldo sabia que o acordo de Maurizio com Paolo havia fracassado. Agora que o sobrinho estava em uma posição mais frágil, ele pensou que esse poderia ser o momento certo para derrubá-lo. Apesar de tudo o que havia acontecido entre eles, Aldo cumprimentou Maurizio com um grande sorriso e um abraço, na tradição Gucci de proceder como se nada tivesse acontecido.

"Filho! Desista de seus sonhos de ser o grande chefão", disse Aldo. "Como você vai fazer tudo sozinho, *Avvocatino*? Vamos trabalhar juntos." Ele propôs que Maurizio entrasse em um novo acordo com Giorgio e Roberto, com ele próprio como intermediário.

Maurizio deu um sorriso forçado; não era possível levar as propostas de Aldo a sério. Ele sabia que a autonomia de Aldo estava limitada. Autoridades americanas quase haviam cancelado seu passaporte por causa do problema dos impostos. Em 19 de janeiro, pouco antes de embarcar em um avião para a Itália, Aldo havia se declarado culpado de sonegar 7 milhões de dólares em impostos, em uma emocionante audiência no tribunal federal de Nova York. Aldo admitiu ter tirado 11 milhões de dólares da empresa por meio de vários artifícios, desviando os fundos para ele mesmo e para membros da família. Vestido em um terno azul de risca de giz com duas fileiras de botões, Aldo disse com pesar ao juiz federal Vincent Broderick que seus atos não representavam seu "desamor pela América", da qual ele se tornara cidadão e residente permanente em 1976. Aldo entregou um cheque de 1 milhão de dólares ao IRS e concordou em pagar 6 milhões adicionais antes da sentença. Ele se deparou com uma pena de quinze anos de prisão pelos crimes e uma multa de 30 mil dólares. Domenico De Sole avisara Maurizio de que era quase certo que Aldo fosse para a prisão.

A reunião da comissão familiar de diretores terminou sem grandes dramas. Maurizio confirmou seu acordo com Giorgio, prometendo a Aldo cargos importantes na empresa para seus filhos. Quando Aldo ia saindo, deu a Maurizio uma indireta: "Eu admiti minha responsabilidade [com relação à questão dos impostos americanos] para salvar a empresa e a família. Mas não pense que em todos esses anos meu irmão mais novo ficou com as mãos no bolso", indicando que Rodolfo também se beneficiou do esquema. "Eu me meti em encrenca para ajudar a todos. Eu tenho um grande coração."

Agora que a paz reinava na família, pelo menos por enquanto – era hora de lidar com Paolo novamente. Depois de seu pacto com Maurizio ter desmoronado, Paolo havia voltado para o seu projeto de estimação, a PG. Dessa vez, ele foi até a etapa de produção e criou uma coleção de malas, cintos e outros acessórios, que lançou com uma grande festa em Roma no mês de março daquele ano, em um clube social particular. No meio das festividades, oficiais de justiça invadiram a festa para levar a coleção enquanto os convidados pulavam para pegar torradas com caviar e um último copo de champanhe. Um Paolo furioso sabia quem havia mandado os visitantes indesejados – Maurizio.

"*Maledetto*! Você vai pagar por isso!", Paolo, vestindo um *smoking* e segurando um copo de champanhe, gritou para ninguém em particular. Paolo estava desesperado. Suas contas amontoavam-se em centenas de milhares de dólares. Havia anos que ele não recebia salário. Suas ações da Gucci não estavam rendendo nada, apesar dos lucros saudáveis da companhia, porque Maurizio havia votado a favor de uma proposta de não distribuir dividendos, mas de depositá-los como reserva para financiar seu grande plano. Paolo, forçado a abrir mão de sua casa e de seu escritório em Nova York, havia retornado para a Itália. E agora Maurizio estava arruinando sua festa. Ele ameaçou ir às autoridades, mas Maurizio não lhe deu atenção.

Enquanto Paolo conspirava sua punição para Maurizio, teve sua vingança contra seu pai, que foi sentenciado em Nova York no dia 11 de setembro de 1986. Paolo assegurou-se de que a imprensa comparecesse em massa, com câmeras registrando o evento. Para isso, ligou para todos os repórteres de que pôde se lembrar no dia anterior. Em um pedido lacrimoso por clemência antes do julgamento, Aldo disse em inglês hesitante: "Eu ainda lamento muito, lamento profundamente pelo que aconteceu, pelo que eu fiz, e eu clamo por sua generosidade. Não acontecerá novamente, eu lhes garanto".

Com voz insegura, ele disse ao júri que perdoou Paolo e "qualquer um que me quisesse aqui hoje. Alguns membros de minha família têm cumprido com seus deveres e outros têm a satisfação da vingança. Deus será seus juízes".

Seu advogado, Milton Gould, tentou poupar Aldo, que já tinha 81 anos, da cadeia argumentando que mandá-lo para a prisão "seria provavelmente uma pena de morte". Mas o juiz Broderick já havia tomado sua decisão. Ele sentenciou Aldo a um ano e um dia de prisão por sonegar mais de 7 milhões de dólares em impostos nos Estados Unidos.

"Sr. Gucci, eu estou convencido de que o senhor nunca mais vai cometer outro crime", disse Broderick, percebendo que Aldo já havia sofrido "punição o bastante" pela publicidade que rodeava o caso e pelas consequências para seu negócio. "Eu reconheço que o senhor é de outra cultura, à qual nosso sistema voluntário de avaliação de impostos não pertence", completou, mas explicou que se sentia no dever de enviar um sinal a outros possíveis sonegadores de impostos. Aldo recebeu a sentença de prisão sob a acusação de conspirar para sonegar impostos de renda pessoais e corporativos, assim como três anos para cada uma das duas acusações de sonegação, para as quais Aldo havia se declarado culpado em janeiro. O juiz suspendeu a sentença dos dois julgamentos de impostos, mandando Gucci cumprir cinco anos de condicional, incluindo um ano de serviço comunitário.

Broderick permitiu que Aldo ficasse livre até 15 de outubro, quando ele então foi enviado a um centro de detenção federal na Flórida, na antiga Base Aérea Eglin. O juiz havia dito que não era sua intenção causar tensão em um homem de 81 anos de idade. Para o desprazer de seu diretor, Sr. Cooksey, Eglin era apelidada de "A prisão clube de campo" por ter facilidades que fizeram com que parecesse mais com um Club Med do que com uma prisão. As facilidades incluíam quadras de basquete, raquetebol, tênis e até bocha. Havia um campo de *softball* equipado com luz noturna, um campo de futebol, uma pista de corrida e até uma quadra de vôlei de praia. O prédio de recreação contava com piscina e mesas de pingue-pongue, televisão e uma sala de carteado, e os detentos podiam assinar jornais e revistas. Por um tempo, Aldo tinha até mesmo um telefone em sua cela, embora seus diretores depois tivessem suspendido o privilégio porque ele passava todo o tempo falando ao telefone.

Mesmo da cadeia, Aldo se fez presente lá em Florença, onde suas cartas e ligações telefônicas faziam parte da rotina da empresa.

"*Dottor* Aldo?", disse Claudio Degl'Innocenti, incrédulo na primeira vez que atendeu ao telefone que tocava sobre a sua mesa na fábrica em Scandicci e ouviu o jovial sotaque toscano de Aldo do outro lado da linha. "O senhor não deveria estar na cadeia?"

"Ele costumava ligar o tempo todo", lembrou Degl'Innocenti. "Ele tinha uma quedinha por uma garota que trabalhava comigo e sempre ligava para falar com ela."

Aldo também mantinha contato com sua casa por cartas e mostrava que ele estava aproveitando ao máximo a vida na prisão e pensando ativamente em voltar à ação assim que fosse solto.

Em dezembro de 1986, ele respondeu a uma carta de Enrica Pirri, uma antiga vendedora que ele havia contratado em Roma mais de vinte cinco anos antes. "Minha querida Enrica... Estou tão feliz por estar aqui porque estou achando isso tudo muito tranquilo, tanto mental quanto fisicamente", escreveu com sua letra floreada correndo pela página. Aldo acrescentou que sua família o estava encorajando a retomar "seu posto" na Gucci, do qual ele havia sido "forçado a abdicar".

"A imagem da Gucci tem sido destruída nas mãos daqueles que não parecem conseguir manter o ritmo", continuou ele. "*Sto benissimo*, estou ótimo, e isso será uma surpresa para todos, *i buoni e i cattivi* – o bom e o mal –, quando eu retornar para vocês", Aldo concluiu.

Depois de cinco meses e meio em Eglin, Aldo foi transferido para a casa de reabilitação do Exército da Salvação em West Palm Beach, onde lhe foi exigido que prestasse serviços comunitários em um hospital local durante o dia. Paolo disse que não sentia remorso pela notícia da prisão de seu pai, apesar de sua esposa, Jenny, ter revelado mais tarde que intimamente ele estava arrasado.

Apesar do conflito entre Maurizio e Aldo, o destino de seu tio o entristeceu. Ele achava que Aldo não merecia o que havia acontecido com ele. "Se eles o tivessem matado, teria sofrido menos", disse Maurizio. Manter Aldo longe de sua empresa, em um único lugar, depois de uma vida viajando o mundo todo, era punição suficiente.

As circunstâncias de Aldo só tornaram Paolo mais determinado a conseguir sua vingança contra Maurizio, que ele acreditava tê-lo traído. Em sua mesa em Roma, onde ele havia preparado todas as operações, abriu um leque de documentos que descreviam todas as empresas em paraísos fiscais do império Gucci, incluindo fotocópias de contas bancárias e uma descrição detalhada de como Maurizio havia comprado o *Creole* usando fundos desviados pela Anglo American Manufacturing Research, com base no Panamá, criação de Rodolfo. Paolo mandou cópias do dossiê para todos em quem ele podia pensar: o procurador-geral da República da Itália; a polícia fiscal italiana, o serviço de inspeção de impostos, os ministérios da Justiça e das Finanças, e quatro dos partidos políticos mais importantes do país. Para se ter uma ideia, ele mandou seu material para o Consob, a agência de regulação da bolsa de valores da Itália. Em outubro, o promotor público Ubaldo Nannucci intimou Paolo, que contou tudo o que sabia. As repercussões para Maurizio foram imediatas.

Enquanto Maurizio estava na Austrália acompanhando o *Italia*, investigadores invadiram seu apartamento em Milão, na Galleria Passarella. Patrizia, que estava no hotel Ritz de Paris em uma viagem de compras, soube da notícia por uma amiga que estava com as filhas do casal, então com 5 e 10 anos de idade. As garotas estavam quase saindo para a escola quando cinco investigadores entraram subitamente com uma autorização para revistar a casa. Eles inclusive acompanharam Allegra até a escola, a Sisters of Mercy, naquela manhã, chocando a madre superiora e exigindo ver alguns desenhos que ela havia levado em sua mochila. Os investigadores também revistaram o escritório de Maurizio na Via Monte Napoleone.

Enquanto isso, os documentos que Aldo e seus filhos haviam apresentado contra Maurizio durante o verão também estavam fazendo seu papel no sistema judiciário italiano. Em 17 de dezembro de 1986, o procurador de Milão, Felice Paolo Isnardi, emitiu um pedido para mais uma vez bloquear as ações de Maurizio na Gucci. Maurizio percebeu que seria mais difícil do que ele podia imaginar realizar seu sonho de tornar a Gucci um competidor de alto nível no mercado mundial de artigos de luxo. Ele tinha que se mexer rapidamente, antes que o pedido de Isnardi fosse concedido.

# Mudança de sócios

"*Dottor Maurizio! Venga subito!*", gritou o leal motorista, Luigi Pirovano. Ele irrompera no escritório de Giovanni Panzarini, um dos melhores advogados cíveis de Milão, onde finalmente havia encontrado o patrão depois de procurá-lo por mais de uma hora pelo centro da cidade. Conversando com seu consultor, Gian Vittorio Pilone, e com Panzarini ao redor de uma antiga mesa de reunião em madeira, Maurizio olhou surpreso com a voz alarmada de Luigi e viu a preocupação estampada no rosto de seu motorista de cabelos escuros e bigodes. Percebendo seu sempre calmo e imperturbável motorista tão aflito, Maurizio sabia que havia algo de muito errado.

"Luigi?", disse Maurizio se levantando da cadeira preocupado, "*Cosa c'è...?*"

"*Dottore!* Não há mais tempo!", respondeu Luigi. "A *finanza* está esperando pelo senhor na Via Monte Napoleone! O senhor deve partir ou eles o prenderão. Venha comigo AGORA!"

Enquanto Luigi foi esperar Maurizio em seu escritório na Monte Napoleone, depois do almoço, o *portinaio* lá embaixo barrou-o na porta e nervosamente o puxou de lado antes que pudesse tomar o elevador para o quarto andar.

"*Signor Luigi!*", sussurrou o porteiro. "*Lassù c'è la finanza! Vogliono il Dottor Maurizio!*", completou, descrevendo o grupo de policiais fiscais uniformizados que havia subido ao escritório de Maurizio poucos minutos antes. A Guardia de Finanza, a polícia fiscal da Itália, é uma corporação armada especializada em crimes financeiros – especialmente aqueles contra o Estado, tais como evasão de impostos ou desrespeito a outras normas financeiras. A simples visão de seus uniformes cinza e chapéus com o símbolo de chamas amarelas é suficiente para fazer a maioria dos italianos tremer e tentar escapar de sua vista. Os italianos veem os oficiais da *finanza* com mais medo do que a polícia de uniforme azul, os *carabinieri*, que usam calças com características faixas vermelhas nas laterais das pernase que são alvos de piadas ridículas.

Luigi sabia perfeitamente por que a *finanza* tinha vindo. Maurizio contou a ele tudo sobre as acusações de Paolo quando houve a busca de manhã cedo em seu apartamento da Galleria Passarella no ano anterior e quando houve a tentativa de sequestro das ações da Gucci em dezembro. Por meio de seus advogados, Maurizio sabia que os promotores estavam preparando um mandado de prisão como resultado das campanhas de seu tio Aldo, de Paolo e de seus primos contra ele. Sempre que podia, Maurizio passava temporadas fora do país e, quando estava em Milão, variava seus hábitos diários. Geralmente, nos meses anteriores, Maurizio pedia para que Luigi o levasse a pequenas tratorias em Brianza, no norte de Milão, onde os dois jantavam espaguetes fumegantes e *filetti* antes de se hospedarem em hotéizinhos, porque ele tinha medo de voltar para sua residência em Milão, onde morava desde que havia saído de casa. Ele sabia que os oficiais italianos que executavam a lei habitualmente prendiam suspeitos de madrugada, quando tinham certeza de encontrá-los na cama. Algumas vezes, não achando lugar para passar a noite, dormiam no carro. Agora o momento que Maurizio temia havia chegado.

No instante que Luigi ouviu que a *finanza* estava esperando por Maurizio no escritório, ele recuou e correu rua abaixo em direção à Bagutta, a acolhedora tratoria cheia de desenhos e de coloridas pinturas a óleo feitas pelos seus antigos clientes. Não mais frequentada por artistas e literatos, a Bagutta agora atendia a elite executiva de Milão, conhecida como triângulo de ouro – as lojas chiques de seu entorno. A Bagutta havia servido aos gerentes da Gucci e a seus clientes *cotolette alla milanese* e outras especialidades por mais de quarenta anos. Luigi sabia que Maurizio havia almoçado lá com Pirone. Porém, quando ele atravessou a cortina de fios de seda pendurada na porta para manter os insetos fora, o sorridente *maître* vestindo terno preto disse que Maurizio e Pirone tinham acabado de sair. Luigi imaginou que tinham ido para o escritório de Panzarini a algumas quadras dali.

Ouvindo as palavras de Luigi, Maurizio voltou-se para Pirone e Panzarini com as sobrancelhas levantadas, depois correu atrás do motorista porta afora. Ainda em boa forma por causa do tênis, da montaria e do esqui, que ele adorava embora não tivesse tempo, ele desceu as escadas do fundo do edifício de dois em dois degraus com o coração aos pulos. Eles saltaram para dentro do carro, que Luigi havia estacionado nos fundos. O motorista dirigiu alguns quarteirões até o Foro Bonaparte, onde Maurizio guardava seus carros e motos numa garagem no subsolo. Luigi lhe entregou as chaves da maior moto, uma poderosa Kawasaki GPZ vermelha, e um capacete.

"Coloque isto – ninguém irá reconhecê-lo –, dirija a toda velocidade e não pare até que cruze a fronteira da Suíça. Eu seguirei depois com suas coisas", orientou Luigi. Assim que chegasse à Suíça, estaria seguro – a polícia suíça não extraditaria Maurizio por crimes financeiros.

"Continue de capacete na fronteira. NÃO deixe que eles vejam quem o senhor é", Luigi instruiu. "Finja tranquilidade. Se perguntarem, apenas diga que está indo para sua casa em Saint Moritz. Não aja como suspeito, mas seja cuidadoso!"

Com seu coração galopando mais do que a Kawasaki vermelha que montava, Maurizio chegou a Lugano, na fronteira suíça, em menos de uma hora. Ele diminuiu a velocidade da trovejante motocicleta quando se aproximou da polícia, sem tirar o capacete, como aconselhara Luigi. Depois que os policiais de fronteira o liberaram sem mais do que uma rápida olhada em seu passaporte, ele disparou novamente e entrou na rodovia que o levaria para o norte, em direção a Saint Moritz – esta era a rota mais longa, pois o itinerário mais curto o levaria de volta à tortuosa fronteira entre a Suíça e a Itália, e ele não poderia correr o risco de ser parado. Pouco mais de duas horas depois, Maurizio entrou nos limites de Saint Moritz, tremendo.

Depois que ele fugiu de Milão em sua Kawasaki vermelha, Luigi voltou para o escritório da Via Monte Napoleone, onde os oficiais da *finanza* ainda esperavam em vão pelo presidente da Gucci. Luigi fingiu que também procurava por Maurizio e perguntou a eles o que queriam.

O motorista estava certo. Os oficiais tinham um mandado de prisão expedido por Ubaldo Nannucci, magistrado de Milão, incriminando Maurizio Gucci por evasão ilegal de divisas na compra do *Creole*. Os mercados financeiros da Itália não eram liberados e ainda era ilegal movimentar uma grande soma de dinheiro para fora do país. Apesar de Maurizio ser um residente suíço e do *Creole* ter bandeira inglesa, Paolo havia conseguido seu intento. Maurizio estava fora da Itália, longe do dia a dia da empresa – e com as mãos atadas.

No dia seguinte, 24 de junho de 1987, quarta-feira, os jornais estamparam a notícia chocante. "Gucci numa tempestade com o iate dos sonhos: mandado de prisão decretado", bradava o diário italiano *La Repubblica*. "Maurizio Gucci foge."

Da mesma forma, o *Il Messaggero* de Roma clamou: "Algemas para a 'Dinastia Gucci'", e o *Corriere della Sera* de Milão publicou: "O *Creole* traiu Maurizio Gucci".

Gian Vittorio Pilone e seu cunhado também foram acusados, mas Pilone foi o mais desafortunado dos três – a polícia o prendeu e o levou para a prisão Sollicciano, em Florença, perto da matriz da Gucci de Scandicci, para três dias de interrogatório. Como Maurizio estava impotente em seu exílio suíço, dois meses mais tarde, a corte de Milão tomou cinquenta por cento das ações da Gucci e nomeou a professora universitária Maria Martellini como presidente da empresa em seu lugar.

Pelos doze meses seguintes, Maurizio viveu no exílio suíço, indo de Saint Moritz para o melhor hotel de Lugano – o Splendide Royal, que ficava em frente ao lago e onde ele estabeleceu sua base operacional quando não estava viajando. Lugano, uma atrativa cidade suíça à beira do lago de mesmo nome, fica num bolsão que se estende até a Itália entre o Lago Maggiore e o Lago de Como. Sua proximidade de Milão fez dela um farol para os cidadãos residentes que sempre viajaram a Lugano em busca de gasolina e mantimentos a preços mais baixos, serviço postal eficiente e sistema bancário discreto. Para Maurizio, a cidade oferecia um exílio confortável e conveniente – ele podia convocar seus gerentes da Itália para obter dados sobre o reinado de Martellini e viajar facilmente a Saint Moritz nos fins de semana. Maurizio suplicava a Patrizia que trouxesse as meninas a Lugano para que pudesse vê-las, mas ela sempre achava um motivo para cancelar. No primeiro Natal de Maurizio no exílio, Patrizia prometeu que as meninas viriam, e ele passou a manhã de 24 de dezembro percorrendo as lojas de brinquedos de Lugano, comprando presentes para Alessandra e Allegra. Patrizia concordara em enviá-las com Luigi naquela tarde. Porém, quando Luigi tocou a campainha na Galleria Passarella, a empregada atendeu dizendo que ele não tinha permissão para levar as meninas com ele.

"O que eu poderia fazer?", disse Luigi mais tarde. "Eu não suportava a ideia de voltar para Maurizio com as mãos abanando, mas as garotas não tinham autorização para vir comigo." De volta a Lugano, Luigi parou a fim de ligar para Maurizio com a notícia.

"Quando cheguei aquela noite, ele chorou", disse Luigi com tristeza. Aquele foi o início do que Luigi chamou de *periodo sbagliato* de Maurizio, uma época em que tudo parecia dar errado.

Um raio de sol na vida de Maurizio surgiu com uma americana de Tampa, alta e loira, uma ex-modelo chamada Sheree McLaughlin, que Maurizio conheceu em 1984 durante uma das corridas da America's Cup na Sardenha. Magra e atlética, com olhos azuis de porcelana, cabelos cortados à Farrah Fawcett e sorriso fácil, Sheree impressionou-se com a beleza e o charme de Maurizio. Patrizia, que participou de alguns dos jantares e eventos da equipe do *Italia*, imediatamente notou o interesse de Maurizio pela garota e fez com que ele soubesse exatamente o que ela pensava a respeito. Depois da separação, Maurizio começou a se encontrar com Sheree regularmente, já que viajavam muito da Itália para Nova York e vice-versa. Sheree era uma das poucas pessoas na vida de Maurizio que realmente se preocupava com ele – mais do que com seu dinheiro ou sobrenome. Se ele estivesse preso em reuniões enquanto Sheree estava na cidade, ele jogava algumas notas nas mãos de Luigi, instruindo o motorista a levá-la às compras nas butiques de Milão. Enquanto Luigi dirigia primorosamente o Mercedes preto de Maurizio no tráfego do centro da cidade, ele tentava insistentemente se comunicar com ela – embora um não falasse a língua do outro.

"Luigi, por que Maurizio quer me comprar todas essas coisas?", Sheree perguntava lamentando-se. "Eu não preciso de vestidos extravagantes. Tudo o que eu preciso é passar um tempo com ele e de um par de jeans", ela dizia. Depois que Maurizio fugiu de Milão, Sheree encontrava com ele em Lugano, ou corria para Saint Moritz no fim de semana, sempre que Maurizio tinha certeza de que Patrizia não estaria na propriedade. Sheree amava Maurizio e queria construir uma vida nova com ele – mas Maurizio não estava pronto. Absorvido em seus problemas pessoais e profissionais, ele não sentia que poderia se comprometer com ela.

Quando Sheree não estava presente, durante os longos dias e noites em que ficava sozinho, Maurizio se atirava completamente ao estudo do passado da Gucci, escrevendo a monografia que se tornaria seu projeto para o relançamento do nome Gucci.

Maurizio podia ter sido pego pelo mandado de prisão, mas não estava imobilizado. Ele também se mantinha ocupado com a decoração da Sala Gucci no Mosimann's, um exclusivo *dining club* de Londres gerenciado pelo aclamado *chef* suíço Anton Mosimann. Maurizio fez a sala em grande estilo, com suas Antiguidades imperiais favoritas, tecido verde com estampa Gucci nas paredes, bem como lustres e acessórios de iluminação exclusivíssimos. O empenho custou uma pequena fortuna, fazendo Maria Martellini, que detinha a presidência da Gucci, ter síncopes quando viu as contas, que evidentemente eram enviadas para a matriz da empresa.

Um homem alto e barbudo, chamado Enrico Cucchiani, tornou-se o principal representante de Maurizio em Milão, transportando documentos, mensagens e instruções, indo e vindo entre os escritórios da Gucci na Via Monte Napoleone e o hotel Splendide Royal, em Lugano. Maurizio havia contratado Cucchiani da McKinsey & Company Inc., empresa de consultoria, alguns meses antes, para ser o novo diretor administrativo da Gucci.

Antes de seu exílio, Maurizio confidenciou a Cucchiani sobre a seriedade dos ataques que ele sabia que Aldo e seus filhos estavam preparando contra ele.

"Minha família não tem esperança!", Maurizio disse a Cucchiani um dia, andando de um lado para o outro no escritório da Via Monte Napoleone. "Eu tentei trabalhar com eles, cada vez que eu dava um passo para a frente, um deles saía e fazia alguma coisa que não tinha nada a ver com o que estávamos planejando. E agora estão deflagrando guerra contra mim!", completou empurrando seus óculos de casco de tartaruga no nariz com o dedo médio, um gesto característico seu. Maurizio olhou novamente para Cucchiani. Um homem de fala mansa, com membros longos, mãos delgadas e cabelos grisalhos, Cucchiani sentou-se em uma das duas cadeiras Biedermeier diante da mesa de Maurizio e cruzou as pernas. Ele coçou a barba com o polegar e o indicador de uma das mãos, ouvindo seu chefe.

"Temos de encontrar um meio de comprar a parte deles", disse Maurizio.

Cucchiani ligou para um banqueiro chamado Andrea Morante, especialista em investimentos, que ele conhecia e que havia trabalhado no Morgan Stanley em Londres. Cucchiani perguntou a ele se gostaria de se encontrar com Maurizio Gucci, mas deixou claro que qualquer encontro deveria ser confidencial, explicando o nível de conflito que havia dentro da família. Morante, um homem inteligente e analítico, que havia apostado suas raízes italianas e habilidades financeiras numa carreira de sucesso num banco financeiro, ficou imediatamente intrigado. A Gucci era mais do que uma empresa italiana dinâmica, de médio porte, com problemas de sucessão; havia muitas empresas desse tipo. A Gucci era sinônimo de glamour, luxo e ganhos potenciais para um banqueiro de investimentos. Morante concordou em encontrar Maurizio em Milão na semana seguinte.

Quando chegou, Maurizio o cumprimentou na porta de seu escritório e cordialmente o convidou para entrar, precisando apenas de poucos segundos para dimensionar alguns detalhes importantes de seu visitante. Ele era um homem atraente, de estatura e peso medianos, com inteligentes olhos azuis e cabelos grisalhos penteados para trás. Morante usava seu melhor terno e uma gravata Hèrmes.

"Tenho muito prazer em conhecê-lo, senhor Morante", Maurizio disse piscando os olhos, "mesmo usando a gravata errada!" Morante lançou um olhar investigativo sobre o jovem executivo, e depois caiu numa gargalhada prolongada. Ele gostou imediatamente de Maurizio. O lampejo nos olhos de Maurizio e sua reprimenda gentil deixaram Morante imediatamente à vontade. No decorrer das semanas seguintes, ele veio a admirar o talento de Maurizio para dar início a importantes reuniões de negócios com uma brincadeira que fazia com que todos se sentissem relaxados. Morante se sentou e olhou a sala à sua volta, observando a mobília Biedermeier cor de mel, o gracioso sofá em couro verde cravejado com botões de couro vermelho e as glamourosas fotografias em preto e branco dos pais de Maurizio nos tempos em que eram artistas. Os olhos de Morante fixaram-se sobre a bela mesa de Maurizio, nos decantadores de bebida alcoólica feitos de cristal e nos copos de prata arrumados sobre um cintilante console na parede. À esquerda de Maurizio, a luz entrava na sala através de duas janelas que davam para um balcão tomando toda a parede. Maurizio começou a conversa do princípio.

"Como pode ver, senhor Morante", disse, "a Gucci é como um restaurante com cinco cozinheiros de nações diferentes – e, se o senhor não gosta de pizza, pode comer rolinhos primavera. O cliente fica confuso e a cozinha é um caos!", exclamou erguendo os braços dramaticamente. O verniz de formalidade que ele frequentemente colocava para os estranhos foi se desmanchando conforme ele se afeiçoava a Morante.

Por trás de seus óculos de aviador, os olhos azuis de Maurizio estudavam a reação do banqueiro. Morante ouviu, concordou e falou pouco enquanto tentava entender o que Maurizio buscava e onde ele, Morante, se encaixava.

Morante ingressara no Morgan Stanley em 1985 como responsável pelo mercado italiano e imediatamente começara a trabalhar em uma grande proposta – a tentativa da fábrica de pneus italiana Pirelli de comprar a gigante americana Firestone. A aquisição fracassou e a Firestone foi mais tarde adquirida pela Bridgestone. Um histórico familiar internacional e uma mente conceitual davam a ele o acesso ao negócio de investimentos, no qual ele não tinha medo de desenvolver soluções criativas para os problemas de sucessão e crescimento que incomodavam muitas empresas líderes da Itália. O pai de Morante, um oficial da marinha de Nápoles, conheceu a mãe dele quando seu navio aportou em Shangai, local onde ela havia nascido de pais milaneses. A família tinha vivido em vários lugares na Itália e no exterior, em Washington, D.C. e no Irã. Morante estudou Economia na Itália e completou seu MBA na Universidade de Kansas antes de se mudar para Londres e começar sua carreira.

"Nós ainda temos uma chance de recuperar os clientes da Gucci, e isso significa dar a eles produtos, serviços, consistência e imagem", Maurizio seguia dizendo. "Se pudermos agir corretamente, o dinheiro fluirá em quantidades significativas. Nós temos uma Ferrari... mas estamos dirigindo como se fosse um Cinquecento!", disse, usando sua metáfora favorita. "Não posso entrar em uma corrida de Fórmula 1 a menos que tenha o carro certo, o motorista certo, os melhores mecânicos e muitas peças sobressalentes. Você compreende?"

Morante não compreendia. Quando Maurizio o acompanhou até a porta mais de uma hora depois, ainda não tinha revelado o motivo real da reunião. Mais tarde naquele dia, Morante ligou para Cucchiani a fim de perguntar o que ele achava.

"Não se preocupe, Andrea; isso é típico de Maurizio", respondeu Cucchiani. "A reunião foi muito boa. Ele gostou de você. Nós devemos marcar outra reunião o mais rápido possível."

Na semana seguinte, Maurizio, Cucchiani e Morante se encontraram para um café da manhã no Hotel Duca, onde Morante costumeiramente se hospedava quando vinha a Milão. O Duca estava entre outros grandes hotéis de negócios localizados na Via Vittor Pisani, uma avenida larga que levava à estação central de trens.

Dessa vez, enquanto os garçons moviam-se silenciosamente por entre as mesas e a sala de teto alto reverberava os murmúrios das conversas e os sons das louças, Maurizio foi logo ao ponto. Ele tinha gostado de Morante imediatamente e decidiu confiar nele. Mas, em vez de demonstrar seu usual otimismo vivaz, ele parecia nervoso e oprimido.

"Meus parentes estão solapando tudo o que eu quero fazer", Maurizio disse seriamente a Morante, inclinando-se para a frente na poltrona. "Florença se tornou um brejo, onde todas as iniciativas chafurdam. Agora eles estão começando uma campanha contra mim. Eu preciso comprar a parte deles ou vender as minhas ações. As coisas não podem continuar como estão."

Morante compreendeu que, em algum lugar na história, havia uma autorização para ele comprar ou vender as ações. Cucchiani olhou para Morante significativamente, como se dissesse "Está vendo? Eu disse a você".

"*Dottor* Gucci, o senhor acha que seus primos estão querendo vender as ações deles?", Morante perguntou com sua voz musical vibrante.

"Não para mim", Maurizio respondeu sorrindo, recostando-se novamente com as mãos sobre os braços da poltrona. "Para eles seria o mesmo que casarem-se com a linda filha de um monstro!" O que Maurizio não disse, mas Morante logo percebeu, é que ele, Maurizio, não tinha dinheiro para comprar a parte dos parentes, mesmo que eles quisessem vendê-la. "Mas, sob certas circunstâncias" – a voz de Maurizio se tornou séria –, "as ações deles devem ser negociadas."

"Diga-me, *Dottor* Gucci", Morante insistiu, "se eles decidirem não vendê-las, o senhor concordaria em vender a sua parte para eles?"

A expressão de Maurizio ficou carregada, como se uma sombra tivesse passado em sua face. "Com certeza, não! Além disso, eles não têm dinheiro. Antes de vender para eles, eu preferiria negociar com uma terceira parte que acho que tem profundo interesse há muito tempo.

Morante logo captou a solução – encontrar um terceiro que compraria a parte dos familiares de Maurizio e se tornaria sócio dele na redefinição do nome Gucci.

Morante também entendeu que Maurizio – embora tivesse uma aparente riqueza – tinha problemas de caixa. Ele questionou Maurizio sobre os ativos que desejava vender para ter liquidez – e assim estar em uma melhor situação de negociação com os seus potenciais novos sócios financeiros.

O que ele soube o surpreendeu: Maurizio, com Domenico De Sole e um pequeno grupo de investidores, havia silenciosamente adquirido o controle da respeitável B. Altman & Company, a líder em lojas de departamento americanas, fundada no fim da década de 1860 e que, no final da década de 1980 operava sete lojas.

O grupo de investidores colocou dois antigos contadores para gerir o negócio: Anthony R. Conti, ex-líder da contabilidade de varejo da Deloitte Haskins & Sells como CEO, e outro ex-sócio da Deloitte, Philip C. Semprevivo, como vice-presidente executivo. O nome Gucci não aparecia nas transações financeiras e poucos sabiam que Maurizio era dono da B. Altman. Com a assistência do Morgan Stanley, os sócios venderam a loja cerca de 27 milhões de dólares em 1987 para um grupo imobiliário australiano chamado Hooker Corp. Ltd., controlado por um executivo chamado L. J. Hooker. Enquanto os procedimentos de venda representavam um fluxo bem-vindo para a conta bancária de Maurizio, infelizmente essa venda marcou o começo do fim do que havia sido uma instituição do varejo americano. Em três anos, a B. Altman fecharia as portas.

Morante voltou para seu escritório em Londres e, na reunião matutina de segunda-feira da divisão de investimentos do Morgan Stanley, descreveu seus contatos iniciais com Maurizio Gucci para o grupo de vinte colegas sentados em volta da mesa de reunião. Eles reagiram com as sobrancelhas erguidas de felicidade. A marca registrada Gucci era atraente, mas também estava associada a disputas familiares, processos judiciais e esquemas de sonegação de impostos.

"Apenas assegure-se de que nós teremos vantagens!", disparou um dos colegas.

"O nome Gucci instantaneamente atraiu a atenção de todos", relembrou Morante. "Geralmente, o nível de interesse daquelas reuniões era medido por quanto dinheiro as pessoas pensavam que poderíamos fazer em um acordo, mas no caso da Gucci, a associação com o nome atingiu a todos."

Embora os banqueiros estivessem fascinados, a maioria deles era cética a respeito de haver qualquer chance de negociação nos conflitos familiares da Gucci.

Um jovem que estava na sala, contudo, levou a apresentação de Morante muito a sério. John Studzinski – "Studs" para simplificar – era na época responsável pela análise de novas ideias para o banco. No futuro, ele se tornaria diretor de todas as operações de investimento do Morgan Stanley. Studzinski sabia que o até então pouco conhecido banco de investimento Investcorp tinha feito fortuna em 1984 com a reabilitação da histórica joalheria americana Tiffany & Company, e mais tarde vendendo suas ações na Bolsa de Valores de Nova York. Ele sabia que o Investcorp tinha clientes abastados nos países ricos do Oriente Médio com gosto apurado para investimento em marcas luxuosas.

"Eles são os únicos loucos o suficiente para considerar um acordo como esse", Studs pensou consigo, "mas eu aposto que eles podem fazer isso." Depois que a reunião terminou, ele chamou Morante em particular e contou a ele sobre suas ideias.

"Havia uma probabilidade muito pequena de sucesso", Studzinski comentou mais tarde. "Nós víamos a Gucci como uma marca em declínio, com problemas com acionistas por todo lado. Eu considerava esse acordo como um jogo sem trunfo, mas precisávamos colocar todas as cartas em seus devidos lugares."

"Foi preciso muita paciência e determinação, mas sabíamos que o Investcorp tinha dinheiro, era muitíssimo interessado em produtos de luxo e tinha calma para lidar com problemas intrincados entre acionistas", afirmou Sudzinski. Ele fez uma ligação para o representante do Investcorp em Londres, um jovem de Ohio chamado Paul Dimitruk.

Um homem magro e forte com cabelos e olhos escuros, que poderia ser dissimulado, compreensivo ou amistoso, Dimitruk tinha uma conduta reservada, uma boa dose de ambição e uma faixa preta no caratê. Filho de bombeiro, nasceu e foi criado em Cleveland antes de ir para a faculdade de Direito em Nova York. O fundador e presidente do Investcorp, um executivo iraquiano chamado Nemir Kirdar, havia roubado Dimitruk do Gibson, Dunn & Crutcher para ajudá-lo na abertura de suas operações em Londres. Kirdar gostou da experiência profissional de Dimitruk em acordos entre indústrias americanas e europeias. Sedento por expandir seus horizontes, Dimitruk mudou-se para Londres em 1982 a fim de tornar-se sócio do escritório de advocacia londrino Gibson, Dunn & Crutcher. Ele se juntou ao Investcorp em 1985, pouco tempo depois da aquisição da Tiffany. O trabalho de Dimitruk era ajudar a desenvolver o negócio internacional da Tiffany e trabalhar em outras questões gerenciais de pós-aquisição.

Quando a secretária de Dimitruk disse que John Studzinski estava ao telefone, ele atendeu a ligação imediatamente. Apesar de sua pouca idade, Studs já era largamente admirado no mundo dos investimentos bancários por seus contatos de alto nível e sua *expertise* na indústria de bens luxuosos, uma habilidade rara para um americano que procurava se infiltrar no fechado mundo de negócios europeu.

"Paul, vocês têm interesse em considerar um investimento na Gucci?", Studzinski perguntou pelo telefone, criando o cenário. "Se você concordar com os planos de Maurizio Gucci, gostaria de ajudá-lo?"

Como havia acontecido com Morante, Dimitruk empertigou-se ao ouvir o nome Gucci. "Estamos extremamente interessados em encontrar Maurizio e ouvir a história dele", disse.

Uma vez que Studzinski obteve o sinal verde de Dimitruk, Morante ligou para Maurizio de Londres e mal conseguiu cumprimentá-lo.

"Você tem o acordo?", disparou Maurizio.

"Espere, espere um minuto. Um passo por vez", protestou Morante. "Precisamos nos apressar, não temos tempo a perder", insistiu Maurizio, que ainda estava em Milão naquela época. Ele não tinha contado a Andrea que temia sérias complicações legais por causa das acusações de seus parentes.

"Eu tenho alguém que está interessado em conhecê-lo e ouvir a sua história", disse Morante. "Você pode vir a Londres?"

Em 1987, o Investcorp era pouco conhecido no mundo financeiro fora da esfera do *private equity*, que é o investimento em empresas com grande potencial de crescimento, que podem gerar bons lucros no futuro. Fundado em 1982 por Kirdar, estabeleceu-se como uma ponte para que clientes do Golfo Pérsico pudessem investir na Europa e nos Estados Unidos.

Kirdar era um homem carismático e de bom senso. Tinha testa larga, nariz adunco e olhos verdes que perfuravam as pessoas com quem falava. Sua família, natural de Kirkuk, era pró-Ocidente e leal às regras dos hachemitas numa época em que os movimentos contrários, como o nasserismo, o nacionalismo pan-árabe e o baathismo eletrizavam o mundo árabe. O assassinato da família real em 1958 e o golpe sangrento que mais tarde trouxe Saddam Hussein ao poder forçaram Kidar a fugir do país.

Depois de completar o bacharelado no College of the Pacific, na Califórnia, e de trabalhar por um curto período no Arizona, Kirdar voltou a Bagdá, onde a situação parecia ter se acalmado. Ele desenvolveu uma empresa mercantil que representava companhias ocidentais; mas, num dia de abril de 1969, foi preso e inexplicavelmente mantido em cativeiro por doze dias – uma amostra de poder do regime. A experiência foi suficiente para convencê-lo a deixar o Iraque mais uma vez – quando ele já estava com 32 anos e tinha uma família para sustentar. Kirdar conseguiu um emprego em Nova York no Allied Bank International, um consórcio de dezoito bancos que canalizavam suas operações internacionais. Durante o dia, trabalhava no porão do banco na rua 55 East; à noite fazia seu MBA na Fordham University. Depois de se graduar e de permanecer por um breve período no National Bank of North America, recebeu um convite do Chase Manhattan, à época considerado o melhor dentre os bancos americanos. Era o lugar ideal para um jovem ambicioso à procura de uma carreira num banco internacional. Nos seus anos de Chase, Kirdar desenvolveu um plano de longo prazo para a área do Golfo Pérsico, que havia se tornado rico com a crise do petróleo dos anos 1970. Primeiro em Abu Dhabi e mais tarde em Bahrein, ele assegurou negócios importantes para o Chase e organizou um grupo que mais tarde se juntaria a ele no Investcorp: Michael Merrit, Elias Hallak, Oliver Richardson, Robert Glaser, Philip Buscombe e Savio Tung. Cem Cesmig, gerente regional do Bankers Trust, tornou-se um grande amigo e também se juntou ao grupo.

A ideia de Kirdar era oferecer a indivíduos de posses e a instituições da região do Golfo investimentos atrativos para a fortuna gerada com o petróleo. Queria oferecer a essas pesssoas a oportunidade de comprar bens imóveis e companhias do Ocidente, e desenvolver uma representação anglo-árabe no Goldman Sachs ou no J. P. Morgan, bancos de investimento de ponta, conhecidos pelo dom de fechar bons negócios. Em 1982, ele começou seu sonho no quarto número 200 do Bahrein Holiday Inn, com uma secretária e uma datilógrafa. No ano seguinte, o Investcorp evoluiu do quarto 200 para seu quartel-general próprio, em Manama, e subsequentemente expandiu-se para Londres e Nova York.

A missão da companhia era comprar empresas promissoras mas com problemas, melhorá-las com recursos financeiros e aconselhamento e revendê-las com lucro. Os clientes do Investcorp poderiam escolher sua posição em cada investimento – não eram obrigados, como em um fundo de investimento, a automaticamente arriscarem-se em todos os negócios do Investcorp. Nenhum dividendo era pago antes que o ciclo se completasse, quando a companhia fosse vendida para particulares ou para acionistas da Bolsa de Valores.

As primeiras aquisições do Investcorp – ele comprou o Manulife Plaza em Los Angeles e adquiriu dez por cento das ações da A&W Root Beer, entre outras — serviram para ganhar experiência e credibilidade. Mas a aquisição da Tiffany & Co., em outubro de 1984, da Avon Products, Inc., por 135 milhões de dólares, colocou o Investcorp diretamente no mapa dos negócios corporativos. Depois de empossar o ex-presidente da Avon, William R. Chaney, como CEO para ser o líder da virada da Tiffany, o Investcorp ofereceu a empresa ao mercado três anos depois — assegurando um retorno a olhos vistos de cento e setenta e quatro por cento ao ano, e ganhando respeito por ter reabilitado uma lenda americana.

"Sentíamos que não podíamos vender joias como se fossem cosméticos", disse Elias Hallak, diretor financeiro do Investcorp, anos mais tarde. "Dissemos que antes teríamos que trazer de volta o passado glorioso da Tiffany."

Assim que Morante descreveu o Investcorp para Maurizio, a simples menção da Tiffany já fez com que ele acalentasse a ideia de associar forças com a instituição bancária árabe. "Ele entendia que um sócio que havia restaurado a Tiffany estaria interessado em marcas que cuidavam da qualidade e tinham a sofisticação financeira necessária para abrir o capital da companhia", lembrou Morante.

Maurizio disse que poderia ir a Londres a qualquer momento. Mas por todo o verão os ventos e temporais agitaram um mar de problemas para ele — o sequestro de suas ações pela Justiça, o mandado de prisão por causa do *Creole*, e a instalação de custódia para a Gucci por indicação judicial. Como se isso não bastasse, os bens pessoais de Maurizio também foram sequestrados por um tribunal civil que investigava a herança deixada por Rodolfo. Enquanto Maurizio atravessava a fronteira da Itália pilotando a Kawasaki, naquele junho, pensava no que diria ao pessoal do Investcorp — com quem ele ainda não havia se encontrado. Assim que se instalou em sua casa em Saint Moritz, Chesa Murèzzan, ele resgatou seu otimismo e ligou para Morante.

"Explique a eles que é um movimento de meus primos para me sabotar e que vou resolver tudo. Diga que daqui a seis meses tudo estará terminado."

Moranti achou as afirmações de Maurizio persuasivas e decidiu acreditar nele. Mesmo que as coisas não terminassem como Maurizio previu, os problemas financeiros e judiciais dele facilitariam a compra de suas ações, opinava Morante junto ao Investcorp.

Quando Maurizio escapou, em junho de 1987, um total de dezoito casos estavam pendentes em vários tribunais do mundo relativos à família Gucci, incluindo dois novos que surgiram depois que Paolo pôs lenha na fogueira com dossiês contra Giorgio e Roberto, alegando que eles haviam criado uma rede de empresas *offshore* no Panamá para escoar os lucros da Gucci sem pagar impostos. Na ausência de Maurizio, Giorgio abandonou a aliança deles e se juntou a seu irmão Roberto. Os dois irmãos lideraram a reunião de diretoria seguinte, em julho; juntos, eles controlavam 46,6 por cento das ações. Um erro havia sido cometido no depósito das ações de Maurizio, que era representado por um custodiante determinado pela Justiça, e os dois irmãos impediram que ele votasse. Eles nomearam uma nova diretoria, com Giorgio como presidente do conselho e reorganizaram a companhia mesmo sem quórum legal. Um advogado de Milão, Mario Casella, custodiante dos cinquenta por cento de Maurizio que foram confiscados pela Justiça, balançou a cabeça em desaprovação. "Agora temos que salvar a Gucci dos Gucci", Casella resmungou entredentes para Roberto Poli, um contador nomeado pela Justiça.

Quando em 17 de julho a corte judicial nomeou outra diretoria com Maria Martellini como presidente, a companhia Gucci se encontrava numa situação bizarra; tinha dois presidentes e duas diretorias – uma representada pela família e outra pelos custodiantes determinados pela corte. Aldo Gucci, com 82 anos, e liberado recentemente da prisão, voltou à ação. Voou dos Estados Unidos para Florença, registrou-se, como de costume, no Hotel de la Ville, e ajudou a acertar um acordo entre a família e os representantes legais: Maria Martellini foi confirmada como presidente, Giorgio ficou como presidente honorário sem poderes administrativos e Cosimo, filho de Roberto, foi nomeado vice-presidente.

Pela primeira vez na história da empresa familiar, a pessoa no comando não era um membro da família. Enquanto Martellini lutava para conservar a bonança para a embarcação, iniciou uma administração burocrática e sem imaginação que os empregados se lembram como sendo um dos períodos mais obscuros da Gucci – com exceção da lucrativa licença para manufaturar óculos com o produtor italiano Safilo SpA, que ainda hoje está em atividade.

"A empresa ficou estagnada", recordou um empregado de longa data. "Você tinha que praticamente ter autorização para comprar um rolo de papel higiênico. Tornou-se uma lenda dentro da empresa que num dia foram necessárias sete assinaturas para encomendar papel timbrado. Não havia criatividade, nem progresso; era apenas sobrevivência."

Com Maurizio fora de cena na Itália, Aldo abriu guerra contra ele na Gucci America, onde o sobrinho ainda controlava a metade das ações. A diretoria estava dividida – Aldo e seus filhos de um lado, Maurizio de outro. Determinado a assumir novamente o controle depois de sua destituição cheia de brigas, Aldo tinha a intenção de agir com suavidade. Ele entrou com um processo judicial contra a Gucci America pedindo que De Sole saísse e que a empresa fosse liquidada. Porém, mais uma vez, Maurizio iria surpreendê-lo.

Em setembro de 1987, Maurizio voou para Londres, onde havia reservado um quarto em seu hotel favorito, o Dukes. Perto do parque St. James e da estação de metrô Green Park, o Dukes oferecia excelentes instalações – e um dos melhores martínis da cidade. No dia seguinte, acompanhado por Moranti e Studzinski, Maurizio foi ao escritório do Investcorp, uma antiga e charmosa construção de quatro andares em Mayfair. Os homens o acompanharam até uma sala de espera no segundo andar, mobiliada com confortáveis sofás e cadeiras e uma mesa de centro pequena – um local refinado e íntimo para se fazer negócios. Ali, Paul Dimitruk, Cem Cesmig e Rick Swanson o receberam.

"Nunca me esquecerei do primeiro encontro que tivemos com Maurizio", disse Rick Swanson, um homem loiro e com cara de menino, ex-contador da Ernst & Young, havia pouco no Investcorp. "Era como se estivéssemos esperando um artista de cinema!"

Nessa época, Maurizio havia criado seu estilo sedutor misturando o drama de Rodolfo com a verve de Aldo. Ele cruzou a porta na frente de seus acompanhantes com seu casaco de lã de camelo, seus cabelos loiros meio compridos, seus óculos de sol de aviador e os sorridentes olhos azuis Gucci. Os executivos do Investcorp que o aguardavam estavam paralisados e intrigados.

"Aí chega um italiano com esse famoso sobrenome a quem nunca havíamos encontrado antes. Ele entra parecendo um artista de cinema e tem seu sobrenome na porta de sua empresa", disse Swanson. "Mas ele tem sido processado por seus parentes, suas ações estão confiscadas e ele nem mesmo tem o controle da empresa! A tremenda briga interna entre ele e seus familiares está nos jornais e a questão para nós é: 'Vocês se importariam de comprar a parte dos primos dele?'."

Maurizio começou com a história do avô Guccio, seus dias de Savoy, sua lojinha em Florença. Em seu inglês quase perfeito, ele recontou os triunfos de Aldo com a Gucci nos Estados Unidos. O design e a administração de Rodolfo em Milão e suas próprias experiências quando jovem trabalhando com Aldo em Nova York. Aí descreveu os problemas atuais: o barateamento da marca, as batalhas familiares, os problemas com os impostos, a grande divisão entre a Gucci America e as operações italianas. Ele expressou sua frustração em tentar levar as coisas em frente.

"Existe um ditado na Itália que diz que a primeira geração é a que elabora a ideia, a segunda dá seguimento a ela e a terceira deve encarar as grandes questões do crescimento", disse Maurizio. "Aqui está minha visão diametralmente oposta à de meus primos. Como você pode unir uma empresa que tem 240 bilhões de liras (perto de 185 milhões de dólares na época) em vendas a uma família de mentalidade fechada? Eu acredito na tradição, mas como uma base sobre a qual se constrói, não como uma coleção arqueológica a ser mostrada aos turistas", disse ele enfaticamente.

"A guerra familiar paralisou esta companhia por anos, pelo menos em termos de seu potencial de desenvolvimento. Sempre me perguntei quantas marcas concorrentes nasceram e atingiram o sucesso apenas porque a Gucci estava paralisada? Agora é hora de virar a página!" O pequeno grupo de investidores estava absorvendo cada palavra. "Existem muitos cozinheiros na cozinha", disse Maurizio com seus olhos azuis intensos. "Todos os meus primos acreditam que são presentes divinos para o mundo da moda – mas Giorgio é totalmente sem ambições; ele só se importa com a entrega de prêmios da Gucci Trophy Cup, de competições equestres, na Piazza di Siena. Roberto pensa que é um cidadão inglês; seus colarinhos são tão duros que ele mal consegue se mexer. Paolo é um completo desastre cuja melhor conquista na vida foi pôr o pai na cadeia! Estes são os meus parentes; eu os chamo de 'Pizza Brothers'", disse Maurizio pintando seus primos como ineptos. "Gucci é como uma Ferrari que dirigimos como se fosse um Cinquecento", continuou, trazendo à tona sua metáfora favorita com um floreado de mão.

"A Gucci está mal aproveitada e sem gerenciamento. Com os parceiros certos, nós poderemos trazê-la de volta ao que era antes. Já foi um privilégio possuir uma bolsa Gucci e pode vir a ser novamente. Nós precisamos de uma visão, uma direção e", ele fez uma pausa enfática, "o dinheiro fluirá como jamais vimos."

Maurizio encantou o grupo de investidores, muito embora o senso comum devesse ter sugerido colocar o dinheiro em outro lugar. Ele também os enganou a respeito do potencial da marca Gucci.

"Foi loucura! Realmente muito perigoso", lembrou-se Swanson. "Não havia relatórios financeiros consolidados – pelo menos não no nível em que estávamos acostumados – nenhum grupo fixo de gerentes centrais, nenhuma garantia. Mas, quando ele começou a puxar o fio da história de sua visão para a Gucci, encantou os presentes com seus sonhos."

A paixão evidente de Maurizio pelo nome Gucci e o senso de urgência de trazê-lo de volta também cativou e inspirou Dimitruk. Embora ele e Maurizio tivessem histórias de vida diferentes, tinham mais ou menos a mesma idade e eram movidos pela mesma ambição. O relacionamento deles se mostrou fundamental nos meses que se seguiram.

"Havia uma química incrível com Maurizio", recordou Dimitruk. "Ele se descreveu como um pastor da marca, a qual tinha uma convicção muito,

muito forte de restaurar. E também estava pronto para dizer 'Eu não conheço tudo'."

Depois que Maurizio saiu, Dimitruk pegou o telefone e ligou para Kirdar, que estava passando as férias em seu refúgio preferido no sul da França.

"Nemir, é o Paul. Acabei de me encontrar com Maurizio Gucci; você conhece a marca Gucci?"

Não houve resposta, apenas silêncio do outro lado da linha.

Kirdar estava sorrindo, então respondeu: "Estou olhando para meus pés. Acho que estou usando mocassins Gucci". Os mocassins da Gucci, pretos, de crocodilo, e com freio de cavalo dourado sempre foram – e continuaram sendo – parte do guarda-roupa de Kirdar.

Dimitruk obteve imediatamente permissão de Kirdar para firmar um acordo com Maurizio. Ele sabia que a Gucci poderia ser o bilhete de entrada do Investcorp na fechada comunidade de negócios europeia.

"Tivemos que provar nosso valor nos dois lados do Atlântico", disse Kirdar anos depois. "Foi preciso comprar nosso *pedigree* na Europa."

"Era muito mais difícil fechar acordos na Europa do que nos Estados Unidos", lembrou-se o CEO do Investcorp, Elias Hallak, acrescentando que o meio empresarial na época era pequeno e fechado. "Foi estrategicamente importante para nós ter uma grande transação comercial na Europa." Um investimento na Gucci faria as pessoas prestarem atenção à notícia de ambos os lados do Atlântico.

O próximo passo era apresentar Maurizio a Nemir Kirdar, que havia dado a última palavra antes que pudessem seguir em frente. Kirdar gostava de iniciar suas relações de negócios com uma fina refeição, tanto em um dos refeitórios confortáveis do Investcorp como em um restaurante. Preferia medir seus novos associados numa situação relaxada mais do que numa reunião cerimoniosa. Kirdar convidou Maurizio para o Harry's Bar – um refinado clube privado, conhecido por sua cozinha italiana e atendimento de classe.

Rodeados pelo luxo do Harry's Bar – chão de assoalho, mesas redondas, cadeiras forradas de chita e luz indireta – os dois homens se analisaram.

Kirdar e Maurizio gostaram um do outro imeditamente. Kirdar encontrou um homem de 39 anos bem-intencionado e inspirado, tentando realizar seu sonho de relançar a empresa da família. Maurizio encontrou um homem de 50 anos, charmoso e tranquilo, que desejava arriscar-se em seus planos.

"Foi uma lua de mel perfeita", recordou Morante. "Eles estavam completamente apaixonados um pelo outro."

Kirdar transformou o caso Gucci no seu projeto prioritário, indicando Dimitruk e Swanson para ajudar Maurizio em tempo integral. Eles apelidaram o projeto Gucci – que deveria ser secretíssimo – de "Saddle" (sela) e começaram a trabalhar revendo a contabilidade da companhia.

Dimitruk e Swanson criaram um contrato sucinto com Maurizio, contendo princípios e pontos-chave para a sua colaboração: relançar a marca, instalar um gerenciamento profissional e estabelecer uma base acionária única para a companhia – o que significava, no jargão de negócios, comprar a parte dos outros membros da família. Por fim, eles acordaram que a Gucci listaria-se no mercado de ações assim que o relançamento estivesse completo. Essas poucas páginas apelidadas de "Acordo Saddle" formaram a base do que seria um notável acordo de negócios.

"Nós compartilhávamos da convicção de Maurizio a respeito do valor do nome. Aquilo era especial e merecia ser restaurado", lembrou Dimitruk. "Eu tinha o completo apoio de Nemir." O Investcorp se comprometeu a comprar os cinquenta por cento dos parentes de Maurizio.

"Havia somente um caminho – comprar a parte dos primos", disse Paul Dimitruk. "Maurizio nunca presenciou um momento de hesitação ou medo de nossa parte. Nós iríamos persistir. Nós nos comunicávamos o tempo todo."

Maurizio se rejubilava. Ele sentia que estava achando uma maneira de sair do pântano dos "Pizza Brothers". De seu exílio no quartel-general do Splendide, em uma suíte que tinha vista para o Lago Lugano, Maurizio e Morante imaginaram a melhor forma de se aproximar dos parentes. O Morgan Stanley intermediaria a aquisição. O Investcorp queria continuar anônimo até que tivessem certeza de que adquiririam os cinquenta por cento

Maurizio disse que Paolo, a quem via como inescrupuloso, briguento e interesseiro, embora tivesse apenas 3,3 por cento das ações, era pelo menos leal à família. Ele sabia que, mesmo sendo pequena, a venda de sua parte poderia desempatar o jogo entre os irmãos e o primo, já que ele ficaria com 53,3 por cento. Ele também estava ciente de que sua venda poderia ferir seu pai e irmãos – uma vingança doce contra quem se negara a aceitar sua importância dentro da companhia. Paolo estava pronto para lançar seu negócio nos Estados Unidos sob o rótulo PG e precisava de dinheiro. Não queria saber se Maurizio estava na transação – ele não se importava. Morante arrumou um encontro com um dos advogados de Paolo, Carlo Sganzini, num escritório em Lugano, do outro lado do lago em relação ao Splendide. Maurizio afirmava que podia vê-los de binóculos de sua janela do hotel. "Nunca acreditei nele, mas isso tudo era parte do folclore", disse Morante.

Em certo ponto, as negociações ficaram bloqueadas numa cláusula que os advogados inseriram para certificarem-se de que Paolo não pudesse competir com o nome Gucci. "Havia um grande desejo de se livrar dos problemas que Paolo causava", Morante se lembrou. "Nossas exigências tocaram os nervos sensíveis de Paolo."

Furioso com o esforço em limitar sua liberdade, Paolo agarrou o contrato, atirou-o pelos ares e saiu a passos largos enquanto as folhas flutuavam em volta dos banqueiros e advogados. Morante marcou uma reunião com Maurizio, que estava feliz achando que o acordo havia sido fechado.

Quando Morante disse que um problema havia surgido, ele viu o entusiasmo amistoso de Maurizio transformar-se em violenta fúria; sua boca se contrair e seus risonhos olhos azuis gelarem. "Diga a Paulo Dimitruk que, se ele não fechar esse acordo, eu vou processá-lo pelo resto de seus dias", Maurizio perturbou-se enquanto Morante dava um passo atrás, surpreso.

"Ele tinha todo o direito de estar furioso com o fracasso do acordo, mas não tinha o direito de dizer o que disse. Foi desagradável", disse Morante mais tarde. "Compreendi que estava conhecendo o outro lado de Maurizio – ele também tinha genes litigiosos."

Morante consertou o problema com Paolo e derrubou o primeiro obstáculo para obter o controle da Gucci em outubro de 1987, quando o Morgan Stanley comprou a parte de Paolo por 40 milhões de dólares. O advogado de Paolo ainda recebeu um relógio Breguet de 55 mil dólares – famoso fabricante de relógios de luxo que o Investcorp havia comprado no começo daquele ano. Quando acabaram de assinar os papéis, o advogado voltou-se para Swanson e disse: "Sabe, falamos muito sobre representações e garantias, mas quero que vejam essa transação como comprar um carro usado de uma revendedora suspeita".

Swanson estava chocado: "Revendedora suspeita? O que aquilo queria dizer? Gastamos milhões de dólares e ele tem a petulância de dizer 'revendedora suspeita'?".

A decisão de venda de Paolo marcou um ponto decisivo na história da Gucci. Embora tivesse o menor número de ações da família – 11,1 por cento na Gucci America, quase 3,5 por cento na Guccio Gucci SpA e várias ações da Gucci na França, Reino Unido, Japão e Hong Kong – Paolo tornou-se a peça que definitivamente rompeu a santidade do controle familiar. Havia duas opções para seus irmãos: seguir seus passos ou permanecerem minoritários em sua própria companhia. Embora Paolo tivesse brigado com Maurizio e também com Aldo, Roberto e Giorgio, sua ruptura com o pai e com os irmãos foi mais profunda. Paolo virou as costas aos familiares, assim como achava que estes haviam feito com ele.

Maurizio agora tinha o controle majoritário da Gucci, graças à aliança com o Morgan Stanley e o Investcorp. Era hora de terminar a briga com Aldo pelo controle da Gucci America. Aldo e os filhos haviam aberto um processo em julho de 1987 atacando a administração de De Sole e pedindo que a empresa fosse liquidada.

"Vocês pegaram uma verdadeira corrida de puros-sangues e a transformaram em uma corrida de carroças!", Aldo escreveu para De Sole na época.

Agora que Maurizio tinha o controle de tudo, não havia mais motivo para Aldo dizer que a companhia estava paralisada e precisava ser dissolvida. Paolo, por sua vez, tinha desistido de suas ações contra a Gucci America.

"Era muito dramático", recordou-se Allan Tuttle, o advogado do Patton, Boggs & Blow, que naquele momento representava Maurizio. Quando Tuttle e sua equipe apresentaram a mudança de propriedade perante a juíza Miriam Altman na Suprema Corte de Nova York, os advogados de Aldo pularam em protesto, solicitando tempo e mais informações num esforço para impedir a paralisação do processo de Aldo. A juíza Altman, que naquela época achava um caso Gucci o bastante, cortou essas intenções pela raiz. "Eu conheço toda a coleção da Gucci e sei que dois terços do preço de cada bolsa vendida vai para os honorários dos advogados. Está claro o que está ocorrendo", ela disse enquanto batia o martelo. "Vocês foram apunhalados pelas costas!"

O júbilo de Maurizio a respeito da compra das ações de Paolo e sua nova relação com o Investcorp melhorou seu otimismo em face da maré alta de problemas legais na Itália. No dia 14 de dezembro de 1987, um magistrado de Milão pediu o indiciamento de Maurizio pela assinatura forjada de Rodolfo nos certificados de ações da Gucci. O indiciamento retornou em abril de 1988. De acordo com o processo, Maurizio não só falsificara a assinatura, mas também devia ao governo um total de 31 bilhões de liras (aproximadamente 24 milhões de dólares) em taxas e multas. Em 25 de janeiro de 1988, foi indiciado por evasão de capital pela compra do *Creole*, e em 26 de fevereiro, pelos 2 milhões de dólares que ele havia dado a Paolo no acordo ao qual eles haviam chegado naquela tarde ensolarada em Genebra. Em julho, no entanto, as coisas começaram a dar certo para Maurizio. Seus advogados firmaram um acordo com magistrados de Milão, que revogaram seu mandado de prisão. Foi pedido que ele retornasse e quitasse as dívidas; contudo não seria preso. Em outubro, Maurizio apareceu em uma corte de Milão para se defender das acusações de que ele havia forjado a assinatura de Rodolfo. Maurizio se levantou e apresentou o testamento de seu pai. Em 7 de novembro, a corte de Milão condenou Maurizio por fraude de impostos conectada com a falsificação do testamento do pai, deu-lhe uma sentença suspendendo suas ações por um ano e disse-lhe que precisava pagar 31 bilhões de liras em impostos retroativos e multas. Seus advogados imediatamente apelaram e propuseram um acordo financeiro sob o qual a Corte também restauraria o direito de voto de Maurizio relativo a suas ações. Em 28 de novembro, uma corte de Florença absolveu-o das violações de câmbio estrangeiro depois que uma reforma nas regulamentações financeiras fez com que a evasão de divisas não fosse mais crime. Maurizio estava achando seu caminho para sair do buraco.

Nesse meio-tempo, Morante lidava com os primos Gucci. Naquela época, Roberto e Giorgio controlavam cada um 23,3 por cento das ações da Guccio Gucci SpA, depois que Aldo transferiu as suas ações para eles em 1985. Cada um também tinha 11,1 por cento das ações da Gucci América e, assim como Paolo, também possuíam poucas ações das franquias internacionais. Aldo continuava com apenas 16,7 por cento da Gucci América, além das ações das franquias internacionais. Morante encontrou Roberto Gucci num intimidante escritório de seu advogado, cheio de afrescos, em Florença. O advogado era Graziano Bianchi, um homem moreno, culto, de inteligência acima da média e personalidade maquiavélica. Morante explicou que era um banqueiro de investimentos do Morgan Stanley de Londres e que tinha um negócio importante para discutir com eles, isso, logo após Bianchi o revistar para garantir que Morante não trazia um gravador escondido. Morante sentou-se em uma das antigas cadeiras de madeira com espaldar alto, em frente à imponente mesa de Bianchi, e Roberto permaneceu em pé. Foi logo ao ponto.

"Estou aqui para dizer que houve uma mudança na estrutura acionária da Gucci." Os dois homens fixaram o olhar nele, aturdidos. "O Morgan Stanley comprou a parte de Paolo Gucci."

"Hehhhhh, hehh", Bianchi lançou seu riso cínico que mais parecia uma tosse, dando a impressão de que suspeitava que algo parecido iria acontecer.

Roberto, ainda em pé, gelou.

Morante deixou que a informação fosse absorvida.

"*Ecco!* Roberto", falou Bianchi com sua voz rascante, quebrando o silêncio. Ele fez um elegante gesto com a mão para Morante, como se o presenteasse. "Nosso novo acionista."

Morante tinha mais a dizer.

"Minha visita aqui hoje não é somente para informar a vocês do que acabou de acontecer, mas dizer que nós não temos a intenção de parar por aqui. Estamos agindo como representantes de um investidor financeiro internacional, que até o momento deseja permanecer anônimo. Estamos comprometidos a ir em frente." Ele fez uma pausa e estudou a expressão na face dos dois homens. Bianchi tinha uma aparência vaga em seus olhos, e Morante podia dizer que sua mente calculista estava pensando rápido. Roberto sentou-se em uma outra cadeira de madeira, como se todo o seu ar tivesse ido embora, com a dor estampada no rosto. Dor pela traição de seu irmão, pela possibilidade de Maurizio emergir vitorioso, pelas implicações em seu futuro e no de sua família.

Morante fez a mesma apresentação para Annibale Viscomi, contador de Giorgio Gucci. Em seguida, ele se encontrou com o filho de Giorgio, Alessandro, que atuava como representante do pai. Morante entrou em negociação com os dois irmãos – separadamente.

O Morgan Stanley fechou com Giorgio no começo de março de 1988 e com Roberto no fim do mesmo mês. Roberto reteve 2,2 por cento das ações para tentar uma desesperada jogada final ao propor um acordo para Maurizio – juntos poderiam ter o controle da companhia. Maurizio disse não – ele já tinha se aliado ao Investcorp.

Rapidamente ficou claro para todo mundo que alguma coisa vultosa estava acontecendo na Gucci. Jornalistas ligavam diariamente, e seus jornais especulavam a mudança no controle acionário da Gucci. Em abril de 1988, o Morgan Stanley confirmou que tinha comprado 47,8 por cento da Gucci para um grupo de investidores internacionais, mas ninguém sabia quem eram os misteriosos compradores.

Em junho de 1988, o Investcorp decidiu identificar-se e confirmar que havia comprado "quase cinquenta por cento" das ações da Gucci e chegara a um acordo com Roberto Gucci pelos seus dois por cento. Contudo Roberto não capitulou até março do ano seguinte, não conseguindo convencer Maurizio de fechar um acordo com ele. Esses acontecimentos fizeram com que Roberto se tornasse uma pessoa amargurada e ferida. "Era como perder minha própria mãe", contou Roberto anos depois.

Depois, o Investcorp tinha de adquirir os dezessete por cento de Aldo na Gucci America para completar os cinquenta por cento. Paul Dimitruk ligou para Morante e disse: "É tempo de dar o empurrão final em Aldo".

Em janeiro de 1989, Morante embarcou no Concorde rumo a Nova York, onde encontrou Aldo em seu apartamento, não muito longe da loja da Quinta Avenida. Banido dos escritórios da Gucci, Aldo utilizava seu apartamento para encontros de negócios. Quando Morante chegou no fim da tarde, Aldo abriu ele mesmo a porta e cortesmente acompanhou-o até a sala de visitas mobiliada de maneira elegante. Com o passar dos anos, as paredes se tornaram um mosaico de fotografias de Aldo sorrindo, cumprimentando presidentes e celebridades, e também placas, certificados e chaves simbólicas de cidades que atestavam a cumplicidade de Aldo com os Estados Unidos. Mais objetos memoráveis estavam elegantemente em mesas por toda a sala. Aldo ofereceu um café que ele mesmo saiu para preparar enquanto Morante estudava os *souvenirs* que contavam a história daquele homem.

"Fiquei estupefato com a ideia de como ele estava integrado aos Estados Unidos, onde havia encontrado um sucesso inacreditável e nunca se adaptara ao sistema fiscal", recordou Morante. "Aldo dava boas-vindas à celebridade e ao glamour que o país lhe oferecia, mas não aceitava as regras do jogo – e claramente pagou por isso."

Aldo – que sabia exatamente por que Morante havia vindo – vestiu-se impecavelmente para o encontro e tomou cuidado para impressionar o banqueiro com seu carisma e estilo. Sentou-se amigavelmente com Morante, contando sua história – a inauguração das lojas, os produtos, as caridades, os prêmios –, olhando seu interlocutor furtivamente de tempos em tempos pelos cantos de seus olhos azuis e através das lentes grossas de seus óculos, o que fazia Morante se lembrar de um gato. Ele dominava a conversação e Morante não podia deixar de pensar que Aldo realmente tinha o que os italianos chamavam de *fascino* – e ele tinha habilidade para mostrar isso. Morante entendeu onde Maurizio tinha adquirido sua destreza em contar histórias e sua vibração. Ele ouviu toda a história de Aldo. Quando terminou, Aldo olhou Morante nos olhos: "Agora podemos conversar sobre o motivo que o trouxe aqui".

Aldo sabia que não tinha escolha senão a venda – seus filhos, para quem ele havia cedido sua parte muito antes, já tinham saído porta afora da Gucci; a única coisa que Aldo poderia fazer era acompanhá-los. Com apenas dezessete por cento da Gucci America, Aldo não tinha mais nenhuma autoridade sobre as obrigações da companhia. De repente, o tom de Aldo tornou-se agressivo.

"A única coisa de que eu quero ter segurança é que o *bischero* do meu sobrinho não tenha nada a ver com isso!", Aldo esbravejou. "Se ele ganhar, é o fim de tudo o que eu criei. Eu ainda me preocupo com Maurizio – a despeito de tudo o que aconteceu entre nós – mas eu estou avisando, ele não está equipado para usar o manto da Gucci. Não terá habilidade para levar a empresa em frente!"

Morante assegurou novamente que trabalhava para uma instituição de investimentos estrangeira e ofereceu uma proposta que mantinha Aldo envolvido no negócio por muitos anos sob um glorioso contrato de consultor.

"Ele sabia que tinha perdido o jogo e havia pouco a negociar, mas o senso de que ele podia manter a honra e de alguma forma ter um papel nos negócios era uma questão de vida ou morte", Morante afirmou mais tarde. "Eu tinha um sentimento opressivo de que, se tivesse vendido tudo, ele morreria. Era como se estivesse perdendo um pedaço de si. E, naquele momento, odiava seus filhos pelo que eles haviam feito com ele. Depois de tudo o que tinha dado a eles, ficou sem nada."

Em abril de 1989, o Investcorp enviou Rick Swanson para fechar o acordo com Aldo. A transação terminou um processo que havia durado dezoito meses, uma das mais longas, mais complicadas e mais secretas aquisições na história de um banco de investimento.

"Miraculosamente, ninguém nos descobriu até o final", lembrou Swanson. "Por mais de um ano e meio, tivemos advogados, banqueiros, especialistas em marcas registradas – todos que se puder imaginar trabalhando para nós. Normalmente, na Itália, se você espirra, o mundo todo sabe!" Num certo ponto, o Investcorp estava perto de fechar um lote de ações com um dos primos numa sala enquanto na outra uma equipe do *60 Minutes* entrevistava Maurizio e especulava quem poderia estar comprando a Gucci – tudo ao som do tema de *Dinastia*. A aquisição realizada pelo Investcorp marcou outro momento histórico da companhia familiar. Era a primeira vez desde que Guccio Gucci começara sua pequena empresa que alguém de fora possuía uma grande quantidade de ações. Mais importante de tudo, o Investcorp não era um indivíduo, mas uma instituição financeira complexa e isenta com intenção de dar retornos sólidos para seus investidores – embora ficasse provado mais tarde que precisaria ter paciência e compreensão.

O encontro final com Aldo aconteceu nos escritórios dos advogados em Genebra. Os homens do Investcorp não podiam acreditar que haviam realmente chegado ao fim de sua longa jornada. Eles nervosamente vislumbravam um cenário pior – e se eles transferissem o dinheiro para a conta de Aldo, mas ele e seus advogados fugissem com os certificados e deixassem os banqueiros de mãos abanando?

O grupo do Investcorp estava sentado de um lado da mesa de reuniões, enquanto Aldo e os advogados estavam do outro. Os certificados de ações estavam diante de Aldo. O grupo inteiro esperou que o banco ligasse dizendo que os fundos tinham sido transferidos.

"Era tão estranho que tudo estivesse negociado e assinado e não havia realmente mais nada a ser dito e nós estávamos ali sentados apenas esperando o telefone tocar", lembrou-se Swanson.

Quando o telefone finalmente tocou, todos pularam. Swanson atendeu. "Assim que desliguei o telefone dizendo que estava tudo certo, que o dinheiro havia sido transferido, Aldo fez um movimento para se levantar e nossos advogados, do outro lado da mesa, foram em direção às ações. Estávamos muito nervosos!"

Aldo piscava, chocado, com as ações nas mãos. Depois, ele se levantou, andou em direção a Paul Dimitruk e corajosamente entregou-as. "Esses Gucci realmente eram atores. Eles nunca demonstravam o sofrimento", recordou Swanson. A tensão foi quebrada com o estouro de uma champanhe e um discurso curto de Dimitruk sobre a herança da Gucci e tudo o que ela havia construído. Depois, Aldo fez o seu próprio discurso vacilante e mal conseguindo conter as lágrimas. "Foi tudo muito triste", disse Swanson.

Tudo para o que Aldo havia trabalhado terminava ali. Com 84 anos, ele havia acompanhado seus filhos porta afora da Gucci, vendendo para uma instituição financeira o último pedaço remanescente de um império que ele havia construído.

"Quando terminamos, ficamos todos parados sem saber o que dizer, num silêncio embaraçoso", contou Swanson. Aldo colocou seu casaco de *cashmere* e o chapéu fedora, seus conselheiros também se agasalharam, cumprimentamo-nos e eles saíram na noite gelada de Genebra.

Trinta segundos mais tarde, Aldo voltou – a última humilhação – porque seu táxi não havia aparecido.

Dois dias depois, Aldo enviou a Swanson as contas da passagem e do hotel gastas na negociação final. "Este era Aldo Gucci", Swanson riu.

# Americanos

Numa manhã quente de junho de 1989, Maurizio deu as boas-vindas a Dawn Mello, a presidente da Bergdorf Goodman, em uma suíte reservada às pressas para o encontro no hotel Pierre de Nova York.

"Senhorita Mello! Estou tão feliz em vê-la!", disse Maurizio enfaticamente enquanto a convidava para entrar, fazendo um gesto para que se sentasse no superconfortável sofá, enquanto ele se sentava numa ampla cadeira à esquerda, com a luz entrando pela janela atrás de si. Ele havia ligado para ela por semanas, mas não tivera retorno de suas ligações até pouco antes da semana anterior. Maurizio queria que ela o ajudasse a realizar seu sonho para a Gucci, e disse: "Meus parentes destruíram essa marca e eu vou trazê-la de volta". Ela ouviu atentamente, impressionada com seu inglês fluente, com apenas um pouco de sotaque.

Dawn Mello havia se tornado uma estrela do varejo no cenário americano pela restauração da respeitável – embora ainda adormecida – Bergdorf Goodman. Maurizio sabia que seria difícil convencê-la, mas ele estava determinado.

LOCALIZADA NO LADO OESTE da Quinta Avenida, entre as ruas 57 e 58, a Bergdorf Goodman foi fundada em 1901 por dois comerciantes, Edwin

Goodman e Herman Bergdorf. Ao longo dos anos, a loja ganhou reputação como uma das mais elegantes e caras lojas femininas do mundo, mas lá pelo meio dos anos 1970, essa reputação começou a decair. O filho de Goodman, Andrew, havia vendido a loja em 1972 para a Carter Hawley Hale. Em um esforço para reverter o desmoronamento, em 1975 os novos donos contrataram Ira Niemark, um polido executivo de varejo da B. Altman, que havia começado sua carreira com 17 anos como porteiro na Bonwit Teller. Niemark trouxe Dawn Mello com ele.

"Bergdorf Goodman era uma loja que envelheceu com seus donos. A consumidora média tinha por volta dos 60 anos e era muito conservadora. A imagem da loja estava tão empoeirada que nem os *designers* franceses nem os americanos venderiam para nós!", lembrou Dawn Mello.

Ela sabia por sua experiência como diretora de moda na B. Altman que estilistas como Fendi, Missoni, Krizia e Basile da Itália estavam começando a ganhar fãs. O jovem Gianni Versace estava virando cabeças com suas criações para a Callaghan, a marca criada por um fabricante de roupas chamado Zamasport, no norte da Itália.

"Nós começamos a comprar as coleções italianas", Dawn Mello relembrou, e eles também refizeram a decoração da Bergdorf Goodman, criando um ambiente luxuoso e acolhedor. Um antigo candelabro de cristal que veio do hotel Sherry Netherland agora estava pendurado no *hall* de entrada sobre um novo piso de mármore italiano e flores frescas, que eram colocadas diariamente em vasos de cristal por toda a loja. Em 1981, Bergdorf vendia todas as marcas de designers renomados da Itália e da França, incluindo Yves Saint Laurent e Chanel. Até as bolsas de compras lilases da Bergdorf Goodman tornaram-se símbolo de *status* e eram usadas por mulheres da sociedade, estrelas de rock e princesas. Quando, no começo dos anos 1990, a Yves Saint Laurent começou a perder seu brilho, a Bergdorf corajosamente mandou demitir o designer, uma atitude que simbolizava quanto a loja tinha poder. "Só há um New York City Ballet, um Metropolitan Opera, uma Bolsa de Valores de Nova York, um Madison

Square Garden, um Museu de Arte Moderna, e uma Bergdorf Goodman", escreveu a *Town & Country* em 1985.

Maurizio queria que Dawn Mello fizesse pela Gucci o que havia feito pela Bergdorf. Anos antes, Aldo a considerara como a mulher com o equilíbrio certo entre inteligência e estilo para o negócio Gucci, e havia tentado contratá-la algumas vezes, mas ela sempre recusava suas ofertas.

Maurizio havia começado a ligar para Dawn Mello no fim de maio de 1989. Ele havia acabado de reassumir o controle total da sua parte na empresa e, graças à sua nova aliança com o Investcorp, ele fora unanimemente reeleito presidente da Gucci em 27 de maio de 1989. Quando ele percebeu que Dawn Mello não retornava suas ligações, fez com que um conhecido em comum, Walter Loeb, um analista de varejo de Wall Street, ligasse para ela.

"Maurizio Gucci está ansioso para conversar com você", disse Loeb. "Por que você não responde?"

"Eu realmente não estou interessada", Dawn Mello respondeu. "Eu amo minha loja. Não quero ir embora. O que eu poderia fazer por ele?" Ela havia sido promovida a presidente em novembro de 1983, com todos os benefícios da posição, incluindo um escritório perfeito, com vista para toda a Quinta Avenida e o Central Park. Dawn Mello havia alcançado o auge do mercado de luxo americano e, depois de trinta e quatro anos no negócio, não queria desistir de tudo isso por um homem de negócios italiano – mesmo que seu nome fosse Gucci.

"Faça isso como um favor para mim, vá falar com ele", Loeb implorou. Dawn Mello concordou.

Ela podia ver o hotel Pierre de seu escritório na Bergdorf. Antes de ir ao encontro com Maurizio naquela manhã, ela hesitou na janela por alguns minutos, olhando para o toldo redondo da entrada do Pierre. Então, virou-se rapidamente, desceu e saiu pelas portas giratórias da Bergdorf num calor fora de época. O sol castigava quando ela parou impacientemente na esquina da rua 58 com a Quinta Avenida, esperando o sinal abrir. Deu um peteleco em alguns pelinhos brancos de seu terno e olhou irritadamente para seu relógio. "Isso é uma perda de tempo", pensou mal-humorada. Ela tinha muito o que fazer no escritório e esperava despachar algumas correspondências antes de sua reunião de produto à tarde. Arrependia-se de ter concordado com o encontro com Gucci. O sinal abriu e ela atravessou a rua, de cara amarrada.

Dawn Mello nasceu em Lynn, Massachusets, uma pequena cidade industrial ao norte de Boston. Era louca por moda desde a infância; cortava roupas para suas bonecas de papel e brincava de se vestir com as roupas de sua mãe. Ela estudou ilustração de moda na Modern School of Fashion and Design em Boston, que não existe mais, e à noite, tinha aulas de desenho e pintura no Boston Museum of Fine Arts. Mas depois de machucar sua mão em um acidente de carro, percebeu que não poderia manter a habilidade que tinha trabalhado tão duramente para desenvolver. Antes de completar 20 anos, partiu para a cidade de Nova York onde se tornou modelo. Apesar do sucesso de seu rosto atraente e sua altura, uma silhueta de quase um metro e oitenta, achou o trabalho muito entediante. Ela queria mais. Mentiu sobre sua idade e arrumou um emprego em uma divisão da Lane Bryant para coordenar a abertura da rede de lojas *Over 5'7" Shops*, que revendia roupas para mulheres altas pelo país. Começou depois de completar um programa de treinamento em Boston.

"Era uma grande aventura", contou ela. "Eu nunca havia estado fora de Boston a não ser por uma breve experiência em Nova York. Tinha um salário pequeno e poucas despesas, mas eu sabia que estava no caminho certo."

Em seguida, foi ser *trainee* na B. Altman, esperando por uma oportunidade de emprego. Nesses anos, a B. Altman era uma grandiosa e antiga loja que ocupava um quarteirão inteiro da rua 33 com a Quinta Avenida. Uma loja de elite, considerada na época a Harrods de Manhattan, a B. Altman tinha produtos finos e uma clientela fiel. O momento de Dawn veio em 1955, quando Betty Dorso, a talentosa ex-editora da revista *Glamour*, tornou-se diretora de moda. Dawn Mello, que fora capa da revista, foi contratada por Dorso como sua assistente.

"Eu aprendi sobre estilo com ela", disse. "Ela adorava Chanel e vestia cardigãs, camisas de seda e saias de prega – muito moderna para seu tempo. Eu ia atrás, vestida numa versão mais barata, empinando o bumbum do mesmo jeito."

Dawn conheceu a moda europeia quando Betty Dorso trouxe vestidos dos desfiles de alta-costura de Paris que a loja comprara para serem copiados por produtores na Sétima Avenida. Naqueles dias, costureiros como Balenciaga, Yves Saint Laurent, Balmain e Nina Ricci mostravam modelos de alta-costura nos desfiles de Paris, mas os modelos do dia a dia ainda não haviam surgido. "Havia um vácuo enorme entre esses costureiros e os fabricantes de roupas", Dawn Mello lembrou.

Nessa época, alguns designers haviam começado a trabalhar em Nova York. Claire McCardell, Pauline Trigère, Ceil Chapman e outros começavam a desbravar território novo. O jovem Geoffrey Beene desenhava para a Traina-Norell, enquanto Bill Blass trabalhava para Maurice Rentner; mas naquele tempo, o fabricante era mais importante que o estilista.

Em 1960, a May Department Stores Company recrutou Dawn Mello como diretora de moda. Durante os onze anos seguintes, ela trilhou seu caminho até se tornar gerente-geral e vice-presidente.

"Foi lá que eu aprendi o básico: que você deve vestir uma perna da calça de cada vez", disse Dawn. Então ela se apaixonou pelo presidente da empresa, um homem chamado Lee Abraham, e casou-se com ele.

"Eu tinha de sair, ou trabalhar para meu marido", lembrou tristemente. Ela voltou para a B. Altman em 1971, quando Ira Neimark a contratou como diretora de moda. Neimark também havia trabalhado para a May Company e estava familiarizado com o trabalho de Dawn. Eles eram uma equipe unida e bem-sucedida; ele era um comerciante talentoso e ela tinha senso de criatividade e estilo, que ele encorajava. "Eles eram uma dupla invencível", contou Joan Kaner, vice-presidente sênior e diretora de moda da Neiman Marcus.

Como era uma mulher em um mundo de homens, ela aprendeu a ser forte sem sacrificar estilo e boas maneiras. Tímida, ainda que determinada,

Dawn Mello frequentemente dava às pessoas a impressão de ser elegante, mas não amigável. No entanto, aqueles que conseguiram conhecê-la além da superfície – especialmente os jovens talentosos que ela encorajou e promoveu – encontraram nela uma amiga calorosa e solidária.

Dawn sobressaiu-se no mundo do varejo não somente porque era uma mulher em uma posição de alto nível, mas também em razão de sua criatividade e habilidade para o negócio. "Eu tive muita sorte de ter trabalhado com pessoas que me encorajaram a desenvolver o meu bom senso para a moda. Enquanto o comprador médio estava preocupado com produtos e preços para suas lojas, eu podia trabalhar em um nível mais criativo."

Ela desenvolveu uma sensibilidade especial para qualidade e produtos de estilo e um faro para novas tendências da moda. Especialista em reconhecer novos negócios em desenvolvimento e novos talentos em design, trouxe muitos nomes novos para as lojas onde trabalhava. Para manter o ritmo na acirrada competição entre as melhores lojas de Nova York, ela conseguia boas barganhas e exigia contratos de exclusividade sempre que possível. Quando chegou à Bergdorf, havia se tornado referência no mundo internacional da moda, não apenas para estilistas e donos de lojas, mas também para redatores e editores das melhores revistas da área.

"A GUCCI PRECISA RECONQUISTAR a imagem que teve em sua juventude", Maurizio disse a Dawn Mello assim que ela se sentou no sofá. "Nos últimos anos, a Gucci tem perdido seu prestígio. Eu quero trazer de volta o glamour que ela tinha nos anos 1960 e 1970; quero reconquistar a confiança do consumidor; quero recriar a empolgação."

Dawn lembrava-se bem do que a Gucci era em seus dias de glória. Quando jovem, trabalhando para Lane Bryant, ela havia economizado o salário de toda uma semana para comprar sua primeira bolsa da Gucci: uma bolsa de camurça marrom, feita com pele de porco, que naquela época custava 60 dólares.

Ela também se lembrava de quando as pessoas faziam filas do lado de fora da loja da Quinta Avenida esperando a reabertura após o almoço. Na companhia calorosa, entusiasmada e inspiradora de Maurizio, suas reservas começaram a desaparecer. Enquanto ele falava, ela se esqueceu de suas ligações, dos memorandos aguardando para serem escritos, da reunião da tarde e de seu escritório com vista para o Central Park. Primeiro hipnotizada, depois excitada com o que Maurizio estava dizendo, ela entendeu rapidamente o que ele queria fazer. O nome Gucci havia sido depreciado. As bolsas de lona com seus fechos encaixados em forma de G estavam em todos os lugares. No fim dos anos 1980, os tênis da Gucci haviam se tornado símbolos de *status* até para traficantes de drogas; *rappers* cantavam sobre a Gucci num *rap* popular. Maurizio queria recomeçar do zero e trazer de volta os dias de glória da Gucci, quando ela era símbolo de luxo, qualidade e estilo.

"Eu necessito de alguém que saiba como a Gucci era em seu auge, preciso de alguém que acredite que ela pode voltar a ser como era, alguém que entenda o que é esse negócio. Eu preciso de você!", disse Maurizio, olhando Dawn profundamente nos olhos.

Quando ela, enfim, saiu do Pierre e voltou para o calor do início de junho, duas horas e meia depois, sua cabeça estava girando. Havia perdido sua reunião e, curiosamente, não se importava!

"Eu tive a sensação de que minha vida havia mudado", disse ela. Maurizio havia lhe pedido que o ajudasse a criar a nova Gucci.

Não levou muito tempo para que o encontro deles gerasse fofocas em Nova York, e Domenico De Sole começou a receber perguntas de sua equipe e ligações telefônicas do mundo da moda de Nova York, querendo saber se as histórias eram verdadeiras. Não somente Maurizio não havia contado a De Sole sobre Dawn Mello, como também negou os rumores quando De Sole falou com ele. De Sole, como era sua obrigação, repassou para aqueles que ligavam que as suspeitas eram falsas – mas logo depois descobriu que os boatos eram verdadeiros e que Maurizio os havia mantido em segredo.

De Sole, aborrecido com a maneira como Maurizio o havia tratado, pediu demissão – ele poderia voltar para a prática de direito em Washington, D. C., a qualquer momento. Maurizio recusou-se a aceitar a demissão de De Sole e pediu a ele que continuasse com seu trabalho na Gucci America.

"A coisa mais importante para entender meu relacionamento com Maurizio é que ele estava começando a gostar do poder", lembrou De Sole. "Ele foi controlado a vida toda – primeiro por seu pai, depois por sua esposa e agora por seus parentes, que o forçaram ao exílio. De repente, estava de volta; ele era o CEO da Gucci. O Investcorp e Dawn Mello, entre outros, cobriam-no de respeito – ele achou que era invencível. Eu o fiz sentir-se desconfortável. Eu havia sido o herói da guerra [contra Aldo]. Eu era um advogado que o tratava com respeito, mas não tinha medo dele nem me sentia intimidado por ele. Era o único que não se curvava. Quando ele disse 'Vamos cortar o atacado', eu questionei 'Você tem certeza? É muito trabalhoso. Nós temos dinheiro para fazer isso?'. Ele nunca entendeu o conceito de dinheiro."

De Sole manteve seu posto na Gucci America, e Dawn Mello mudou-se para a Itália em outubro de 1989 como nova diretora de criação da Gucci, com o dobro do salário e um pacote de benefícios que incluíam apartamentos luxuosos em Nova York e Milão, voos de Concorde para lá e para cá e um carro pessoal com motorista, tudo isso por um custo total de mais de um milhão de dólares. A novidade foi recebida com estardalhaço no mundo da moda de Nova York.

"O fato de a Gucci ter tido a iniciativa de contratar uma mulher americana do porte dela mexeu com as cabeças", disse Gail Pisano, vice-presidente sênior e gerente-geral de vendas da Saks Fifth Avenue.

"Ela tinha visão, experiência em vendas, paixão por moda e entendia o consumidor de Nova York. Por causa dela, excelentes comerciantes, como Burt Tansky, Rose Marie Bravo e Phillip Miller, ficaram alertas. Estava claro que algo estava para acontecer", disse Pisano.

Alguns pensaram que Dawn Mello estava doida ao deixar sua alta posição em Nova York para se juntar à louca e imprevisível família Gucci.

"Ela nunca conseguirá mudar as coisas", um executivo de vendas anônimo de Nova York disse à *Time Magazine*. "O nome já está doente."

A mudança de Dawn para a Gucci marcou o começo de uma onda no fim dos anos 1980 e começo dos anos 1990, à medida que grandes nomes europeus da moda crescentemente procuravam talentos em design, americanos e ingleses. Uma dupla inglesa de jovens estilistas, Alan Cleaver e Keith Varty, já estava desenvolvendo novas tendências e estilos alegres na Byblos, a popular etiqueta pertencente ao grupo Italy's Genny SpA, em Ancona, na costa Adriática. Por toda a década seguinte, a designer americana Rebecca Moses trabalhou na grife Genny; vários anos depois o designer britânico Richard Tyler substituiria Cleaver e Varty na Byblos. A família Gerani da Cattolica, também na costa Adriática, contratou os americanos Marc Jacobs e Anna Sui para suas marcas, enquanto a Ferragamo recorreu a Stephen Slowik para renovar sua linha de roupas. Nos bastidores, Prada, Versace, Armani e outros recrutaram profissionais formados nas melhores escolas de design americanas e britânicas para suas equipes, e talentos florescentes de escolas belgas estavam começando a ser reconhecidos também.

Na Gucci, Dawn Mello tornou-se o ímã que atraiu outros jovens talentos. Ela contratou Richard Lambertson, um jovem estilista da Geoffrey Beene, que morava em Nova York, com experiência em compras e acessórios, que também havia trabalhado em desenvolvimento de produtos para a Barney's. David Bamber, que se tornou diretor de criação da Gucci, lembrou que ele estava trabalhando satisfeito para a Calvin Klein quando Dawn Mello ligou para ele. "Eu não havia pensado em mudar", disse Bamber. "Mas na primeira reunião com Dawn, ela apresentou todo o processo que estava tentando implementar na Gucci. Eu fiquei muito impressionado com ela e pensei: 'Isso deve ser algo sério'." Alguns meses depois, ele se mudou para Milão a fim de juntar-se à equipe, que crescia.

No entanto, a chegada da própria Dawn Mello na Gucci foi complicada. Maurizio — como era típico dele — não havia dito à maioria dos funcionários da Gucci que ela estava chegando. Ele não havia contado, principalmente, a Brenda Azario, que supervisionava a equipe de criação das roupas. Quando Maurizio fugiu para a Suíça, Azario assumiu a coordenação de todas as coleções da Gucci, tomando a nova responsabilidade com coragem e determinação. Dawn chegou de manhã, Azario foi embora à tarde, aos prantos.

"Não importava o fato de Dawn Mello ser americana ou de não falar nossa língua", disse Rita Cimino. "O problema foi a maneira como Maurizio a apresentou, ou melhor, não a apresentou. E, como se não bastasse, Maurizio já a havia aconselhado a visitar alguns fornecedores, que imediatamente ligaram para nós e nos perguntaram o que estava acontecendo. Não foi nada agradável."

Maurizio finalmente reuniu todos os funcionários em Florença para apresentar-lhes Dawn Mello. A essa altura, eles estavam cheios de temores. Entre murmúrios, resmungos e pedidos de silêncio, um deles se levantou: "Eu só quero saber por que nós temos que ouvi-lo agora", o funcionário reclamou. "Primeiro, foi a 'professorinha'", como os funcionários de Florença haviam apelidado a presidente nomeada pelo júri, Martellini, "agora uma senhora americana de Nova York." Antes que ele pudesse terminar, seus colegas o calaram e o fizeram sentar-se.

Maurizio, entusiasmado por sua vitória em trazer Dawn para a Gucci, e ansioso que ela não desistisse, tomou conta da nova funcionária muito bem. Mobiliou um lindo apartamento para ela no bairro chique de Brera, em Milão, que tinha vista para o jardim da Giorgio Armani, e a levava para almoçar regularmente nos melhores restaurantes da cidade.

Maurizio acompanhou-a pessoalmente em visitas a muitos dos fornecedores da Gucci de longa data e ensinou-lhe sobre couros, tingimento e o modo como as bolsas eram montadas. Ela aprendeu com ele sobre as tradições e raízes da Gucci. "Maurizio estava sempre sentindo as peles, me fazendo tocá-las e falando sobre a sensação do couro", contou Dawn Mello.

Tendo trilhado seu caminho no duro mundo das vendas de Nova York, Dawn Mello tentou não deixar que as reações da equipe da Gucci a desencorajassem. Ela tinha a autorização de Maurizio e a confiança de que seu sonho para a Gucci seria viável. Simplesmente arregaçou as mangas e foi à luta.

"A primeira coisa que eu tinha que fazer era entender a empresa", lembrou ela. "A família havia perdido muito de seu valor histórico e promovido muitas pessoas de baixo nível a cargos importantes." A moral estava baixa, disse ela. "Levou muito tempo para convencer os funcionários em Florença sobre o que nós queríamos fazer. Mas, uma vez que eles entenderam, foram ótimos."

Maurizio estava satisfeito com sua nova equipe. Além de Dawn Mello, havia trazido Pilar Crespi, ex-diretora de relações públicas da marca italiana Krizia em Nova York, como sua nova diretora de comunicações. Carlo Buora, que havia trabalhado na Benetton, tornou-se vice-presidente executivo de finanças e administração da Gucci. Em 1990, Maurizio contratou Andrea Morante – que se tornou sua nova estrela – como diretor operacional da Gucci. Depois de deixar o Morgan Stanley em 1989, Morante foi trabalhar no Investcorp a convite de Kirdar, que havia se impressionado com a campanha de Morante para comprar os direitos dos parentes de Maurizio e o contratou para supervisionar o novo investimento. Ele tinha outra razão para trazer Morante ao Investcorp. Kirdar também havia percebido que o relacionamento entre Paul Dimitruk e Maurizio Gucci fora além de um relacionamento comercial imparcial, e ele achou que Dimitruk havia se envolvido com a Gucci, colocando em dúvida sua lealdade ao Investcorp. Quando uma foto de Dimitruk apareceu no *Financial Times*, em 1989, ao lado da notícia de que o executivo do Investcorp havia sido nomeado vice-presidente da Gucci, Kirdar tirou-o da conta, apesar dos protestos tanto de Dimitruk quanto de Maurizio – e colocou Morante em seu lugar. Dimitruk, que discordou da decisão de Kirdar, demitiu-se em setembro de 1990.

"Nemir queria alguém que conhecesse a história da Gucci intimamente, mas que fosse menos 'apaixonado'", disse Morante. "Eu estava pronto para uma mudança e muito feliz por juntar-me a eles."

O Investcorp havia feito uma oferta a Morante boa demais para ser recusada: uma posição no comitê de gerenciamento sênior e uma autorização para trabalhar lado a lado com Maurizio. "Isso foi uma exceção porque o Investcorp nunca permitiu que seus gerentes se envolvessem no negócio", disse Morante. Ele foi para Milão a fim de ajudar Maurizio a contratar sua nova equipe e reestruturar a direção comercial e administrativa do negócio. Também iniciou negociações para readquirir franquias da Gucci no Japão e começou a simplificar o sistema comercial e o logístico. Um forte relacionamento de trabalho cresceu entre os dois homens e, inevitavelmente, Morante também se apaixonou pelo sonho de Maurizio. Não demorou muito para Nemir Kirdar questionar sua lealdade ao Investcorp.

"Ficou claro que eu também havia me 'apaixonado' pela Gucci, não pelo Investcorp, e Nemir estava convencido de que eu era muito bom ao lado de Maurizio", lembrou Morante.

Na reunião anual seguinte do comitê de gerenciamento, em Bahrein, em janeiro de 1990, Kirdar chamou Morante em seu escritório. Ele lhe ofereceu uma excelente nova posição no Investcorp – mudar-se para Nova York e trabalhar na aquisição da Saks Fifth Avenue. A jogada? Kirdar queria que ele começasse o novo trabalho no dia seguinte.

Morante levantou a cabeça para olhar pela janela com uma bela vista atrás da mesa de Kirdar, que emoldurava o oceano e o deserto em uma cena impressionantemente bonita. "Eu estava arrasado", disse Morante. "Tinha todas aquelas pessoas que estavam olhando para mim como um ponto de referência: Dawn Mello, Carlo Buora e todos os outros com quem nós havíamos conversado ou para os quais nós havíamos pedido que se juntassem à equipe de Maurizio." Ele explicou a situação e pediu a Kirdar que lhe desse seis dias para ajeitar as coisas.

Kirdar, com seus severos olhos verdes olhou para Morante. "Você não entende, Andrea, eu estou lhe dando vinte e quatro horas. Essa é a única maneira de você provar para mim onde está sua lealdade", disse Kirdar. "Você tem de me mostrar que é um soldado do Investcorp."

"Eu não posso fazer isso em vinte e quatro horas", disse Morante sem rodeios.

Kirdar olhou para ele silenciosamente, levantou de sua mesa e foi em direção a Morante abrindo os braços e colocando-os ao redor dele em um abraço de urso sem sentimento.

"Foi o jeito dele de dizer adeus", disse Morante.

Quando Morante ligou para dar a notícia, Maurizio o contratou no ato. Ele ficou entusiasmado com sua nova equipe, a qual chamava de "*i miei moschiettieri*", "os meus mosqueteiros".

# Um dia no tribunal

Na manhã de 6 de dezembro de 1989, Maurizio, com dois advogados a seu lado, subiu os degraus de concreto que levavam às cavernosas e ecoantes paredes do tribunal. Os três homens tomaram seus lugares na fileira da frente diante do juiz Luigi Maria Guicciardi, do Tribunal de Apelação de Milão. À direita de Maurizio, sentou-se Vittorio D'Aiello, um dos melhores advogados criminais da cidade e quase parte integrante do Tribunal de Milão com seu punhado de cabelos brancos e túnicas completamente pretas. À sua esquerda, sentou-se Giovanni Panzarini, advogado civil de Maurizio, com olhos meio fechados, em concentração. Maurizio sentou-se silenciosamente, envergando seu terno de abotoamento duplo, com braços cruzados de forma tensa. Os homens se levantaram suavemente e ficaram em pé quando uma campainha anunciou a chegada de Guicciardi. Depois de ter tomado o lugar na tribuna, o juiz anunciou sua decisão: "Em nome do povo italiano, o Tribunal de Apelação de Milão..."

Maurizio nervosamente ajeitou os óculos no nariz e cerrou os dentes — as próximas palavras que o juiz Guicciardi pronunciaria poderiam tanto acabar de uma vez por todas com todos os seus problemas judiciais quanto manchar sua reputação para sempre, além de deixar uma pesada conta de impostos. Apesar de ter saído relativamente ileso, pouco mais de um ano antes, da acusação de falsificar a assinatura de seu pai – com uma sentença suspensa e sem antecedentes criminais –, a sentença do Tribunal de Apelações era sua última chance de livrar seu nome das acusações. Maurizio prendeu a respiração e observou as franjas na túnica do juiz.

"... em reforma à sentença emitida pelo tribunal de primeira instância, absolve Maurizio Gucci de todas as acusações contra ele."

As palavras penetraram na mente de Maurizio como raios de sol depois da tempestade. Ele havia vencido! Não apenas havia sobrevivido a todos os ataques judiciais de seus parentes, mas agora, dois anos e meio depois de ter sido forçado a fugir de Milão em sua Kawasaki vermelha, tinha seu nome limpo. Maurizio jogou os braços ao redor de D'Aiello e chorou. Seus parceiros do Investcorp estavam satisfeitos e aliviados com a decisão – e realmente não queriam saber os detalhes. Miraculosamente parecia que as promessas de Maurizio, de que superaria as acusações contra si, haviam se tornado verdade. Vários executivos do Investcorp lembraram que Maurizio havia aparentado estar extremamente confiante a respeito do resultado, mesmo várias semanas antes.

Outros ficaram abalados com o veredicto. O caso contra Maurizio parecia incontestável. Duas testemunhas oculares haviam feito declarações contra Maurizio. Roberta Cassol, ex-secretária de Rodolfo, descreveu com detalhes como as assinaturas haviam sido forjadas por sua então assistente, Liliana Colombo. Giorgio Cantini, que tomava conta dos escritórios da Gucci em Scandicci, havia testemunhado que os certificados das ações estavam trancados no cofre em 5 de novembro de 1982 – o dia em que Rodolfo supostamente os assinou para Maurizio. Cantini disse que os certificados permaneceram no cofre até antes da morte de Rodolfo, em maio de 1983, quando ele os entregou para Maurizio. Além disso, durante o curso tanto do julgamento quanto da apelação, quatro análises diferentes de letras manuscritas solicitadas pelo tribunal haviam determinado que as assinaturas não lembravam nem remotamente a letra de Rodolfo – mas eram similares à letra de Colombo. Finalmente, o promotor havia inclusive analisado a data dos selos fiscais colocados nos certificados no momento da suposta transferência – eles haviam sido emitidos pelo escritório de impressão do governo três dias depois da morte de Rodolfo! Apesar de todas as evidências contra Maurizio, ele havia vencido, com os argumentos valentes de seus advogados de que a briguenta família florentina de Maurizio havia conspirado contra ele. Eles questionaram as análises grafológicas; menosprezando o testemunho de Cassol e dizendo que ela queria vingança depois que Maurizio a demitiu; também levantaram a possibilidade de Rodolfo ter outra chave para o cofre da empresa, que ficava sob a responsabilidade de Cantini. Eles até sugeriram que o órgão responsável do governo havia liberado os selos inadvertidamente, que eram comumente impressos previamente, antes da data declarada. Os argumentos deles haviam sido suficientes para convencer o juiz? Em seu veredicto, Guicciardi disse que era impossível provar com certeza que as assinaturas haviam sido falsificadas. Maurizio foi absolvido por falta de provas.

"Essa foi a pior decisão que eu já vi em toda a minha vida", disse o promotor Domenico Salvemini, que lutou ferozmente contra a decisão, levando-a até a última instância, no Supremo Tribunal da Itália, *La Corte di Cassazione*, onde eles a confirmaram. "Eu tenho minhas ideias sobre o que aconteceu, mas não é correto expô-las", declarou Salvemini, cujos amigos lembram que ele ficou tão desgostoso com a decisão que quase abandonou a carreira. Com o tempo, tornou-se mais filosófico: "Às vezes, decidem contra você, é a vida", Salvemini disse anos depois.

Maurizio – empolgado com a vitória – retomou suas obrigações na Gucci com um espírito renovado, enquanto Dawn Mello e seu assistente, Richard Lambertson, começavam a aprender os altos e baixos da produção italiana. Maurizio gostava de Lambertson e o colocou sob sua asa também, apresentando-o para os funcionários da fábrica florentina e mostrando-lhe detalhes sobre o couro.

"Ele me levou para a fábrica em Florença e disse: 'o Richard é legal', então nós ficamos para lá e para cá juntos. Uma vez passamos uma semana inteira juntos só fazendo a coleção de malas de viagem", Lambertson lembrou. "Maurizio era exigente. Tudo tinha que ser perfeito, até o último detalhe. Nós arrumamos todas as ferragens e até desenvolvemos as iniciais GG que iriam nos parafusos das bolsas."

Dawn e Lambertson visitaram fabricantes da Gucci ao redor de Florença, que começaram a confiar neles e ensinar-lhes seus trabalhos. Eles perceberam que muitos dos produtos Gucci tinham seus preços definidos de forma irregular. As echarpes de seda, por exemplo, custavam mais do que as bolsas detalhadamente costuradas! Mais tarde, descobriram que uma das razões para essa prática de preços irregulares era um esquema de "caixinha" para funcionários da Gucci que arrumavam negócios lucrativos para fornecedores regionais – e esperavam dinheiro em troca.

Dawn Mello, mistificada de várias formas pelo novo mundo em que se encontrava, começou a receber ligações anônimas à noite. "*Signora, sono stanco di pagare il signor Palulla*", uma voz ansiosa dizia noite após noite. "Eu estou cansado de pagar o senhor Palulla."

"Eu não entendia nada daquilo, mas não demorou muito para encontrar a decisão que precisava ser tomada", declarou. Ela foi até Maurizio e disse a ele o que ficara sabendo. Ele concordou em fazer alterações, apesar de nem sempre mudar tão rápido como deveria.

Dawn Mello logo percebeu que a Gucci, para os fabricantes florentinos, era algo como a abelha rainha para o enxame – eles a mimam, a servem, submetem-se a seus pedidos normalmente irracionais – e se beneficiam dela. Era bem sabido na comunidade artesã que, de tempos em tempos, os fornecedores das bolsas Gucci deixavam escapar uma ou duas por baixo do pano e embolsavam o lucro, uma das vantagens invisíveis do negócio.

"A Gucci é um ícone para os florentinos", disse Dawn. "É uma marca que eles cobiçam, não são clientes comuns. O poder que vem junto com a posse desse ícone não é facilmente entendido."

Para ajudar a catalogar o que havia sido perdido, Dawn Mello queria criar um arquivo, algo sequencial e organizado além das poucas fotos e amostras casuais que havia encontrado. Ela já havia coletado alguns itens nos mercados de pulgas de Londres, uma fonte muito rica para moda retrô; jovens garotas inglesas costumavam procurar por mocassins masculinos da Gucci nos mercados de pulgas para elas mesmas usarem.

Dawn Mello e Lambertson aproveitaram a dica das garotas e recriaram o mocassim feminino, tornando-o mais casual e mais moderno. "Nós trocamos a fôrma do modelo feminino pela do masculino, deixamos a pala mais alta e o fizemos em camurça com dezesseis cores diferentes", disse Dawn Mello.

Um dia, subiram as colinas ao redor de Florença procurando por um fabricante de joias que havia trabalhado para a Gucci nos anos 1960. Quando encostaram o carro em frente ao lugar, eles descobriram um velho homem cheio de rugas alimentando um fogão a lenha em uma pequena oficina de joias em prata. Seus olhos brilharam à medida que eles explicavam por que estavam ali. Ele foi até um pequeno cofre e começou a tirar gavetas cheias de joias da Gucci que havia fabricado no decorrer dos anos.

"Nós nos sentamos no chão chocados e começamos a vasculhar gaveta após gaveta", disse Dawn Mello. "Foi maravilhoso. Poderia facilmente ter vendido tudo por cinco vezes o que havia custado para ele, mas sabia que um dia alguém iria querer reavivar a marca – ele havia guardado tudo aquilo para esse dia", continuou Dawn Mello, que contratou o velho para recomeçar a fabricar para a Gucci. "Foi quando nós começamos a perceber o que nós tínhamos."

Então eles se voltaram para a bolsa de alça de bambu, o famoso Model 0063. Aumentaram-na levemente para torná-la mais prática, também adicionaram uma alça de couro tiracolo destacável e a produziram em couro de novilho (por 895 dólares) e em couro de crocodilo (por 8 mil dólares). Para o outono, eles a encolheram, produzindo bolsas de bambu *baby* em cetim, couro de bode e camurça em uma infinidade de cores, como rosa chiclete, amarelo canário, roxo avermelhado, marinho e preto básico.

Dawn Mello também foi a primeira pessoa na Gucci a levar o fenômeno Prada a sério. A Prada ganhou força na metade dos anos 1980, quando começou a atrair uma pequena clientela de seguidores da moda de Milão. Em 1978, Miuccia Prada inventou uma inovadora bolsa de náilon feita de material de para-quedas que havia representado um simples, mas revolucionário conceito em uma época na qual a maioria das bolsas de mão eram rígidas, quadradas e feitas de couro. Em 1986, uma jovem que trabalhava no escritório de design da Gucci sob a supervisão de Giorgio e sua esposa, Maria Pia (que havia assumido um importante cargo em desenvolvimento de produtos depois da saída de Paolo), levou uma amostra das bolsas de náilon da Prada para uma reunião em Scandicci.

"A Prada estava começando a se tornar importante dentre a elite da moda de Milão", lembrou Claudio Degl'Innocenti, recém-contratado por Maurizio para desenvolver e coordenar a produção de uma nova linha de objetos para presente. As bolsas de náilon macio foram desdenhosamente desconsideradas, como um produto insignificante – elas não tinham nada a ver com as refinadas, altamente bem-feitas bolsas de couro que a Gucci produzia.

"As bolsas não foram nem levadas em consideração", lembrou Degl'Innocenti. "O conceito de bolsa macia só chegou à Gucci vários anos depois, e mesmo nessa época, com muitos conflitos internos, nós tínhamos que treinar novamente as pessoas, que estavam acostumadas a fazer as duras bolsas de couro."

Dawn Mello sabia que tinha de equilibrar o renascimento das tradições Gucci com as últimas tendências da moda; então respondeu à necessidade das mulheres de uma bolsa macia que poderia facilmente ser colocada em malas, com o ressurgimento da bolsa meia-lua, de que ela se lembrava tão carinhosamente da sua juventude – uma bolsa ampla e flexível que não era vendida desde 1975. Mas, como se fosse uma garota bem-arrumada sem lugar para ir, o novo visual da Gucci continuou invisível para a maior parte do mundo da moda, que era de longe mais cativado pelos *shows* e festas excitantes dados por estilistas como Giorgio Armani, Valentino e Gianni Versace.

"Nós não conseguíamos ninguém que nos notasse", lembrou Dawn. "Era um problema real." Depois de a imprensa internacional ter ignorado sua primeira exibição para a Gucci no hotel Villa Cora, em Florença, na primavera de 1990, Dawn Mello teve uma ideia. Pediu a sua secretária para ligar para todos os influentes editores de moda em Nova York e perguntar o número de seus sapatos; ela enviou os novos mocassins da Gucci para todos de quem conseguiu se lembrar. "Foi assim que conseguimos pegá-los", disse com um sorriso satisfeito.

Em janeiro de 1990, Maurizio havia mandado uma carta para todos os 665 revendedores americanos, informando que estava encerrando a coleção de acessórios de lona da Gucci e que a distribuição da linha de atacado para lojas de departamento seria interrompida imediatamente. Protestos emergiram dos executivos mais importantes das principais lojas de departamento, mas Maurizio recusou-se a ceder. Domenico De Sole tentou dissuadi-lo, sabendo muito bem que a produção de lona representava a espinha dorsal do ramo da Gucci nos Estados Unidos – com rendimentos totais de aproximadamente 100 milhões de dólares. De Sole apelou para o Investcorp, dizendo-lhes o que Maurizio havia feito e alertando-os a respeito das consequências. Ele pensava que seria melhor reduzir o negócio aos poucos.

Maurizio não somente andou rápido, como também cortou os negócios de *free shops* nos aeroportos ao redor do mundo. Entre a GAC, as vendas por atacado e os *free shops*, os cortes representaram 110 milhões de dólares em rendimentos.

"Nós não podemos lavar a roupa suja em público", ele insistiu com a equipe do Investcorp. "Temos de arrumar nossa própria casa e depois voltar para o mercado em posição de força. Então, nós poderemos ditar as regras."

Maurizio sabia que precisava enterrar a imagem de marca barata da Gucci antes de trazer de volta o *glamour*. Daquele momento em diante, o negócio ficaria limitado exclusivamente às suas 64 lojas inteiramente próprias, que Maurizio começou a reformar com a ajuda de seu amigo e designer de interiores Toto Russo.

Maurizio queria que os clientes da Gucci entrassem em suas lojas como se estivessem adentrando uma aconchegante e bem decorada sala de estar.

Nenhum detalhe foi deixado ao acaso. Com Toto, ele desenvolveu novos armários e instalações em madeiras nobres polidas para expor novos acessórios e roupas da Gucci. Os armários eram fechados com fino vidro chanfrado de cantos arredondados. Mesas redondas de mogno polido expunham arco-íris de echarpes e gravatas de seda. Lustres feitos sob encomenda ficavam suspensos no teto em correntes de ouro, criando uma aconchegante iluminação residencial. Pinturas a óleo originais agraciavam as paredes. Toto desenhou dois tipos de cadeira para o andar de vendas, copiadas de modelos originais russos antigos, e as reproduziu em grandes quantidades para a loja: a cadeira dos czares, que ficava na área de vendas de roupas masculinas, foi modelada a partir de uma peça neoclássica, enquanto a delicada Nicoletta de imbuia, datada dos anos 1800, ficava na área feminina. As contas dessa mobília excessiva elevavam-se, mas Maurizio não se importava com elas. Ele queria que as lojas ficassem perfeitas.

"Para vender estilo, nós temos que ter estilo!", insistia ele.

Quando Dawn Mello viu que o projeto de Russo — bonito como era — não foi baseado nas técnicas de marketing que acreditava serem importantes para vender os produtos, trouxe uma arquiteta americana, Naomi Leff, para tentar modernizar alguns objetos — criando um conflito imediato entre o designer de interiores napolitano e a arquiteta americana.

Maurizio tinha pouco tempo e inclinação para servir de mediador — então apressou seus planos. Graças aos longos dias de catalogação dos produtos da Gucci vendidos na década de 1980, Maurizio e sua equipe diminuíram a linha de produtos dos 22 mil iniciais para 7 mil itens, cortaram o número de modelos de bolsas de 350 para 100 e reduziram o número de lojas de mil para 180.

Em junho de 1990, a nova equipe de Maurizio apresentou sua primeira coleção de outono. A Gucci, como era costume, alugou um espaço em um centro de conferências, em Florença, para o mês todo e convidou por volta de 800 compradores da Gucci do mundo inteiro para adquirirem a coleção.

Dawn Mello e Lambertson haviam arrumado as novas bolsas de bambu, as bolsas meias-luas e os mocassins, todos organizados em grande variedade de cores. Quando Maurizio chegou para verificar a coleção, andou lentamente pelo espaço, olhando cada item, sem fala. Então chorou. Suas lágrimas eram de alegria.

Quando toda a equipe e os compradores se reuniram no *showroom*, ele levantou uma das novas bolsas de bambu para que todos a vissem. "Foi para isso que meu pai trabalhou", disse Maurizio. "Isso é o que a Gucci costumava ser!"

Convencido de que, para alcançar o novo *status*, a Gucci precisava ter uma forte presença em Milão, Maurizio havia começado a procurar um lugar adequado para uma nova sede da Gucci na capital italiana da moda e das finanças. No fim dos anos 1980, Milão já competia com Paris como aclamado centro de moda. Paris ainda era a cidade da alta-costura, enquanto Milão havia emergido como o lugar da moderna e elegante moda do dia a dia. Armani e Versace haviam-se tornado os manda-chuvas da moda em Milão, mas também havia empolgantes designers novos, tais como Dolce & Gabbana. Com jornalistas e compradores aglomerando-se duas vezes por ano nos desfiles das coleções em Milão, Maurizio percebeu que a Gucci precisava fazer parte desse show. Também se sentia muito mais em casa em Milão do que em Florença, onde muitos achavam que ele ficava até mesmo desconfortável.

Novamente, com a ajuda de Toto, Maurizio alugou um lindo prédio de cinco andares na Piazza San Fedele, uma pequena praça pavimentada com pedras brancas e lisas localizada entre a catedral Duomo e o teatro La Scala, que ficava de costas para as majestosas colunas do Palazzo Marino, a imponente prefeitura de Milão. As reformas prosseguiram na velocidade da luz e tudo estava pronto em tempo recorde, menos de cinco meses entre o início e o fim, incluindo reconstrução e mobília – surpreendente até para Milão.

Os escritórios executivos no último andar abriam-se todos para um espaçoso terraço que circundava o prédio, onde mesas e cadeiras foram colocadas sob um caramanchão; então, em dias ensolarados, a gerência mais importante da Gucci podia almoçar do lado de fora. A sala de Maurizio foi uma das maiores conquistas de Toto. Painéis decorativos e piso feitos de madeira, e tecido verde-folha nas paredes criaram uma sensação acolhedora e elegante para o escritório, que se abria por uma porta dupla para uma pequena sala de reunião mobiliada com uma mesa quadrada e quatro cadeiras. Maurizio passava a maior parte do tempo em sua sala de reuniões, mais que em sua mesa estilo Charles X, e preferia receber visitantes lá, onde podiam espalhar seu material e conversar. Ele havia trazido trazido, da antiga Sala *Dynasty*, em Florença, os famosos bustos representando os quatro continentes e colocou um em cada canto da sala de reuniões. Também pendurou uma fotografia em branco e preto de seu pai, Rodolfo, e seu avô, Guccio. Ele deixou de lado os antigos *flip charts* da Via Monte Napoleone e agora tinha um moderno sistema automatizado com páginas que avançavam eletronicamente embutidas em um discreto aparador encostado em uma parede, onde havia ainda uma televisão e um aparelho de som. Um par de portas de correr abriam-se da sala de reuniões particular de Maurizio para uma grande e formal sala de reuniões da empresa. Com um acabamento em painéis de madeira, a sala continha uma longa mesa oval e doze cadeiras de couro.

 Na parede de seu escritório, diagonalmente à direita de sua mesa e acima do sofá de couro verde com botões, que veio da Via Monte Napoleone, Maurizio pendurou uma pintura de Veneza que havia sido de seu pai. Na mesinha de canto ao lado do sofá havia uma foto em branco e preto de Rodolfo. A foto de sua mãe ficava em sua própria mesa, onde ele também mantinha uma lembrancinha de Allegra — uma lata de Coca-Cola engraçada, movida a bateria, vestida como uma pessoa, de óculos, que dançava e ria quando alguém entrava na sala. Do lado oposto do sofá ficava um aparador antigo, no qual ele colocou as fotos sorridentes de Alessandra e Allegra e um carrinho de bebidas com garrafas de cristal. A mesa de Liliana ficava no *hall* de entrada acarpetado em verde em frente ao escritório de Maurizio, enquanto Dawn Mello havia pedido um pequeno escritório do outro lado do andar com vista para as torres da catedral de Milão

— se ela tinha que trocar a antiga vista do Central Park por uma nova, que ao menos fosse para ver a Duomo. Ela gostava em particular das portas duplas francesas que se abriam para o terraço.

Os escritórios administrativos ficavam no quarto andar do prédio da San Fedele, e o estúdio e os escritórios de design tomaram o terceiro andar. A assessoria de imprensa estava no segundo andar, enquanto Dawn havia pedido um pequeno *showroom* no primeiro andar para as apresentações das coleções de inverno e verão da Gucci.

Em setembro de 1991, os novos escritório na Piazza San Fedele estavam prontos e Maurizio organizou um coquetel para os funcionários e um jantar comemorativo no terraço do último andar para inaugurar o novo prédio. Ele recebeu a todos com um discurso entusiasmado e estabeleceu uma força-tarefa para cada área a fim de estudar o relançamento da Gucci.

Maurizio também acreditava que a empresa precisava de uma abordagem mais sofisticada para os assuntos de recursos humanos e um treinamento para eliminar a administração feudal do passado e imbuir todos os funcionários com uma visão única da Gucci. Ele desenvolveu um conceito de "escola Gucci" para treinar funcionários sobre a história, a estratégia e um panorama da empresa, além de oferecer especialização técnica e profissional.

Para esse fim, Maurizio comprou uma vila do século XVI chamada Villa Bellosguardo, que havia pertencido à estrela da ópera Enrico Caruso, e gastou 10 milhões de dólares para reformá-la e sonhou em estabelecer ali a escola Gucci. Na mente de Maurizio, a vila também serviria como centro cultural, de conferências e exibições. Localizada nas colinas florentinas de Lastra a Signa, Villa Bellosguardo tinha vista para as colinas e campos ondulados do interior da Toscana, que a rodeavam. Uma longa estrada de acesso margeada por esculturas de figuras divinas levava à entrada da vila, com duas graciosas escadarias, uma de cada lado. Do lado de fora, degraus levavam de um longo pátio retangular rodeado de colunas até um jardim da Renascença. Em visitas iniciais a Bellosguardo, no entanto, Maurizio soube por um vigia que a vila era assombrada, e decidiu trazer Frida — a paranormal que havia exorcizado o *Creole* — para banir qualquer influência negativa que poderia ter sobrado.

No entanto, ele não podia exorcizar os fantasmas de suas batalhas de família do passado tão facilmente quanto aqueles da Villa Bellosguardo, e a diretora de comunicações da Gucci, Pilar Crespi, contou que eles passavam horas conversando sobre como lidar com o passado. Enquanto Maurizio encorajava um retorno aos princípios de qualidade e estilo que haviam levado a Gucci ao sucesso, fugia das disputas de família que haviam arrastado o sobrenome para a lama. Crespi viu-se perdida quando jornalistas ligavam para saber informações sobre a batalha com Paolo, ou a situação das guerras da família.

"Eu continuava atendendo aquelas ligações e indo até ele para perguntar: 'Maurizio, como nós vamos lidar com o passado?'", contou Pilar Crespi. "Ele estava muito irritado com Paolo, em particular. Realmente não queria falar sobre os parentes. Ele dizia: 'A Gucci é uma nova Gucci, não discuta sobre o passado! Paolo é passado — eu sou a nova Gucci!'."

Maurizio havia vestido a camisa da Gucci, mas não sabia como tirar as manchas dela. "Eu me sentava com ele por horas. Ele nunca entendeu que o passado voltaria para assombrá-lo", disse Pilar Crespi.

No outono de 1990, com a ajuda da agência de propaganda McCann Erickson, Dawn Mello mostrou quanto havia aprendido com os primeiros ensinamentos de Maurizio e suas visitas aos produtores locais. Ela criou uma campanha publicitária de 9 milhões de dólares publicada nas melhores revistas de moda e estilo de vida, tais como *Vogue* e *Vanity Fair*, baseada no conceito "Feito à mão pela Gucci". O portfólio trazia os mocassins de camurça, bolsas de couro bonitas e caras, e novas mochilas casuais de camurça num esforço de mostrar tanto as tradições da Gucci quanto seu retorno.

Apesar de a primeira campanha ter sido um sucesso, Dawn Mello logo percebeu que seria difícil sustentar a nova imagem da empresa sem dar mais importâncias às roupas. Mesmo a Gucci tendo sempre feito a maior parte de seu negócio em bolsas e acessórios, Dawn Mello sabia que as roupas eram a chave para estabelecer um conceito a partir do qual seria construída a nova identidade da Gucci.

"Era difícil criar uma imagem com uma bolsa e um par de sapatos", disse Dawn Mello. "Eu convenci Maurizio de que a Gucci tinha que ter roupas do dia a dia para sua imagem. Nós estávamos sempre tentando empurrá-lo para o lado da moda", contou.

Apesar de Maurizio ter pisado no acelerador da moda e ter contratado Luciano Soprani lá no início dos anos 1980, durante seu exílio na Suíça, ele havia reavaliado seu pensamento para focar as raízes do trabalho artesanal em couro da Gucci. No começo dos anos 1990, ele não acreditava que promover uma estratégia de moda era certo para a Gucci.

"A filosofia de Maurizio naquela época era que ele não acreditava em estilistas" disse Lambertson, que estava tentando montar uma equipe experiente de designers para a Gucci. "Ele não acreditava nos desfiles de moda e não queria promover nenhum nome em detrimento do da Gucci. Seu pensamento era de que os acessórios deveriam falar pela empresa."

Até então, todas as roupas da Gucci haviam sido feitas internamente, uma tarefa cara, que exigia muito trabalho. A companhia não tinha capacidade para produzir, comercializar e distribuir coleções de moda competitivamente, e logo ficou evidente que a melhor aposta da empresa era oferecer um contrato de produção para um fabricante de roupas. Depois de algum tempo, a Gucci estabeleceu acordos com duas excelentes confecções italianas: Ermenegildo Zegna, para as roupas masculinas, e Zamasport, para as femininas.

Lambertson também passou muito tempo procurando as pessoas certas para juntarem-se à sua equipe – e depois tentando convencê-las a mudarem-se para a Itália e trabalharem para a Gucci. "Nós passamos a maior parte dos seis primeiros meses só contratando pessoas", lembrou ele. "Era difícil conseguir alguém para trabalhar para a Gucci naquela época. E Maurizio não queria contratar muitos americanos – ele estava preocupado em manter a Gucci italiana."

Quando Dawn Mello e Lambertson chegaram na Gucci, já havia um pequeno grupo de jovens designers trabalhando lá. "Aquelas crianças eram todas de Londres e moravam em Scandicci", Lambertson contou, "ninguém realmente prestava atenção neles. Eles estavam isolados em seu próprio mundo. A empresa não acreditava realmente em estilistas", lembrou ele. "Eu e Dawn continuávamos enfatizando para Maurizio que ele realmente precisava de um designer de moda."

Enquanto Dawn Mello e Lambertson estavam montando sua equipe, um jovem e desconhecido estilista de Nova York chamado Tom Ford e seu namorado jornalista, Richard Buckley, estavam pensando em se mudar para a Europa.

Ford era de uma família de classe média de Austin, Texas, onde morou até sua família mudar-se para Santa Fé, Novo México — terra da mãe de seu pai, Ruth —, quando ele era adolescente. Seus pais eram ambos corretores de imóveis. Sua mãe era uma mulher atraente do tipo Tippi Hedren — atriz americana que estrelou o filme *Os pássaros*, de Hitchcock —, que vestia roupas bordadas, usava saltos baixos e os cabelos loiros presos em um coque. Seu pai era um homem com pensamentos liberais, que, à medida que Ford crescia, tornou-se também um verdadeiro amigo e apoiador.

"Crescer no Texas foi realmente opressivo para mim", disse Ford. "Se você não fosse branco e protestante e não fizesse certas coisas, poderia ser bem difícil, especialmente para um menino que não queria jogar futebol americano, mascar tabaco e ficar bêbado toda hora." Ford achou Santa Fé muito mais sofisticada e estimulante e gostava especialmente de passar verões na casa de sua avó Ruth, onde também morou por um ano e meio. Para Ford, sua avó Ruth era muito parecida com os personagens interpretados por Auntie Mame, pois vestia grandes chapéus berrantes e usava cabelos compridos, longos cílios postiços e bijuterias grandes: pulseiras, broches de flores de abóbora, cintos com medalhões e brincos de papel machê. Quando menino, Ford amava vê-la arrumar-se para os coquetéis e festas de que ela estava sempre participando.

"Era o tipo de pessoa que dizia: 'Ooooh, você gosta disso, querido? Bem, vá em frente e pegue dez dele'", contou Ford com um movimento largo das mãos. "Ela era toda excesso e franqueza e sua vida era muito mais glamourosa que a dos meus pais – só queria se divertir! Eu sempre me lembrarei do cheiro dela. Ela usava Youth Dew, de Estée Lauder – estava sempre tentando parecer mais nova."

Ford acreditava que essas memórias de infância tiveram impacto fundamental em sua sensibilidade para o design de moda. "A maioria das pessoas é influenciada pelo resto da vida por aquelas primeiras imagens de beleza. Essas imagens marcam e são as imagens do seu gosto. A estética da era na qual você cresceu continua com você."

Os pais de Ford o encorajaram a explorar seu talento criativo desde muito cedo através de desenhos, pinturas e outras atividades artística – sem estipular limites para sua imaginação.

"Não importava para eles o que eu queria fazer, desde que estivesse feliz", contou. Desde muito jovem, Ford tinha ideias muito claras do que gostava e do que não gostava.

"Desde que eu tinha 3 anos, não vestia aquela jaqueta, não queria determinados sapatos e tal cadeira não era boa o bastante", lembrou. Mais velho, quando seus pais saíam para jantar ou ir ao cinema, ele recrutava sua irmã mais nova para ajudá-lo a mudar a mobília, empurrando e puxando sofás e cadeiras para novas posições.

"Nunca estava certo, nunca estava perfeito, estava sempre errado", disse Ford. "Eu realmente deixei minha família com complexo. Até hoje, todos eles dizem que ficam nervosos quando me veem. Mesmo eu tendo aprendido a não dizer nada, eles percebem que eu os olho de cima a baixo, gravando tudo."

Desde os 13 anos, o uniforme pessoal de Tom Ford consistia em mocassins da Gucci, blazeres azuis e camisas tipo oxford. Estudava em uma escola preparatória particular de Santa Fé e namorava garotas – algumas pelas quais ele se apaixonou. Mas ele tinha os olhos em Nova York, para onde foi depois de se formar, e matriculou-se na Universidade de

Nova York (NYU). Uma noite, um colega de sala o convidou para uma festa; Ford não levou muito tempo para perceber que era só para rapazes. No meio da festa, Andy Warhol apareceu e, em pouco tempo, o grupo foi para o Studio 54. Um doce garoto com jeito jovem, vindo do oeste, com um sorriso de ator de cinema e ar arrogante, Ford foi bem recebido na multidão. Antes da noite acabar, Warhol conversava entusiasmado com ele e drogas apareciam do nada. Ford, cujo estilo de vida até então lembrava o de um garoto educado de propaganda de pasta de dente, hesitou diante daquela vida apressada e moderna que se desdobrava ao seu redor. "Foi um certo choque", admitiu mais tarde.

"Ele não deve ter ficado tão chocado", replicou seu colega de sala, o ilustrador Ian Falconer, "porque no fim da noite nós estávamos nos agarrando dentro de um táxi!" Logo Tom Ford tornou-se um frequentador assíduo do Studio 54. Ia às festas todas as noites, dormia o dia todo e parou de ir às aulas – estava muito mais interessado no que ele conseguiria em sua nova vida na casa noturna.

"Tive amigos lá em Santa Fé pelos quais sentia atração, mas, até chegar a Nova York, eu não havia percebido que estivera apaixonado por eles", Ford disse. "De alguma forma, sabia que isso estava em algum lugar dentro de mim, mas estava tudo esquecido havia muito tempo."

Por volta de 1980, no fim de seu primeiro ano, ele largou a NYU definitivamente e começou a atuar em comerciais de televisão. Sua boa aparência, habilidade para se comunicar e fotogenia o tornaram um sucesso. Ele se mudou para Los Angeles e, a certo ponto, tinha doze comerciais no ar ao mesmo tempo. Então, um dia, o impensável aconteceu. Um cabeleireiro que fazia seu cabelo para um comercial do xampu Prell teve um choque ao ver o couro cabeludo de Ford, pois seus cabelos estavam caindo.

"Ai, querido!", o cabeleireiro disse, com uma voz alta e anasalada. "Você está perdendo os cabelos!" A autoestima de Ford desmoronou.

"Ele era uma bicha maldosa e eu só tinha 19 ou 20 anos; fiquei paranoico", lembra Ford. Até o fim da filmagem, manteve-se com o queixo para baixo, puxando obsessivamente seus cabelos para a frente com as mãos.

"O diretor ficava parando a filmagem e falando: 'Você poderia arrumar o cabelo dele?'." O incidente o marcou. Quando trabalhava, a insegurança a respeito dos cabelos aumentava. Ford também se pegava pensando: "Eu posso escrever um comercial melhor", ou "Eu dirigiria desse jeito", ou "Aquilo ficaria melhor ali...". Percebeu que queria estar no controle.

Ford matriculou-se na Parsons School of Design em Nova York, onde estudou arquitetura, um campo no qual ele tinha interesse desde os tempos de mudança da sala de estar da família. Na metade do curso, mudou-se para Paris, onde a Parsons também tinha um *campus*. Mas, quando havia quase terminado seus estudos, ele percebeu que arquitetura era assunto muito sério. Um estágio na casa de moda francesa Chloé confirmou sua sensação – o mundo da moda era muito mais divertido. Quase no fim do penúltimo ano, ele viajou para a Rússia, onde passaria férias de duas semanas; uma noite ele teve um problema de intoxicação alimentar e arrastou-se de volta para seu frio quarto de hotel.

"Eu estava infeliz e permaneci em meu quarto sozinho a noite toda; então, comecei a pensar. Sabia que não queria fazer o que estava fazendo, e de repente, a expressão ESTILISTA DE MODA veio à minha cabeça. Isso me apareceu como uma mensagem de computador." Achou que sabia o que era preciso para ser um estilista de moda bem-sucedido – inteligência, discurso articulado, habilidade para ficar em frente a uma câmera, boas ideias sobre o que as pessoas deveriam vestir.

O modelo de Ford havia sido Calvin Klein. Mesmo antes de Armani ser um grande nome nos Estados Unidos, Tom Ford lembrava-se de comprar lençóis Calvin Klein para sua cama quando estava no colegial, na segunda metade dos anos 1970.

"Calvin Klein era jovem, cheio de estilo, rico e atraente", disse Ford, lembrando-se de si mesmo quando adolescente lendo detalhadamente uma revista com fotografias excelentes em preto e branco de Klein em sua cobertura em Nova York.

"Ele licenciou seu nome, vendia jeans, roupas do dia a dia – era o primeiro estilista de moda com *status* de estrela de cinema." Ford sonhava em ser como Calvin Klein, que ele conheceu nos seus dias de Studio 54 e a quem havia seguido por toda a parte como um cachorrinho. De volta a Paris, a administração da Parsons disse a Ford que ele teria de recomeçar seu currículo do zero se quisesse se formar em moda, algo que Ford não estava disposto a fazer. Ele se formou em arquitetura em 1986, voltou a Nova York, fez um portfólio de moda, e começou a procurar um emprego; simplesmente não mencionou em qual curso havia se graduado e não se permitiu desencorajar pela rejeição. "Eu acho que sou muito ingênuo, ou confiante, ou os dois", disse Ford. "Quando quero algo, consigo. Eu havia decidido que seria um estilista de moda e uma daquelas pessoas iria me contratar!" Fez uma lista de nomes e começou a ligar para os estilistas todos os dias.

"Eu disse a ele por telefone que não tinha vaga", lembrou a estilista de Nova York Cathy Hardwick. "Mas ele era tão educado. 'Eu posso apenas lhe mostrar meu *book*?' Um dia, desisti. 'Em quanto tempo você chega aqui?', perguntei a ele. 'Em um minuto', disse. Ele estava no saguão!" Impressionada com seu trabalho, Hardwick o contratou.

"Eu não sabia fazer nada", lembrou Tom Ford. Durante suas primeiras semanas com Cathy Hardwick, ela lhe pediu que fizesse uma saia rodada. Ele balançou a cabeça, desceu, correu para o metrô, desceu na Bloomingdale's e foi direto para o departamento de vestidos. Lá, virou todas as saias rodadas do avesso para ver como elas eram feitas. "Aí, eu voltei, desenhei a saia, entreguei o desenho para o produtor de amostras e fiz uma saia rodada!"

Tom Ford estava trabalhando para Cathy Hardwick quando conheceu Richard Buckley, então escritor e editor na editora de moda Fairchild Publications e hoje editor-chefe da *Vogue Hommes International*, em Paris. Ford tinha 25 anos e uma aparência de estrela de cinema – penetrantes olhos escuros, um queixo marcante e cabelos negros, na altura dos ombros. Ele ainda vestia calças jeans azuis e camisas estilo oxford. Buckley tinha 37, olhos azul-safira, cabelos grisalhos despenteados, que ele usava bem curtinhos, e um senso de humor afiado, que mascarava sua timidez.

Vestia-se com o eterno uniforme de um editor de moda: elegantes calças pretas, botas pretas com elásticos nos tornozelos, camisa branca lisa sem gravata e jaqueta preta. Buckley havia recentemente se mudado de volta para Nova York a fim de chefiar a então nova revista da Fairchild, *Scene*, já extinta, depois de trabalhar no escritório da Fairchild de Paris como editor do jornal diário de roupas masculinas *DNR*. Ele havia descoberto Ford em um desfile de David Cameron. Quando viu o jovem Tom Ford de cabelos negros, seu coração bateu forte pela primeira vez em muito tempo. Ele ficou rondando depois do desfile com a desculpa de que tinha de entrevistar alguns varejistas – e procurou Ford, que havia sumido. Ford havia notado Buckley no desfile também.

"A certo ponto, eu virei e vi aquele cara me olhando", lembrou Ford. Com seus olhos azuis, cabelos arrepiados e expressão decidida, Buckley parecia possuído. "Ele me assustou", disse Ford.

Para a surpresa de Buckley, ele ficou frente a frente com Ford dez dias depois, no último andar do prédio da Fairchild, na rua 34, do lado oeste, onde ele estava supervisionando uma sessão de fotos para a *Scene*. Dado o cansativo ritmo de seu trabalho – ele era editor de moda do jornal diário *Women's Wear Daily*, assim como editor da *Scene* – utilizou-se do último andar para uma sessão de última hora. Cathy Hardwick havia mandado Ford para lá a fim de buscar algumas roupas, as quais ainda estavam sendo fotografadas. No momento em que Buckley estava confidenciando para o diretor de arte o fato de ter visto Ford no desfile, o próprio apareceu no último andar para verificar as roupas.

Os olhos de Buckley se arregalaram e ele engoliu em seco. "É ele!", sussurrou para o diretor de arte, "O cara de quem eu estava falando..." Buckley tentou cumprimentar Ford da maneira mais natural possível e perguntou se ele podia esperar pelas roupas, explicando que não havia terminado de fotografá-las ainda. Ford concordou. Quando eles pegaram o elevador, mais tarde, para descer, Buckley – normalmente bem-humorado e educado – viu-se dizendo besteiras sem a menor vergonha.

"Ele deve ter pensado que eu era um completo idiota", lembrou Buckley. Ford não pensou.

"Pareceu tão bobo, mas eu achei legal", disse Ford mais tarde. "No nosso ramo, é raro encontrar pessoas verdadeiras e que têm bom coração."

No primeiro encontro deles, no Albuquerque Eats, numa noite de novembro, em 1986, Buckley e Ford rapidamente se surpreenderam em meio a uma conversa profunda – que deixou Buckley impressionado com o foco e o senso de direção de Ford. Enquanto bebericavam drinques e saboreavam *quesadillas* de camarão entre a multidão de jovens alegres, Ford disse a Buckley exatamente o que ele queria fazer dali a dez anos.

"Eu quero criar roupas esportivas elegantes com estilo europeu, mais sofisticadas e modernas do que Calvin Klein, mas com o volume de vendas da Ralph Lauren", dizia enquanto Buckley ouvia com uma mistura de compaixão e admiração.

"Ralph Lauren é o único estilista que realmente criou um mundo inteiro", Ford explicou olhando nos olhos de Buckley. "Sabe-se exatamente como é o perfil de seu público, como é a casa dessas pessoas, que tipo de carro dirigem – e ele está fazendo todos esse produtos para eles. Eu quero fazer isso do meu jeito!"

Buckley recostou-se em sua cadeira de couro acolchoada e observou seu novo e bonito amigo. "Ele é tão jovem e já quer ser um milionário. Espere só ele ir à luta e ser massacrado pelo desorganizado mundo da moda de Nova York", pensou Buckley, um pouco lamentando-se por Ford e um pouco esperando que o jovem estilista vencesse apesar das dificuldades.

Alguma coisa havia acontecido entre os dois homens: um era focado, ambicioso e desconhecido; o outro havia se tornado quase uma referência por seu trabalho para a Fairchild – ele começou escrevendo a coluna de fofocas "Eye" –, mas não havia perdido sua personalidade amigável e realista.

"Richard era legal, inteligente e engraçado", disse Ford. "Ele era o pacote completo." Buckley e Ford foram morar juntos na noite de *réveillon* daquele ano. Seria a parceria de suas vidas.

Buckley tinha acabado de mudar-se para um apartamento de duzentos metros quadrados na St. Mark's Place, no East Village; Ford estava vivendo em um apartamento na Madison com a rua 38, vizinho a um hotel decadente. "O prédio era perfeitamente bom, assim como o apartamento, mas à noite as janelas davam para aqueles quartos onde você podia ver pessoas se drogando; era muito assustador", lembrou Ford.

"Nós concordamos que ele iria morar comigo", disse Buckley.

Dois anos depois, um *fox terrier* peludo também se mudou para o apartamento da St. Mark's Place, um presente de aniversário de Buckley para Ford. "Desde o início, Tom queria um cachorro", contou Buckley. "Eu relutei por muito tempo, mas finalmente desisti." John, como eles chamavam o *terrier*, tornou-se a companhia fiel dos dois e um modelo desavergonhado que eles emperiquitavam com perucas e ultrajantes roupas *drags* para tirar fotos com a Polaroid e enviá-las aos amigos íntimos. Apesar de sua oposição inicial, Buckley ficou tão ligado a John que às vezes parecia que o simpático *terrier* era dele.

Enquanto isso, na primavera de 1987, Ford, frustrado com sua carreira, havia desistido de Cathy Hardwick. Ele sonhava em arrumar um emprego de estilista com Calvin Klein, o ícone do tipo de roupa esportiva e elegante que Ford queria desenhar. Depois de nove entrevistas, duas das quais com o próprio Calvin Klein, este disse que queria contratar Ford para trabalhar no estúdio de design feminino. Ford estava empolgado – até receber a oferta de salário, muito abaixo de suas expectativas. Ford pediu mais e Calvin disse que teria que discutir com seu sócio, Barry Schwartz. Depois de várias ligações, Ford ainda não tinha resposta de Calvin Klein. Logo depois, o estilista Marc Jacobs chamou-o para trabalhar com ele na Perry Ellis e Ford aceitou. Algum tempo depois, ele chegou em casa do trabalho e encontrou uma mensagem da assistente de Calvin Klein em sua secretária eletrônica.

"O senhor Klein ainda está muito interessado em você e quer ter certeza de que não encontrou outro emprego. Antes de arrumar outro lugar, poderia ligar para ele primeiro?", dizia a mensagem. Ford retornou a ligação para agradecer, ele já estava trabalhando para a Perry Ellis.

A carreira de Buckley deu um salto no ano seguinte quando deixou a Fairchild, em março de 1989, para juntar-se à revista de Tina Brown, *Vanity Fair*; mas logo a sua empolgação com o novo trabalho foi amortecida. Em abril, Buckley foi diagnosticado com câncer. Depois de uma tentativa vã de curar uma grave amidalite após meses tomando antibióticos, tratamentos de garganta e uma alegre viagem para Porto Rico, Buckley finalmente deu entrada no hospital St. Luke's-Roosevelt para uma biópsia, pensando que estava indo para um procedimento simples. Quando acordou da anestesia, o cirurgião do St. Luke's disse a Buckley que ele tinha câncer, precisava se submeter a mais cirurgias na semana seguinte e que suas chances de sobreviver eram poucas.

Buckley engoliu dolorosamente, balançou a cabeça e disse: "Não! Não! Não! Eu quero ir para casa! Eu quero meu cachorro e minha cama!". Ford foi ao hospital e levou Buckley para casa. Então pegou o telefone. Do arquivo de Buckley, ele tirou vários nomes de pessoas importantes de Nova York que ele sabia que eram ativas na arrecadação de fundos para o Memorial Sloan Kettering, instituto de pesquisa de câncer. Em vinte minutos, Buckley tinha hora marcada para dali a dois dias com um importante cirurgião e radiologista. Buckley então passou por mais cirurgias e meses de dolorosos tratamentos radiológicos. Ford ligava para a família de Buckley todos os dias para informá-los sobre sua condição.

Quando os médicos disseram que parecia que ele havia vencido a batalha contra o câncer – mas que deveria levar uma vida menos estressante –, Buckley e Ford voltaram sua atenção para a Europa. Ford acreditava que um estilista trabalhando em Nova York poderia ser sucesso nos Estados Unidos, mas que um bem-sucedido estilista na Europa poderia alcançar reconhecimento global. Buckley pensou que poderia encontrar um bom emprego como escritor que envolvesse menos pressão. No início do verão de 1990, eles pagaram uma viagem à Europa e começaram alguns ciclos de entrevistas. Ford já havia ligado para seu amigo Richard Lambertson em uma viagem anterior a Milão, e havia jantado com ele e Dawn Mello. Lambertson encorajou Dawn a considerar Ford para as roupas femininas da Gucci, mas ela se recusou. Sua política era "nada de amigos". Nesse meio-tempo, graças a seus contatos na moda, Buckley havia agendado reuniões para Ford com praticamente todas as principais casas de moda em Milão. Depois de um suntuoso almoço com Donatella Versace, reuniões com Gabriella Forte, na Giorgio Armani e com Carla Fendi (que conhecera com Ford em Nova York e havia se impressionado com seu trabalho), ainda não havia uma oferta de emprego para ele. Os dois almoçaram novamente com Dawn Mello, que, dessa vez, concordou em dar a Ford um projeto-teste. Depois desse almoço, Ford e Buckley foram à mais exclusiva floricultura de Milão e enviaram a ela um enorme buquê, do tipo que só italianos mandavam, cheio de ramalhetes de *gypsophila* (mosquitinho). "Nós ficamos horrorizados quando vimos todos aqueles 'mosquitinhos' e fizemos com que tirassem tudo!", lembrou Buckley.

"Dawn, a essa altura, conhecia todos os estilistas iniciantes em Milão", disse Buckley. "Todos os jovens estilistas queriam reinventar a saia. Tom já sabia que não se pode reinventar uma saia. A chave é qual saia fazer e quando", disse Buckley. Dawn Mello amou tanto o projeto que Tom Ford fez para ela que decidiu burlar suas próprias regras e contratá-lo.

"Eu apenas senti que ele podia fazer qualquer coisa", Dawn disse depois.

Ford mudou-se para Milão em setembro de 1990, e Buckley juntou-se a ele em outubro, como o novo editor da revista *Mirabella*.

Nos primeiros dias, eles moraram em um elegante, porém pequeno quarto em uma residência chique na Via Santo Spirito, localizada no triângulo dourado de compras de Milão. O quarto, do tamanho de um armário, era, apesar de tudo, completamente equipado com um canto para cozinhar e luxuosos adereços, tais como toalhas Frette e panelas Alessi. Em meio a oito enormes malas, Buckley e Ford dificilmente podiam se mexer. Depois de alguns dias, eles encontraram um agradável apartamento na Via Orti, na região sudeste de Milão, com um grande terraço, coberto por glicínias, onde John juntou-se a eles. Os dois mobiliaram a nova casa com uma mistura de peças antigas que eles haviam mandado buscar em Nova York e peças novas que eles haviam coletado alegremente na Europa, incluindo um baú Biedermeier, duas poltronas Charles X e um sofá estampado.

A vida de Ford e Buckley em Milão logo se ajeitou em uma rotina. Eles ficaram amigos dos outros jovens assistentes da equipe de design da Gucci, que logo se tornou um grupo muito unido. Juntos, eles aprenderam os altos e baixos de se morar em Milão — a comida, as festas de moda, os fins de semana esquiando nos Alpes, as longas horas, o clima sombrio.

"Todos se sentiam um pouco deslocados", lembrou David Bamber, o estilista de roupas de tricô. "Milão era muito diferente de Nova York." Ford e Buckley haviam comprado um videocassete e mais tarde investiram em uma antena parabólica. Quando não iam jantar fora com amigos e colegas, ficavam em casa e assistiam a antigos filmes em inglês. A locadora Blockbuster ainda não havia sido aberta em Milão, mas Buckley trazia um amontoado de fitas de vídeos todas as vezes que voltava de Nova York — para onde ele frequentemente viajava a fim de se tratar do câncer. Eles assistiam a seus filmes favoritos várias vezes. Mais tarde, Ford lançaria mão desse hábito propositalmente para concentrar-se em um estilo que ele queria capturar para uma coleção.

O apartamento de Ford e Buckley tornou-se o ponto de encontro para seus novos amigos em Milão, todos eles de alguma forma conectados à comunidade de moda e estilo. O pequeno grupo se reunia no terraço da Via Orti para refeições que Buckley preparava em casa, e Ford frequentemente convidava sua equipe de design para sessões de trabalho noturnas.

"Nós tínhamos que misturar o estilo de Calvin Klein com o da Timberland", lembrou David Bamber, encarregado de fazer clássicas malhas de *cashmere* para a Gucci em uma grande quantidade de cores, num trabalho desenvolvido na Escócia.

Os americanos demonstraram-se vitais para o futuro da Gucci. Dawn Mello foi muito além de ressuscitar os modelos e artefatos da Gucci, havia muito tempo perdidos, para os acessórios de alto-estilo. Ela chamou a atenção de toda a imprensa da moda, promoveu a mudança na empresa para seguir as tendências que estão em voga na moda e recrutou os jovens e inovadores estilistas, que convenceram aqueles que duvidavam que os designers de moda realmente faziam parte da constelação Gucci. Dentre os estilistas, Tom Ford, claro, era a estrela cujos sapatos altos, elegantes ternos e bolsas da moda ressuscitariam a fama e a fortuna da Gucci. Além do próprio talento, Dawn Mello e Ford ofereceram à Gucci mais uma coisa crucial para o sucesso – o poder permanente para enfrentar as tempestades à frente.

# Divórcio

O sol brilhava iluminando a manhã de 22 de janeiro de 1990, retirando o ar úmido da lotada igreja de Santa Chiara, na Via della Camilluccia, nos arredores de Roma, enquanto a família e os amigos enlutados se aconchegavam em seus grossos casacos e peles de inverno, rendendo homenagem a Aldo Gucci, cuja morte chocou muitos de seus amigos e conhecidos. Agitado e ativo até o fim, Aldo parecia mais jovem do que seus 84 anos. Poucos sabiam a sua idade real ou que ele tinha se submetido a tratamentos para o câncer de próstata. Nem mesmo um ano tinha se passado desde aquela tarde de abril em Gênova, quando ele fora forçado a vender sua participação na Gucci.

Aldo tinha iniciado seu divórcio de Olwen em dezembro de 1984, muitos anos após seu casamento ter, de fato, deixado de existir. Embora não vivessem mais juntos, ele a visitava em Roma, entrando e saindo da Villa que tinha construído na Via della Camilluccia, tão confortável e livremente como se estivesse em sua própria casa. Seu pedido de divórcio chocou Olwen, já muito frágil após ter sofrido uma trombose em 1978. Olwen permanecia irredutível em seu papel de esposa legal, embora nunca tivesse impedido Aldo de fazer o que ele bem quisesse. Aldo tinha seguido seu estilo de vida onde, quando e como bem entendia – até mesmo se casando com Bruna nos Estados Unidos.

Aldo passou o Natal tranquilamente em Roma com Bruna e sua filha Patricia, mas caiu de cama com uma forte e virulenta gripe. Em uma quinta-feira à noite, ele entrou em coma; na sexta-feira seu coração parou de bater.

Na igreja, Giorgio, Roberto, Paolo e suas famílias sentaram-se nos primeiros bancos, em frente ao caixão de Aldo. Maurizio tinha voado de Milão com Andrea Morante. Quando eles entraram na igreja, Morante ficou nos fundos, sem querer se intrometer num momento tão familiar e pessoal, enquanto Maurizio seguiu em frente para sentar-se sozinho em um lado da igreja.

No lado oposto, num canto, Bruna e Patricia permaneceram sem saber ao certo qual o lugar apropriado para elas, até que Giorgio foi cumprimentá-las e as trouxe para ficar com sua família em um dos bancos. Roberto acompanhava sua idosa e frágil mãe, Olwen, protegendo-a. Não muito tempo depois, ela também daria entrada em uma clínica em Roma devido a seu debilitado estado de saúde. Mesmo na morte, o dinâmico Aldo causava polêmica e controvérsia; ele tinha deixado suas propriedades americanas, avaliadas em aproximadamente 30 milhões de dólares, para Bruna e Patricia, o que foi contestado por Olwen e dois de seus três filhos, Paolo e Roberto, embora mais tarde as famílias tivessem chegado a um acordo amigável.

Maurizio permanecia sozinho na igreja gelada, olhando para suas mãos cruzadas e deixando que o vai e vem da voz do padre flutuasse em seus pensamentos. Ele lembrava de Aldo subindo as escadas de seu escritório na Via Condotti, de dois em dois degraus, esbravejando ordens aos vendedores da direita e da esquerda, ou fazendo as honras na loja de Nova York, assinando pacotes de Natal. Sua mente ainda ouvia a voz de Aldo repetindo seu velho adágio sobre a dinâmica dos Gucci: "minha família é o trem, eu sou a locomotiva. Sem o trem, a locomotiva não é nada. Sem a locomotiva, bem, o trem não anda". Maurizio sorriu. As pessoas em volta dele mudavam a posição dos pés e secavam os olhos com lenços já encharcados. Maurizio descruzava suas mãos, depois segurava e soltava seus pulsos como para se aquecer.

"Agora eu devo ser os dois, o trem e a locomotiva", disse para si mesmo. "E eu devo trazer a Gucci de volta para um só teto." Ele repetia e repetia seu mantra pessoal: "Só existe uma Gucci, só existe uma Gucci". O Investcorp tinha lhe servido muito bem, ajudando-o a colocar um ponto final na luta pelo poder entre os familiares, mas já era tempo de tornar real seu antigo sonho – unir as duas metades da companhia. Ele sabia que Aldo, a despeito de suas diferenças, teria gostado de fazer o mesmo. Somente ele, Maurizio, poderia dar continuidade à Gucci, ele era o elo que unia o passado e o futuro. Em dezembro, Maurizio dissera a Nemir Kirdar que queria comprar de volta o restante das ações da Gucci do Investcorp, e Kirdar havia concordado. Maurizio queria planejar, ele mesmo, a reestruturação – queria alcançar seu sonho de uma Gucci sem sócio de fora.

Após o serviço religioso, Maurizio permaneceu na igreja para cumprimentar seus parentes e muitos dos antigos empregados da Gucci que compareceram ao funeral. Giorgio, Roberto e Paolo o receberam friamente. Eles nunca o perdoaram por ter lhes tomado a Gucci e por ter humilhado o pai deles. Maurizio havia se tornado um bode expiatório para o profundo sentimento de perda que sentiam. Vê-lo no funeral, vestindo seu característico terno cinza transpassado e acompanhado de Andrea Morante – o homem que havia arrematado tudo deles – não fazia com que eles se sentissem melhor. Dirigindo para Florença, para o enterro de Aldo, Maurizio reiterou sua promessa de que faria o que estivesse ao seu alcance para conseguir toda a Gucci de volta.

Tinha negociado de forma satisfatória com o Investcorp a compra dos cinquenta por cento que o grupo tinha na Gucci, em troca de 350 milhões de dólares. Nesse mesmo mês de janeiro, na reunião anual de gerentes, em Bahrein, Nemir Kirdar levantou-se e anunciou aos seus colegas que o Investcorp não somente tinha concordado em vender a Maurizio sua parte, como também faria tudo para ajudá-lo a arranjar financiamento para isso.

"Não há projeto mais importante em nossa mesa do que ajudar Maurizio a conseguir um financiamento para nos comprar", Kirdar disse, olhando ao redor para sua equipe. "Nós fizemos a nossa parte e agrupamos as ações; o nome de Maurizio Gucci agora está na porta, devemos deixá-lo tomar a companhia e seguir a seu modo."

Bob Glaser, um dos antigos executivos do Investcorp, protestou, dizendo a Kirdar que realmente era inusitado um vendedor ajudar um comprador a arranjar financiamento. Ele também disse que Maurizio não tinha argumentos para explicar o negócio da Gucci à comunidade bancária de forma que eles pudessem entender. Glaser — que não participara da aquisição inicial — vasculhou os arquivos do Investcorp procurando informações sobre a Gucci.

"Foi um choque para mim saber que não tínhamos o mínimo de informações financeiras sobre a Gucci, já que estávamos acostumados a ter esses dados antes de fazer um investimento inicial", Glaser lembrou. Ele envolveu Rick Swanson, que tinha trabalhado com Maurizio, no assunto; sua missão era pesquisar e elaborar um relatório detalhado que descreveria o negócio da Gucci e seu potencial.

"Swanson estava fazendo o trabalho que deveria ter sido feito por Maurizio – e de graça!", Glaser apontou.

Swanson descobriu rapidamente que era mais fácil falar sobre a tarefa do que executá-la. Foi difícil retratar as diversas companhias da Gucci no mundo, Itália, Estados Unidos, Inglaterra e Japão, como um todo, unificada – quando, de fato, cada uma funcionava independentemente.

"Eu tive de pegar todo aquele disparatado grupo de companhias, sem nenhuma equipe que o supervisionasse globalmente e com uma visão que estava somente começando a ser formada. e transformá-lo em um negócio coeso e com planos financeiros que os banqueiros pudessem entender. Aquilo era uma coisa que realmente não existia", disse Swanson.

A Gucci tinha evoluído constantemente sob o programa de reestruturação de Maurizio, e Swanson lutava para incorporar todas as mudanças. Maurizio tinha eliminado o negócio das lonas, remodelara o produto e fechara lojas que não estavam dentro de seus padrões. Ele comprou a Villa Bellosguardo e falou em vender algumas propriedades para recuperar algum caixa. Em razão de tudo isso, o Investcorp deu a ele carta branca.

"O cavalo estava fora das porteiras!", disse Swanson. "Nós tínhamos cinquenta por cento, mas não podíamos controlar o que ele estava fazendo." Swanson voou para Milão e sentou-se com Maurizio na sala de conferências, tendo ao lado um *flip chart*, e juntos elaboraram um organograma. Maurizio tinha toda uma moderna corporação gerencial na cabeça, incluindo posições em estratégia e planejamento, finanças e contabilidade, licenciamento e distribuição, produção, tecnologia, recursos humanos, imagem e comunicação.

"Então tínhamos que calcular o custo disso tudo", disse Swanson. "Maurizio nunca tinha se importado com o custo para pôr em prática todos os novos planos", lembrou Swanson. Os números, incluindo a nova e elegante matriz na Piazza San Fedele chegaram a mais de 30 milhões – um aumento enorme, especialmente em vista dos cortes drásticos que Maurizio tinha feito nos produtos e na distribuição. Os planos de Maurizio deixaram Swanson aterrorizado.

"Maurizio, nesta região, a Gucci fez 110 milhões de dólares no ano passado", dizia Swanson, apontando seus gráficos.

"Certo", Maurizio respondeu, encostando-se na cadeira, os olhos semicerrados em uma falsa concentração. Cento e vinte e cinco, cento e cinquenta, cento e oitenta e cinco."

Swanson olhou para ele atônito.

"O que você quer dizer com isso?"

"Essas são as projeções, não é?", Maurizio respondeu, olhando significativamente para Swanson.

"Ah, você está fazendo isso na base de porcentagem?", Swanson, o eterno contador, somava, tentando seguir a lógica de Maurizio.

"Oh, não, não, porcentagem é irrelevante", Maurizio disse, gesticulando e estalando a língua em desaprovação. "Cento e vinte e cinco, cento e cinquen... – não; vamos fazer este cento e sessenta..."

Swanson guardou seus documentos e voou para Londres, onde despejou suas frustrações em Eli Hallak, chefe financeiro do Investcorp, e Bob Glaser, um executivo durão, com os pés no chão, de barba ruiva, a quem Kirdar havia pedido para negociar os termos de venda com Maurizio.

"Bob", Kirdar disse, "acredito que você é o único cara que não ficará seduzido por Maurizio!" Glaser era da equipe que Kirdar tinha recrutado da operação do banco Chase no Oriente Médio. Ele era um homem inteligente, de ideias claras e de fala direta, o homem que sabia como fazer as coisas.

Swanson tentou explicar o seu dilema aos dois executivos do Investcorp. "Estou tentando fazer um relatório para Maurizio e fazer disto um trabalho sem riscos e digerível para os banqueiros, tanto quanto possível", queixou-se. "E enquanto eu estou fazendo isso, não somente a bola continua correndo como Maurizio está fazendo as projeções de vendas atingirem a estratosfera."

Glaser e Hallak se entreolharam e balançaram a cabeça. Nenhum dos dois tinha se impressionado com a argúcia de Maurizio nos negócios e ambos duvidavam que ele pudesse ser bem-sucedido no reposicionamento por si só.

Glaser receava que Maurizio estivesse se lançando no reposicionamento muito rápido – cortando vendas e aumentando os custos.

"O Investcorp nunca havia percebido a implicação financeira para a Gucci em relação aos planos de Maurizio", Glaser lembrou. "Era tudo muito conceitual – Maurizio apresentou seu plano e Kirdar havia dito que estava muito bom para ele."

Swanson finalmente terminou seu relatório – um volumoso documento de trezentas e poucas páginas, incluindo o histórico da companhia, árvore genealógica, detalhadas ocorrências, quadros do ativo, lojas e licenças. O "livro verde", como Swanson e seus colegas apelidaram o memorando, trazia informações detalhadas, incluindo projeções de uma queda em vendas temporária e o desempenho da operação após o corte de produtos e lojas. Com isso, a curva do gráfico mostrou como as vendas estavam sinalizando melhoras.

O Investcorp ajudou Maurizio a vender sua proposta aos bancos, identificando as instituições, enviando memorandos e o apresentando aos banqueiros.

Nenhum dos maiores bancos italianos ou internacionais financiaria os planos de Maurizio. Uma a uma, mais de 25 instituições financeiras declinaram.

"Isso não funcionou", disse Swanson mais tarde. "A companhia não estava indo bem, os números estavam caindo. Nós inventávamos histórias maravilhosas, e todos os banqueiros gostavam de Maurizio. Parecia ótimo, mas quando cavavam fundo, abaixo da superfície, e olhavam os números, os banqueiros podiam ver que as coisas não iam bem – muito embora Maurizio sempre encontrasse alguma grande história. Ouvindo-o falar, os negócios não estavam apenas indo bem, mas superando expectativas! Maurizio era como Scarlett O'Hara em *E o Vento Levou...* – amanhã será sempre outro dia", Swanson disse. "Ele realmente sentia que, se não pudesse conseguir o financiamento hoje, conseguiria amanhã; se pudesse sobreviver somente mais um dia, no outro ganharia."

Enquanto isso, Glaser tinha despendido meses tentando negociar um acordo de venda com Maurizio – com três contratos de negociação diferentes e bem elaborados, que exigiram grupos de advogados e toneladas de documentos. Glaser começou a sentir que Maurizio o estava claramente enganando – talvez num esforço de mantê-lo ocupado enquanto procurava por financiamentos.

No verão de 1990, tornou-se claro, até mesmo para Maurizio, que não haveria nenhum financiamento. Ele e o Investcorp mudaram o curso mais uma vez e concordaram em seguir juntos como sócios meio a meio sob o mesmo princípio que eles tinham estabelecido três anos antes no Saddle Agreement. Para isso, Maurizio disse ao Investcorp que queria organizar todas as companhias da Gucci operando no mundo em uma única companhia controladora – um passo gigante de modernização na estrutura corporativa dos negócios. Kirdar concordou e designou Bob Glaser para a tarefa, que concordou em fazê-la sob uma condição: que os dois sócios estabelecessem um conjunto de regras sobre como iriam comandar a companhia e a participação nos lucros de cada sócio. Depois de ver o comportamento de Maurizio nesses anos, desde que o Investcorp fizera seu investimento na Gucci, Glaser queria se certificar de que o banco de investimento tinha uma voz significativa na gerência da empresa.

O processo para melhor detalhar uma estrutura operacional precisa e legal para as relações entre Maurizio Gucci e o Investcorp colocou as duas partes no limite do seu relacionamento. "Confiar é uma coisa, mas nós tínhamos de deixar claro como iríamos proteger nossos investimentos se um dia não pudéssemos chegar a um acordo. Isso foi o que iniciou o conflito", Kirdar disse. "Aquilo se tornou um pesadelo legal. Maurizio sempre sofrera ataques, não havia ninguém em sua vida em quem ele podia realmente confiar e agora, de repente, o conforto que ele tinha conseguido no Investcorp havia se tornado outro pesadelo, no qual receava que as pessoas pudessem querer tirar vantagens dele."

Às vezes, as discussões entre advogados de ambas as partes tornavam-se tão conflituosas que Maurizio pedia uma pausa para ver Kirdar. Ele ia para Londres, abalado por todos os obstáculos pelos quais tinha passado, sentava-se com Kirdar em uma poltrona em frente a uma lareira e conversava com ele.

"Diga-me, Maurizio, qual é o problema?", Kirdar perguntava, seus olhos verdes sorrindo benevolentemente para seu visitante.

"Nemir, eles estão sendo muito duros", Maurizio dizia, sacudindo a cabeça.

"Não é nossa intenção", Kirdar assegurava. "Se isso é tão duro, vamos mudar. Não estou tentando atacar você ou enganá-lo; meus advogados também não. Eles estão apenas fazendo seu trabalho." Então Maurizio se tranquilizava, até o conflito seguinte. Com o tempo, todo o processo era retomado. Maurizio passava a odiar e desconfiar de Bob Glaser, a quem ele apelidou de "o diabo de barba ruiva" ou "Senhor e-se?". "Eu tinha que fazer o papel de homem mau", admitiu Glaser mais tarde. "É um papel que interpreto razoavelmente bem e Maurizio não gostava nem um pouco disso. Eu era a primeira pessoa no Investcorp a dizer-lhe que ele não podia ter tudo o que queria. Minha experiência com Maurizio era a seguinte: primeiro ele tentava encantar as pessoas, depois ele tentava intimidá-las. Se ele não conseguisse encantar ou intimidar, ele apenas aceitava os fatos."

Allan Tuttle – fiel à promessa feita a Rodolfo – tinha continuado a representar Maurizio pessoalmente e estava na linha de frente com seu cliente nas negociações com o Investcorp. Tuttle era um advogado meticuloso e tenaz para Maurizio – tanto que Glaser ficava exasperado, e finalmente forçou Maurizio a tirá-lo da negociação.

"Eu sabia que Tuttle estava fazendo um trabalho incrível para Maurizio, mas eu também sabia que nunca conseguiria a transação assinada enquanto ele estivesse por perto. Eu sabia disso! Disse a Maurizio que não iria para outra reunião se Tuttle estivesse na sala, e que seria melhor ele procurar outro advogado!"

Receoso de pôr a pique toda a transação, Maurizio relutantemente concordou, e contratou outro advogado. Como resultado, o Investcorp ganhou diversos pontos-chave no acordo – os quais somaram mais de duzentas páginas – que afetariam profundamente o futuro da companhia. Entre outras cláusulas, o acordo proibia Maurizio de leiloar todas ou parte de suas ações na Gucci como garantia para financiamento, embora o Investcorp fosse livre para fazer isso se quisesse.

"Nós éramos uma instituição financeira; tomar emprestado ou emprestar era parte de nosso negócio", disse Glaser. "Mas não podíamos correr o risco da possibilidade de Maurizio tomar emprestado, não cumprir o contrato e nos deixar com um novo sócio. Nemir Kirdar insistia nisto."

Solicitado, no último minuto, para rever as cláusulas e verificar se estavam de acordo com as leis de Nova York, Tuttle ficou atônito, em particular pelas limitações sobre o uso das ações de Maurizio. "Maurizio, eles te amarraram como se fosse um pacote!", disse Tuttle, que tentava realizar algumas últimas mudanças para dar a Maurizio um pouco mais de flexibilidade.

"Ele era um homem rico, mas não tinha um tostão seu", Tuttle disse mais tarde.

Glaser foi mais fundo. Após o exaustivo processo de martelar a nova parceria entre o Investcorp e Maurizio Gucci, ele levantou-se em uma reunião do Investcorp, em Londres, e denunciou Maurizio como um CEO incompetente, possivelmente um trapaceiro, ou ambos. Um murmúrio percorreu a sala de executivos do Investcorp, a maioria dos quais influenciados por Maurizio — era como se Glaser tivesse dito que o imperador estava sem roupas. Os penetrantes olhos verdes de Nemir se fecharam com raiva.

"Você não tem o direito de falar essas coisas a respeito de Maurizio!", ele gritou. "Estamos tentando ajudá-lo!"

"Sinto muito se você não concorda comigo", disse Glaser. "É somente a minha opinião. Não posso provar nada, mas não há razão para a companhia gerar as perdas que aí estão! Eu acho isso suspeito e quero contratar uma empresa de auditoria independente para investigar os livros do início ao fim!"

Bob Glaser, que na época estava pronto para voltar aos Estados Unidos, terminada a tarefa na Gucci, para a qual fora designado por Kirdar, recomendou que este o substituísse na conta, reconhecendo quão danosa tinha sido sua posição para o relacionamento. Kirdar concordou e pediu a William Flanz, um executivo cauteloso e de atitudes ponderadas, a quem ele havia contratado recentemente, para tomar conta do acordo. Flanz foi para Milão poucas vezes naquele outono e começou tomando nota de tudo o que estava acontecendo na Gucci.

Nesse meio-tempo, Andrea Morante tinha conseguido um papel para si na matriz da Gucci em Milão, como chefe de operações, embora nunca tivesse tido um título oficial. Ele ajudou Maurizio a contratar sua nova equipe, revisou os preços de forma global e conseguiu do antigo sócio, Choichiro Motoyama, adquirir o controle único da Gucci no Japão. Investidor nato, Morante começou a trabalhar num projeto que, ele esperava, resolveria os problemas de todos. Fechou um acordo com Henry Racamier, um executivo demitido da Louis Vuitton. Racamier tinha formado seu próprio grupo, Orcofi, como um veículo para aquisições de empresas de luxo, que no futuro, ele esperava, se tornaria rival do grupo Moët Hennessy Louis Vuitton (LVMH). Morante achou que Racamier seria um sócio poderoso para Maurizio e que poderia ajudá-lo a desenvolver os negócios da Gucci no Oriente, onde Racamier tivera um sucesso significativo com a Louis Vuitton. Morante estruturou uma transação que finalmente daria a Maurizio o controle da Gucci com cinquenta e um por cento, deixando Racamier com quarenta por cento e um cargo no conselho, enquanto o Investcorp ficaria com simbólicos sete a oito por cento, concedendo o resto à gerência – isto é, ao próprio Morante.

"Esta transação ajudou Maurizio a ter o controle, dando ao Investcorp uma saída elegante e coroando os resultados de minha carreira", disse Morante.

Maurizio estava emocionado. Os dois gastaram horas analisando e discutindo a oportunidade, que seria uma das primeiras alianças estratégicas entre uma companhia italiana e uma francesa no negócio de artigos de luxo. Até aquele momento, esse tipo de indústria francesa tinha visto as empresas italianas como fornecedores primários ou competidores de segunda linha.

No outono de 1990, enquanto Morante estava desenvolvendo a proposta, Maurizio o convidou, juntamente com seu amigo Toto Russo, para um fim de semana a bordo do *Creole* a fim de assistirem à Nioularge, uma regata anual em Saint-Tropez, com barcos a vela históricos. Era uma regata de alto nível, uma festa no mar que não podia ser perdida pelos ricos industriais europeus. Com uma rota convenientemente pensada para os proprietários de barcos, que durante o inverno guardavam seus imensos iates nas Antilhas e em outros portos do Mediterrâneo, a Nioularge encerrava a temporada de regatas de verão. Todos os líderes industriais italianos e franceses participavam, incluindo Raul Gardini, com o *Il Moro di Venezia*, que participou também da America's Cup. Gianni Agnelli, o impetuoso chefe do grupo automobilístico italiano Fiat SpA, invariavelmente aparecia para seguir a corrida com o barco que possuísse no momento, mas raramente competia na regata. O convite de Maurizio era significativo e simbólico e servia para impressionar Morante, pois somente seus mais íntimos e confiáveis amigos recebiam um convite para viajar no *Creole*. Morante estava profundamente maravilhado pelo fato de ter sido trazido para o círculo íntimo de Maurizio.

"A ideia desse fim de semana era a de ter um bom programa e ao mesmo tempo refletirmos juntos, em um agradável cenário, sobre o que estava acontecendo", lembrou Morante.

Maurizio fretou um jatinho para levá-los de Milão para Nice na sexta-feira à tarde. De lá, eles foram de helicóptero a Saint-Tropez, mesmo com as nuvens escuras se acumulando no horizonte, anunciando uma tempestade. O helicóptero balançava e sacolejava com o vento e as nuvens, que rapidamente envolveram a pequena cidade portuária, sacudindo os passageiros durante a viagem. Aliviados em aterrissar no pequeno heliporto no centro de Saint-Tropez, os três homens andaram pela doca para pegar o bote que os levaria ao *Creole*, o qual os aguardava, enquanto os três mastros erguiam-se a distância. O *Creole*, com mais de sessenta metros de comprimento e muito grande para entrar no porto, estava ancorado ao lado da pequena baía de Saint-Tropez.

Os três homens tagarelavam e contavam piadas alegremente a respeito do tempo, do barco e do fim de semana. Maurizio recontava suas desventuras em reabilitar o *Creole* desde o dia que ele demitira o arquiteto que Patrizia tinha contratado até o dia em que, no verão de 1986, a barulhenta escuna foi levada à doca em La Spezia para reparos. Como Paolo fazia suas acusações de que o *Creole* tinha sido ilegalmente adquirido, Maurizio receava que as autoridades poderiam tentar sequestrar o iate de seus sonhos. Uma manhã, ele ordenou que o capitão levantasse âncora, hasteasse as velas e zarpasse do porto com os carpinteiros a bordo numa pretensa corrida de teste. O *Creole* parou em Malta para deixar os trabalhadores, que ficaram perplexos, depois zarpou para o porto espanhol de Palma de Mallorca, que se tornaria seu novo lar. Maurizio descreveu para Morante seu esforço, sem medir custos, para restaurar o barco e trazer de volta a antiga glória, equipando-o com a mais moderna tecnologia disponível. Toto Russo tinha ajudado Maurizio a decorar os quartos da escuna com o luxuoso estilo do velho mundo – a preços espetaculares. Para refazer apenas um dos quartos, ele gastou 970 mil dólares. O *Creole* era realmente um dos mais bonitos iates do mundo – a um custo muito mais elevado do que Maurizio tinha imaginado.

Os homens zarparam no pequeno bote em direção ao iate e ficaram mudos quando a massa escura e imponente da magnífica escuna apareceu acima deles.

Eles embarcaram no iate, cumprimentaram o comandante, um sorridente inglês de nome John Bardon, e, num ritual tradicional, saudaram a bandeira. Então Maurizio levou Morante a um rápido *tour*. Maurizio tinha transformado a antiga cabine de Stavros Niarchos, no convés, em uma suntuosa sala de estar, com pinturas a óleo, mesa de mármore e uma moderníssima aparelhagem de som. Bem abaixo da popa, ficavam quatro cabines duplas, todas forradas com diferentes tipos de madeiras nobres – teca, mogno e cedro – e decoradas com pinturas orientais; e cada uma com seu próprio banheiro guarnecido com finas toalhas e apetrechos de toalete, tudo exclusivamente preparado para o *Creole*. No lado oposto à suíte master de Maurizio, a estibordo do barco, ficava a sala de jantar, arrumada com um banco confortável e finamente estofado ao lado de duas mesas de madeira dobráveis, que podiam ser estendidas para doze lugares, ou dobradas para formar mesas de centro. Um bar e uma área de serviço, lavanderia e os quartos da tripulação ficavam no mesmo convés, na parte central, mais à frente do iate, enquanto a cozinha e a sala de máquinas ficavam bem no centro.

Maurizio forneceu uniformes de bordo a Morante e Russo, especialmente confeccionados para convidados: blusa de moleton branco e calças com emblemas do *Creole* – dois mitológicos cavalos-marinhos com chifres de unicórnio, interligados. Depois Maurizio correu para encontrar Bardon e ouvir as novidades sobre a regata. Morante obedientemente vestiu o uniforme cedido por Maurizio e saiu à procura de Toto, que estava na sala de estar, de onde o som da voz de Maurizio, conversando e rindo com Bardon, subia pelas escadas.

Russo mostrou a sala a Morante, apontando para os painéis de madeira sem emendas, as graciosas ferragens em formato de peixes, copiadas de peças antigas, feitas sob medida em bronze, a mesa de mármore rosa com base em bronze fundido na forma de cavalos-marinhos interligados – também uma cópia perfeita. Depois, com drinques nas mãos, os dois homens se recostaram em sofás de couro, opostos um ao outro – um na cor creme, outro cinza –, duas das peças mais queridas de Maurizio, fabricadas com pele de tubarão. Russo mostrou o brilho suave do azul-acinzentado das paredes por trás de suas cabeças, levantando suas sobrancelhas escuras. "A pele da raia-lixa foi importada do Japão!", disse afetadamente. Ideia de Maurizio, ele explicou, de se criar uma decoração marítima refinada, sem recorrer aos motivos banais de conchas ou barcos.

"Impressionante, muito impressionante", Morante murmurava, admirando o quadro na parede em frente a ele, uma cena do rio Nilo, no crepúsculo, com luz suave.

Russo podia jurar que Morante, embora admirado, estava preocupado. Os dois haviam discutido recentemente, quando Morante começou a contestar as contas astronômicas de Russo para reformar as lojas Gucci. Com a ideia de Maurizio de que "dinheiro não é problema", Russo conseguiu, com muito sucesso, controlar o executivo, e sua crescente influência sobre Maurizio preocupava muito Morante. "Andrea, diga-me, como vão realmente as coisas na Gucci?", especulou Russo.

"Não muito bem, Toto", Morante respondeu seriamente, colocando seu copo na mesa.

"Conte-me tudo", disse Toto.

"Bem, é uma época difícil, o mercado está em baixa; as ideias de Maurizio são boas, ele tem uma visão certa para a Gucci, mas realmente necessita de alguém para ajudá-lo a dirigir o negócio. Ele precisa delegar, do contrário, as coisas ficarão cada vez piores", Morante dizia, pressionando seus lábios sob o bigode grisalho, sua testa com um profundo vinco.

"Era disso que eu tinha medo, Andrea", Russo disse.

"A coisa que mais me preocupa é que ele parece não perceber o que está acontecendo", dizia Morante. "Quero dizer, ele vê todos os números, sabe tudo, mas de uma forma ou de outra, ele ignora tudo isso."

"Você sabe, Andrea, nós somos seus únicos amigos; todos os outros querem conseguir algo dele", disse Russo. "Nós devemos lhe falar sobre isso. É um dever nosso, você deveria falar com Maurizio. Ele confia em você."

"Não sei Toto", disse Morante, sacudindo a cabeça. "Ele pode entender de forma errada. Você sabe como ele se sente a respeito da Gucci, é como se ele tivesse de provar a todos que é capaz de fazer tudo sozinho."

A despeito de suas dúvidas e maus presságios, Morante prometeu a Russo que falaria com Maurizio sobre sua preocupação. Eles concordaram em esperar até domingo à noite, para não estragar o fim de semana. Morante esperava que o relaxante e maravilhoso cenário tornasse Maurizio mais aberto e receptivo para o que ele tinha que falar. Naquele momento, Maurizio subiu as escadas aos pulos, entrou na sala rindo alegremente, e os chamou para jantar. O cozinheiro havia preparado sua especialidade, um dos pratos favoritos de Maurizio, *spaghetti al riccio di mare*, com ouriço-do-mar, seguido de um peixe delicadamente grelhado. Maurizio havia estocado o refrigerador com caixas de vinho branco seco Montrachet – especialistas diziam que era o melhor vinho *burgundy* –, pelo qual Maurizio tinha especial predileção. Após o jantar eles se sentaram confortavelmente na sala de estar, bebendo mais Montrachet e ouvindo música. Maurizio colocou para tocar repetidas vezes um sucesso do momento, *"Mi Manchi"* (Sentindo sua falta), ouvindo a sensual voz da cantora popular italiana Anna Oxa e pensando em Sheree, com quem ele havia rompido não fazia muito tempo.

Após estarem juntos por alguns anos, Sheree quis saber as intenções de Maurizio – o que ele tinha em mente para ela e para o relacionamento deles. Ela gostaria de construir algo mais sólido, talvez até formar uma família. Ele teve de admitir para si mesmo – e para Sheree – que não era o homem certo para ela. Maurizio já tinha uma família – ainda que fragmentada –

e esperava um dia se reunir com suas filhas. Ele também estava totalmente imerso no relançamento da Gucci, sobrando pouco tempo para sua vida particular. Assim sendo, permitiu que Sheree o deixasse – embora sentisse falta de seu amor, ternura e companheirismo tranquilo.

Pela manhã, as nuvens tinham desaparecido e os passageiros do *Creole* acordaram com um céu ensolarado e uma brisa fria que prometia uma maravilhosa regata. Eles vestiram as jaquetas com capuz do *Creole* e subiram ao topo da sala de instrumentos, de onde podiam observar todas as manobras sem atrapalhar a visão dos marinheiros. Cada membro da tripulação corria preparando as cordas e velas para a corrida; içaram a pesada âncora e o *Creole* seguiu em frente lentamente assim que as velas ganharam vento. Bardon dava ordens no velho estilo, com um assobio, e mantinha a tripulação testando as condições.

De repente, os homens avistaram uma luzidia chalupa azul, de um só mastro, com aproximadamente trezentos metros, vindo na direção deles. Um homem muito bronzeado e de contrastantes cabelos brancos estava no leme. O barco era o *Extra Beat* e o homem era nada mais nada menos que Gianni Agnelli, presidente da Indústria Automobilística Fiat – apelidado não oficialmente na Itália de "rei", pelo seu poder e estatura. Um homem elegante e de maneiras finas, casado com a linda *principessa* Marcella Caracciolo, Agnelli recebia o respeito e orgulho nacional, dado a poucos, de líder político da nação. A imprensa italiana referia-se a Agnelli como *L'Avvocato*, ou "O advogado".

Agnelli mandou um dos empregados de sua tripulação pedir permissão para subir a bordo. Não era a primeira vez que ele pedia isso. Uma vez, quando o barco estava no porto para reparos, Maurizio viu Agnelli chegar e colocar a cabeça dentro de uma das cabinas para perguntar ao funcionário, orientado previamente a negar, se o Sr. Gucci estava.

Maurizio mais uma vez mandou a mesma resposta negativa para Agnelli pelo marinheiro, dizendo que a reforma no *Creole* não estava completa e que o barco não estava pronto para visitantes. Ao ouvir isso, Agnelli executou uma manobra rápida e trouxe o *Extra Beat* hostilmente perto do

*Creole*, alarmando o comandante e a tripulação e atraindo um número enorme de *paparazzi*, que se movimentaram rapidamente, indo e vindo para fotografar o confronto.

"Agnelli estava querendo dar os parabéns pelo magnífico barco", disse Morante, "mas Maurizio estava com medo de que Agnelli quisesse comprá-lo, da mesma forma que queria comprar suas propriedades em Saint Moritz."

No domingo, os passageiros do *Creole* não foram à tradicional cerimônia de entrega de prêmios, mas no fim da tarde se dirigiram para a cidade, observando a aproximação dos bonitos prédios amarelos, laranja e rosa, banhados pela luz do crepúsculo. Maurizio e seus convidados, agora em roupas cáqui e camisa social, com coloridos suéteres de *cashmere* jogados nos ombros. Eles andaram pela calçada dos artistas com seus cavaletes e através das pitorescas ruas de Saint-Tropez até o restaurante favorito de Maurizio, conhecido por seus pratos à base de peixe, bem no meio da velha cidade. Sentados à mesa, pediram água e uma garrafa de vinho. Maurizio encheu as três taças, ainda brincando a respeito do episódio Agnelli, e pedindo peixe para todos. Russo, sentado à esquerda de Maurizio, olhava Morante à sua frente e fazia sinais para trazer o assunto Gucci à baila, mas Morante ignorou. Durante o curso do primeiro prato, Russo chutou Morante sob a mesa, incentivando-o a entrar no assunto. Morante finalmente concordou e limpou sua garganta.

"Maurizio, há uma coisa que Toto e eu queremos falar com você", Morante disse, olhando para Russo para pedir apoio. Maurizio notou o tom sério na voz de Morante.

"Sim, Andrea, o que é?", respondeu Maurizio, olhando para Russo a fim de obter esclarecimento, embora este permanecesse em silêncio.

"Você não vai gostar do que eu tenho para dizer, mas eu sinto, como amigos que somos, que eu tenho de falar. Por favor, tente entender isso com o espírito de nossa amizade", Morante disse. "Você tem tantas qualidades, Maurizio", Morante começou com sua voz macia e ressonante. "É inteligente e sedutor e ninguém consegue deixar as pessoas tão envolvidas com as mudanças da Gucci da forma como você faz. Você tem uma série de atributos, mas... vamos ser realistas, nem todos são gerentes naturais. Nós temos passado por maus bocados ultimamente, mas sinto que tenho de falar, eu não acho que você saiba gerenciar sua companhia. Eu acho que você deveria deixar alguém...", Maurizio esmurrou a mesa tão forte que fez as taças de vinho e os talhares cantarem uma sonora canção.

"NÃO!", gritou Maurizio enquanto batia na mesa. "NÃO! NÃO! NÃO!", ele repetia num crescendo, cada palavra acompanhada de um novo murro, fazendo os copos pularem na mesa e os clientes do restaurante olharem para eles e seus rostos vermelhos.

"Você não me entende ou não entende o que eu estou tentando fazer com essa companhia!", Maurizio disse duramente, olhando para Morante. "Eu não concordo com você nem um pouco."

Morante, atrapalhado, olhou para Russo, que não o tinha apoiado em nada. A jovial e fraternal atmosfera da qual eles tinham usufruído estava totalmente destruída.

"Veja, Maurizio, essa é apenas a minha opinião", disse Morante, levantando suas mãos como em autodefesa. "Você não tem que concordar comigo."

Maurizio, assim como Morante e Russo, tinha se surpreendido com a intensidade de sua própria reação. Ele abominava confrontos, preferindo resolver as coisas amigavelmente. Sempre com diplomacia, ele tentava não dar tanta importância às coisas.

"Dai, Andrea", disse Maurizio, "não vamos arruinar nosso maravilhoso fim de semana com essa conversa." Russo contribuiu com piadas picantes, e, ao fim da refeição, a atmosfera parecia ter voltado ao normal – embora somente nas aparências.

"Alguma coisa mudou dentro dele", disse Morante mais tarde. "Ele tinha decidido que não confiaria mais em mim e todo o resto era apenas aparência. Maurizio tinha ouvido repetidas vezes, tanto de seu pai como de seu tio, que ele não era capaz de gerenciar a companhia. Carregava os receios de seu pai e de seu tio e eu também atirei isso em sua cara. Ele queria ouvir das pessoas 'Você é um gênio'. Havia pessoas bem mais espertas do que eu e que diziam o que ele queria ouvir e elas sobreviveram. Com Maurizio, ou você está com ele ou contra ele."

Como já tinha feito com seu pai e Patrizia, Maurizio fechou-se e terminou o relacionamento com Morante. De volta a Milão, um clima frio se estabeleceu entre eles. Todos notaram.

"No início, Maurizio e Andrea Morante eram inseparáveis", lembrou Pilar Crespi, que trabalhava com os dois. "Maurizio amava Morante. E depois se separaram. Ele se sentiu traído. Morante tinha apenas sugerido que ele estava, talvez, sobrecarregado e ele não gostou. Gostava de pessoas que só concordavam com ele."

Para tornar as coisas piores, a negociação com Racamier, em que Morante havia trabalhado intensivamente por seis meses, desmoronou no último minuto. Tudo estava pronto quando Morante saiu para as festas de Natal, convencido de que tudo era apenas uma questão de assinar os papéis. O acordo terminou nos tranquilos escritórios da Rothschild em Paris.

Maurizio Gucci e seus advogados foram acompanhados de um grupo de executivos do Investcorp. Mas quando as partes se reuniram à mesa, o preço que Racamier apresentou era muito inferior ao que o Investcorp esperava.

"Sua oferta era tão baixa que nós nos sentimos insultados e saímos", lembrou Rick Swanson, ainda trabalhando com o Investcorp na época. Racamier tinha subestimado o orgulho e os padrões de negócios do Investcorp. Mais tarde, Swanson soube por um conselheiro que Racamier estava na realidade preparado para colocar mais 100 milhões de dólares na mesa, mas ele ofendeu os executivos do Investcorp de tal forma que estes saíram antes mesmo que ele pudesse refazer a oferta.

"Aí foi realmente quando as coisas começaram a desmoronar", Morante lembrou.

Quando o Investcorp reviu o negócio Gucci em sua reunião anual do comitê gestor, em janeiro de 1991, os números mostraram um quadro sombrio: as vendas tinham caído vertiginosamente, quase vinte por cento, os lucros haviam desaparecido, e o prognóstico de curto prazo era ainda pior. A companhia tinha perdido dezenas de milhões de dólares. "Era como um Boeing voando dentro de um teco-teco", disse Bill Flanz, um executivo do Investcorp que despendia cada vez mais tempo na Gucci.

"No período de apenas alguns anos, a companhia ia de 60 milhões de dólares de lucro para cerca de 60 milhões de dólares em perdas", diria Rick Swanson mais tarde. "Maurizio havia cortado mais do que 100 milhões de dólares nas vendas e acrescentou outros 30 milhões de dólares nas despesas ordinárias. Ele era como um menino em uma loja de doces que queria ter tudo de uma vez. Não tinha senso de prioridade – era do tipo 'estou aqui no controle e eu posso fazer isso'", Swanson disse.

Maurizio implorou aos seus sócios no Investcorp que lhe dessem tempo. "Os pedidos chegarão!" "As vendas subirão!" "É apenas uma questão de tempo!" Maurizio tinha dificuldade em renovar os novos produtos nas lojas com a rapidez necessária. A velocidade com a qual Maurizio cortara as bolsas baratas de lona não tinha dado o tempo necessário para que os novos produtos de Dawn Mello e seu grupo de designers pudessem reabastecer novamente as lojas.

"Não havia nada nas lojas", lembrou Carlo Magello, o diretor-gerente da Gucci no Reino Unido de 1989 a 1999. "Por um período de três meses, as lojas ficaram vazias – as pessoas tinham a impressão de que nós estávamos fechando!"

"Ninguém culpou Maurizio pela troca de produtos, mas ele podia ter eliminado as bolsas de lona gradualmente", comentou Burt Tansky, na época presidente da loja de varejo americana Saks Fifth Avenue, atualmente diretor e chefe executivo da Bergdorf Goodman, parte do grupo de varejo Neiman Marcus.

"Nós costumávamos implorar a eles – não havia razão para remover um produto que vendia tão bem, e não havia nenhum outro para substituí-lo", Tansky disse. "Isso era tudo o que seus clientes sabiam."

Enquanto o Investcorp revia a queda de vendas, aviões começaram a sobrevoar o Iraque. As tensões cresciam no Oriente Médio desde 2 de agosto de 1990, quando as tropas do Iraque invadiram o Kuwait. Em 8 de agosto, o Iraque formalmente tomou o Kuwait, culpando-o por uma superprodução de petróleo e pela baixa do preço. Quando Saddam Hussein recusou o ultimato das Nações Unidas de remover suas tropas em 15 de janeiro de 1991, as forças de coalizão da ONU, conduzidas pelo general americano Norman Schwarzkopf, iniciaram um maciço bombardeio no Iraque, seguido de ataque por terra. Embora o cessar-fogo tenha sido decretado em 28 de fevereiro, a Guerra do Golfo devastou o mercado de artigos de luxo.

"Aquilo massacrou a indústria", lembrou Paul Dimitruk, que se demitiu do Investcorp em setembro de 1990, mas permaneceu em contato com a indústria como membro do quadro de diretores da Duty Free Shops (DFS), a maior varejista de marcas luxuosas no mundo através de sua rede de lojas livres de impostos. "A Guerra do Golfo criou pânico no mundo, o que, em retrospecto, talvez tenha sido uma reação extrema, mas naquele momento era muito real", disse Dimitruk. "Havia a sensação de que alguma coisa horrível estava para acontecer. As pessoas não queriam voar sob nenhum pretexto, muito menos sobre o Oriente Médio. Dois grupos insuflavam o comércio de luxo, os americanos e os japoneses. Esse comércio desmoronou." Para piorar, a Bolsa de Valores do Japão ruiu na mesma época, em razão do colapso no mercado imobiliário.

"O índice de ações na Bolsa de Tóquio caiu quase 65%, de 39 mil para 14 mil pontos", continuou Dimitruk. "Aquilo foi a maior destruição da verdadeira riqueza no mundo provocada por uma guerra."

Após o fracassado caso Racamier e o início da Guerra do Golfo, Morante percebeu que não existiam anjos para resgatar Maurizio. Ele tinha que virar a companhia do avesso e verificar se ainda havia alguma forma de salvá-la.

"Eu apresentei os números a Maurizio, tentando assustá-lo e colocá-lo em alerta, mas nada aconteceu", disse Morante, que havia calculado que a Gucci estava para perder 16 bilhões de liras (o equivalente a 13 milhões de dólares) em 1991. "As vendas não melhoravam, os lucros não chegavam, os custos estavam subindo e todo o caixa da companhia havia desaparecido.

Maurizio não tinha ideia de como o caixa da companhia funcionava. Seu estilo de gerenciamento era por intuição. E hoje quem tenta gerenciar por intuição consegue aguentar se as coisas estiverem bem, mas não conseguirá muito se os negócios forem mal." O que deve ter funcionado para Aldo – que possuía um tino comercial que Maurizio não tinha – não estava funcionando para o sobrinho.

Na época, Morante tentou fazê-lo se concentrar nos problemas mais urgentes. Maurizio tinha perdido a fé nele, portanto todos os alertas de Morante foram em vão. Maurizio tinha encontrado um novo apoiador, um consultor de nome Fabio Simonato, e o trouxe para a empresa como diretor de relações humanas. Morante pediu demissão em julho, embora tenha permanecido um pouco mais a pedido de Maurizio.

Desde 1987, Morante o havia ajudado a resolver o imbróglio da família Gucci pela posse das ações; trouxe-lhe um novo sócio financeiro, ajudou-o a formar uma nova equipe de trabalho e delineou uma nova proposta de sociedade em que deu a Maurizio o controle e ao Investcorp uma saída elegante. "Infelizmente, o sonho não terminou do jeito que eu esperava, embora não tenha sido por falta de tentativa", Morante escreveu em sua carta de demissão. "Agora terei que seguir meu próprio caminho." Morante juntou-se a um pequeno banco mercantil em Milão e mais tarde mudou-se de volta a Londres para trabalhar no Crédit Suisse First Boston (CSFB), onde atualmente é responsável pelo mercado italiano. Ele voltou a trabalhar naquilo que sabia fazer melhor, no entanto, as lembranças de seus dias com Maurizio continuam a lhe aflorar. Como Dimitruk antes dele – e tantos outros antes ainda –, sua experiência na Gucci o afetou profundamente.

# Uma montanha e dívidas

Nem Morante nem ninguém percebeu que os problemas financeiros da Gucci cresciam, tanto quanto as dívidas pessoais de Maurizio, que representavam milhares de dólares. Ele não disse a ninguém a respeito de seus empréstimos pendentes até que finalmente confidenciou ao seu advogado, Fabio Franchini, em novembro de 1990. Ele tinha rapidamente acabado com o dinheiro que seu pai lhe deixara em uma conta bancária na Suíça e havia hipotecado seu futuro na crença de que a Gucci daria a volta por cima e geraria grandes lucros. Maurizio tomou empréstimos pessoais para financiar a reforma do *Creole,* para mobiliar o imenso apartamento na Corso Venezia em Milão e para gastar na luta contra seus parentes. Franchini tinha sido inicialmente contratado por Maria Martellini para ajudá-la nos acertos dos assuntos legais da Gucci durante a sua gestão – e foi convidado a ficar com Maurizio quando ele reassumisse a direção. Franchini nunca esqueceu o primeiro comentário de Maria Martellini a respeito de Maurizio. "Maurizio Gucci", ela disse, "está sentado em uma montanha de riqueza."

Ao contrário, Franchini percebeu consternado que ele estava sentado em uma montanha de dívidas.

"Eu estava chocado", disse Franchini mais tarde. Maurizio admitiu para o advogado que seus empréstimos pessoais somavam quase 40 milhões de dólares. O montante do dinheiro era devido a dois bancos: Citibank, em Nova York, e Banca della Svizzera Italiana, em Lugano. Maurizio explicou a Franchini que os bancos estavam cobrando os empréstimos, mas ele não sabia onde conseguir o dinheiro. Com a Gucci no vermelho, não tinha rendimentos. Suas únicas posses eram as propriedades em Saint Moritz, Milão e Nova York, algumas das quais já hipotecadas. Nunca tinha respondido as cartas ou retornado os telefonemas dos bancos. Franchini começou uma interminável sequência de reuniões e visitas a novos bancos e empresários numa nova procura, sem sucesso, de fundos para ajudá-lo.

Nesse meio-tempo, as pressões aumentaram no Investcorp devido ao mau desempenho da Gucci, e pesavam muito em Kirdar e sua equipe, especialmente porque eles já tinham gastado mais de 1,6 bilhão de dólares para comprar a Saks Fifth Avenue em 1990, em meio às críticas do mercado, que acusavam o Investcorp de ter superfaturado o valor da grande varejista. Em 1991, a Gucci tinha perdido quase 38 bilhões de liras, ou aproximadamente 30 milhões de dólares.

"A maior complicação era que os investidores da Gucci eram os mesmos da Chaumet and Breguet; e as duas empresas não eram exatamente parceiros familiares. As pessoas estavam infelizes", disse um antigo executivo do Investcorp. Kirdar enviou Bill Flanz para Milão na tentativa de exercer, em tempo integral, maior controle sobre Maurizio.

Um homem não pretensioso, de voz mansa, em seus 40 anos, Bill Flanz tinha trabalhado na aquisição da Saks Fifth Avenue. Ele sabia como ouvir as pessoas, aquiescendo com a cabeça calva, compreensivamente, enquanto piscava seus claros olhos azuis por trás de óculos de aro de tartaruga. Mesmo sob pressão, ele irradiava calma e tranquilidade, qualidades que tinha desenvolvido graças a situações inusitadas. Em Teerã, havia negociado com o governo de Khomeini, de forma comedida, sobre a nacionalização de um banco após a queda do xá. Em Beirute, durante a guerra civil, em que um de seus subordinados fora morto com violência, havia recebido diversas propostas de trabalho. Filho mais velho de um professor de Ciências Políticas, natural da Checoslováquia, Flanz cresceu em uma região de classe trabalhadora, em Yonkers.

Após receber o diploma de bacharel da Universidade de Nova York, onde estudou sem custos graças à posição de seu pai, completou seu MBA na Universidade de Michigan. De lá, ingressou em um programa de treinamento no Chase Manhattan Bank, onde passou os dezenove anos seguintes de sua carreira, antes de fundar com outros a Prudential Asia, e depois juntar-se ao Investcorp.

A atitude plácida de Flanz escondia um senso de aventura e gosto por esportes e fins de semana ao ar livre – dependendo de onde estivesse, ele trocaria seu terno cinza de executivo por roupas de motociclista em couro preto e cruzava o interior do país em uma grande BMW, ou equipado para caminhada desaparecia nos bosques e florestas, ou com equipamento de esqui na neve voava em um helicóptero à procura de pistas desconhecidas. Visto como um construtor de pontes dentro do Investcorp, Flanz, sob o ponto de vista de Kirdar, tinha o tipo perfeito para uma aproximação amigável e a personalidade para reconstruir a brecha existente e trabalhar lado a lado de Maurizio.

Flanz e outro executivo do Investcorp, Philip Buscombe, voaram de Londres a Milão e encontraram Maurizio na espaçosa sala de conferências dos escritórios na Piazza San Fedele. Montaram um comitê como uma forma de se tornarem mais envolvidos em algumas das decisões de negócios que a Gucci enfrentava, identificando onze pontos que precisavam ser avaliados.

"Era nossa maneira de tentar criar um espírito de gerenciamento sem ofender Maurizio", lembrou Swanson, que também estava envolvido. "Era um bocado de trabalho a ser feito, a ser implementado por ele, mas, infelizmente não acontecia."

"Maurizio dizia 'ótimo, está bem' e depois fazia o que bem entendia", disse um antigo administrador e diretor financeiro da Gucci, Mario Massetti. "Não que ele negasse os problemas, apenas estava sempre convencido de que, de alguma forma, ele iria resolver aquilo."

Maurizio reconhecia que os custos para tornar seu sonho realidade eram mais altos do que qualquer pessoa poderia perceber, e inicialmente deu as boas-vindas a Flanz, convidando-o a se estabelecer na nova matriz.

Flanz, mantendo seu estilo, entrou na Gucci com a mente aberta e dedicou um tempo para avaliar os problemas. Mas, uma vez tomada a decisão, ninguém poderia facilmente dissuadi-lo da ideia.

"Eu gostava de Maurizio, mas me tornei muito crítico a respeito de suas decisões e da maneira como fazia as coisas, e o relacionamento começou a se desgastar", comentou Flanz. "Eu cheguei à conclusão de que Maurizio não era realista como homem de negócios; era ineficiente como gerente e apenas medianamente eficaz como líder. Eu entendi que ele não seria capaz de obter sucesso nos negócios – nunca –, muito menos no tempo que os credores estavam nos dando."

Em fevereiro de 1992, a despeito da eficiência e fluidez da Gucci America, o Citibank levantou o cartão vermelho para a companhia, cobrando o pagamento dos 25 milhões de dólares de empréstimo, que fora utilizado até o limite. A companhia tinha um líquido negativo aproximado de 17 milhões de dólares e as vendas tinham caído para 70 milhões de dólares. Sob a nova estrutura de preços imposta por Maurizio, a Gucci America não era capaz de pagar as mercadorias para sua companhia irmã e fazer face à folha de pagamentos e outras despesas operacionais. Essa nova política, que incluía preços altíssimos para as novas mercadorias de alta qualidade reformuladas por Dawn Mello e a equipe de novos designers, mais tarde tornou-se um assunto de desacordo na contenda entre Maurizio, De Sole e o Investcorp.

"Como vamos vender bolsas de mil dólares na cidade de Kansas?", protestava De Sole.

O Citibank designou Arnold J. Ziegel para o caso. Ziegel notificou Domenico De Sole de que o banco tinha tomado duas posições na situação financeira da Gucci: a primeira, que o banco não queria que a Gucci America repassasse para a Guccio Gucci qualquer valor pelas mercadorias até que os empréstimos estivessem liquidados, e a segunda, o Citibank colocaria fé na companhia se De Sole continuasse como CEO. Embora De Sole protestasse em relação à última decisão, relutante em passar a impressão de que estaria se aproveitando da situação complicada para se manter no cargo, o ultimato de Ziegel só aprofundaria o crescente cisma entre as duas companhias e os dois homens que as gerenciavam – Domenico De Sole e Maurizio Gucci.

Ao mesmo tempo, Ziegel também pressionava Maurizio a pagar ao Citibank seus empréstimos pessoais atrasados, que tinham sido assegurados por dois apartamentos no Olympic Tower, na Quinta Avenida, aquele que Maurizio e Patrizia tinham mobiliado no início de 1970 e um outro que ele havia comprado mais tarde, mas nunca mobiliara. Ambos tinham sofrido desvalorização em meio à crise imobiliária na cidade, o que fazia com que naquele momento valessem bem menos do que Maurizio devia.

Na época, o Investcorp não sabia nada a respeito dos empréstimos pessoais de Maurizio, mas a situação financeira da Gucci estava se deteriorando tão rápido que a equipe preparou uma sessão com *slides* bem objetivos, mostrando a dramática situação da companhia. Chamado em Londres, Maurizio sentou-se silenciosamente à mesa de mármore oval, na escura sala de conferências do elegante escritório do Investcorp, na Brook Street, rodeado pela equipe do banco que trabalhava no caso, enquanto os *slides* eram exibidos.

"Era como uma inquisição", Swanson disse. "Havia pelo menos dez processos em volta da mesa e lá estava, bem aos olhos de todos, uma amostra de como as coisas estavam ruins. Finalmente chegamos ao *slide* conclusivo, no qual se podia ler: 'Conclusão: aumentar as vendas e diminuir as despesas'", Swanson esclareceu.

Nesse ponto, os olhos de Maurizio se abriram e ele pulou se aproximando de Kirdar com uma grande gargalhada. "Aumentar as vendas, diminuir as despesas! Ei! Eu mesmo podia ter dito isso, a questão é 'Como?'."

"Maurizio, você é o chefe executivo", atirou de volta Kirdar, sem nenhuma disposição para rir. "Esse é o seu desafio!"

Maurizio prometeu que voltaria a Londres com um planejamento. Retornou a Milão, onde uma nova placa em couro ficava ao lado do adágio de Aldo, que dizia que a qualidade era lembrada muito tempo depois que o preço era esquecido. A nova placa perguntava: "Você é parte do problema ou parte da solução?"

A data acordada chegou e nenhum plano foi apresentado. Kirdar voou até Milão para falar com Maurizio.

"Maurizio", disse Kirdar. "Isto não está nada bem. Deixe-nos arrumar para você um chefe de operações. Você é visionário, mas a companhia precisa de um gerente na casa."

Ele balançou a cabeça. "Confie em mim, Nemir, confie em mim. Eu vou acertar tudo!"

"Eu realmente confio em você, Maurizio!", Kirdar disse. "Mas as coisas não estão indo bem. Eu entendo seus problemas, você tem que entender os meus. Eu tenho que salvar o navio que está afundando. A companhia está perdendo dinheiro. Não sou seu sócio rico; tenho responsabilidades com meus investidores."

Nessa época, Flanz descobriu que a Gucci tinha depósitos cheios de estoques antigos, que Maurizio removera das lojas quando fez seu plano de reposicionamento. Flanz encontrou pilhas das antigas bolsas de lona, rolos de tecidos e pilhas de couro, tudo deixado a deus-dará, apodrecendo.

"Maurizio não tinha nenhuma ideia de que o inventário acumulado perdia valor", Flanz disse mais tarde. "Ele achava que, se colocasse um tapete sobre as mercadorias antigas, e as escondesse em algum lugar, elas deixariam de existir. Na cabeça dele, não existia o raciocínio de que elas têm de existir, nem que seja em algum lugar de um balancete."

Claudio Degl'Innocenti, o gerente de produção em Scandicci, já conhecia a posição de Maurizio sobre o inventário. Como parte da total reformulação dos produtos Gucci, Maurizio tinha mudado a cor do fecho das bolsas e acessórios, de amarelo dourado para verde dourado.

Um dia, durante uma reunião de produção em Florença, Maurizio chamou Degl'Innocenti, que estava na fábrica. Com o tamanho de um urso, uma vasta cabeleira castanha encaracolada e barba, ele cumprimentou os presentes com um aceno de cabeça e entrou no estúdio, onde Maurizio estava trabalhando com Dawn Mello e outros designers.

"*Buongiorno.*" Ele permaneceu de lado, vestido com sua usual camisa de algodão toda abotoada, *jeans* e botas pesadas, enquanto os outros terminavam a conversa.

"Tudo bem, Claudio, de agora em diante, em vez de usar 00 ouro, nós vamos usar 05 ouro", Maurizio disse, referindo-se aos códigos para os diferentes metais pintados.

"Está certo, *Dottore*", Degl'Innocenti disse com sua voz rouca, "mas e a mercadoria no depósito?"

"Claudio, o que me importa a mercadoria no depósito?"

Degl'Innocenti concordou silenciosamente, deixou a sala e voltou para sua oficina, onde fez alguns telefonemas e cálculos. Em menos de uma hora, subiu novamente até a sala de Maurizio.

"*Dottore*, há alguns itens que nós podemos repintar em verde dourado, mas muitos dos fechos, não. Estamos falando sobre mercadorias no valor de, pelo menos, 300 milhões de liras (na época, quase 300 mil dólares)", Degl'Innocenti informou.

Maurizio olhou para o homem. "Quem é o diretor da Gucci, você ou eu?", Maurizio perguntou. "Os produtos velhos são obsoletos. Jogue-os fora, faça o que você quiser. No meu entender, eles não existem mais!"

Degl'Innocenti deu de ombros e deixou a sala.

"Eu não joguei nada fora", ele admitiu mais tarde. "De fato, nós podíamos vender a mercadoria. O mais absurdo era que nós recebíamos ordens contraditórias. De um lado, uma grande quantia de dinheiro era jogada fora; de outro, tínhamos instruções para economizar com lápis e borrachas, os nossos telefonemas eram monitorados e tínhamos que acender as luzes somente depois de escurecer."

Flanz pressionou Maurizio a encontrar um comprador para as velhas mercadorias e até ofereceu ajuda. Por fim, um dia Maurizio orgulhosamente anunciou que tinha encontrado uma solução para o problema do inventário. Ele tinha assinado um contrato para vender todo o lote para a China. Maurizio assegurou a Flanz que tinha cuidado de tudo.

"Ele estava muito feliz e andava todo empertigado no escritório, dizendo a todos os diretores que podiam descansar, porque ele tinha cuidado do problema pessoalmente", disse Flanz. A Gucci embarcou grandes contêineres de antigas mercadorias — que desapareceram dentro de depósitos em algum lugar de Hong Kong. Não só a companhia não recebeu o pagamento, como teve de pagar aproximadamente 800 mil dólares adiantados para um intermediário que arranjou o contrato. Flanz e seus colegas do Investcorp fumegavam de raiva e frustração a respeito de toda a história do estoque, que inicialmente gerou um prejuízo à companhia de 20 milhões de dólares em mercadorias.

"Toda a transação com a China evaporou", contou Flanz. "Foi apenas mais uma alucinação de Maurizio."

Meses mais tarde, Massetti voou para Hong Kong, recuperou a mercadoria e finalmente a vendeu.

Como o tempo passava e a Gucci não mostrava sinais de melhora, as reuniões com os diretores se tornavam cada vez mais conflituosas. Embora os dias em que bolsas e gravadores voavam já tivessem passado, Flanz e outros diretores do Investcorp agora desafiavam abertamente as decisões de Maurizio.

"Você está jogando esta companhia pelo ralo!", disse Elias Hallak, do Investcorp, que tinha substituído Andrea Morante em 1990. "Nós não estamos contentes com o negócio meio a meio. Ninguém quer destituir você, nós desejamos que permaneça na diretoria da companhia, mas queremos trazer um chefe executivo experiente; nós precisamos ter controle."

Em retaliação, Maurizio e seus diretores conduziam as reuniões de diretoria em italiano, o que enfurecia os diretores do Investcorp.

"Eu não falava italiano, mas se pegasse uma palavra aqui e outra ali, podia entender a situação toda e não gostava do que estava acontecendo", disse Hallak.

Antonio, o mordomo que trabalhava de luvas brancas no escritório executivo da Gucci, servia fielmente espumantes, *cappuccinos* e expressos fortes em uma reluzente bandeja de prata enquanto os homens se entreolhavam.

"San Fedele ainda servia um dos melhores *cappuccinos* em Milão", disse um membro da diretoria, Sencar Toker, relembrando que, o serviço de café era o mínimo dos abundantes excessos acumulados. "A situação toda não era nada diferente do *Titanic* afundando, porém ainda com garçons servindo champanhe e caviar", disse ele.

Em uma das reuniões, à medida que os debates se tornavam mais acalorados, Maurizio rabiscou rapidamente um bilhete, com sua letra grande e enérgica, passando-o a Franchini, membro da diretoria, sentado ao lado.

Davi contra Golias
Há quatro DELES.
Eles contam com _____
*Forza!!*
Eles têm de se expor.

"Era muito tenso", lembrou Toker, que tinha sido chamado pelo Investcorp em razão de seu profundo conhecimento dos negócios italianos e europeus. "A verdade é que o Investcorp segurou a barra por muito tempo, mais do que um investidor normal teria segurado diante das circunstâncias. Primeiro, porque as alternativas não eram claras. Segundo, Nemir gostava de Maurizio e não queria magoá-lo. E terceiro, todos estavam esperando por algum tipo de milagre – que pudesse mudar as coisas. Eles teriam se sentido felizes em vender todo o malogrado negócio por 200 ou 300 milhões de dólares naquela época – o negócio estava vazando dinheiro como se fosse uma peneira!"

De acordo com Flanz, o Investcorp passou cerca de um ano tentando convencer Maurizio a ter uma diretoria não executiva ou encontrar uma outra solução que o afastasse do gerenciamento.

"Vocês iam querer outra pessoa dirigindo a sua própria companhia?", Maurizio teria respondido enquanto pedia a Franchini para continuar em sua ronda, num esforço para levantar fundos e trazer sua companhia de volta.

"Ele se sentia insultado", admitiu Hallak.

"Conversei com ele particularmente, conversamos em pequenos grupos, tentamos convencê-lo a contratar um chefe executivo e deixar o gerenciamento diário", lembrou Flanz. "Ele finalmente disse: 'Eu ainda comprarei todas as ações!' e prometeu que, se não comprasse nossa parte até uma certa data, deixaria a posição. Quando não conseguiu, ele também não cumpriu a promessa. Gastamos nosso tempo tentando ajudá-lo a encontrar uma saída. Tudo o que conseguimos foi adiar a data de ajuste de contas."

A Gucci sobreviveu a 1992 graças aos cheques anuais de *royalties*, no valor de 30 milhões de dólares, dos relógios da Severin Wunderman's, o que permitiu à companhia pagar as despesas básicas e salários, embora sobrasse pouco dinheiro para a produção.

"Eu mantive a companhia viva", disse Wunderman mais tarde. "Eu era a cauda que abanava o cão."

Nesse meio-tempo, a matriz italiana estava agonizante porque a Gucci America, sob pressão do Citibank, suspendera o pagamento de mercadorias. A empresa precisava urgentemente de aumento de capital, mas Maurizio não tinha dinheiro para aumentar sua participação e também não permitia ao Investcorp injetar mais capital, pois isso diluiria seu controle.

"Maurizio queria que o Investcorp colocasse dinheiro como empréstimo, mas nós não queríamos isso", lembrou Hallak. "Aquilo não era financeiramente saudável para a companhia e nós não tínhamos confiança na habilidade de Maurizio em gerenciar a Gucci de forma lucrativa, não havia garantias de que conseguiríamos esse dinheiro de volta."

Desesperado por dinheiro, Maurizio voltou-se para De Sole, que permanecera leal a ele. Em várias transações, De Sole havia emprestado mais de 4 milhões de dólares de seu próprio dinheiro, recebido na venda da B. Altman – quantia que tinha poupado e reservado para a educação de suas filhas e para a aposentadoria dele e de sua esposa Eleanore. Quando, angustiado, Maurizio voltou a lhe pedir mais, De Sole lhe disse que não havia restado mais nada. Ele então implorou a De Sole o dinheiro do caixa da Gucci America.

"Eu não posso fazer isso, Maurizio! Vou arrumar encrenca para mim!", disse. Maurizio suplicou. Por fim, De Sole, muito relutantemente, concordou em lhe emprestar cerca de 800 mil dólares sob a condição de que Maurizio o pagasse antes que ele fechasse o próximo balanço. Quando a data final chegou sem o pagamento de Maurizio, De Sole teve que pagar a companhia com seu próprio dinheiro.

Em contínuo desespero, no início de 1993, Maurizio secretamente reiniciou a produção da coleção em lona em Florença e assinou contratos com importadores similares do Oriente.

"Quando a Gucci America suspendeu nossos pagamentos de mercadorias, tínhamos um problema enorme de liquidez – não podíamos nem mesmo pagar nossos fornecedores – e então Maurizio nos fez produzir a velha Coleção Gucci Plus novamente", disse Claudio Degl'Innocenti. "Nós fizemos milhares de bolsas, tudo com base no velho estilo."

"Maurizio nos disse que tínhamos de sobreviver àquele momento difícil, e que então ele compraria o negócio todo de volta. Fizemos 5 ou 6 bilhões de liras (cerca de 3 milhões de dólares) por mês daquela coisa, seguindo o velho estilo. Era o famoso negócio doméstico de se copiar, que muitas companhias estavam fazendo naquela época. Aquilo ajudou a nos segurar por mais alguns meses", disse Degl'Innocenti.

"Era surpreendente quanto Maurizio estava preparado para violar seus princípios a fim de ficar mendigando dinheiro", disse Flanz. "Ele voltou a fazer exatamente o que tinha parado de fazer em 1990 – apenas produzindo em massa todos aqueles artigos em lona plastificada com o logotipo com dois Gs. Logo em seguida, os depósitos ficaram inundados com aquelas coisas outra vez."

Então, Carlo Magello, diretor administrativo da Gucci no Reino Unido, gerou a maior venda de todos os tempos na história da companhia. Magello, um homem alto, criativo, descontraído, com uma mecha de cabelos brancos sobre a testa, desceu de sua sala até a loja Gucci no número 27 da Old Bond Street, para cumprimentar um cavalheiro elegantemente vestido, de voz suave, que queria comprar algumas bolsas e pastas executivas de crocodilo da Gucci.

"Eram itens preciosos que tínhamos tido por décadas", Magello disse. O cliente queria um conjunto que combinasse, que não estava à disposição, mas Magello apressou-se, fez diversos telefonemas e conseguiu formar o jogo. O elegante cliente ficou tão feliz que, logo em seguida, Magello recebeu – para sua total surpresa – um pedido de 27 jogos, em todas as cores imagináveis, desde o vermelho Ferrari ao verde floresta, num total aproximado de 1,6 milhão de libras esterlinas, ou cerca de 2,4 milhões de dólares. O educado cliente, a quem Magello tão gentilmente serviu, era um representante do sultão de Brunei, que queria dar um conjunto de viagem como presente para todos os seus parentes.

"Quando passei o pedido para a Itália, eles me disseram 'Carlo, nós não temos dinheiro para comprar a pele de crocodilo!'. Então retornei ao cliente e consegui dez por cento de depósito", Magello contou mais tarde. Em vez de pagar as peles, o dinheiro saldou os salários dos empregados. Magello, mais uma vez, apressou-se em pedir aos funcionários de Florença que vasculhassem os depósitos até encontrarem as tão preciosas peles, suficientes para produzir os primeiros dois ou três conjuntos de bagagens em troca de um pagamento parcial. Com isso, mais peles foram compradas, o pedido foi cumprido e os salários foram pagos.

Em fevereiro de 1993, Dawn Mello foi a Nova York para uma pequena cirurgia. Maurizio, nos Estados Unidos a negócios, foi visitá-la no hospital Lenox Hill.

"Ele sentou-se na cama e segurou minha mão, dizendo 'Não se preocupe, Dawn, vai dar tudo certo'", contou Mello. "Era tão gentil e tranquilizador, que realmente me fez sentir melhor."

No entanto, quando voltou a Milão três semanas mais tarde, Maurizio tornou-se muito frio com ela. "Ele nem falava comigo!", disse Dawn Mello mais tarde. "Uma cortina tinha descido entre nós. Achava que eu tinha me voltado contra ele." Ela se esforçou para entender o que estava errado, mas Maurizio a evitava. Poucos dias depois, eles se cruzavam nos corredores de San Fedele sem se falarem, para o espanto da equipe da Gucci. Embora com cada relacionamento tivesse sido diferente, como Rodolfo, Patrizia, e Morante antes dela, agora também Dawn Mello tinha sido removida da lista de Maurizio.

"Em razão de sua forte personalidade, Maurizio era um sol que atraía as pessoas como se estas fossem planetas, mas, se chegassem muito perto, ele as queimava e jogava fora", Mario Massetti contou. "Aprendemos que para sobreviver com Maurizio o segredo era não chegar muito perto dele."

Maurizio – influenciado pelo seu novo astro, Fabio Simonato – começou a culpar Dawn pelos diversos problemas da Gucci, especialmente a publicidade negativa, temendo que ela tivesse vazado algumas das dificuldades aos jornalistas. Maurizio achava também que ela não tinha seguido suas ordens, tomando sua própria direção nos designs, sem respeitar a tradição Gucci que tentava infundir. Também a acusou de gastar muito – embora ele mesmo tivesse sido o primeiro a tratá-la com vinhos e jantares, alugar jatos particulares para suas viagens de negócios, mobiliar e remobiliar seu apartamento e escritório até satisfazê-la.

"Primeiro Maurizio culpava a mim", disse De Sole, "mas ele não podia me culpar pelos produtos, então ele decidiu que Dawn era a causa de todos os seus problemas."

Maurizio logo achou que toda a equipe de design, conduzida por Dawn Mello, trabalhava contra ele e contra sua visão para a Gucci. Uma ofensiva jaqueta vermelha, de uma das coleções masculinas, a qual Maurizio achou que não tinha nada a ver com a imagem Gucci, tornou-se o símbolo de tudo o que estava saindo errado.

"Um homem de verdade jamais usaria esta jaqueta!", escarneceu, retirando-a da apresentação.

Ele cancelou o pagamento da equipe de design na Itália e enviou um fax de três linhas a De Sole em Nova York, ordenando que despedisse Tom Ford e os outros estilistas que eram pagos pela Gucci America. A instrução saía vagarosamente do fax no meio do escritório – em vez de ser no aparelho particular da sala de De Sole – para toda a equipe Gucci America observar atônita.

"Eu chamei o Investcorp imediatamente para que eles soubessem o que estava acontecendo. Depois enviei um fax de volta dizendo que não podíamos despedir os designers no momento. Aquilo era loucura! Eles estavam todos trabalhando na próxima coleção. Eu podia jurar que Maurizio estava, emocionalmente, desmoronando", De Sole comentou.

Naquele mesmo período, Tom Ford estava preocupado em como a batalha entre Maurizio e o Investcorp podia macular sua reputação e comprometer suas chances de conseguir um novo trabalho, e considerava um atraente novo emprego oferecido por Valentino.

Embora um pouco fora de moda, Valentino ainda era um dos nomes mais reverenciados em razão de sua linha completa que incluía moda feminina e *prêt-à-porter*, as quais, naquele momento, desfilavam em Paris, artigos masculinos, coleções para jovens clientes e uma linha completa, de acessórios e fragrâncias. Ford havia sido diretor de design na Gucci por um ano e tinha gradualmente acumulado muito trabalho como membro da equipe de design, dispensada devido à crescente falta de dinheiro na Gucci. Naquele tempo, ele era o único estilista das onze linhas de produtos Gucci – incluindo sapatos, bolsas e acessórios, malas de viagem e presentes, com a ajuda de alguns poucos assistentes que tinham permanecido. Ford trabalhava vinte e quatro horas por dia, raramente tirando uma folga para dormir. Estava cansado, mas gostava do controle.

Ford pensou muito em seu futuro, num voo de volta a Milão, após visitar os escritórios de Valentino em Roma. Pensou em Dawn Mello, que tinha dado a ele a chance e lhe permitido provar a si mesmo que era capaz de assumir tantas responsabilidades. Por causa do ambiente hostil na Gucci, eles tinham se tornado tão próximos naqueles poucos meses de trabalho que chegavam a terminar a fala um do outro. De volta à cidade, Ford foi diretamente à Piazza San Fedele, tomou o elevador até o quinto andar e bateu na porta da sala de Dawn.

Ela o esperava, olhando-o de sua mesa, mordendo o lábio inferior, com os olhos castanhos preocupados, estudando seu rosto. Ford sentou-se, descansou sua mão na superfície macia da mesa e olhou para suas botas. Depois levantou os olhos, encontrou os de Mello e sacudiu a cabeça.

"Eu não irei", disse enfaticamente. "Não posso deixar você nesta bagunça. Nós temos uma coleção a apresentar. Vamos voltar ao trabalho."

Com o desfile de outono para apresentar em poucas semanas, Ford e os outros assistentes trabalharam muitas horas para preparar a coleção, mesmo com a ordem dos diretores administrativos da Gucci de cortar o pagamento das horas extras. Mello pedia à equipe que entrasse pela porta dos fundos a fim de evitar tensões.

"Maurizio demonstrava não entender que Tom planejava tudo sozinho. A companhia iria se apresentar para o mercado em março e nós não podíamos comprar tecidos, não podíamos fazer um desfile!", Dawn Mello lembrou. Ela ligou para Magello em Londres, que na época tinha sido pago pelo Sultão de Brunei. Ele lhe enviou dinheiro para comprar os tecidos e pagar os estilistas italianos.

A companhia esticou os pagamentos a fornecedores de 180 para 240 dias; alguns fornecedores não estavam sendo pagos havia seis meses. A produção e a entrega de bolsas e outros produtos Gucci estava muito devagar. Uma manhã, os fornecedores revoltados se agruparam nos portões da fábrica em Scandicci, esperando pela chegada dos executivos.

O porteiro telefonou para Mario Massetti em casa para adverti-lo da multidão furiosa e lhe pedindo que não aparecesse. Ele foi de qualquer forma.

"Os fornecedores pularam sobre mim!", disse Massetti. "Era tudo muito desagradável, mas eu tinha de ir. Tinha bom relacionamento com todos eles – e era um dos que deviam esclarecimentos", continuou. "Eu tentei assegurá-los de que seriam pagos." A companhia que tinha irradiado segurança e estabilidade estava agora se desfazendo. Massetti solicitou aos bancos que abrissem mais crédito, pedindo empréstimos bem mais elevados do que os valores esperados. Ele criou um plano de pagamentos aos fornecedores. Flanz o considerava o menino que segurava a represa Gucci com o dedo, mas ele apenas mantinha a cabeça baixa e fazia o que tinha de ser feito da melhor maneira possível.

O pedido de tempo de Maurizio pareceu bem-sucedido até o começo de 1993, quando o Citibank e o Banca della Svizzera Italiana diminuíram o apoio a ele – pediram às autoridades suíças que sequestrassem os ativos de Maurizio Gucci por não pagamento de seus empréstimos pessoais. Um terceiro banco, o Crédit Suisse, também surgiu com hipotecas não pagas das propriedades de Maurizio em Saint Moritz. Eles entraram com um processo na justiça no cantão de Coira, na Suíça, uma área onde Maurizio tinha sua residência legal. Um oficial de justiça, de nome Gian Zanotta, foi o responsável pelo sequestro dos seus bens – as casas em Saint Moritz e os cinquenta por cento de ações na Gucci, que estavam na companhia fiduciária suíça, Fidinam. Ele estabeleceu a data dos pagamentos para início de maio e, para o caso de inadimplência, todos os bens de Maurizio Gucci seriam leiloados a fim de quitar sua dívida com os bancos, cuja quantia somava aproximadamente 40 milhões de dólares.

Quando o Investcorp soube do leilão, Flanz, Swanson e Toker foram a Milão para fazer uma oferta final a Maurizio – 40 milhões de dólares emprestados para pagar os bancos e 10 milhões de dólares por cinco por cento de suas ações da Gucci. Eles propuseram a Maurizio que ficasse como diretor com quarenta e cinco por cento – e entregasse as rédeas para um diretor executivo profissional. No fim da apresentação, Maurizio agradeceu aos executivos, dizendo que pensaria sobre a oferta, e saiu da sala.

"Honestamente, senti que Maurizio não estava totalmente errado em não aceitar a oferta do Investcorp", disse Sencar Toker mais tarde. "Se ele cedesse o controle, vendendo cinco por cento, quanto valeria o resto de suas ações? Basta uma pequena dose de honestidade intelectual para concordar com o raciocínio dele."

Maurizio foi até o escritório de Franchini e transmitiu a última oferta ao advogado. "Eu não serei um convidado em minha própria casa!", disse furioso a Franchini, que era a única pessoa, além de Luigi, com quem podia discutir abertamente sua situação. "O que vamos fazer?", perguntou, andando no escritório do advogado como um animal enjaulado.

Maurizio nunca estivera sob tal pressão em sua vida. Pálido e contraído, quase não parecia aquele homem charmoso, entusiástico, que tinha inspirado tantas outras pessoas com seu sonho. Havia se tornado irritado, triste e paranoico – chegando a evitar seus próprios empregados nos corredores da San Fedele. Luigi acompanhava seu patrão, preocupado, aonde quer que necessitasse ir, sofrendo com o que via acontecer a Maurizio, mas sem esperança de mudar o destino.

"Ele parecia emagrecer cada vez mais diante de meus olhos, dia a dia", Luigi disse. "Sempre que subia as escadas, eu ficava com medo de que ele se jogasse pela janela."

Frequentemente, ele escapava do escritório, desligava o telefone celular, e andava pela Galleria Vittorio Emanuele para encontrar sua *maga*, ou médium, Antonietta Cuomo, em um de seus cafés favoritos. Saboreando um cappuccino ou um aperitivo, anonimamente entre a multidão de turistas e estudantes, dividia suas preocupações com Antonietta. Ela era uma mulher simples, maternal, que habitualmente trabalhava como cabeleireira. Além disso, atendia clientes especiais que apreciavam seus talentos extrassensoriais.

"*Giú la mascara*, Maurizio", ela lhe dizia no início de cada encontro. "Retire sua máscara."

"Eu era a única pessoa com quem ele realmente se abria", disse ela anos mais tarde.

"Nós estávamos desesperados, muito desesperados", lembrou Franchini. Ele já tinha visitado todos os bancos líderes na Itália e Suíça. Tinha contatado industriais, incluindo magnatas da televisão e o então primeiro--ministro italiano Silvio Berlusconi, o na época pouco conhecido Patrizio Bertelli, marido de Miuccia Prada e o arquiteto por trás do explosivo crescimento da etiqueta de modas Prada nos últimos anos. Em 1992, "Bertelli não tinha 20 bilhões de liras no banco", Franchini contou. Ninguém poderia – ou iria ajudar Maurizio Gucci. Em uma sexta-feira, 7 de maio, às 19 horas, um doce e pungente perfume Valentino vagava pelo corredor, com pé-direito alto, do escritório de Fabio Franchini em Milão enquanto sua secretária conduzia uma mulher bem avantajada, de cabelos escuros, usando uma minissaia bem justa, meia arrastão e maquiagem pesada. Os sapatos com salto estileto batiam no chão de mármore, ecoando levemente enquanto ela andava no longo corredor. Piero Giuseppe Parodi, um advogado de Milão que tinha representado Maurizio e Patrizia no passado, a seguia. Franchini cumprimentou os dois visitantes e eles se acomodaram na sua espaçosa sala de reuniões. Ele conhecia Parodi, mas não conhecia a mulher, que se identificou como *signorina* Parmigiani. Franchini duvidou que este fosse realmente seu nome.

"Nós podemos fazer alguma coisa por seu cliente, Maurizio Gucci", disse Parmigiani dirigindo-se a Franchini, que se inclinou incrédulo. Após meses de buscas para levantar dinheiro para Maurizio, ele não podia acreditar no que ouvia. Parmigiani explicou que era a representante de um homem de negócios italiano, que operava uma bem-sucedida distribuição de artigos de luxo no Japão. Ela se referia ao executivo apenas como "Hagen" e explicou que ele estava disposto a emprestar a Maurizio o dinheiro que precisava para conseguir suas ações de volta. Em troca, queria um acordo para distribuir os produtos Gucci no Extremo Oriente.

Franchini encontrou-se com a *signorina* Parmigiani na manhã seguinte e novamente no domingo, às cinco horas da tarde, para rever os detalhes da transação. No processo, Franchini soube que "Hagen" era um italiano de nome Delfo Zorzi, que tinha fugido para o Japão em 1972, deixando para trás um passado turbulento e acusações de ser um perigoso neofascista. Zorzi, entre outras coisas, estava sendo procurado pelas autoridades italianas por, em 1969, jogar uma bomba na Piazza Fontana em Milão, matando 16 pessoas e ferindo 87. Esse ato desencadeou uma década de violência conhecida como *la strategia della tensione*, que atormentou a Itália nos anos 1970, num esforço extremo e violento de uma facção neofascista de levar o país à direita. Zorzi, que negava qualquer envolvimento nesse bombardeio e dizia que era, na época, um estudante de 22 anos da Universidade de Nápoles, foi acusado por dois terroristas condenados de dirigir seu carro à cena da explosão com a bomba no porta-malas. Seu julgamento estava marcado para o ano de 2000, no tribunal localizado no subsolo da prisão San Vittore, em Milão.

No Japão, Zorzi casou-se com a filha de um líder político de Okinawa e estabeleceu uma firma exportadora de quimonos para a Europa.

Rapidamente, ele diversificou seu negócio com uma empresa importadora e exportadora de artigos de luxo entre a Europa e o Extremo Oriente, tornando-se bem conhecido dos executivos da indústria de moda que precisavam se livrar dos estoques antigos.

"Embora ninguém admitisse, Zorzi era visto como um Papai Noel do mundo da moda", disse um consultor da indústria de moda, que pediu para não ser identificado, acrescentando ainda que "ele tomava todo aquele velho estoque das suas mãos e pagava um bom dinheiro em troca". Após conversar com Maurizio, Franchini ficou sabendo que a Gucci já conhecia Zorzi. Em 1990, quando as autoridades italianas abriram diversas investigações nas largas exportações de produtos pirateados, incluindo os da Gucci, eles descobriram que Zorzi comandava uma sofisticada rede comercial que embarcava tanto os produtos falsos como os estoques antigos, da Itália para o Extremo Oriente, por meio de uma rede de companhias italianas, panamenhas, suíças, e inglesas. Em poucos anos, Zorzi tornou-se um milionário, vivendo uma vida secreta em Tóquio, mas em grande estilo. Quando Maurizio, sem muito alarde, reiniciou a produção de artigos em lona, como uma tática para sobreviver e ganhar tempo com o Investcorp, fez um acordo para vender as mercadorias através das operações de Zorzi.

Na segunda-feira, 10 de maio, Maurizio, Franchini e Parmigiani encontraram-se às 10 horas, em Lugano, nos escritórios da Fidinam – a companhia fiduciária que era curadora das ações de Maurizio e que, coincidentemente, também controlava as transações das operações de Zorzi. A Fidinam executou um empréstimo para Maurizio Gucci de 30 milhões de francos suíços, ou cerca de 40 milhões de dólares, com juros de cerca de 7 milhões de dólares e um acordo por escrito, que garantia a Zorzi os direitos de distribuição da Gucci no Extremo Oriente, o que, na verdade, nunca foi formalizado.

Antes do meio-dia, Franchini entregou em mãos os 30 milhões de francos suíços a Gian Zanotta, o oficial judicial suíço, e reassumiu os bens de Maurizio Gucci.

"Era uma aventura inacreditável", disse Franchini mais tarde, "mas, enfim, eu tenho que admitir que estava tudo correto", referindo-se a Zorzi e seus associados. "No final, eu somente dei a eles uma carta como garantia, que prometia as ações no caso de não cumprimento de contrato, mas não poderia comprometer as ações propriamente ditas, pois isso seria uma violação nos acordos com o Investcorp."

O advogado suíço do Investcorp, que estava acompanhando o processo de leilão, ligou imediatamente para Londres a fim de reportar que Maurizio tinha pago seus débitos pessoais e conseguido suas ações de volta.

Incrédulos, Flanz e Swanson voaram para Milão. Eles esperaram por Maurizio na cintilante sala de reuniões, com paredes forradas de madeira, que conheciam muito bem. Maurizio, divertindo-se com a situação, os manteve esperando por pelo menos meia hora antes de entrar levianamente na sala, com toda a sua velha verve e entusiasmo de volta.

"Rick, Bill, que bom ver vocês!", Maurizio disse de maneira amigável. "Então vocês souberam da novidade?", perguntou com um amplo sorriso. "Eu sei que vocês têm espiões por toda parte!"

Maurizio chamou Antonio, que serviu xícaras de chá fumegante para os três. Finalmente, Flanz pousou sua xícara de porcelana na mesa e respirou fundo.

"Maurizio", perguntou Flanz, "onde você conseguiu o dinheiro?" "Bem, Bill, é uma história incrível!", começou, com uma piscada de olho. "Eu estava em minha casa, em Saint Moritz, quase pegando no sono; estava preocupado com tudo e pensando no que eu iria fazer e tive um sonho." Flanz e Swanson olharam para ele atônitos, imaginando o que o sonho poderia ter com tudo aquilo.

"E nesse meu sonho, meu pai veio até mim e disse 'Maurizio, seu *bischero*, a solução para todos os seus problemas está na sala. Dê uma olhada lá, perto da janela, um dos assoalhos está solto; puxe para cima, e debaixo dele você verá. Então, quando acordei, olhei embaixo do assoalho solto e, que coisa incrível! Havia mais dinheiro lá do que eu poderia um dia imaginar, bem lá sob o assoalho! Mas eu não quis ser ganancioso e peguei apenas o suficiente para pagar minhas ações", disse, olhando feliz, primeiro para Swanson depois para Flanz, maravilhado com sua história.

Os dois executivos do Investcorp afundaram em suas cadeiras. Sabiam não apenas que tinham perdido sua influência sobre Maurizio, mas também que ele estava desrespeitando-os e se divertindo com isso. Não tinha nenhuma intenção de contar onde tinha conseguido o dinheiro. A história era uma forma cômica de dizer que aquilo não era da conta deles – e que não estava precisando de nenhuma oferta de empréstimo de caridade do Investcorp.

"Que ótimo, Maurizio", disse Flanz com um sorriso gelado, piscando seus olhos azuis. "Isso é realmente ótimo."

Mais tarde, Flanz comentou: "Eu senti como se tivesse levado um soco no estômago. Pensei que tinha finalmente encontrado nossa abertura, nossa oportunidade de conseguir de alguma forma influenciar Maurizio, mas ao contrário, tive que permanecer lá e sorrir. Nesse momento, eu decidi que iríamos ter guerra".

Flanz e Swanson voltaram para Londres, onde se sentaram com Nemir em frente à lareira e lhe contaram toda a história. Os benevolentes olhos verdes tornaram-se frios. Dessa vez, Kirdar – e não Maurizio – havia perdido o interesse.

"Ele está se divertindo às nossas custas!", Kirdar disse furiosamente. "Ele pensa que somos fracos e não nos respeita mais."

"Depois que Maurizio abusou de toda a boa vontade de Nemir, não haveria mais volta", Bill Flanz disse mais tarde. "Quando Nemir decidia que fecharia as negociações e usaria força, ele se tornava o mais duro e frio dos guerreiros do mundo."

Kirdar já tinha chamado Bob Glaser, o "diabo de barba ruiva", de Nova York para Londres, no fim de semana do Dia do Trabalho, para encabeçar uma tarefa prioritária: solucionar o problema Gucci.

"Bob", Kirdar teria dito, "você é a única pessoa de quem Maurizio ainda tem medo. Preciso de sua ajuda para colocá-lo para fora!"

Na manhã daquela segunda-feira, ele chamou Glaser, Elias Hallak, Bill Flanz, Rick Swanson e Larry Kessler, conselheiros gerais do Investcorp, e diversos advogados da corporação, em seu escritório, e deu-lhes instruções estritas.

"Vocês todos não têm nada mais, e *nada* mais a fazer – vinte e quatro horas por dia – do que resolver este problema", Kirdar disse, com seus olhos verdes intensos. "Nós *devemos* salvar a Gucci de Maurizio!"

Glaser olhou para o chefe. "OK, Nemir, nós faremos isso, mas você tem que concordar em ir até o fim e nos apoiar. Maurizio vai nos processar, nos insultar na imprensa, arrastar a companhia até a falência. Nós temos que fazer com que ele acredite que iremos até o fim. Do contrário, você nem deve começar."

Nemir, sofrendo, mas determinado ao mesmo tempo, deu, finalmente, seu consentimento.

Os quatro homens montaram um *bunker* no subsolo dos escritórios do Investcorp, na Brook Street, retirando pessoas, escrivaninhas e cadeiras e colocando longas mesas, cadeiras, caixas, arquivos cheios de documentos legais e antigos sobre a Gucci. Eles contrataram advogados de primeira linha e uma cara firma de investigações para descobrir onde Maurizio tinha conseguido o dinheiro.

Enquanto a "equipe de guerra" estudava os documentos, em 22 de junho, numa atitude que chocou os dois lados do Atlântico, Maurizio jogou a primeira bomba da nova guerra. Franchini afirmava que a Guccio Gucci não tinha feito tudo o que deveria para receber seus créditos da Gucci America, e aconselhou Maurizio a processar a empresa em quase 63,9 milhões de dólares – pelas famosas mercadorias não pagas. Muitos acharam que Maurizio tinha enlouquecido por processar sua própria companhia – mas Franchini mantinha a opinião de que, sob as leis italianas, os administradores de uma companhia devem fazer tudo o que puderem para proteger seus interesses, mesmo que isso signifique processar uma companhia irmã.

Bob Glaser viu isso de uma maneira um pouco diferente. "Eu achei que era um esforço para sugar os ativos da companhia americana", explicando que se a Gucci America não tinha sido capaz de pagar o que era devido à companhia italiana, Maurizio poderia exigir os bens dela, principalmente a marca registrada e o prédio na Quinta Avenida.

Glaser decidiu que tinha de chegar ao âmago do motivo pelo qual a Gucci America devia à Guccio Gucci tanto dinheiro e convocou uma reunião com os diretores da Gucci America. "Como pode a Gucci America dever tanto dinheiro à Guccio Gucci?", perguntou ao quadro de diretores, que incluía Maurizio, seus quatro representantes e quatro representantes do Investcorp. "Isso nos faz parecer maus!", Glaser continuou, notando que, sob a lei corporativa dos Estados Unidos, como representante do quadro de diretores, ele tinha a obrigação para com os acionistas da Gucci de proteger seus interesses. "Como pode a gerência estar fazendo um bom serviço?", ele perguntou. "Eu exijo uma investigação!"

Maurizio olhou para Glaser assombrado. Ele nunca sonhou que seu mais duro crítico e pior adversário, nas diversas tentativas de negociação com o Investcorp, o "diabo de barba ruiva" podia realmente ficar do seu lado. Glaser insistiu e o quadro de diretores o nomeou para uma subcomissão que investigaria o assunto dos créditos não pagos que a Gucci America devia à companhia italiana, os quais, naquele momento, somavam mais de 50 milhões de dólares. Aquela nomeação deu a Glaser todo o acesso aos registros da companhia. Após terminar o relatório, Glaser entendeu que, a última tabela de preços que a Guccio Gucci tinha imposto à Gucci America em 1992, envolvendo preços inflados artificialmente a fim de sustentar o alucinante alto custo da companhia italiana, tinha arruinado a empresa nos últimos anos. "Eu não vi aquele dinheiro devido pela Gucci America à Guccio Gucci como um débito legítimo", Glaser disse. Que a política de preços tinha sido intencional como um truque para drenar os recursos da Gucci America – como Glaser acreditava – parecia improvável. O mais provável era outro esforço desesperado de Maurizio para manter a companhia italiana com lucros. Não obstante, o relatório de Glaser fornecia muito material para a Gucci America se defender da ação judicial.

Nesse meio-tempo, em sua busca desesperada por dinheiro, a fim de manter a companhia em pé, Maurizio fez um acordo secreto com Severin Wunderman, que tinha concordado em dar à Gucci uma bonificação pela renovação da licença para fabricar relógios, que expiraria em 31 de maio de 1994. Mas, para a equipe do Investcorp, renovar a licença de Wunderman significava dar pouca importância para o negócio dos relógios, que naquela época era a única fonte de dinheiro para o quase arruinado império Gucci.

Semanas antes da reunião com o quadro de diretores da Gucci America, na qual o Investcorp esperava que Maurizio conseguisse que o acordo com Wunderman fosse aceito, Rick Swanson começou a ligar para Domenico De Sole para lhe pedir que, como chefe da Gucci America, mudasse de lado e votasse contra o acordo. Se isso acontecesse, eles poderiam quebrar o controle de Maurizio na diretoria.

"Domenico, aqui é Rick. Nós precisamos saber. Podemos confiar em você?"

"Escute Rick", respondeu De Sole, dos escritórios da Gucci em Nova York. "Você é o único que realmente compreende. Esta companhia está sendo dirigida por uma criança de 3 anos. Isso não pode continuar ou a companhia vai entrar em colapso. Você pode confiar em mim."

Swanson ligou novamente.

"Domenico, isso é importante. Podemos confiar em você?", "Sim" disse De Sole. "Sim!"

Na manhã de 3 de julho de 1993, Flanz convidou De Sole para um café da manhã secreto, em um salão particular do hotel Four Seasons, em Milão.

Bob Glaser, Elias Hallak, Rick Swanson e Sencar Toker juntaram-se à mesa.

Eles perguntaram a De Sole se ele realmente votaria com eles contra o acordo.

"Olhem, eu sinceramente sinto que o que está acontecendo vai destruir a companhia", De Sole dizia, estudando os rostos da equipe do Investcorp. "Se alguma coisa não for feita, a empresa vai quebrar!"

"Se você resistir a Maurizio, nós o apoiaremos em tudo", disse Hallak, olhando De Sole nos olhos.

"Maurizio vai odiar Domenico por isto", Swanson interrompeu, explicando ao grupo que, nos últimos anos, De Sole havia emprestado a Maurizio 4 milhões de dólares de seu próprio bolso, além de 800 mil dólares do caixa da empresa que ele teve de repor também de seu próprio bolso, e que tinha poucas esperanças em reaver aquele dinheiro – principalmente se ele ficasse do lado do Investcorp.

"Eu dou minha palavra de honra em nome do Investcorp, que nós faremos o melhor para incluir isso em nossas negociações e ter certeza de que você será pago", disse Hallak.

Poucas horas mais tarde, os diretores da Gucci America se acomodaram no escritório de Maurizio, em vez da usual sala de conferências. Maurizio esperava que a reunião fosse contundente e queria propiciar uma atmosfera mais amigável, presidindo-a por trás de sua própria escrivaninha. Ele acenou ao mordomo, Antonio, para trazer os *cappuccinos*.

Mario Massetti, que nunca tinha encontrado Glaser antes, virou-se para De Sole e perguntou quem era aquele homem de barba ruiva.

"É Bob Glaser, o único no Investcorp de quem Maurizio tem realmente medo", respondeu De Sole.

A reunião se iniciou com uma discussão sobre as operações da Gucci América, que tinha um líquido negativo de 17,4 milhões de dólares em 1992, quando as vendas despencaram para 70,2 milhões de dólares. Bob Glaser surpreendeu De Sole quando vestiu a carapuça de mau e disparou perguntas a ele.

"Você dirige uma companhia chamada Gucci America?" "Sim, dirijo", respondeu De Sole muito chocado.

"E o que você faz quando tem um produto que, a seu modo de ver está sendo pago a maior?"

"Não há nada que eu possa fazer" disse De Sole. "Eu me queixo o tempo todo. Nós somos uma companhia amarrada e vocês nunca nos deram apoio", continuou De Sole exaltado. "Tudo o que vocês sempre fazem é continuar se dando bem com Maurizio."

Maurizio ficou furioso. "Você está dizendo que a Gucci America paga a mais pela mercadoria?", disparou em direção a De Sole.

"Sim, eu tenho dito isso por anos!", replicou De Sole. "Você está cobrando a Gucci America a mais só para apoiar a sua estrutura de custo. Olhe só para este prédio! Por que é que precisamos dele?"

Maurizio, visivelmente transtornado pelas alegações de De Sole, bem como pelas provocações de Glaser, pulou da cadeira e começou a andar no carpete verde atrás de sua mesa enquanto os outros diretores debatiam o acordo proposto a Wunderman, que teria assegurado à Gucci 20 milhões de dólares em troca da renovação da licença dos relógios por mais vinte anos.

Quando chegou a hora, De Sole votou contra o acordo. Maurizio, indignado, desapontado, virou-se e olhou diretamente para De Sole, com o rosto branco e lábios contritos numa linha fina. De Sole olhou para ele e levantou as mãos, palmas para cima, dedos estendidos.

"Olha, Maurizio, isto é o que eu tenho que fazer", De Sole disse simplesmente. "Eu estou votando pela companhia, esse é o meu dever. Nós não podemos entregar uma licença só porque estamos com falta de dinheiro…"

De Sole sentiu que tinha feito a coisa certa pela empresa; Maurizio sentiu que estava sendo apunhalado pelas costas.

Assim que deixaram a sala, Glaser tomou De Sole à parte e perguntou: "Como você está planejando defender a Gucci America desta ação judicial?".

De Sole olhou para ele descrente. "Eu não posso contratar uma firma de advogados para representar a companhia sem a aprovação do quadro de diretores", De Sole respondeu, sabendo muito bem que agora Maurizio e seus representantes – que tinham iniciado a ação judicial primeiro – não aprovariam nunca. Glaser olhou De Sole nos olhos: "Ah, sim, você pode sim!", disse estudando o espanto do outro executivo. Glaser, que tinha gasto semanas definindo as regras de gerência da corporação, tinha insistido em uma cláusula que, no caso de emergência, daria ao diretor executivo o poder de fazer o que quer que fosse do interesse da companhia, na ausência do conselho. De Sole entendeu rapidamente o que Glaser estava lhe explicando – os representantes do Investcorp não iriam aparecer na próxima reunião do conselho.

"Você não pode convocar o conselho sem quórum e nós não podemos nem sequer demonstrar ter planejado isso juntos", Glaser lembrou. "Isso nunca aconteceu!", disse sorrateiramente. "E é por essa razão que você contratou uma firma de advogados para defender a Gucci America."

Glaser estava também ciente de que, como resultado da batalha perigosa travada agora entre as duas companhias, a Gucci America não tinha nenhuma chance de receber mercadorias – e dessa forma não havia nada para vender em suas lojas. Ele sugeriu algo mais a De Sole: "Por que você não se incumbe de seus próprios produtos?", perguntou.

"Eu não posso fazer isso sem a aprovação de Maurizio!", respondeu De Sole.

"A Gucci America tem uma marca registrada, não tem? Seu trabalho é fazer o que quer que seja do interesse da companhia na ausência do conselho", Glaser reiterou. De Sole concordou – e saiu Itália afora em busca de fabricantes de artigos em couro. O objetivo de Glaser era tentar manter a Gucci America autônoma e solvente a despeito das intensas batalhas com Maurizio.

Nesse meio-tempo, Maurizio sentiu como se uma conspiração tivesse se fechado em torno dele. Não podia acreditar que De Sole se voltara contra ele e votara contra sua proposta. Sinceramente pensava que, a despeito de suas diferenças e argumentos, De Sole era seu firme aliado – quase como se fosse parte da família. Em abril, ele tinha aprovado um bônus de 200 mil dólares para De Sole. Sem o voto dele, Maurizio sabia que era o início do seu fim. Se não podia mais controlar o conselho, seu poder na Gucci estava acabado.

Após a reunião, ainda andando de lá para cá, Maurizio desabafou toda a sua mágoa com Franchini: "No início, De Sole não era ninguém e eu o contratei. Ele tinha remendo nos fundilhos das calças! Agora ele está me arruinando!"

"Maurizio", Franchini disse sério, "isto é guerra! Você tem cinquenta por cento da Gucci, que agora não valem nada. Eu posso ajudá-lo, mas você deve estar pronto para arriscar tudo. Você tem de estar pronto para afundar o navio e fazê-los acreditar que você vai fazer isso, do contrário eles tomarão tudo de você como se fosse nada!"

Maurizio parou de andar e olhou para Franchini, então se afundou em sua cadeira, descansando as mãos nos seus joelhos.

"Certo, *avvocato,* certo. Diga-me o que devo fazer."

A guerra se intensificou. Maurizio tirou De Sole do conselho de diretores da Gucci America, embora não pudesse removê-lo do cargo de chefe executivo sem o voto majoritário do conselho. Flanz escreveu uma carta aos diretores da Gucci, convocando-os para a nomeação de um diretor executivo competente. A carta nunca mencionou Maurizio pelo nome ou título, mas seu significado era claro a todos. O documento deixou Maurizio furioso, tanto que processou o Investcorp e Flanz em 250 bilhões de liras, ou cerca de 160 milhões de dólares, por difamação em uma corte de Milão e ainda pediu a um promotor de Florença que fizesse uma queixa criminal contra Flanz por difamação pessoal. Em 22 de julho, o Invescorp iniciou um processo contra Maurizio em Nova York, por arbitrariedade em procedimentos, tentando forçá-lo a desistir do cargo, acusando-o de violação de acordo de acionista e mau gerenciamento da companhia. Os documentos da corte mencionavam a história contada por Maurizio sobre encontrar dinheiro sob o assoalho, após seu pai ter aparecido em seus sonhos, numa tentativa de desacreditá-lo.

"Nós acendemos o fogo e o empurramos para a fogueira", disse Bill Flanz. "Mas Maurizio, sendo um marinheiro, disse 'Eu não vou entregar esta companhia aos árabes. Eu perdi tudo, perdi minha fortuna, perdi minha honra, perdi meu respeito nos negócios e estou afundando o navio comigo. Nós vamos juntos para o fundo'."

A equipe do Investcorp realmente receou que ele fizesse isso.

Na maioria dos casos, essa ameaça é considerada um blefe, disse Rick Swanson. "Mas nós estávamos realmente preocupados. Ele parecia irracional o suficiente para fazer isso."

Os ataques continuaram pesados e ligeiros quando De Sole processou Maurizio em 4,8 milhões de dólares, alegando ter-lhe emprestado essa quantia entre abril de 1990 e julho de 1993. Maurizio então iniciou nova ação contra o Investcorp nas cortes de Milão, tentando expulsar Flanz, Hallak e Toker do conselho da Gucci.

Após semanas de brigas, num último esforço para resolver o relacionamento, Nemir Kirdar ligou para pedir a Maurizio que fosse visitá-lo no sul da França, para onde ele habitualmente transferia suas operações durante o mês de agosto. Um ano tinha se passado desde que os dois executivos tinham se visto.

"Maurizio? Aqui é Nemir Kirdar."

Maurizio segurou o telefone em total descrença.

"Eu estou ligando para ver se podemos nos reunir", Kirdar disse. "Eu gosto de você, Maurizio, eu quero esquecer toda essa desavença. Gostaria de ver você pessoalmente. Não quer vir passar um dia comigo no sul da França? Podemos almoçar, sair de barco e nos divertir."

Maurizio, recuperando-se da surpresa, teve a presença de espírito de soltar uma piada fraca. "Você tem certeza de que estarei a salvo?", disse pacificamente.

"Maurizio, você estará sempre a salvo comigo", Kirdar respondeu calorosamente.

Cheio de esperança de que Kirdar quisesse lhe oferecer uma solução de última hora, Maurizio viajou até o sul da França, no dia seguinte, para se encontrar com o chefe do Investcorp para um almoço à beira da piscina nos terraços do Hotel du Cap.

"Maurizio, eu quero que você entenda: o que quer que tenha acontecido entre nossas duas companhias, eu nunca deixei de respeitar você ou a sua visão. Mas tenho negócios para cuidar e tenho estado sob a mira de uma arma. Quem sabe algum dia, se pudermos parar de perder e voltar a lucrar com essa companhia, consigamos voltar a pôr algum valor nela e realizar alguma coisa juntos outra vez."

Enquanto Kirdar falava, Maurizio percebeu que o Investcorp não mudaria em nada a situação. Não haveria solução de última hora. Eles passaram uma tarde agradável – tanto quanto as aparências permitiram. Maurizio retornou a Milão, abatido e desiludido.

Naquele verão, não planejou férias, mas mudou-se para o espaçoso apartamento que ele tinha em Lugano, que oferecia uma brisa fresca e um terraço sombreado com vista para o lago. Viajava diariamente de carro para seus escritórios em Milão.

Em setembro, o *Collegio Sindacale* da Gucci, ou Conselho para Supervisão de Estatuto, notificou Massetti de que, por serem os acionistas da Gucci incapazes de resolver suas diferenças e por não terem aprovado nenhuma das contas da companhia desde o começo do ano, estava obrigado por lei a entregar os livros da empresa à corte, que, então, venderia os ativos da empresa para pagar seus credores.

"Eles me deram um prazo de vinte e quatro horas... Depois disso, tomariam os livros", disse Massetti. Ele pleiteou um novo prazo de quarenta e oito horas e então chamou Maurizio e Fabio Franchini.

"Maurizio estava em apuros", Massetti disse. "Ele estava bloqueado de todos os lados. Não havia mais nada que pudesse fazer, exceto entrar num acordo."

"Não posso imaginar o tipo de pressão sob a qual ele se encontrava", acrescentou Swanson mais tarde. "Enquanto tivesse um sopro de vida, Maurizio iria viver para um novo dia. Enquanto não se encontrasse diante de um precipício – enfrentando uma falência pessoal, falência da companhia, perdendo tudo –, não enfrentaria a realidade. E nós estávamos imaginando o que mais faltava acontecer."

Naquela tarde, Maurizio dirigiu até Florença e convocou uma reunião com os antigos empregados na "Sala Dynasty", às 19h30.

"Então, *dottore*, qual é o resultado da situação? Nós vamos fechar a loja?", indagou Degl'Innocenti com sua usual e fria ironia.

"Eu consegui!", respondeu Maurizio entusiasticamente. "Eu consegui o dinheiro. Vou comprar o Investcorp."

"Fantástico!", respondeu Degl'Innocenti e os outros que tinham apoiado Maurizio na batalha, receando que se o Investcorp assumisse, faria cortes de pessoal, fecharia a fábrica e transformaria a Scandicci em um superescritório de compras.

"A chegada do Investcorp foi pintada como se fosse o fim do mundo", disse Degl'Innocenti.

Enquanto Maurizio reunia os gerentes de Florença, a equipe de combate do Investcorp em Londres tentava imaginar o que ele estava querendo fazer.

"Alguém nos ligou e informou que ele havia reunido o *staff* e feito aquele *bravissimo* discurso, no clássico estilo Maurizio, dizendo que estava indo acabar com os árabes", lembrou Swanson. "Estávamos todos imaginando, 'ele vai afundar o navio ou vai ser racional e vendê-lo?'."

O discurso de Maurizio foi o ato final de sua manobra. Mais tarde, nesse dia, receberam uma ligação – Maurizio estava pronto para capitular.

Na sexta-feira, 23 de setembro de 1993, Maurizio vendeu suas ações nos escritórios de um banco suíço em Lugano, cercado de advogados e executivos financeiros. Naquela mesma manhã, sua secretária, Liliana Colombo, retirou todos os pertences pessoais dele do escritório do quinto andar do prédio da Piazza San Fedele. As fotografias em branco e preto de Rodolfo e Sandra e as com os rostos sorridentes de suas filhas, o antigo conjunto de tinteiro em cristal e prata de lei, bem como os objetos de sua escrivaninha. Finalmente, com a ajuda de dois empregados, retirou da parede o quadro de Veneza que Rodolfo havia dado ao filho.

"Foi isso o que me tocou quando, na manhã da segunda-feira seguinte, entrei no escritório de Maurizio", disse o ex-diretor administrativo da Gucci, Mario Massetti. "Exceto por suas coisas pessoais, tudo o mais estava como sempre – menos o quadro de Rodolfo, que não estava mais lá", lembrou.

Naquela sexta-feira à noite, Maurizio convidou um pequeno grupo de gerentes da Gucci, incluindo Massetti, para um jantar em seu apartamento em Lugano.

Enquanto um único garçom movia-se discretamente em volta da mesa, Maurizio explicava a eles que tinha vendido sua parte da Gucci. "Eu fiz o que tinha de fazer", disse simplesmente. "Apenas queria que vocês soubessem que eu fiz tudo o que pude, mas eles eram demais para mim. Eu não tive escolha."

Quando o telefonema de Maurizio chegou, com o recado de que concordava em vender, o Investcorp agiu rapidamente. Os documentos já tinham sido rascunhados e Rick Swanson e outro executivo voaram até a Suíça para o acordo final. Tinham estabelecido o preço de 120 milhões de dólares.

No banco suíço onde a conclusão das negociações seria feita, "eles tinham me colocado em uma sala e Maurizio estava fechado em outra com todos os seus advogados, mas eu queria vê-lo", disse Swanson. "Ele sempre foi meu amigo e ninguém o tinha visto por meses. Eu tentei sair no corredor para ver se podia dar uma olhada nele."

Finalmente Swanson foi até a sala de conferências, abriu a porta e viu quatro dos cinco advogados de Maurizio e o próprio, andando de lá para cá com os braços atrás das costas.

Maurizio parou e sua face se iluminou. "*Buongiorno*, Rick!", disse ele andando em direção a Swanson e dando-lhe um forte abraço, no perfeito estilo Gucci.

"Isto é idiota! Nós somos amigos", Maurizio continuou. "Eu não vou ficar sentado aqui com todos estes advogados." Eles então saíram juntos pelo corredor, conversando.

"Maurizio", disse Swanson por fim, observando longamente o homem com quem tinha trabalhado nos últimos seis anos, "eu sinto muito a respeito da forma como as coisas terminaram, mas quero que saiba que realmente acredito em você e naquilo que sonhou para a Gucci e faremos o que pudermos para levar sua visão adiante."

"Rick", Maurizio disse, balançando a cabeça vagarosamente, "o que eu vou fazer agora? Velejar? Não me resta mais nada para fazer!"

# Vida de luxo

Na manhã do dia 27 de março de 1995, Maurizio Gucci acordou por volta das 7 horas, como de costume. Ele permaneceu na cama por mais alguns minutos, ouvindo a respiração de Paola, deitada ao seu lado na pesada cama imperial com uma águia entalhada em madeira, suas quatro colunas e dossel em seda dourada. Era uma cama nobre, ideal para um rei. Naquela época, Maurizio adorava ser nobre. Ele havia percorrido Paris com Toto Russo em busca de móveis imperiais, que seu amigo o ensinou a admirar, chamando-os "elegantes mas não pomposos".

A cama, assim como os outros móveis colecionados ao longo dos anos, tinha ficado guardada em um depósito até que ele e Paola Franchi, ex-Sra. Colombo, finalmente se mudaram para o apartamento de três andares na Corso Venezia quase um ano antes. Nessa época, Maurizio e Paola estavam juntos havia mais de quatro anos, mas levou mais de dois para que as reformas terminassem. Nesse meio-tempo, Maurizio morou num apartamento de solteiro na Piazza Belgioioso, um silencioso quarteirão do século XVIII circundado por imponentes palacetes de mármore atrás da Duomo, e ela ficou em um condomínio de propriedade do ex-marido com seu filho de 9 anos, Charly.

Majestosos palacetes do século XIX enfileiram-se na Corso Venezia, uma avenida larga e sem árvores que segue para o nordeste desde a Piazza

San Babila além do Giardini Pubblici. O *palazzo* onde Maurizio e Paola viviam no número 38 fica em frente à estação Palestro, na linha vermelha do metrô de Milão e diagonalmente do outro lado da rua do Giardini Pubblici. Sua fachada clássica, coberta de estuque ocre, é simples se comparada com a de outros prédios da avenida.

Maurizio conheceu Paola em 1990, em uma festa numa discoteca em Saint Moritz. Atraído por sua beleza loira e delgada, ele conversou com ela no bar. Eles perceberam que haviam se conhecido quando adolescentes, quando se encontravam com o mesmo grupo de jovens nas praias de Santa Margherita. Maurizio gostava do estilo relaxado de Paola e de seu sorriso fácil – ela parecia o oposto de Patrizia em tudo. Afora seu caso de dois anos com Sheree, Maurizio não tivera nenhum outro relacionamento significativo desde que deixara Patrizia, que continuava a ocupar um lugar especial em sua vida, embora vivessem separados. Ele e Patrizia conversavam sempre e discutiam frequentemente. Estava cansado dos conflitos, mas tinha pouco tempo e energia para ir em busca de outra relação. Maurizio também tinha grande medo de contrair aids e era conhecido por pedir às companheiras para fazer exame de sangue antes de ir para a cama com elas.

"Maurizio era um dos homens mais disputados de Milão, mas não era um conquistador", contou seu amigo e antigo consultor Carlo Bruno. "Havia muitas mulheres interessadas nele, mas ele não era um *playboy*."

"Nem Maurizio, nem Patrizia encontrariam outro parceiro da mesma importância em suas vidas", disse uma astróloga a quem Patrizia pediu para fazer todos os seus mapas, "embora o mapa de Paola tivesse muitas das características do de Patrizia – então era compreensível que Maurizio sentisse interesse por ela."

Quando Maurizio e Paola se encontraram, ela estava separada de seu marido, Giorgio, um industrial que havia feito dinheiro com cobre. A primeira vez que Maurizio a convidou para um drinque, eles estenderam o encontro para um jantar e conversaram sem parar até o amanhecer.

"Ele despejou a história da vida dele", disse Paola mais tarde. "Ele precisava falar, da mesma forma que precisava aliviar uma opressão que tinha no peito e no espírito. Parecia que ele tomava conta do mundo, mas na verdade ele era muito sensível, muito frágil em face de algumas coisas. Ele queria se defender e explicar seu lado sobre todos os escândalos que ele e sua família haviam atravessado. Era deprimente. Ele me disse que queria ser como uma águia, voando alto – em condições de ver e controlar todas as coisas, mas nunca conseguiu."

A princípio, eles se encontravam secretamente no pequeno apartamento dele na Piazza Belgioioso, onde Paola descobriu que nada fazia Maurizio mais feliz do que um simples jantar caseiro. Ele fatiava salame enquanto ela servia vinho tinto e eles se aninhavam sob o teto abobadado antes de irem para a cama trabalhada em ferro, pintada de vermelho, onde Paola consolidava sua forte influência sobre Maurizio.

"Aquele apartamento se tornou nosso pequeno ninho de amor." Enquanto Maurizio e Paola se divertiam, Patrizia fervia. Apesar de tentarem ser discretos, eles não puderam escapar da rede informal de espiões que Patrizia comandava de sua cobertura na Galleria Passarella, da qual Maurizio ainda pagava as contas. Dos amigos que se reportavam a ela, soube que Maurizio andava pela cidade com uma loira alta e magra; e não demorou muito até que conhecesse a identidade dela. Patrizia, que tinha seus amantes, simulava indiferença, mas ela seguia todos os movimentos de Maurizio.

Toto Russo encontrou um apartamento na Corzo Venezia para Maurizio. Inicialmente, esperava encontrar uma *villa* inteira – mesmo que isso significasse sair da cidade – que se chamaria "Casa Gucci", um símbolo do mesmo luxo e bom gosto que ele queria que o nome Gucci significasse. Maurizio nunca encontrou a *villa* de seus sonhos, mas decidiu-se pelo apartamento alugado na Corso Venezia.

Quando Russo trouxe Maurizio pela primeira vez através das grandes portas de madeira da entrada, após o portão de ferro, para dentro da calmaria de seu pátio, Maurizio adorou instantaneamente a magnífica sensação do prédio e sua quietude relativa. Dentro das paredes grossas, o barulho da agitada avenida parecia distante. Maurizio admirou o mosaico paladino no chão e a nobre escada de mármore que levava ao apartamento à esquerda do pátio. Depois da escada de mármore, um moderno elevador fechado por duas portas de madeira e vidro também levava ao andar de cima.

Maurizio – ainda presidente da Gucci naquela época – pensava que a localização de prestígio e o luxo do espaço eram ideais para uma pessoa de sua posição. O apartamento ficava no primeiro andar, ou no *piano nobile*, como se diz em italiano, porque historicamente as famílias nobres que uma vez foram donas desses palacetes majestosos moravam no primeiro andar. No topo da escada de mármore, as portas da frente abriam para um pequeno *hall*. De lá duas portas, lado a lado, levavam para um longo corredor. A cozinha e uma grande sala de jantar eram imediatamente à direita, depois uma série de salões e salas de recepção abriam à direita e à esquerda do longo *hall*. No final dele, a suíte master dava para um viçoso jardim abaixo, próximo ao jardim de inverno. O apartamento era tão esplêndido que sua maior desvantagem não era aparente à primeira vista – havia só um quarto. Quando Maurizio o viu pela primeira vez, ele estava separado de Patrizia e morava sozinho. Depois de encontrar Paola estava determinado a reconstruir sua vida familiar e queria que Alessandra e Allegra viessem morar com eles também. Assim, os proprietários, a família Marelli, concordaram em alugar para ele um segundo apartamento acima, que tinha ficado disponível nesse meio-tempo. Os dois apartamentos juntos tinham espaço suficiente para as meninas e para Charly, o filho de Paola. Maurizio alugou os dois apartamentos e encomendou uma escada interna que os conectasse.

"Este vai ser nosso novo lar", disse Maurizio para Paola, passando os braços na cintura estreita dela, fazendo seus passos ecoarem no espaço vazio. Embora não fosse a "Casa Gucci", o apartamento da Corso Venezia simbolizava tudo aquilo para o que ele estava trabalhando: era um local apropriado para o presidente da Gucci, que também tinha a possibilidade de ter uma vida familiar nova e mais serena. Maurizio adorava a ideia de que as três crianças poderiam dormir sob o mesmo teto, em suas próprias casas. Desejava que as meninas passassem mais tempo com ele e esperava que isso acontecesse assim que eles fossem morar juntos. Maurizio temia nunca poder ter um relacionamento saudável com as filhas se Patrizia tivesse muito controle sobre elas; mesmo depois de muitos anos após ter se mudado, os contínuos conflitos entre o casal tinham limitado as possibilidades de reabilitar sua relação com as meninas. A reforma e decoração do apartamento da Corso Venezia demorou mais de dois anos e custou muitos milhões de dólares. Quando terminou, seu estilo grandioso levantava a sobrancelha e secava a garganta de todos em Milão. Os fofoqueiros queriam entrar nele, mas Maurizio raramente recebia visitas, e fotos do apartamento nunca foram publicadas. Porém, a grande equipe de trabalhadores e os entregadores de antiguidades, especialistas em papel de parede e sedas finas feitas sob medida não passavam despercebidos.

Os dois apartamentos juntos mediam cerca de 1.200 m² e o aluguel anual era de 400 milhões de liras, ou 250 mil dólares. Maurizio se reportou a Toto para a decoração e não impôs limites. Russo – vibrando por ter um cliente tão entusiasta e condescendente – sobrepujou a si mesmo. O apartamento inteiro foi destripado, o chão foi quebrado, as paredes foram removidas e outras apareceram. Russo encomendou piso de madeira cortada a laser copiado de um palácio de São Petersburgo, painéis desenhados sob encomenda, acessórios de iluminação luxuosos, papel de parede exclusivo e ricas cortinas. Especialistas restauraram ou recriaram os afrescos do teto. Maurizio adorava *boiserie*, painéis decorativos franceses em madeira esculpida. Ele comprou um jogo original deles que havia pertencido a um rei italiano, Vittorio Emmanuele de Savoia, para a longa sala de jantar. Arrematado em um leilão na França, o *boiserie* era pintado em verde-acinzentado e delicadamente trabalhado com moldura dourada, motivos florais e pontilhado de insetos de vidro. Russo e Maurizio encomendaram uma mesa de jantar *faux-marble* porque não foi possível encontrar no mercado uma do tamanho adequado e completaram a sala com cortinas cinza pálido e espelhos nas paredes. Designada para suntuosos banquetes, a sala de jantar também se tornou o local onde o trio — Maurizio, Paola e Charly — tomavam seu café da manhã.

Maurizio, muito feliz, trouxe a mobília que tinha colecionado. Dois obeliscos de mármore ficaram na base da grandiosa escada, enquanto um par de saltitantes centauros de bronze enfeitavam a entrada, um em cada lado da porta. Sua peça favorita — uma mesa de bilhar datada da metade dos anos 1800 — foi para a última sala de estar, no fim do corredor, à direita. Ela trazia expressivas máscaras em madeira nas pernas roliças, que olhavam de soslaio, e veio com um jogo de dois sofás que ficaram encostados na parede. Quando os trabalhadores se preparavam para colocar na sala os painéis e as estantes de livros, para a surpresa de todos, descobriram um teto moldado em gesso com a imagem de um labirinto escondido sob os painéis modernos, e Maurizio concordou em restaurá-lo. Na hora de preencher as prateleiras das estantes com livros, Maurizio, que tinha pouco tempo para ler, encomendou livros antigos "por quilo".

Mobiliar o apartamento da Corzo Venezia pôs Russo em rota de colisão com Paola, que havia trabalhado como designer de interiores e também queria opinar. Cada um deles se ressentia da influência do outro sobre Maurizio.

Paola era sutil; Russo não fazia segredo da maneira como se sentia a respeito dela. Uma cena típica aconteceu uma manhã quando a reforma estava acontecendo. Russo chegou ao apartamento e gritou com todas as forças de seus pulmões: '*È arrivata la troia?*', "A prostituta já chegou?".

Seu assistente, Sergio Bassi, correu para a sala com os olhos esbugalhados atrás de óculos redondos, pedindo, em vão, para ele se. "Shhhh! Toto! Ela está lá em cima; provavelmente pode escutar você!"

Russo não ligou. Ele recebeu a promessa de Maurizio de que Paola se limitaria a decorar o quarto das crianças, em cima, e uma sala de jogos embaixo.

"Ela não tinha permissão para vir ao nosso andar", lembrou-se Bassi. "Quando Paola surgiu, a relação de Toto e Maurizio mudou e, no fim, eles brigaram muito. Toto era muito napolitano, muito possessivo. Ele provocava brigas com Paola e atirava fagulhas de ciúmes."

Maurizio havia pedido para Paola transformar um *hall* longo e vazio adjacente à escada de mármore, fora do pátio, em um salão de festas e jogos. Seria o *playground* pessoal de Maurizio.

"No fundo, ele era uma criança", Paola disse anos depois. "Seus olhos brilhavam só de pensar naquele espaço; tinha muitas ideias para a sala." A frente da sala se tornou um *hall* para jogos, inclusive com videogames, uma máquina de *pinball* dos anos 1950 e o brinquedo favorito de Maurizio, uma corrida virtual de Fórmula 1 completa, com capacete, volante e pistas programadas. Mais atrás, Paola fez a sala de televisão parecer um minicinema, com cortinas de veludo, três fileiras de poltronas usadas em cinemas e um gigantesco telão. No fundo da sala comprida, ela criou um *saloon* do velho oeste – por influência de Maurizio.

"Nunca havia feito nada no estilo *western* antes", disse Paola gesticulando com as mãos e sorrindo. "Então, peguei livros e comecei a pesquisar." Ela encomendou um bar em madeira entalhada, bancos altos com assento forrado em couro, e sofás também em couro. Um deserto com cânions, cactos e sinais de fumaça enfeitava as paredes. Um caubói pintado bancava o valentão na porta vaivém. Antes que a casa toda fosse terminada, Maurizio e Paola inauguraram a sala de jogos com uma festa a fantasia, para a qual os convidados vieram vestidos de caubóis e índios.

Paola teve um cuidado especial com os quartos das crianças no andar de cima, pois sabia quanto significava para Maurizio ter suas filhas com eles. Para Alessandra e Allegra, escolheu camas com dossel e estampas florais combinando com o papel de parede em bege, verde e rosa. Para Charly, ela preferiu cores de meninos e um alegre papel de parede com motivo de livros, uma vez que, dizia de brincadeira, ele não gostava de livros reais. As crianças tinham o segundo andar inteiro só para elas, incluindo um esconderijo, onde podiam entreter seus amigos, uma pequena cozinha se quisessem preparar sua comida, um quarto de hóspedes e uma entrada separada – assim eles poderiam ir e vir sempre que quisessem. Desde que Maurizio e Paola se mudaram para o apartamento, um ano antes, Charly foi o único ocupante do andar das crianças;

Alessandra e Allegra não tinham passado uma única noite em suas graciosas camas com dossel.

Com o decorrer do trabalho na casa, a tensão entre Toto e Maurizio a respeito de Paola explodiu.

"A briga final aconteceu quando as secretárias dos dois se encontraram para fazer um inventário", lembrou Bassi. "A secretária de Toto disse a Liliana que Maurizio devia a ele um bilhão de liras. Liliana respondeu que ela estava louca, que era Toto quem devia dinheiro a Maurizio." As coisas ficaram tão ruins que os dois homens pararam de se falar; Paola tinha ganhado.

Fofocas circulavam em Milão que a cocaína estava acabando com Toto. Amigos e clientes que um dia faziam questão de estar com ele, começaram a se distanciar. Ele vivia sozinho, sem a mulher e a filha, que também estavam em Milão, mas ele nunca pediu o divórcio. Mais tarde ele teve problemas de saúde e foi submetido a uma cirurgia de coração para a troca de três válvulas. Os médicos diagnosticaram endocardite – *la morte bianca* –, uma infecção comum entre usuários de cocaína e que ataca o coração. Mas o que o afetava, mais do que o problema cardíaco, era a impotência, outra consequência do uso de cocaína.

"Ele era um verdadeiro Don Giovanni", disse Bassi. "Tinha um magnetismo especial sobre as mulheres, e provavelmente também sobre os homens. Ele não aceitava o fato de nunca mais realizar-se sexualmente."

O corpo de Toto foi encontrado num quarto de hotel, um lugar onde costumava se esconder para orgias de dois ou três dias. Mas dessa vez ele entrou sozinho. Os funcionários do hotel, percebendo que água saía pelo vão da porta de seu quarto, o encontraram com a cabeça na pia, morto por um ataque do coração. Para seus amigos, parecia suicídio.

Maurizio foi ao funeral de Toto e acompanhou o féretro até Santa Margherita, o *resort* à beira-mar onde foi enterrado. Durante os ritos finais, perceberam que o caixão de Toto era maior que a tumba e precisaram adaptá-lo.

"Mesmo na morte você exagera", pensou Maurizio, sorrindo tristemente com a lembrança do amigo e balançando a cabeça. Outro amigo deles tinha morrido dois meses antes. Maurizio se voltou para o pequeno grupo de enlutados e disse: "Quem sabe quem será o terceiro?".

Conforme Paola ganhava importância em sua vida, Maurizio ia tentando cortar as amarras que o prendiam a Patrizia. Embora fizesse generosos depósitos mensais em sua conta bancária – uma média entre 160 e 180 milhões de liras, ou 100 mil dólares –, ele a proibia de usar as casas de Saint Moritz. Maurizio e Paola pretendiam redecorar todas as três casas e tornar L'Oiseau Bleu seu retiro, designando as outras duas para as crianças, convidados, empregados e para diversão. Patrizia ficou enlouquecida. Ela considerava L'Oiseau Bleu dela e o pressionava para passar o pequeno chalé para seu nome e os outros dois para Alessandra e Allegra. O pensamento de que Maurizio estivesse lá com Paola a enfurecia. Ela ameaçou colocar fogo na casa, chegando ao ponto de pedir a um dos empregados para preparar dois tanques de gasolina e deixar ao lado da casa.

"Apenas ponha-os ao lado da casa e eu tomarei conta do resto", ela ordenou ao vigia da propriedade. Como ele não concordou, Patrizia voltou-se para um de seus médiuns, que trabalhava com poções e feitiços.

Quando Maurizio foi a Saint Moritz, uma intensa onda de desconforto se apoderou dele assim que entrou em casa. Ignorando a sensação, ele tentou desfazer as malas e se instalar para o fim de semana, mas o sentimento de rejeição era tão avassalador que partiu na mesma noite, dirigindo por três horas até Milão. No dia seguinte, ligou para sua sensitiva, Antonietta Cuomo, e expôs o problema. Dias depois, Antonieta foi a Saint Moritz e acendeu velas pela casa para livrá-la de algo que ela dizia "estar errado". Mais tarde, fez o mesmo em seus apartamentos em Lugano e Nova York. Inflexível, Patrizia realizou sessões à meia-noite na cozinha da Galleria Passarella, tão pesadas, que os empregados correram à Piazza San Fedele para contar a Maurizio os acontecimentos estranhos que testemunharam.

Com o auxílio de funcionários da Gucci ainda fiéis a ela, Patrizia acompanhava os movimentos profissionais de Maurizio e se convencia de que ele não era capaz de administrar a empresa. Um funcionário escreveu uma carta para ela, suplicando sua intervenção.

"*Signora* Patrizia", dizia a carta, "ele se tornou irreconhecível. Nós não sabemos como vamos seguir em frente. Há desorientação e insegurança. Quando tentamos falar com ele, encontramos uma parede de indiferença. Um sorriso frio. Ajude-nos! Tome conta da situação!"

Por intermédio de seus espiões – o que incluíam amigos mútuos como Adriana, a cozinheira de Maurizio e Paola –, Patrizia sabia tudo sobre a reforma da propriedade na Corso Venezia, sobre o *Creole*, a nova Ferrari Testarossa na garagem, e a respeito do aluguel de jatos particulares para viagens internacionais. Como a situação financeira dele piorasse, os pagamentos para ela se tornaram irregulares e Patrizia também ficou sem condições de pagar suas contas. A mercearia e o farmacêutico pararam de lhe dar crédito. Com sua conta bancária diminuindo, ela ligou para a secretária de Maurizio, Liliana, que tinha muito jogo de cintura para conservar os credores de Maurizio alternadamente satisfeitos ou na espera.

"A cada fim de mês, eu me preocupava em como conseguiria dinheiro suficiente para Patrizia", recordou Liliana, dizendo que enrolava os credores de Maurizio para poder pagar a pensão da ex-esposa. "Eu vou lhe dar parte do dinheiro amanhã e arranjarei o restante até o fim da semana", dizia Liliana, sempre com graça e de forma a contornar a situação.

"O quê?", Patrizia gritava indignada. "Ele gasta a torto e direito na Corso Venezia e não encontra dinheiro para as filhas?"

"Não, não, *signora*, eles pararam com as reformas na Corso Venezia", Liliana disfarçava.

"Está bem, eu espero", Patrizia lamentava-se. "Se precisamos fazer sacrifícios, então façamos."

Um mês, Maurizio ficou tão desesperado para achar dinheiro para Patrizia que seu motorista, Luigi, trouxe-lhe 8 milhões de liras, aproximadamente 6,5 mil dólares, que ele havia pego no cofrinho de seu filho.

No outono de 1991, depois que Maurizio confessou seus problemas pessoais a Franchini, ele pediu o divórcio a Patrizia. Paola, também com a ajuda de Franchini, pediu o divórcio; eles planejavam a mudança para a Corso Venezia. Patrizia sentiu que tudo o que havia conquistado lhe escapava das mãos. Queimando de raiva e ciúmes, Patrizia ridicularizava Paola, dizendo que ela era superficial e estava faminta por dinheiro e *status*, uma pessoa que habilidosamente tirava vantagem de Maurizio e queria a fortuna dele. Em alguns de seus ataques, ela estava descrevendo a si mesma.

Patrizia tinha "uma fixação quase obsessiva com suas propriedades", contou Piero Giuseppe Parodi, um dos advogados de Maurizio, para quem Patrizia começou a ligar regularmente para determinar seus direitos. "Ela sentia que tinha direito sobre as propriedades dele – não de acordo com bases legais, mas românticas. Achava que o barco era dela, o chalé em Saint Moritz... achava que o sucesso da Gucci em grande parte era devido a seu aconselhamento. Era também muito preocupada em relação ao que julgava ser a inabilidade de Maurizio em administrar a companhia. Ela julgava que seu marido não era hábil para controlar seus gastos de uma forma normal e vivia em constante estado de ansiedade sobre as posses dele, que ela imaginava lhe pertencer. Patrizia se preocupava com as implicações para si mesma e para as filhas."

Patrizia focava-se em Maurizio como uma saída para todo o seu sofrimento e jurava destruí-lo antes que ele destruísse as duas meninas.

"Ela queria vê-lo de joelhos", disse Maddalena Anselmi, uma amiga dela. "Queria que ele voltasse se rastejando para ela." Patrizia desistiu das sessões de magia, feitiços e poções.

"Nem que seja a última coisa que eu faça, mas quero vê-lo morto", Patrizia disse para sua governanta, Alda Rizzi, quando conversavam em seu quarto um dia. "Por que você não pede a seu namorado para achar alguém que possa me ajudar?" Patrizia repetia insistentemente para Alda, até que ela e o namorado foram procurar Maurizio em novembro de 1991. Ele gravou o que eles diziam e deu a fita para Franchini.

As enxaquecas de Patrizia começaram no mesmo outono. Quando não estava fazendo compras ou falando mal de Maurizio, fechava-se no quarto escuro por horas, com muitas dores. À noite, as dores de cabeça a mantinham acordada. Sua mãe e filhas ficaram preocupadas.

"*Mamma*", disse Alessandra um dia, quando tinha 15 anos. "Estou cansada de ver você sofrer. Vou chamar um médico."

No dia 19 de maio de 1992, Patrizia deu entrada na Madonnina, uma clínica importante de Milão, a mesma em que Rodolfo Gucci havia se tratado do câncer de próstata. Seus médicos diagnosticaram um grande tumor na parte frontal esquerda do cérebro. Tinham de operá-la imediatamente, disseram. Suas chances de sobrevivência não eram muito grandes.

"Eu senti que meu mundo estava despedaçado", Patrizia disse. "Eu sabia que o tumor tinha sido provocado por ele, por todo o estresse que ele me causou. Chegou a um ponto em que eu olhava para meu chapéu e o via coberto de cabelos, que caíam da minha cabeça. Eu tive uma crise. Queria destruir tudo."

Ela se tornou amarga em seu diário.

"BASTA!", escreveu em letras maiúsculas e raivosas através da página. "Não é possível que uma pessoa como Maurizio Gucci possa viver a vida entre iates de 60 metros, aviões particulares, apartamentos luxuosos e uma Ferrari Testarossa sem ser julgado como uma pessoa baixa e primitiva. Terça-feira foi diagnosticado um tumor que está pressionando meu cérebro. Dr. Infuso olhou os raios X espantado, temendo que ele não seja operável. Aqui estou eu sozinha com minhas duas filhas, de 15 e 11 anos, com uma mãe apreensiva e viúva, e um marido delinquente que nos abandonou porque seus fracassos constantes o fizeram compreender que o que restou de seus bens é suficiente apenas para ele."

Na manhã seguinte, o medo estava estampado no rosto de Alessandra e no da mãe de Patrizia, Silvana, quando foram ao escritório de Maurizio na Piazza San Fedele para dar-lhe a notícia. Atrás da porta fechada, a secretária Liliana ouviu suas vozes baixas, depois viu um trêmulo Maurizio acompanhá-las até a porta com o semblante grave.

"Patrizia foi diagnosticada com um tumor cerebral do tamanho de uma bola de bilhar", ele contou a Liliana em voz baixa e cansada depois que

Silvana e Alessandra partiram. "Agora entendo por que ela tem estado tão agressiva", completou com suavidade.

Silvana perguntou a Maurizio se ele poderia ficar com as meninas enquanto ela tomava conta de Patrizia – e ele respondeu que seria difícil; Corso Venezia não estava pronto ainda, e ele não tinha lugar para elas em seu apartamento de solteiro. Além disso, as coisas estavam chegando a uma conclusão com o Investcorp e ele viajava sempre. Ele disse que ficaria feliz em almoçar com elas sempre que pudesse. Patrizia se sentiu mais desiludida ainda quando ouviu a resposta dele.

Na manhã de 26 de maio, Patrizia se deitou na maca do hospital com a cabeça completamente raspada para a operação. Ela havia beijado as filhas e apertado com força a mão da mãe, mas até que os enfermeiros a levassem embora, ela conservava uma esperança de que Maurizio aparecesse. Ele não apareceu.

"Lá estava eu, sem saber se sairia viva daquela sala e ele não se importou em aparecer", disse Patrizia mais tarde. "Mesmo estando separada de Maurizio, eu continuava sendo a mãe das filhas dele."

Quando Patrizia voltou a si horas depois, ainda tonta pela anestesia, esforçou-se em focar os rostos em volta de si. Viu sua mãe, Alessandra e Alegra, mas, uma vez mais, Maurizio não estava lá. Ela não sabia que Silvana e os médicos o haviam desencorajado de vir, com medo de que a presença dele pudesse aborrecê-la.

Sem conseguir se concentrar, Maurizio tinha estado a manhã toda andando de um lado para outro em seu escritório. Finalmente disse a Liliana que estava saindo para enviar a Patrizia algumas flores. Ela se ofereceu para encomendá-las, mas ele não aceitou. Maurizio conhecia exatamente as orquídeas que ela adorava, e queria escolhê-las em pessoa. Enquanto andava pela Via Manzoni em direção à Redaelli, a florista do mundo da moda e a mesma loja onde Tom Ford e Richard Buckley haviam comprado buquês para Dawn Mello, Maurizio ponderava sobre o que escrever no cartão. Com medo de que Patrizia pudesse interpretar de forma errada suas palavras, ele decidiu apenas assinar MAURIZIO GUCCI.

Quando as flores chegaram ao quarto de hospital de Patrizia, ela as atirou raivosamente sobre a mesa, deixando-as lá sem desembrulhá-las. As orquídeas que Maurizio tão cuidadosamente escolhera para ela eram as mesmas que ela havia plantado em L'Oiseau Bleu — uma lembrança cruel de que não era bem-vinda. Patrizia voltou para casa uma semana depois e encontrou mais orquídeas com um cartão de Maurizio que dizia "Fique boa logo". Ela se atirou na cama, aos prantos.

"Aquele *disgraziato* não veio me ver!", gritava.

Patrizia, a quem tinham sido dados apenas alguns meses de vida, impeliu seus advogados para agir. Eles apreenderam seu acordo de divórcio, justificando que sua doença a incapacitava mentalmente na época em que concordara com os termos que davam a ela o apartamento da Galleria Passarella, um dos apartamentos da Olympic Tower, uma vultosa soma de 4 bilhões de liras (mais de 3 milhões de dólares na época), duas semanas de férias pagas num excelente hotel de Saint Moritz para ela e para as filhas e 20 milhões de liras mensais, cerca de 16 mil dólares, para as meninas. Eles fizeram um novo acordo com provisões mais generosas, que incluíam 1,1 milhão de francos suíços por ano, perto de 846 mil dólares; uma parcela de 650 mil francos suíços (550 mil dólares) a ser dada em 1994; usufruto da cobertura da Galleria Passarella, que seria doada a Alessandra e Allegra; e para Silvana, mãe de Patrizia, um apartamento em Monte Carlo e 1 milhão de francos suíços, pouco menos de 850 mil dólares.

O tumor, que de início temiam ser maligno, era benigno. Com a recuperação, Patrizia voltou a ter energia e força para pensar em se vingar de Maurizio Gucci.

"*Vendetta*", ela escreveu em seu diário no dia 2 de junho, citando a escritora feminista italiana Barbara Alberti. "Esqueci que *vendetta* não é apenas para os oprimidos, mas também para os bondosos. Vingue-se, pois tem razão. Seja intransigente porque foi ofendido. Superioridade não significa deixar para lá, mas encontrar a melhor maneira de humilhá-lo e libertar-se." Alguns dias mais tarde, ela escreveu: "Assim que estiver boa para falar com a imprensa, se meus médicos permitirem, eu quero que todos saibam quem realmente você é. Irei à televisão, perseguirei você até a morte, até que arruine você." Ela despejou sua fúria numa fita cassete e a enviou por portador a Maurizio.

> Querido Maurizio, estou enganada ou você perdeu sua mãe quando era muito pequeno? Naturalmente você também não sabe o que é ter um pai, especialmente quando se vê como foi fácil escapar da responsabilidade com suas filhas e minha mãe no dia da minha operação, sem contar que me deram um mês de vida... Quero dizer que você é um monstro, um monstro que pertence às primeiras páginas de todos os jornais, porque quero que todos saibam quem você realmente é. Vou à televisão. Vou para a América. Vou fazer com que todos falem a seu respeito...

Maurizio sentou em sua mesa ouvindo enquanto o gravador reproduzia a voz aguda dela, cheia de ódio nas palavras.

> Maurizio, eu não vou lhe dar um minuto de paz. Não invente desculpas, dizendo que eles não deixaram que você viesse me visitar... Minhas queridinhas correram o risco de perder a mãe e minha mãe correu o risco de perder a única filha. Você esperava... Você tentou me aniquilar, mas não conseguiu. Agora eu vi a face da morte... Você passeia de Ferrari, que comprou secretamente porque queria aparentar que não tinha dinheiro, enquanto aqui em casa os sofás brancos estão beges, o assoalho tem um rombo, os carpetes precisam ser trocados e as paredes precisam de restauração – você sabe que o estuque de Pompeia esfarela com o tempo! Mas não há dinheiro! Tudo para o *Signor Presidente*, mas e os outros?... Maurizio, você atingiu o limite – mesmo suas filhas já não respeitam mais você, para esquecer melhor o trauma... Você é um membro doloroso que todas

nós queremos esquecer... Maurizio, o inferno para você ainda vai chegar.

Num ímpeto, Maurizio pegou o gravador e o atirou fora. Ele se negava a escutar o resto e levou a fita cassete para Franchini, que o acrescentou à coleção crescente e aconselhou Maurizio a contratar um guarda-costas. Quando se acalmou, Maurizio achou melhor rir do acontecido. Ele não queria ficar obcecado com as ameaças de Patrizia. Naquele agosto, concordou em deixá-la recuperar-se da cirurgia em seu amado L'Oiseau Bleu. Ela teve férias tranquilas – e renovou seu pedido de posse da propriedade.

"*Desidero avere per sempre Oiseau Bleu*", ela escreveu em seu diário. "Para sempre vou querer meu Oiseau Bleu."

Apesar da revisão generosa dos termos do acordo de divórcio, leal à sua promessa, Patrizia foi à imprensa. Convidou jornalistas para o apartamento da Galleria Passarella a fim de dar entrevistas nas quais manchou o nome de Maurizio como empresário, marido e pai. Maurizio acreditava que até os boatos completamente infundados de que havia tido relações homossexuais – poderiam chegar a Patrizia.

Ela apareceu em um *talk show* feminino de grande audiência, *Harem*, com maquiagem pesada e cheia de joias. Sentou-se no amplo sofá do estúdio e queixou-se com a plateia de que Maurizio Gucci tinha lavado suas mãos e oferecido a ela um prêmio de consolação, a saber: a cobertura de Milão, o apartamento de Nova York e 4 bilhões de liras.

"Algo que já é meu não pode fazer parte do acordo de divórcio", ela protestou para os outros convidados, sem mencionar os espectadores de todo o país, aturdidos. "Tenho que pensar nas nossas filhas, que estão sem futuro... Preciso lutar pelas meninas; se o pai delas quer ir passear no *Creole* por seis meses, bem, deixe-o ir."

No outono de 1993, quando Patrizia percebeu que Maurizio correu o risco de perder o controle da companhia, ela interveio em causa própria;

não porque quisesse ajudá-lo, explicou mais tarde, mas para salvar a Gucci para suas filhas. Ela disse que atuou como intermediária com o Investcorp, tentando em vão – como muitos outros – persuadir Maurizio a aceitar uma presidência honorária e ficar fora do controle administrativo. Ela tentou ajudá-lo a conseguir dinheiro para recuperar as ações e disse que enviou o advogado Piero Giuseppe Parodi, que colocou Maurizio em contato com Zorzi para um financiamento, e no último minuto salvou as ações do leilão judicial. Quando Maurizio perdeu a batalha com o Investcorp e foi forçado a vender metade da Gucci, Patrizia tomou isso como um desastre pessoal.

"Você está louco", ela gritou para ele. "Essa é a coisa mais demente que você poderia ter feito!"

A perda da Gucci foi outra ferida que supurou.

"Para ela, a Gucci representava tudo", disse sua ex-amiga Pina Auriemma anos depois. "Era dinheiro, era poder, era identidade para ela e para as meninas."

# Paradeisos

Alcançando a mesa de cabeceira, Maurizio desligou o despertador antes que ele tocasse. Paola murmurou algo e enfiou a cara no travesseiro. Maurizio olhou o quarto à sua volta, passou pelos dois sofás verdes posicionados em frente à lareira a gás, o que criava um ar de intimidade, até a grande janela, que tomava a parede toda. A luz da manhã começava lentamente a dar sinais através da veneziana e das cortinas de seda douradas, que eles deixavam levemente entreabertas para ver o balcão coberto de plantas e o jardim abaixo. Os gritos altos dos pavões eram filtrados pelo jardim de inverno ao lado, enquanto os sons do tráfego que começava a lotar a Corso Venezia eram quase inaudíveis. Maurizio gostava da sensação de paz que o apartamento lhe trazia, muito embora estivesse localizado no centro de Milão, pertíssimo das elegantes lojas da Via Monte Napoleone e da Via della Spiga, que um dia foi pano de fundo para o sonho de sua vida.

Nos primeiros meses após ter vendido suas ações da Gucci, Maurizio tinha vivido em um torpor, um estado de choque, como se alguém tivesse morrido. Ele culpava o Investcorp por não lhe ter dado tempo suficiente para alcançar o sucesso, Dawn Mello por não firmar o conceito de design dele e De Sole por traí-lo. Ele sentia que tinha sido manipulado.

"A grande questão para Maurizio era a traição a seu pai", disse Paola mais tarde. "O medo dele era trair todo o trabalho que foi feito antes e que causava a ele grande angústia. Uma vez que entendeu que não tinha outra saída senão vender, relaxou. Estava fora de suas mãos", ela se lembrou.

Com as dívidas pagas e mais de 100 milhões de dólares no banco conseguidos com a venda da Gucci, pela primeira vez na vida Maurizio Gucci não tinha batalhas para lutar.

Depois da venda, Maurizio comprou uma bicicleta, que era guardada no porão do prédio da Corso Venezia. Depois também sumiu de Milão. Ele levou o *Creole* de volta a Nioularge em Saint-Tropez e entocou-se em Saint Moritz. Com o passar das semanas, o *fog* e a depressão começaram a subir. Ele percebeu que uma grande carga tinha sido tirada dele.

"Pela primeira vez em sua vida, ele podia decidir o que queria fazer com seu próprio futuro", contou Paola. "Maurizio não tinha tido uma infância livre; sempre sentira a pressão de seu nome e tudo o que ele trazia consigo. Seu pai despejou muita coisa sobre ele e Maurizio tinha um senso forte de que tudo o que deveria fazer era o 'certo'. Ainda havia o ciúme dos primos porque ele tinha herdado cinquenta por cento de tudo sem realmente fazer nada, enquanto era o pai deles que havia construído o nome Gucci."

No início de 1994, ele voltou para Milão, pegou sua bicicleta e foi da Corso Venezia até o escritório de Fabio Franchini, no outro lado da cidade, onde começou a delinear suas ideias para um novo negócio. "Ele não tinha aonde ir, por isso vinha aqui", lembrou Franchini. "Às oito horas da manhã, ele já estava aqui com seu vulcão de ideias."

Num de seus passeios matinais de bicicleta, Maurizio parou na Piazza San Fedele. Naquela manhã cinza e fria do início de fevereiro de 1994, a diretora de comunicação da Gucci, Pilar Crespi, havia chegado cedo na matriz da companhia e subiu as escadas acarpetadas até o segundo andar, antes que as pessoas chegassem para trabalhar. Quando ela se aproximou de sua mesa, olhando para uma pilha de revistas de moda, concentrada em seus pensamentos, alguma coisa no lado de fora da janela repentinamente chamou sua atenção. Abaixo, a fachada recentemente limpa da igreja, cercada por prédios da Piazza San Fedele e palidamente iluminada pela luz da manhã, parecia o cenário de *O Fantasma da Ópera*. Pilar Crespi deixou os papéis sobre a mesa e moveu-se para um lado da janela, de onde podia observar sem ser vista. Uma figura silenciosa e solitária estava sentada em um dos bancos de mármore, olhando para o prédio da Gucci. O homem, vestindo um casaco de lã de camelo, tinha os cabelos loiros escuros na altura dos ombros. Seu perfil combinava tão bem com o entorno de pedra e mármore, que ela mal o viu a princípio, mas um movimento familiar chamou sua atenção quando ele arrumou seus óculos no alto do nariz. Pilar Crespi suspirou — Maurizio Gucci estava sentado observando o prédio. Não o via fazia quase um ano. Semanas antes da venda, ele tinha ficado inacessível; depois da compra, ele desapareceu completamente. Ela olhou para ele enquanto Maurizio observava o prédio, como se estivesse tentando visualizar o que acontecia ali dentro. Uma onda de piedade varreu Pilar. Ela se lembrou do quanto ele havia sido paciente e generoso com ela, deixando-a adiar a data em que começaria a trabalhar até que seu filho terminasse a escola em Nova York e ela pudesse se mudar para Milão. Também se lembrou de quanto ele era enérgico e entusiasta — até que o desespero o transformou num patrão paranoico e imprevisível.

"Havia uma expressão de tristeza em sua face", Pilar Crespi disse mais tarde. "San Fedele tinha sido o seu sonho. Ele estava sentado ali, olhando para cima."

"Eu sou o meu próprio presidente agora", disse Maurizio para Paola. Ele fundou uma nova companhia, Viersee Itália, e alugou escritórios em frente ao parque na Via Palestro, a poucos metros de casa. Paola ajudou-o a decorar as salas com papel de parede claro e coloridas peças chinesas em madeira laqueada, e Antonietta deu a ele amuletos e poções para livrá-lo das feitiçarias de Patrizia. Ele sabia que Paola torcia o nariz para suas superstições, mas Maurizio gostava de Antonietta; ela lhe dava suporte e bons conselhos. Ele a consultava como outros homens deviam consultar um analista financeiro ou um psicólogo.

Maurizio separou 10 milhões de dólares e se deu um ano para desenvolver novas possibilidades em qualquer setor, menos na moda. Particularmente interessado em turismo, Maurizio começou a estudar vários projetos. Primeiro havia sido convidado a colaborar no patrocínio de um porto para barcos históricos em Palma de Mallorca, o ancoradouro espanhol onde deixava o *Creole*. Também mandou um grupo de observadores para a Coreia e o Camboja a fim de explorar novas possibilidades de turismo. Além disso, pensou em abrir uma rede de pequenas e luxuosas hospedarias em cidades pitorescas da Europa e investiu 60 mil francos suíços — menos de 50 mil dólares — em um hotel em Crans-Montana, uma estação suíça de esqui. O hotel, um protótipo para a rede, tinha jogos eletrônicos e outras atividades no saguão, inclusive máquinas caça-níqueis.

"Ele estava estudando as coisas com cuidado", disse Liliana, que continuou como sua secretária depois que Maurizio deixou a Gucci. "Não estava apenas jogando dinheiro nas coisas como fazia na Gucci. Antes de iniciar um novo projeto, ele trabalhava muito. Tinha finalmente crescido."

O antigo charme e entusiasmo de Maurizio começou a voltar. Pela primeira vez na vida, ele vivia para si. Comprou novas roupas para seu novo papel, deixando os ternos cinza de CEO no armário, a menos que tivesse uma reunião de negócios. Calças de sarja e veludo e camisas esporte se tornaram seu novo uniforme. Complementadas por gravatas aparecendo levemente sob os suéteres de *cashmere* em vez de paletós. Embora tivesse perdido a companhia, lutava para continuar com sua *bella figura* — Maurizio tinha o estilo certo para cada ocasião. Adorava fazer coisas simples e, quando corria pelos caminhos arborizados do Giardini Pubblici, ele usava roupas esportivas compradas nos Estados Unidos. Para pedalar pela cidade, ele tinha a bicicleta perfeita e o traje casual certo. Maurizio também tentou passar mais tempo com Alessandra e Allegra, mas Patrizia sempre colocava empecilhos, especialmente se Paola estivesse por perto.

Lembrando-se de quanto seu pai era avarento, em junho de 1994, Maurizio deu a Alessandra 150 milhões de liras (perto de 93 mil dólares) em seu aniversário de 18 anos, dizendo que ela deveria administrar o dinheiro e também usá-lo para cobrir os gastos de sua festa.

"Quero que você seja responsável com o dinheiro e controle-o da maneira que quiser – pode escolher entre dar uma grande festa ou fazer uma reunião íntima." A despeito do desejo de Maurizio, Patrizia imediatamente tomou conta do planejamento da festa – e marcou uma cirurgia plástica para si mesma e para a filha "a fim de que estivessem bem para o evento". Patrizia operou o nariz; Alessandra, os seios.

Na noite de 16 de setembro, cerca de quatrocentos convidados atravessaram o caminho iluminado com tochas da Villa Borromeo di Cassano d'Adda, nas proximidades de Milão, que Patrizia havia alugado para a ocasião. O champanhe continuou a ser servido depois do suntuoso jantar e a banda envolveu os convidados, que gritaram de satisfação ao descobrir que os músicos eram os populares Gipsy Kings, a quem Patrizia havia contratado por um preço exorbitante como uma surpresa para Alessandra.

Maurizio não compareceu e o padrinho de Alessandra, Giovanni Valcavi, cumprimentou os convidados ao lado dela e de Patrizia. Durante o jantar, Patrizia virou-se para Cosimo Auletta, o advogado que tinha tratado de seu divórcio e que estava sentado na mesma mesa que ela: "*Avvocato*", disse reservadamente, perturbada com a ausência de Maurizio, "o que aconteceria se eu resolvesse dar uma lição em Maurizio?".

"O que você quer dizer com 'dar uma lição em Maurizio'?", o advogado perguntou surpreso.

"Quero dizer, o que aconteceria comigo se eu me livrasse dele?", Patrizia foi mais direta, piscando com seus cílios escuros e maquiados.

"Não quero nem mesmo brincar com isso", murmurou o advogado chocado, mudando de assunto. Quando ela fez a mesma pergunta a ele um mês depois em seu escritório, Auletta não quis mais representá-la. Ele escreveu uma carta a ela, pedindo para parar com esse discurso e informou Franchini e a mãe de Patrizia sobre essas conversas. Muitos dias depois da festa, Maurizio chamou Alessandra em seu escritório na Via Palestro.

O banco o havia avisado de que a conta da menina estava estourada em 50 milhões de liras (aproximadamente 30 mil dólares).

"Alessandra", disse de maneira austera, "fui informado de que sua conta bancária está descoberta em 50 milhões de liras. Não pretendo cobrir esse valor e quero uma explicação sobre o que você fez com esse dinheiro!"

Alessandra moveu-se desconfortável sob o olhar do pai. "Desculpe, *Papà*, sei que o desapontei", ela respondeu. "Eu não sei onde foi gasto; você sabe, *Mamma* fez todos os arranjos. Eu prometo que vou verificar. Isso não vai acontecer novamente."

Quando Alessandra voltou com as notas, ficou claro que, além dos cheques pagos ao bufê e outros serviços para a festa, Patrizia havia gasto 43 milhões de liras (27 mil dólares) do dinheiro de Alessandra que não estavam contabilizados. Maurizio, exasperado, acabou cobrindo a conta. A tentativa de educar financeiramente a filha tinha falhado.

Em 19 de novembro de 1994, o divórcio de Maurizio e Patrizia foi oficializado. Naquela sexta-feira, ele foi almoçar em casa para fazer uma surpresa para Paola, cumprimentando-a na sala de estar com um largo sorriso e dois martínis, assim que ela chegou.

"Paola, a partir de hoje sou um homem livre!", disse entregando-lhe a taça e dando-lhe um beijo. Um mês antes, Paola tinha se divorciado de Colombo. Maurizio enfim sentiu que poderia reconstruir sua vida, livre dos problemas pessoais e profissionais que o tinham absorvido até aquele momento. Ele ordenou a Patrizia que parasse de usar o nome Gucci e começou a preparar os papéis para obter a custódia das meninas. De acordo com as pessoas mais próximas dele, Maurizio não queria se casar novamente. Paola, com ideias diferentes, contou a amigos que ela e Maurizio estavam planejando um casamento no Natal, sob a neve de Saint Moritz, num trenó puxado por cavalos e coberto de peles. Essa notícia chegou a Patrizia, que morria de medo de que eles tivessem um filho.

Patrizia desafogou sua fúria em um novo projeto – um manuscrito de quinhentas páginas, parte verdade, parte ficção, chamado *Gucci versus*

*Gucci*, que havia começado depois que Maurizio perdeu a companhia. Ela chamou a amiga Pina, que veio de Nápoles, para ajudá-la a terminar a crônica imaginativa de suas experiências com a família Gucci. Pina, falida por causa de uma boutique de roupas que ela tinha aberto com uma amiga, estava feliz em fugir de Nápoles e de sua montanha de dívidas. Ela confessou a Patrizia que tinha roubado 50 milhões de liras do caixa do negócio de seu sobrinho, onde trabalhara por uns tempos, e estava desejosa de sair da cidade. Patrizia ofereceu-se para pagar sua estadia em um hotel de Milão e não a convidou para ficar em sua casa – Silvana e as meninas não gostavam de Pina, porque a achavam vulgar e sem hábitos de higiene.

MAURIZIO SAIU DA CAMA silenciosamente para não acordar Paola. Ele se sentia descansado depois de passar um tranquilo fim de semana em Milão, em vez de ir a Saint Moritz como eles haviam originalmente programado. Maurizio havia retornado na quarta-feira de Nova York, onde saldou uma dívida antiga com o Citicorp e que ainda o atormentava depois dos tempos difíceis da Gucci. Tudo o que o lembrasse do trauma pelo qual havia passado o deixava fatigado e deprimido novamente.

Na sexta-feira, pouco antes do meio-dia, Maurizio decidiu que estava muito cansado para dirigir por três horas até Saint Moritz. Ele ligou para Paola, que cancelou um compromisso com o tapeceiro na cidade suíça, enquanto Liliana avisava os empregados de Saint Moritz e de Milão sobre a mudança nos planos. A maioria das famílias de classe alta de Milão não passava o fim de semana na cidade, indo para os Alpes no inverno e para o litoral da Ligúria no verão. Maurizio – em sua nova maneira de apreciar a vida mais simples – adorava um fim de semana em Milão de vez em quando. Naquela sexta-feira, deixou sua mesa no escritório coberta de papéis, panfletos e notas sobre seus novos projetos e fechou a porta, pendurando um aviso para a faxineira não tocar em nada.

No domingo, depois de dormirem até tarde e de um café demorado no terraço, Maurizio e Paola visitaram uma feira de antiguidades nas vizinhanças de Navigli ao longo dos dois canais que se dirigem para a cidade, onde uma vez por mês as calçadas ficam cheias de comerciantes de antiguidades. O único desapontamento de Maurizio naquele fim de semana era que ele não conseguira ver as filhas.

Na sexta-feira, ele havia encontrado Alessandra rapidamente na auto-escola, onde ela fora fazer o teste de direção. No dia seguinte, ela ligou para o pai feliz porque havia passado.

"Fantástico!", Maurizio respondeu ao telefone. "Na próxima semana, iremos para Saint Moritz, só você e eu." Essa foi a última vez que ela falou com o pai.

No domingo à noite, Maurizio concordou em ir ao cinema e jantar com um grupo de amigos de Paola. Em casa, mais tarde, eles fizeram uma lista de nomes para a rede de hospedarias de luxo que Maurizio pretendia abrir. Seus olhos se fixaram em um livro de contos de fadas chinês, que estava sobre sua mesa de cabeceira e intitulava-se *Il Paradiso nella Giara*, ou "Paraíso numa Jarra".

"É isso", pensou, repetindo o nome muitas vezes, até que caiu no sono. "'Paraíso numa jarra' é perfeito."

Na manhã seguinte, Maurizio tomou banho no espaçoso banheiro em mármore ao lado de seu quarto, pensando no dia que teria. Seu primeiro compromisso era com Antonietta, às 9h30, em seu escritório, ele queria consultá-la e saber a opinião dela a respeito de seu novo projeto. Depois ele teria uma reunião com Franchini e um almoço de negócios, para o qual ele também tinha convidado Paola. Contudo, ele queria que fosse um dia curto — tinha comprado recentemente um novo jogo de tacos de bilhar para sua mesa e queria chegar em casa mais cedo a fim de experimentá-los.

Maurizio voltou para o quarto depois do banho, quando Paola levantava a cabeça do travesseiro. Ele abaixou-se e a beijou, então pegou o controle remoto para abrir as persianas. Ela piscou sonolenta quando as lâminas se abriram, enchendo o quarto com a luz da manhã. Um oásis de folhagem verde apareceu do lado de fora da janela, criando uma ilusão de que eles moravam num jardim paradisíaco e não em Milão.

Maurizio vestiu-se, escolhendo um terno príncipe de Gales de lã cinza, uma camisa azul engomada e uma gravata Gucci de seda azul. Maurizio se negava a desistir das gravatas Gucci, mesmo depois da venda da companhia; não via por que deveria. Ele mandava Liliana na loja de tempos em tempos para comprá-las para ele – nessa época, De Sole oferecia gentilmente um desconto. Ele colocou seu relógio Tiffany de pulseira marrom e enfiou uma agenda no paletó, com algumas notas que ele havia feito ao longo do fim de semana. Também pôs no bolso da frente da calça um amuleto da sorte em coral e ouro, e uma placa de metal com a face de Jesus envernizada no bolso de trás. Paola se enrolou em um robe e os dois desceram para o *hall* juntos, felizes com o aroma do café que vinha da cozinha. Adriana, a cozinheira, havia preparado o desjejum, que a empregada somali serviria na grande sala de jantar. Maurizio pegou os jornais e passou os olhos nas manchetes do dia enquanto comia pão e sorvia o café. Paola – sempre preocupada com a aparência – dava colheradas em um iogurte.

Maurizio pôs os jornais de lado, terminou seu café e a fitou com um olhar carinhoso.

"Você chegará por volta do meio-dia e meia?", perguntou, segurando a mão dela. Paola sorriu e confirmou com um aceno de cabeça. Maurizio levantou-se, colocou a cabeça na cozinha para dizer adeus a Adriana, e andou em direção ao *hall* com Paola atrás dele. Ele vestiu seu casaco de lã de camelo, pois o ar da manhã ainda estava frio. Tomando Paola nos braços, disse: "Volte para a cama se quiser, querida. Há muito tempo até a hora do almoço. Vá com calma; não há por que ter pressa".

Eles se despediram com um beijo e Maurizio desceu rápido as régias escadas de pedra, correndo a mão sobre os obeliscos de mármore quando chegou embaixo. Cruzou as grandes portas de madeira e, na calçada, olhou rapidamente para o relógio, que marcava pouco mais de 8h30. Maurizio esperou o semáforo mudar na esquina, cruzou a Corso Venezia e andou rapidamente pela calçada da Via Palestro, com pressa de colocar seus papéis em ordem antes que Antonietta chegasse. Ele olhou atentamente o parque do outro lado da rua e contou seus passos como fez várias vezes antes: 101 passos de porta a porta. A possibilidade de andar para o trabalho era realmente um luxo, pensou ele quando se aproximou da porta de entrada do número 20 da Via Palestro. Maurizio mal notou o homem de cabelos escuros em pé na calçada, procurando o número do edifício como se checasse o endereço.

Com os braços balançando, Maurizio cruzou a porta de seu prédio e cumprimentou o porteiro, Giuseppe Onorato, enquanto subia os degraus.

"*Buongiorno!*"

"*Buongiorno, Dottore*", respondeu Onorato, tirando os olhos da vassoura e olhando para cima.

SOMENTE A EMPREGADA VIU Patrizia Reggiani soluçando incontrolavelmente na manhã de 27 de março de 1995, depois que ouviu a notícia da morte de Maurizio. Depois disso, ela secou as lágrimas, aprumou-se e escreveu uma única palavra com letras maiúsculas em seu diário Cartier: PARADEISOS, "paraíso" em grego. Com a caneta, ela vagarosamente desenhou uma borda negra em torno da data. Às três horas da tarde, Patrizia andou algumas quadras de seu apartamento na Piazza San Babila até o número 39 da Corso Venezia, com seu advogado, Piero Giuseppe Parodi, e sua filha mais velha, Alessandra. Ela tocou a campainha do apartamento de Maurizio e perguntou por Paola Franchi, que estava tentando tirar um cochilo.

Naquela manhã, uma perturbada Antonietta chegou à porta perguntando por Paola pouco tempo depois que Maurizio saíra. Ela disse que fora ao escritório de Maurizio, mas não pudera entrar por causa da grande quantidade de pessoas na porta. Ela correu imediatamente para dizer a Paola que alguma coisa errada estava acontecendo. Paola enfiou-se em uma roupa e cruzou a rua, abrindo caminho em meio a jornalistas que se apinhavam em torno das grandes portas. "Sou a esposa! Sou a esposa!", ela gritou sem fôlego aos *carabinieri*, que estavam contendo os jornalistas e a deixaram passar. Quando ela estava para cruzar a porta, o amigo de Maurizio, Carlo Bruno, saiu dentre a multidão e segurou-a.

"Paola, não entre. Venha comigo." "Foi Maurizio?", ela perguntou. "Sim."

"Ele está machucado? Eu quero ir até ele", Paola protestou, empurrando o braço de Bruno enquanto se encaminhavam para o parque. Eles tinham chegado ao cruzamento da Via Palestro com a Corso Venezia.

"Não há nada mais a fazer", disse suavemente enquanto Paola olhava para ele sem acreditar. Poucas horas depois, Paola foi ver Maurizio no necrotério da cidade.

"Ele estava deitado na mesa de barriga para baixo, com o rosto virado para o lado", Paola contou. "Tinha um buraco bem pequeno na têmpora, mas de resto estava perfeito. Essa era a coisa incrível a respeito dele: quando viajava, quando dormia, ele era sempre perfeito. Nunca parecia amarrotado ou em desordem."

Naquela tarde, o magistrado de Milão, Nocerino, interrogou Paola sobre o assassinato, perguntando se Maurizio tinha inimigos.

"A única coisa que posso dizer é que no outono de 1994 Maurizio estava apavorado porque seu advogado, Franchini, soube que Patrizia contou a seu advogado, Auletta, que queria que ele fosse morto", Paola respondeu entorpecida. "Eu me lembro que, depois daquelas ameaças, Franchini parecia mais preocupado do que Maurizio, aconselhando-o a proteger-se de alguma forma. Mas Maurizio deixou isso de lado."

Nocerino levantou ceticamente suas sobrancelhas escuras. "E você, *signora*, estava protegida de alguma maneira?", ele perguntou.

"Não. Não havia nenhum papel, nenhum acordo financeiro entre nós, se é isso que quer saber", respondeu de maneira formal e ofendida. "Nosso relacionamento era puramente emocional."

Paola voltou para a Corso Venezia e tentava dormir quando Patrizia tocou a campainha e exigiu subir, dizendo que tinha assuntos legais importantes para discutir. Quando a criada disse que não, que Paola estava descansando, Alessandra começou a chorar, pedindo para, pelo menos, ter uma lembrança do pai, um de seus suéteres de *cashmere*. Paola se recusou a receber Patrizia, mas instruiu a empregada a dar um suéter para Alessandra, que a menina recebeu agradecida, levando-o até o nariz para sentir o perfume do pai.

Paola ligou para Franchini perguntando o que deveria fazer, mas não encontrou consolo. Ele disse a ela que deveria permitir a entrada. O contrato de casamento que Maurizio havia pedido a Franchini para fazer ainda era um rascunho. Paola não tinha direito legal às propriedades de Maurizio, que iriam direto para as filhas. Ela deveria fazer os arranjos necessários para deixar a Corso Venezia o mais rapidamente possível.

Na manhã seguinte, Patrizia voltou — não antes que um oficial de justiça chegasse e lacrasse a casa, com base em um documento legal preenchido pelas "herdeiras de Maurizio Gucci" às 11 horas da manhã do dia anterior. Paola olhou para o oficial de justiça em pânico.

"Às 11 horas da manhã de ontem, Maurizio Gucci estava morto havia apenas algumas horas", ela protestou. Ela convenceu o oficial de justiça a lacrar apenas uma sala. "Eu moro aqui com meu filho. Não consigo ir embora assim tão rápido."

Patrizia agiu rapidamente, mas Paola também — depois de sua conversa com Franchini, ela fez várias ligações telefônicas e, no fim da noite, um esquadrão de mudança carregou os móveis, os acessórios leves, as cortinas, as porcelanas, os talheres e algo mais em três vans estacionadas em frente ao número 38 da Corso Venezia. No dia seguinte, os advogados de Patrizia ordenaram que Paola devolvesse tudo, embora ela acabasse ficando com algumas peças que afirmou serem suas, incluindo um jogo de tapeçaria de seda verde. Sempre sob os protestos calorosos de Patrizia.

"Estou aqui como mãe, não como esposa", disse friamente enquanto era levada para dentro da sala de estar da Corso Venezia na manhã seguinte. "Você deve sair daqui o mais rápido possível", explicou Patrizia. "Esta era a casa de Maurizio e agora será a casa das herdeiras dele", completou olhando em volta. "O que exatamente planeja levar com você?"

Às 10 da manhã da segunda-feira, 3 de abril, um Mercedes preto levando o caixão de Maurizio Gucci parou na Piazza San Babila em Milão, em frente à igreja de San Carlo, cuja fachada amarela podia ser vista do terraço da cobertura de Patrizia. Quatro pessoas saíram e carregaram o caixão para dentro da igreja, onde pouca gente em luto já havia chegado.

Liliana do lado de fora com o marido espiou dentro da igreja, olhou o caixão, forrado de veludo cinza com três grandes coroas de flores brancas em cima, sozinho perto do altar. Ela pegou no braço do marido.

"Vamos ficar lá dentro com Maurizio", disse numa voz emocionada. "Não posso suportar vê-lo sozinho lá dentro."

Patrizia cuidou de todos os detalhes do funeral. Paola ficou em casa. Naquela manhã, Patrizia atuou como a perfeita viúva, usando um véu preto sobre óculos escuros, um conjunto preto e luvas pretas de couro. Contudo, ela não escondia seus sentimentos.

"Pelo lado humano, tenho pena; pelo lado pessoal, não posso dizer o mesmo", disse frivolamente para os jornalistas de plantão.

Ela tomou seu lugar na fileira da frente, ao lado de Alessandra e Allegra, que também usavam óculos escuros para esconder as lágrimas. Não mais de duzentas pessoas apareceram e destas, apenas algumas eram amigas, como Beppe Diana, Rina Alemagna, Chicca Olivetti, nomes da aristocracia da indústria do norte italiano. Muitos outros ficaram em casa, temendo o escândalo em torno da morte sinistra de Maurizio. Pela mesma razão, muitas mais se absteram de colocar o costumeiro obituário nos jornais locais em solidariedade à família do falecido. Os jornais especulavam sobre a morte com estilo de execução da máfia e conjecturavam sobre os negócios escusos de Maurizio, o que enfureceu Bruno, Franchini e amigos próximos, que sabiam que ele estava acima de qualquer suspeita. A maioria das pessoas que foram ao funeral eram antigos funcionários, que queriam dar adeus a Maurizio, e também jornalistas e curiosos. Giorgio Gucci voou de Nova York com sua mulher, Maria Pia, e seu filho Guccio Gucci. Eles se sentaram muitas fileiras atrás de Patrizia. A filha de Paolo, Patrizia, também compareceu. Maurizio havia se compadecido dela, apesar dos conflitos que tivera com Paolo, e contratou-a para trabalhar no escritório de relações públicas da Gucci, anos antes de vender a empresa para o Investcorp.

"Aqui dizemos adeus a Maurizio Gucci e a todos os Maurizios que perdem suas vidas por causa dos Cains que existem no mundo", disse o padre, Dom Mariano Merlo, enquanto dois *carabinieri*, disfarçados, fotografavam a cerimônia curta e bisbilhotavam o livro de convidados, procurando possíveis pistas que os levassem ao assassino. Depois da cerimônia, um Mercedes escuro levou-o para Saint Moritz, onde Patrizia havia decidido que Maurizio seria enterrado, em vez de ficar com a sua família em Florença.

Depois, Antonio, o sacristão, murmuraria tristemente: "Havia mais câmeras de televisão e curiosos do que amigos".

"A atmosfera era mais estranha do que triste", observou Lina Sotis, uma colunista social do *Corriere della Sera*, especulando perniciosamente se o assassino poderia realmente estar presente no funeral, como nos melhores livros de mistério. Lina Sotis friamente lembrou que, a despeito de seu nome e riqueza, Maurizio não havia encontrado espaço em Milão, a capital financeira e da moda italiana.

"Maurizio Gucci, nesta cidade, estava na sombra. Todos conheciam seu nome, mas poucos sabiam quem era", escreveu em sua matéria no dia seguinte. "'Milão é muito difícil para mim', ele confidenciou certa vez para um amigo. O garoto loiro de olhos azuis podia permitir-se tudo – tudo exceto uma mulher amada ao seu lado e uma cidade difícil como Milão."

No dia seguinte, Paola organizou sua própria missa para Maurizio na igreja de San Bartolomeo, perto da Via Moscova, do outro lado do Giardini Pubblici.

"Você sabia como ganhar nossos corações, mas alguém não amou você como nós", disse Denis Le Cordeur, primo de Paola e amigo de Maurizio, lendo uma pequena nota de condolências. "Alguém que cometeu não apenas um crime, mas dez, vinte, cinquenta – tantos quanto o número de pessoas que se encontram aqui hoje, porque em todos que conheceram você, algo morreu."

Alguns meses depois, Patrizia, triunfantemente, mudou-se para a Corso Venezia, livrando-se de qualquer traço de Paola, que retornou para o condomínio de seu ex-marido. No quarto das meninas, ela ordenou que o papel de parede fosse rasgado e que fossem retiradas as camas com dossel. Ela redecorou o quarto à sua maneira com mobília veneziana envernizada e tecidos impressos. Também transformou a sala das crianças, que Paola havia decorado com tons vinho escuro, numa sala de televisão para ela e para as meninas, pintando as paredes de salmão claro. Ela colocou lá sofás florais em rosa, azul e amarelo e cortinas decoradas com franjas, para ficar parecido com a cobertura da Galleria Passarella. Em uma das paredes, ela pendurou um enorme quadro a óleo com o seu retrato, no qual foram pintados os cachos escuros que sempre desejou ter.

Embaixo, ela mudou o mínimo possível, embora tenha vendido a mesa de bilhar e redecorado a sala de jogos, transformando-a em uma sala de estar. À noite, ela dormia na cama imperial de Maurizio, acordando com o barulho dos pavões vindo do jardim de inverno abaixo. Nas manhãs, depois do banho, ela se enrolava no robe de Maurizio.

"Ele pode ter morrido", disse a uma amiga, "mas minha vida apenas começou."

No início de 1996, ela escreveu uma frase na capa interna de seu novo diário Cartier: "Poucas mulheres podem realmente capturar o coração de um homem – e menos ainda são as que conseguem possuí-lo".

# Reviravolta

Na segunda de manhã, 26 de setembro de 1993, o primeiro dia de trabalho em que o Investcorp controlava cem por cento das ações da Gucci, Bill Flanz e um pequeno grupo de executivos viram-se amontoados do lado de fora, no pátio da Piazza San Fedele: seus escritórios estavam fechados.

Depois de concluir a transação com Maurizio e dar a ele tempo necessário para pegar seus pertences pessoais, Flanz instruiu Massetti a bloquear o prédio durante o fim de semana.

"Eu organizei um serviço de segurança intransponível da sexta-feira à noite até as 9 horas da manhã de segunda", lembrou-se Massetti. "Dei ordens estritas para que ninguém, ninguém mesmo, pudesse entrar no prédio antes das 9 horas."

Bill Flanz, o chefe interino do Investcorp, pediu que os altos executivos e gerentes da Gucci viessem cedo para a Piazza San Fedele na segunda-feira a fim de tentar resolver imediatamente os problemas financeiros e de *staff* mais urgentes. Mas, quando chegaram às portas duplas da Gucci às 8 horas, ansiosos por começar, os guardas barraram a entrada. Mesmo quando Flanz explicou que ele era o responsável, os guardas negaram e cumpriram as ordens. O grupo entrou na empresa passado um minuto das 9 horas.

"Eles não se importavam se éramos ou não do Investcorp", Flanz declarou timidamente. "Seguiram as ordens, e nós tivemos de começar a reunião no pátio!"

A reestruturação começou naquela manhã com a transferência emergencial de 15 milhões de dólares do Investcorp para pagar as contas mais urgentes. Rick Swanson calculou que a companhia precisaria de um total de 50 milhões de dólares, incluindo essa quantia inicial, para pagar as obrigações, reerguer-se e recomeçar, dinheiro que o Investcorp rapidamente injetou na empresa.

"Cada companhia [Gucci] tinha seus próprios problemas", lembrou Swanson. "Era como ter um bando de pequenas aves famintas que precisavam comer ao mesmo tempo."

Mesmo tendo sido um visitante habitual do quinto andar da Piazza San Fedele, Flanz sentiu-se incomodado quando entrou no escritório de Maurizio. Ele sentou-se na cadeira antiga, passou as mãos suavemente nos leões entalhados nos braços dela, e olhou em volta descrente. O filho de professor que crescera em Yonkers e cortava grama para juntar uns trocados estava na administração de uma das empresas de artigos de luxo mais conhecidas no mundo.

"Eu tinha trabalhado no Chase Manhattan, encontrava-me constantemente com David Rockefeller em seu escritório, tinha visitado muitos capitães da indústria e chefes de governo pelo mundo, e acho que não tinha visto um escritório mais elegante do que o que eu herdei de Maurizio", Flanz disse mais tarde.

Naquela manhã, a primeira em que a Gucci funcionava sem um Gucci no comando, Maurizio completou 45 anos. No dia anterior, Bill Flanz tinha completado 49.

"Era uma grande festa de aniversário para cada um de nós", comentou Flanz mais tarde. "Maurizio ganhou 120 milhões de dólares e eu ganhei a Gucci!"

No dia seguinte, Flanz tomou o trem para Florença a fim de amenizar a fúria dos empregados o máximo possível, com a ajuda de um tradutor.

Os desestimulados funcionários temiam que o Investcorp descartasse a produção interna e tornasse a Gucci uma grande empresa compradora de produtos de fornecedores externos.

Uma semana depois, Flanz chamou Maurizio para uma reunião de diretoria da Gucci a fim de formalizar a troca de liderança. O Investcorp designou Flanz o cabeça de um comitê composto de gerentes da Gucci e do Investcorp e deu a ele carta branca para fazer a transição. Eles se encontraram em um território neutro, um escritório de seus advogados em Milão. Novamente, Maurizio e seus conselheiros foram levados a uma sala enquanto Flanz e seus colegas ficaram em outra. Flanz finalmente decidiu que a separação era ridícula e desceu para cumprimentar Maurizio.

"Olá, Maurizio", disse com um sorriso. "Não tem sentido agirmos como estranhos."

Maurizio olhava-o nos olhos enquanto apertavam as mãos. "Agora você verá como é pedalar uma bicicleta", disse Maurizio.

"Você gostaria de almoçar algum dia desses?", perguntou Flanz. "Primeiro pedale a bicicleta por uns tempos", Maurizio respondeu sem se alterar. "Depois, se você ainda quiser, almoçaremos juntos." Flanz nunca mais o viu.

A BATALHA QUE MAURIZIO perdeu podia ser vista em diferentes níveis. Ele havia herdado uma dificuldade, se não uma impossibilidade. Sua visão de um novo futuro para a Gucci era ofuscada pela inabilidade em estabelecer planos horizontais, dirigir seus recursos para uma finalidade. Seu padrão de relacionamento – moldado por aquele primeiro e intenso relacionamento com seu pai – mais tarde o impediu de encontrar e conservar um ombro amigo para ajudá-lo em sua missão, fosse na vida pessoal, fosse na profissional.

"Maurizio tinha aquele tremendo carisma e charme, a habilidade de arrastar as pessoas consigo", lembrou Alberta Ballerini, coordenadora do *prêt-à-porter* da Gucci durante anos. "Mas foi uma pena, porque ele não tinha base. Ele era como uma pessoa que constrói uma casa sem se certificar se há fundação."

"Maurizio era um gênio", concordou uma outra antiga funcionária, Rita Cimino. "Ele tinha excelentes ideias, mas não era capaz de dar continuidade a elas. O grande defeito dele foi não encontrar pessoas certas que pudessem ajudá-lo. Ele se cercava de pessoas erradas. Apaixonava-se por elas – porque era muito sentimental – e aí, de repente, compreendia que não eram ideais, mas já era tarde. Acho que se apaixonava por elas porque era atraído pelo cinismo e porque ele sabia que não podia ser duro com elas – era nesse tipo de pessoa que ele ia buscar apoio", completou.

"É muito difícil se apaixonar pela pessoa certa", arriscou-se Massetti. "Raramente acontece na vida, e Maurizio foi particularmente azarado. Pessoas que tinham um certo senso nunca se aproximaram dele e as que conseguiram, permaneceram pouco tempo antes de se queimarem."

"O que destruiu Maurizio foi o dinheiro", disse Domenico De Sole. "Rodolfo era avaro e construiu uma fortuna, mas ele falhou em não ensinar a avareza para o filho. Quando Maurizio ficou sem dinheiro, desesperou-se."

A luta de Maurizio também era um jogo simbólico que centenas de empresas familiares italianas – tanto dentro como fora dos círculos da moda – eram cada vez mais obrigadas a jogar, na roda-viva do mercado global. Elas se arriscavam não só a serem nocauteadas como também aniquiladas pelas gigantes multinacionais. É difícil para empresas dirigidas por parentes, como a Gucci, atraírem e controlarem novos investidores e profissionais, de que desesperadamente precisam para continuar na corrida.

"Nesta indústria existem muitas companhias com potencial que não decolam porque o fundador ainda está no controle", contou Mario Massetti, que continuou a trabalhar para a Gucci sob a direção do Investcorp. "São pessoas que foram geniais em lançar uma ideia, mas foi justamente a presença dessas pessoas que deteve o negócio. Maurizio colocou tudo em movimento, mas, ao mesmo tempo, bloqueou muitas coisas."

Por outro lado, Concetta Lanciaux, a poderosa diretora de recursos humanos do LVMH, grupo de marcas luxuosas de Bernard Arnault, está certa de que "a Gucci poderia estar lá agora se não fosse pela visão de Maurizio Gucci". Ele tentou atrair Concetta Lanciaux, tida como especialista em identificar novos talentos e trazê-los para a LVMH, em 1989, quando estava lançando seu sonho de uma nova Gucci. Ela achou a visão de Maurizio atrativa.

"Ele tinha convencido Dawn Mello e quase me convenceu", admitiu Concetta Lanciaux. "Como Arnault, ele era um verdadeiro visionário e isso é fundamental para movimentar a empresa para a frente."

Diferentemente de Arnault, que tinha um vice leal e competente ao seu lado, Pierre Godé, Maurizio nunca encontrou um vice forte e confiável que pudesse dar fundamentos práticos ao sonho dele. Um forte relacionamento entre a figura criativa e o administrador tem provado ser a fórmula vencedora em outras casas italianas de moda. Valentino e Giancarlo Giammetti, Grianfranco Ferré e Gianfranco Mattioli, Giorgio Armani e Sergio Galeotti, e Gianni Versace e seu irmão Santo são apenas alguns exemplos de parcerias que deram certo. Com o passar dos anos, muitos entraram e saíram da Gucci na condição de vice, mas não houve uma única pessoa que fosse capaz de dar continuidade ao enorme plano de Maurizio. Nemir Kirdar e sua equipe do Investcorp associaram-se a Maurizio e a seu sonho — até que ele ficasse financeiramente insustentável. Domenico De Sole, que permaneceu por mais tempo, provou ser o mais devastador para Maurizio, e assim conseguiu emergir como um verdadeiro sobrevivente.

O advogado Fabio Franchini, ainda hoje um dos defensores mais apaixonados de Maurizio, acredita que o Investcorp cortou-o muito cedo.

"Eles não deram a ele nem mesmo três anos para colocar seu sonho em prática", disse Franchini amargamente. "Os primeiros resultados de Maurizio foram aprovados em janeiro de 1991 e, em setembro de 1993, eles o forçaram a vender", completou balançando a cabeça. Franchini, que aconselhou Maurizio passo a passo durante toda a batalha com o Investcorp, se tornou muito próximo de Maurizio, embora sempre se tratassem formalmente. Franchini ainda se refere a Maurizio como *dottore*, mas seus olhos brilham e seus lábios grossos abrem num sorriso quando o nome dele é mencionado. Hoje Franchini cuida do patrimônio de Maurizio para as duas filhas, Alessandra e Allegra.

"Quero salvar para elas o que restou de Maurizio", disse Franchini. "Ele foi um homem extraordinário, mas não estava preparado para o duro mundo dos negócios. Também não poderia ser treinado para isso, porque era um perfeito *gentleman* – não era casca-grossa. Maurizio foi uma pessoa correta durante todo o tempo."

"Eu tentei explicar para ele que seria melhor ter os primos do que uma forte instituição financeira do outro lado da mesa. Maurizio Gucci não tinha chances desde o início porque estava sozinho, completa e inteiramente sozinho com seus cinquenta por cento – ou o equivalente a zero", concluiu Franchini.

A inabilidade de Maurizio em encontrar um sócio forte para o negócio pode ter custado seu sonho, mas isso é compreensível, dados os seus relacionamentos e sua posição. Era muito frequente que pessoas que cresceram com ele quisessem algo dele. Rodolfo exigia obediência absoluta, Aldo queria um sucessor, Patrizia queria fama e fortuna e o Investcorp queria carta branca para a elite dos negócios europeus. Enquanto Maurizio lutava para manter a empresa da família, muitos dos que vieram mais tarde para ajudá-lo procuraram seu espaço sob os holofotes da Gucci.

"Quando se é saudável e bonito, com um sobrenome de grande visibilidade e o barco mais luxuoso do mundo, é muito difícil fazer amigos verdadeiros", disse Morante. "Você se vê rodeado de pessoas que estão procurando desesperadamente notoriedade, dinheiro fácil e o glamour de estar associado a um nome conhecido."

Nesse meio-tempo, Flanz pedalou a bicicleta de Gucci. Ele contratou um novo diretor de recursos humanos, Renato Ricci, para ajudar a consertar a fé abalada dos trabalhadores na administração, eliminar o excesso de funcionários, modernizar as operações e cortar gastos. Com a abertura dos escritórios da San Fedele, Maurizio tinha duplicado muitos serviços já realizados em Florença. Flanz despediu 15 dos 22 altos gerentes de Milão. Ele e Ricci tentaram ser abertos e justos com os sindicatos em um esforço para evitar antagonismos. Se enraivecidos, os sindicatos poderiam explodir o problema todo nas manchetes das primeiras páginas dos jornais – o que seria danoso para a reestruturação. Na Itália, que era preocupada com o desemprego e questões trabalhistas, os sindicatos de trabalhadores eram fortes o suficiente para fazer cair o governo e conseguir concessões excessivas da indústria privada.

"Àquela altura, a única força da Gucci ainda era a sua imagem", disse Ricci. "Os sindicatos podiam ter lutado contra nós com unhas e dentes e, se nós tivéssemos muita pressão contrária, seria um desastre."

No outono de 1993, para a surpresa da equipe administrativa da Gucci, que estava focada fundamentalmente no corte de custos, Flanz decidiu dobrar a verba de publicidade. Naquela época, as vendas da Gucci não tinham subido nada em três anos e a empresa ainda perdia dinheiro.

"Nós tínhamos bons produtos e uma boa campanha e precisávamos colocá-la para fora para que as pessoas vissem o que tínhamos para vender", disse Flanz.

Em janeiro de 1994, Flanz anunciou que a Gucci fecharia a matriz da San Fedele em março – quase quatro anos depois de Maurizio tê-la aberto, cheio de emoção e esperança – e a levaria novamente para Florença.

O desfile de modas feminino em março de 1994 marcou o fim da presença da Gucci em San Fedele. Antes do show, Tom Ford e um dos poucos assistentes remanescentes, um jovem japonês chamado Junichi Hakamaki, arrumaram a coleção inteira sozinhos.

"Ninguém queria nos ajudar porque achavam que seriam despedidos", lembrou Junichi. "Trabalhamos até as duas da manhã e tivemos que voltar às 5 horas para pegar as roupas no escritório e levá-las para o *backstage*", contou. O desfile, que se caracterizou por seu estilo masculino, forte e arrojado de paletó e terno, foi bem recebido, embora não de forma unânime. Uma semana depois, a Gucci fechou suas portas na San Fedele. Poucas pessoas se mudaram para Florença.

Lá, os gerentes que haviam permanecido, sentaram-se em escritórios sujos, que não foram modernizados ou redecorados, atirando memorandos furiosos, uns contra os outros, para defender suas posições na companhia – mas fazendo pouco para ajudar o progresso da empresa. "Os funcionários estavam deprimidos", disse Ricci. "Eles haviam passado meses com medo de não serem pagos e que a companhia falisse. Depois temiam o Investcorp e a perda do emprego."

"A empresa ficou paralisada", acrescentou De Sole, que fazia viagens constantes entre Florença e Nova York. "A administração estava completamente improdutiva, ninguém tomava decisões e todos estavam aterrorizados de serem culpados. Não havia comércio, tabelamento, relatórios, alças de bambu. Era uma loucura! Dawn Mello criou algumas bolsas bonitas, mas a companhia não tinha como produzi-las nem entregá-las."

No outono de 1994, Flanz indicou Domenico De Sole como chefe de operações e pediu para que permanecesse em Florença em tempo integral.

De Sole estava desmoralizado e deprimido. Ele havia trabalhado por dez anos como CEO na Gucci America e por muitos anos, antes disso, como advogado. Menos de um ano antes, ele havia votado com o Investcorp justamente contra o homem que o trouxera para a companhia – um movimento importante que havia permitido ao banco de investimentos assumir o controle. Ele não havia pedido ao Investcorp nada em troca. Maurizio, ainda magoado pela traição de De Sole recusou-se a pagar-lhe o dinheiro que devia e o Investcorp firmou o acordo sem ajudar De Sole a recuperar o empréstimo.

"Nós tínhamos responsabilidades com nossos investidores", explicou Elias Hallak mais tarde. "Aquela era uma questão pessoal entre Maurizio e Domenico."

Quando o Investcorp não nomeou De Sole CEO e, em vez disso, colocou Bill Flanz no comando do então chamado comitê de administração da Gucci, De Sole ligou para Bob Glaser e ameaçou deixar a empresa.

"Eu deveria estar dirigindo esta empresa! Estou pedindo demissão a partir de amanhã", rugiu De Sole. "Todo mundo do comitê é incompetente ou corrupto!"

Glaser, que admirava e respeitava De Sole e o que ele havia feito, o acalmou – e deu a ele alguns conselhos preciosos: "Domenico, eu sei que você deve estar frustrado e que deveria ter este cargo – eu o recomendei para ele. Mas deixe-me dizer uma coisa como amigo. Se for verdade que o restante do comitê é incompetente ou corrupto, feche com eles. No final, você chegará ao topo e os outros reconhecerão o seu valor".

De Sole ouviu os conselhos de Glaser e mudou-se com um grupo próximo de assistentes – pessoas em quem ele confiava e com quem ele sabia que trabalhava bem – da Gucci America para Florença. Lá De Sole e sua equipe depararam-se com um grupo de trabalhadores furiosos e carrancudos. Entre sua atitude afrontosa e sua posterior desilusão, Maurizio envenenara todo mundo contra De Sole, desde Kirdar e a alta administração do Investcorp aos trabalhadores de Florença.

"Parecia que havíamos trazidos a SWAT americana e isso estava desestabilizando os gerentes florentinos", lembrou Rick Swanson, "mas era a única maneira de preencher o rombo administrativo."

Mais férias coletivas em Florença e novos procedimentos dos americanos angustiaram Claudio Degl'Innocenti e os trabalhadores florentinos. Eles obstruíam as ordens de De Sole, ganhando a alcunha de *mafia fiorentina*.

"Maurizio fez todos se voltarem contra De Sole, todos o odiavam", disse Ricci. Mas De Sole perseverou. Depois de quase chegar às vias de fato com Claudio Degl'Innocenti no estacionamento da fábrica, De Sole conseguiu um acordo com seu oponente.

"Finalmente sentei com Claudio e pedi para que me explicasse: 'Por que não está funcionando?'", contou De Sole. "E descobri que era principalmente por falta de projeções e decisões. Precisamos comprar couro preto? Está bem. Vamos encomendar!" De Sole começou a confiar em Degl'Innocenti e promoveu-o a diretor de produção.

"Antes você era meu inimigo, agora é meu amigo", ele diria mais tarde a Degl'Innocenti, que tinha uma inteligência aguda por trás de seu exterior carinhoso.

"De Sole era o patrimônio maior da companhia", disse Severin Wunderman anos mais tarde, embora não fosse grande fã de De Sole. "Ele era como um salgueiro ao vento – que enverga, mas não quebra." De Sole se amoldava à Gucci, primeiro sob a direção da família – Rodolfo, Aldo e Maurizio – e mais tarde sob o Investcorp. Ele tinha sido pressionado, humilhado e desprezado, mas não desistiu nem foi embora.

"Domenico De Sole era realmente a única pessoa que entendia a companhia, como funcionava e o que seria necessário para erguê-la e fazê-la funcionar", disse Ricci. "Era uma figura-chave. De Sole era muito eficiente em motivar pessoas."

"Ele fazia as coisas acontecerem", concordou Massetti. "Trabalhava de manhã à noite; era chato porque ligava para as pessoas de manhã cedo, à noite, aos domingos – não tinha hora –, era sempre assim. Fazia três reuniões simultaneamente e ficava indo e vindo de cada uma delas – nunca havia sala suficiente para seu gosto."

Nesse meio-tempo, Flanz ordenou a reforma e ampliação dos escritórios em Scandicci, que tinham se deteriorado pelos anos de negligência. Ele decorou os escritórios executivos com móveis novos e mais elegantes. Assistentes de suporte e o secretariado passaram por treinamento ou foram demitidos – muitos dos empregados não tinham habilidades administrativas e não falavam outros idiomas.

Ele fazia questão de descer de seu escritório para a fábrica todos os dias para conversar com os funcionários e vê-los trabalhar.

"Eu tinha gasto muito tempo de minha carreira com serviços financeiros intangíveis", disse Flanz. "Adorava ver um artesão montando uma bolsa, o modo como ele dispunha as diferentes camadas de couro sobre uma forma de madeira e colocava algumas folhas de jornal entre as camadas para acolchoá-las um pouco – já existiam materiais sintéticos que provavelmente eram muito melhores que o jornal, mas os trabalhadores explicavam para mim que eles ainda usavam jornal por tradição e nostalgia. Eles ainda tinham aquelas pilhas de jornal italiano das quais eles cortavam cuidadosamente algumas folhas para o forro das bolsas. Uma vez que substituí Maurizio, deixei de ser um membro do comitê administrativo do Investcorp e observava o meu trabalho para fazer o melhor a fim de que a Gucci tivesse o maior sucesso possível", contou Flanz. "Tornei-me um crente."

Não levou muito tempo para Nemir Kirdar perceber que o Investcorp havia perdido outro homem para a Gucci – no ano seguinte, ele transferiu Flanz para o Extremo Oriente a fim de explorar novas oportunidades de investimento.

"Três incidentes", disse Kirdar obliquamente, referindo-se a Paul Dimitruk, Andrea Morante e Bill Flanz. "*Eu* me apaixonei pela Gucci", admitiu. "Mas não queria que os meus se apaixonassem. No Investcorp, estávamos fazendo dúzias de transações e, se eu perdesse um homem para cada acordo, estaria fora do negócio!", completou Kirdar.

Depois que o diretor de recursos humanos da Gucci, Ricci, terminou de executar todas as demissões – quase 150 pessoas – sem grande tumulto nos sindicatos, ele disse a Flanz que queria dar uma festa.

"Uma festa?", questionou Flanz quase sem fôlego.

"Todo mundo riu de mim por causa disso, mas depois que terminamos demos uma grande festa em Casellina, uma coisa frívola, que era um sinal para todos", disse Ricci. Ele contratou o bufê, encomendou mesas para serem colocadas no gramado atrás da fábrica na noite de 28 de junho de 1994, e convidou algo em torno de 1750 pessoas, incluindo os funcionários e fornecedores da Gucci, para um suntuoso jantar justamente nos gramados onde as bolsas tinham voado durante as guerras da família Gucci.

"Aquela festa foi tremendamente importante", disse Alberta Ballerini. "Ela enviou um sinal; um sinal de que a Gucci estava voltando para Florença, que ela era florentina, com raízes florentinas."

Em maio de 1994, Dawn Mello pediu demissão como diretora de criação da Gucci a fim de voltar para a Bergdorf Goodman como presidente, e o Investcorp teve de pensar em como substituí-la. Nemir Kirdar pensou com carinho na possibilidade de trazer um grande estilista – alguém como Gianfranco Ferré –, mas o conselheiro do Investcorp e membro da diretoria da Gucci, Sencar Toker, rapidamente acabou com suas esperanças.

"Expliquei que não só a Gucci não tinha condições financeiras para contratar alguém como Ferré, como nenhum estilista famoso pensaria em ir para lá no estado em que a empresa estava", declarou Toker. "Ninguém arriscaria arruinar sua reputação!"

Dawn Mello havia recomendado Tom Ford. Embora fosse um jovem estilista de quem ninguém tinha ouvido falar, ele havia impressionado Toker e os outros por ser brilhante, sensível, articulado, confiável e capaz, afinal, ele já havia desenhado todas as onze coleções da Gucci sozinho! "Tom Ford estava *lá*!", lembrou Sencar Toker, que continuou a ajudar o Investcorp na transição. "A Gucci não era uma casa de moda até que Tom Ford a transformasse em uma, e ninguém achava que ele conseguiria", disse Toker.

Nessa época, Tom, exausto e com o moral baixo, também pensava em demitir-se. Ele se sentia frustrado e sufocado – por quatro anos desenhara coleções para a Gucci de acordo com o que Maurizio e Dawn Mello pediam a ele. Um forte debate explodiu na empresa: deveria a Gucci manter a direção do estilo clássico defendido por Maurizio, ou deveria ter um visual mais animado, com um design mais orientado para a moda em voga?

"Maurizio tinha um ponto de vista muito forte de como as coisas deveriam ser", lembrou Ford. "A Gucci era redonda, marrom, curva e macia para que a mulher a tocasse. Eu continuava querendo usar o preto! Todo mundo com quem eu conversava dizia: 'Saia!'", contou Ford. Numa viagem a Nova York, ele fez até um mapa astral com uma astróloga da moda, que havia conquistado muitos outros estilistas. "Deixe a Gucci, não há nada lá para você!", ela falou para Ford.

Enquanto o debate "clássico × moda" assolava a empresa, De Sole e Ford concordavam silenciosamente em seguir o caminho da moda.

"Era um risco calculado, mas a única coisa a fazer", disse De Sole. "Ninguém precisa de um novo *blazer* azul."

Ford entendeu que, pela primeira vez em sua vida, ele tinha total liberdade sobre os produtos de um importante, embora manchado, nome de luxo.

"Ninguém se preocupava com o que o produto seria – o negócio estava tão mal que ninguém pensava na comercialização. Eu tinha carta branca", disse Tom Ford mais tarde.

Ele ainda se arrepia quando se lembra de sua primeira coleção solo em outubro de 1994, dizendo que levou uma estação para se ver livre das influências de Maurizio e Dawn Mello e buscar sua própria estética. O desfile, de novo na Feira de Milão, se caracterizou por saias femininas arredondadas com motivos de vasos de plantas e suéteres curtos feitos com tecido de pelo de cabra, um doce retorno à Audrey Hepburn em *A Princesa e o Plebeu* – mas muito longe do visual moderno da Gucci de hoje.

"Era horroroso", ele disse depois.

Aí, de repente, no meio disso tudo, o vento mudou. Os gerentes das lojas Gucci em todo o mundo sentiram imediatamente.

"Menos de seis meses depois que Maurizio havia feito as malas, os japoneses chegaram", disse Carlo Magello, ex-diretor da Gucci do Reino Unido. "Eles mudaram seu pensamento a respeito da Gucci. Por um ano e meio eles estiveram comprando Louis Vuitton e, de repente, eles começaram a comprar Gucci!"

"Os pedidos deram um salto", concordou Johannes Huth, um jovem executivo do Investcorp que havia recentemente se juntado à equipe da Gucci. "De uma hora para outra, eles não conseguiam manter as bolsas nas prateleiras." As convicções de Maurizio haviam se confirmado. O ritmo da produção se tornou um problema.

De Sole, que tinha estado nas estradas esburacadas e empoeiradas fora de Florença, subindo as montanhas toscanas à procura de velhos e novos fornecedores, sabia que tinha que ser rápido. Ele persuadiu manufatureiros desiludidos que tinham deixado a Gucci a voltar e a trazer novos profissionais. Ofereceu a eles incentivo pela qualidade, produtividade e exclusividade. Remodelou procedimentos técnicos e de produção para garantir que o sistema voltasse a funcionar novamente com um plano simples: encomendou alguns dos produtos da Gucci tradicionalmente populares, que ele sabia que seriam vendidos. Nesse meio-tempo, Tom Ford deu uma reviravolta em alguns dos itens clássicos da Gucci. Ele diminuiu a mochila desenhada por Richard Lambertson, que era ampla, com tiras, alça de bambu e bolsos externos com fecho também em bambu. A nova versão míni foi um sucesso esmagador. Quando De Sole recebeu uma ligação da loja da Gucci no Havaí dizendo que a minimochila estava vendendo como água, ele telefonou para Degl'Innocenti.

"Cláudio, é o Domenico. Quero fazer um pedido para estoque. Quero 3 mil minimochilas pretas!" Degl'Innocenti protestou e ele respondeu: "Não se preocupe, estou encomendando para mim. Faça isso!"

Como a Gucci estivesse no fim do contrato de exclusividade com os fornecedores de bambu, saiu em busca de novos fornecedores para serem adicionados aos já existentes. O bambu ainda era dobrado a mão pelos artesãos que trabalhavam no andar de baixo em Scandicci e que, com o maçarico, iam segurando a vara sobre o fogo e modelando-a em curva. A certa altura, um lote inteiro de alças de bambu ficou reto novamente, incitando uma quantidade enorme de clientes e lojas a reclamarem. Os artesãos arrumaram as bolsas, a Gucci conseguiu novos fornecedores e pouco depois estavam produzindo 25 mil minimochilas por semana.

"Nós estávamos enviando um caminhão de minimochilas por dia", lembrou Claudio Degl'Inoccenti. "Fazíamos isso apenas com os funcionários da fábrica e uma boa mistura de métodos americanos e criatividade italiana, e vice-versa." Ele riu. "Não tínhamos nos tornado gênios da noite para o dia, mas talvez fôssemos menos ingênuos do que as pessoas pensavam!"

Desde 1987, o Investcorp investiu centenas de milhões de dólares na Gucci e ainda não tinha devolvido nada a seus investidores. O que o Investcorp tinha previsto como sua estreia no negócio europeu de alto luxo, parecia ser uma maldição de sete anos! Sentindo a pressão dos investidores por lucros, o Investcorp procurava caminhos para expandir os negócios.

Pressionado a explorar todas as soluções para um retorno rápido, no início de 1994 o Investcorp considerou seriamente a fusão da Gucci com as operações de fabricação de relógios do inimitável Severin Wunderman – mas, no fim, as duas partes se desentenderam sobre o valor das empresas e o papel de Wunderman, e o contrato nunca se concretizou. No outono de 1994, o Investcorp apresentou a Gucci para dois potenciais compradores de empresas de luxo: a LVMH, de Bernard Arnault, e a Compagnie Financière Richemont, da família Rupert, que controlava o Vendôme Luxury Group, dono da Cartier, Alfred Dunhill, Piaget e Baume & Mercier, entre outras marcas. Mas a despeito dos prognósticos de vendas melhores – pela primeira vez em três anos, a Gucci saiu do vermelho em 380 mil dólares em 1994 –, as apresentações para as empresas de artigos de luxo não atraíram boas ofertas. O Investcorp queria não menos do que 500 milhões de dólares pela Gucci, mas as ofertas foram muito abaixo, entre 300 e 400 milhões de dólares.

"Então, a psicologia que prevalecia era 'Deve existir algum caldo na Gucci, mas quanta força você tem de fazer para espremer e retirá-lo?'", lembrou Toker.

Kirdar pensou mesmo seriamente em pedir ao sultão de Brunei, que havia comprado os 27 jogos de bagagens, se ele gostaria de comprar a companhia inteira, um pacote fechado. Enquanto o Investcorp ponderava sobre o futuro da Gucci, Tom Ford progrediu como estilista e atraiu a atenção do público *fashion*. Somado à venda rápida da minimochila, o tamanco Gucci desenvolvido por ele fez sucesso e vendeu bem. Em outubro de 1994, o que a *Harper's Bazaar* chamou os "saltos pecaminosos" de Tom Ford gerou listas de espera com clientes em todo o mundo clamando por esses sapatos.

"Tom sabia como criar coisas quentes", observou seu ex-assistente, Junichi Hakamaki. "A cada estação, ele aparecia com duas bolsas e dois pares de sapatos maravilhosos. Estava sempre antenado, sempre procurava pela coisa que estava por acontecer", disse, lembrando como Ford alimentava sua equipe com filmes antigos, páginas arrancadas de revistas e objetos de mercados de pulgas, mostrando cores, estilos e imagens que achava serem certas para a Gucci. "Ele costumava deixar esses exemplos nas mesas de desenho com um bilhete floreado dizendo: 'Aqui está! *Isto é o que precisamos para a Gucci!*'."

"Aconteceram alguns fiascos", Junichi admitiu. "Ele criou o tamanco com pelos, que ficou parecendo um chinelo cabeludo – todos nós morremos de rir! Mas era extremamente ambicioso. Você podia ver que queria prosperar. Quando tínhamos reuniões, era como se estivesse na televisão – ele colocava terno, sua voz ficava mais alta, podíamos dizer que estava promovendo sua imagem. Quando está na frente de pessoas, ele fica *ligado*."

Ford começou a desenvolver seu próprio estilo, explorando desde alguns itens que brilharam em cada estação até um *approach* geral que pudesse dar forma à coleção completa em todos os produtos da coleção. Ele usava filmes para se inspirar e comunicar ideias para seus assistentes, algumas vezes assistindo ao mesmo título muitas vezes, repetidamente, para ficar imerso no clima que estava em projeto. Ele começava a fazer a si próprio e à sua equipe de designers as seguintes questões: "Quem é a menina que usa esse conjunto? O que ela faz? Aonde está indo? Como é a casa dela? Que tipo de carro ela dirige? Que raça de cachorro ela tem?". Esse *approach* o ajudava a criar um mundo inteiro e a tomar as centenas e milhares de decisões necessárias para construir a nova imagem da Gucci, um processo que ele acharia alternadamente divertido e exaustivo.

Tom Ford também viajava de maneira constante, em todas as cidades que visitava, sempre estava à procura da próxima nova tendência. Mandava seu pessoal vasculhar os mercados de pulgas e lojas específicas de cidades no mundo todo. Ia para seu apartamento em Paris à noite, para onde ele e Richard Buckley haviam se mudado depois de Milão. Buckley, ainda trabalhando como jornalista de moda, abastecia Tom com riqueza de informações e ajudava-o a ter uma perspectiva da direção que as outras casas de moda seguiriam. Richard também registrava o que as celebridades usavam e gastava horas na Fnac da Champs-Elysées escolhendo músicas para os desfiles.

"O que vai acontecer está aqui e agora", dizia Ford. "Você tem de ser parte de seu tempo e fazer dele o seu trabalho para senti-lo e depois transformá-lo em *algo*!"

Ele produziu sua primeira coleção masculina solo durante a feira de moda masculina Pitti Uomo, em Florença, num desfile pequeno e íntimo nos históricos escritórios da Gucci na Villa delle Caldaie. Os jornalistas se sentaram em cadeiras dobráveis sob o teto com afrescos no andar de cima, onde os artesãos da Gucci um dia costuraram bolsas, e Ford apresentou modelos musculosos com ternos justos de veludo claro, que desciam a passarela acarpetada com mocassins de couro metálicos, faiscando nas luzes. Ele sabia que estava indo para algum lugar.

"Eu nunca vou esquecer a expressão no rosto de Domenico quando o cara com traje cor-de-rosa entrou na passarela", Ford disse mais tarde. "Ele estava chocado! O modelo usava um suéter rosa de pelo de cabra, muito agarrado, calças de veludo e os sapatos metálicos. O queixo de Domenico caiu. Ele estava pasmo!"

Como a imprensa aplaudiu entusiasmada, Ford sentiu seu momento. Pela primeira vez em quatro anos de Gucci, ele entrou na passarela e agradeceu com um sorriso atrevido nos lábios, como se estivesse pensando numa piada para contar.

"Eu tinha tanta energia reprimida", Ford se lembrou. "Nunca tive a permissão de entrar na passarela quando Maurizio e Dawn Mello estavam lá – eu decidi que aquela seria a minha chance! Não pedi a permissão de ninguém; eu tinha feito o show, desenhado as roupas que achava certas e entrei. Algumas vezes na vida, você tem de dominar as coisas se pretende ir em frente!"

O que chocou De Sole eletrizou a imprensa de moda. No dia seguinte, ele, a esposa e as duas filhas liam excitados as resenhas delirantes enquanto viajavam para Cortina D'Ampezzo para as férias de inverno.

A força cinética em volta de Ford e o que ele estava fazendo pela Gucci começou a se erguer. Quando a imprensa e os compradores tomaram seus assentos para o desfile feminino da Gucci em março, conversavam e fofocavam numa expectativa excitante sob os lustres faiscantes da Società dei Giardini, em Milão. A Società dei Giardini geralmente abre suas portas para a nata da sociedade de Milão, mais do que para a multidão da moda internacional. Vinte e três anos antes, *tutto Milano* festejou o casamento de Maurizio e Patrizia naquelas mesmas salas. Naquela noite, a tensão vibrava dentro das altas portas francesas que levavam ao espaço do desfile. Todos estavam curiosos para ver o que Ford iria mostrar. Tom Ford havia contratado o produtor de moda mais cobiçado da época, Kevin Krier, e pela primeira vez chamara *top models*.

"Naquela época, era uma grande coisa para nós ter um desfile, *top models* e um produtor profissional", lembrou-se Ford.

Quando a sala ficou escura, a batida da música de percussão saiu dos alto-falantes e uma luz branca e clara iluminou a passarela. Naquele momento, Amber Valletta entrou com arrogância. O público prendeu o fôlego. Ela era uma excelente versão jovem de Julie Christie! Amber Valletta usava uma blusa de cetim verde-limão desabotoada na altura do umbigo e um par de calças justas, de cintura baixa e veludo, e um casaco verde-limão de pelo de cabra. Seus pés seguros usavam sapatilhas patenteadas em couro vermelho-vivo com saltos altos quadrados. Os cabelos desgrenhados caíam sobre os olhos, os lábios ligeiramente entreabertos tinham um brilho rosa-pálido.

"Ohhh, isto vai ser divertido", pensou Gail Pisano, vice-presidente sênior e gerente de vendas da Saks Fifth Avenue. O público soltava exclamações de suas cadeiras, que vibravam com a música e com as modelos andando a passos largos pela passarela sob os holofotes brilhantes, cada uma mais bonita que a outra.

"Estava quente! Estava sensual!", disse Joan Kaner, vice-presidente sênior e diretora de moda da Neiman Marcus. "Parecia que as garotas tinham acabado de descer de um jatinho particular. Você sabia que usar aquelas roupas fazia você se sentir como se estivesse vivendo no limite, fazendo e tendo tudo!"

O visual sensual de lábios úmidos, cinturas baixas em veludo, blusas de cetim e jaquetas de pelo de cabra pulou para as capas e páginas centrais de revistas de moda do mundo todo. "A sexualidade fácil de tudo aquilo provocou um arrepio que simplesmente congelou o público em seus lugares", escreveu a *Harper's Bazaar*. A crítica de moda do *The New York Times*, Amy Spindler, chamou Tom Ford de "o novo Karl Lagerfeld", referindo-se ao diretor de criação alemão contratado em 1983 para revitalizar a Chanel.

"Eu sabia que a coleção seria um estouro assim que comecei a trabalhar nela", disse Ford mais tarde. "Pus toda a minha energia nela e sabia que tinha descoberto o caminho. Ela mudou minha carreira." Mas somente quando foi ao *showroom* no dia seguinte é que ele entendeu *quanto* sucesso o desfile tinha feito.

"Não podia passar da porta! O *showroom* estava lotado. Era uma completa e total histeria. Os compradores emergiam sem hora marcada, alguns deles sem mesmo ter visto o desfile. Mas eles tinham ouvido falar e queriam vir."

A alta roda rapidamente aderiu às roupas Gucci – Elizabeth Hurley embarcou nas botas patenteadas de couro preto e pele falsa estilo "bad girl"; em novembro de 1995, Madonna usou o conjunto de blusa de seda e a calça cintura baixa de Ford para receber o MTV Music Video Award; Gwyneth Paltrow fez seus fãs desmaiarem com seu terninho de veludo vermelho brilhante. Muito rapidamente Jennifer Tilly, Kate Winslet e Julianne Moore eram algumas das estrelas que apareciam na rua usando Gucci da cabeça aos pés. Mesmo as *top models* estavam pedindo Gucci fora da passarela. Tom Ford tinha atingido sua meta.

"A história da Gucci é esplendorosa", ele disse. "Estrelas de cinema, pessoas da elite – eu queria pegar essa imagem e fazer a versão dos anos 1990."

Após sua primeira coleção arrasadora, Ford teve uma série inebriante de entrevistas e jantares. Depois voltou para casa em Paris e foi direto para a cama.

"Tive febre e dor de garganta, como geralmente acontece depois de um desfile, e fiquei de cama por alguns dias", contou Ford. Depois ele ligou para Domenico De Sole.

"Domenico? É o Tom. Preciso falar com você. Preciso que você venha a Paris." De Sole, apavorado, concordou.

Ford pediu a sua secretária que reservasse uma boa mesa em um restaurante de prestígio, mas não muito em moda — um lugar que fosse apropriado a uma importante conversa de negócios. Ele obrigou-se a sair da cama, vestiu-se formalmente — calças, camisa, paletó e até mesmo uma gravata — e foi ao encontro de De Sole no Le Bristol, o restaurante do hotel de mesmo nome.

Quando De Sole chegou, Tom Ford já o esperava na mesa do fundo do restaurante formal localizado no andar térreo do hotel. Não era o tipo de lugar que ele usualmente frequentava. "Não havia ninguém mais no salão", recordou Ford. "Os caprichosos garçons ficavam rodeando, e havia castiçais, música e flores."

De Sole caminhou sobre o carpete floral vermelho e azul pelas fileiras de mesas com toalhas de linho até o fundo da sala, onde Ford o cumprimentou de pé. Eles conversaram desajeitadamente no início. Ford, percebendo o desconforto de De Sole, deu seu sorriso largo e disse dramaticamente: "Bom, Domenico, acho que você quer saber por que eu o chamei hoje aqui".

"Sim, Tom, quero", De Sole respondeu, esticando o pescoço tensamente num tique nervoso que Tom Ford conhecia bem.

Ford travessamente pôs suas mãos sobre as de De Sole. "Domenico, você se casaria comigo?"

De Sole o encarou, sem fala.

"Ele estava chocado", Ford se lembrou rindo deliciosamente. "Ele realmente não conhecia meu senso de humor, nós tínhamos começado a trabalhar juntos e ele não tinha ideia do que eu era capaz."

Ford pediu a De Sole um novo contrato e mais dinheiro.

"Eu o atingi em cheio", admitiu Ford. "Disse 'veja, as coisas mudaram e eu realmente quero continuar, mas isso é o que eu preciso'." Ford não revelou as condições, por outro lado, disse: "Foi uma mudança profissional total no meu relacionamento com a empresa".

ALGUMAS SEMANAS DEPOIS, MAURIZIO Gucci foi baleado. Rick Swanson recebeu a notícia pela secretária do Investcorp assim que entrou no escritório naquela manhã.

"Fiquei atônito, paralisado", disse Swanson. "Foi tão trágico como se um menino tivesse sido morto no começo da vida a caminho de uma loja de doces."

Quando a notícia se espalhou, Tom estava em Florença, trabalhando na coleção de primavera de 1996 em seu ateliê de criação sobre a loja Gucci da Via Tornabuoni. Bill Flanz e Domenico De Sole estavam em seus escritórios em Scandicci. Dawn Mello estava dormindo em sua cobertura em Nova York quando uma amiga a acordou para contar o acontecido. Andrea Morante tinha acabado de voar para Londres de Milão, onde estava trabalhando em uma nova aquisição. Nemir Kirdar estava em casa em Londres, se arrumando para ir trabalhar. No mundo inteiro, quem conhecia Maurizio estava triste e perplexo; o homem que tinha dado a eles a chance de brilhar, encontrara uma morte misteriosa e violenta.

O escritório de relações públicas da Gucci batalhou para desvincular a companhia daquela notícia, explicando incansavelmente aos repórteres que Maurizio saíra da empresa havia quase dois anos, embora o promotor público de Milão, Carlo Nocerino, se tornasse um visitante assíduo da fábrica da Gucci em Scandicci. Dia após dia, as secretárias o acompanhavam até a velha "Sala Dynasty" – mais tarde desmanchada –, onde ele estudou arquivos para achar respostas à morte misteriosa de Maurizio – respostas que nunca encontrou lá.

O Investcorp hesitou, sem saber se as fagulhas do assassinato de Maurizio estragariam seus planos de tornar a empresa pública vendendo ações na Bolsa de Valores. Mas o furor provocado pela morte foi gradualmente diminuindo e o Investcorp avançou com o registro no mercado. O Investcorp entendeu que, se a Gucci iria abrir seu capital, precisava ter um chefe executivo. Em 1994, Kirdar havia começado a procura externa de um experiente administrador de artigos de luxo, mas tinha abandonado a questão. Não só o candidato certo tinha sido difícil de encontrar – aqueles que falavam italiano não tinham a larga experiência exigida –, como ele percebeu que nenhum executivo de mente sã ingressaria numa empresa que estava para ser vendida. Kirdar começou a procurar dentro da Gucci. Por recomendação de diversos executivos do Investcorp, que gostavam das atitudes de De Sole, sempre disposto, de mangas arregaçadas, ele pousou os olhos nesse executivo.

"Naquela época, vimos o desempenho de Domenico na reviravolta", disse Kirdar, "sua determinação, sua capacidade, seu relacionamento com Tom Ford. Ele era absolutamente a pessoa certa."

Em julho de 1995, o Investcorp tornou Domenico De Sole o CEO da Gucci – coroando finalmente a carreira de onze anos na Gucci com o título que ele merecia. Não tardou até que o homem de negócios mais importante da empresa e o chefe de criação se testassem.

Um dia, logo após sua promoção, De Sole apareceu em uma reunião de criação em Scandicci, onde Ford e seus assistentes desenvolviam uma nova linha de bolsas.

"Você pode, por favor, nos deixar sozinhos?", Ford disse para um atônito De Sole. "Estamos trabalhando e não posso me concentrar com você aqui. Falo com você mais tarde."

De Sole virou-se e saiu. Quando Ford terminou, De Sole, colérico, chamou-o em seu escritório.

"Como você ousa me pôr para fora de sua reunião?", ele gritava para o jovem texano. "Eu sou o CEO da empresa! Você não pode fazer isso!"

"É ótimo que seja o CEO!", Ford explodiu de volta. "Mas, ao participar da reunião, você enfraquece a minha autoridade com aquela gente, e, se você quer que eu desenhe a coleção, então NÃO se envolva com o produto!"

A briga continuou até o estacionamento no fim do expediente.
"*Fuck you!*"
"*No, fuck YOU!*"
"*FUCK you!*" "*FUCK YOU!*"
Hoje Ford ri das rusgas iniciais e De Sole as esqueceu, mas aquelas brigas demarcaram claramente seus espaços e estabeleceram as fundações para um relacionamento de confiança incontestável, sem precedentes na indústria, entre um designer e um executivo que não haviam começado juntos, nem tinham uma relação pessoal prévia.

"Depois disso, Domenico realmente me respeitou em termos de criação", comentou Ford. "Ele sabia que eu tinha convicções a respeito do que estava fazendo e ele pôde perceber que aquelas convicções estavam se dando resultado. Ele confiava em mim, eu sentia isso, e em retorno, confiava nele."

De Sole disse que não tinha ciúmes do departamento de criação de Ford. "Eu disse a Tom:'Veja, eu não vou desenhar a coleção; eu sou um administrador, não um estilista!'."

"A outra razão que fazia de nós uma boa equipe é que nós dois somos obcecados", acrescentou Ford. "Ele se preocupa com os negócios, com torná-los sólidos. Somos compelidos, compelidos, compelidos. Vamos ter sucesso e é isso! Não vamos ficar em segundo lugar. Esta é a outra razão que me faz confiar em Domenico; eu passaria meu futuro todo com ele, porque sei que ele não vai perder. Nos negócios, ele vai ganhar."

Muitos observadores criticaram De Sole por dar muito poder a Tom Ford, dizendo que o estilista poderia ficar maior que o nome Gucci, e isso deixaria a empresa refém de sua decisão de permanecer ou partir. Mas os acontecimentos seguiram um caminho estranho, como um pêndulo balançando para um lado e para o outro, entre o poder administrativo de De Sole e o poder criativo de Ford. Uma história que alimentou a rede de fofocas foi a cara reforma da *flagship* da Gucci em Londres, na rua Sloane, que teve o novo conceito de loja desenvolvido por Tom Ford. Ele não tolerou interferências no projeto – mas, mais tarde, o espaço todo teve de ser refeito, excedendo a verba inicial, a fim de obedecer à regulamentação sobre incêndio, o que fez as tão criticadas extravagâncias de Maurizio, se comparadas, parecerem bem menores.

No verão de 1995, quando a arrasadora coleção de Ford chegou às lojas, os preparativos para o registro na Bolsa de Valores estavam a todo vapor. O Investcorp tinha escolhido dois bancos mercantis de ponta para cuidarem do processo, o Morgan Stanley e o Crédit Suisse First Boston. Swanson supervisionou os preparativos, suprindo essas instituições com informações históricas e financeiras e moldando a nova equipe administrativa.

As vendas produziram ruídos, aumentando oitenta e sete por cento na primeira metade de 1995 se comparadas com a primeira metade de 1994, muito maiores do que qualquer expectativa. No fim do ano, o valor de mercado da Gucci passaria de 500 milhões de dólares, muito mais do que as projeções feitas pela LVMH e a Vendôme, um ano antes.

"Eu me lembro de Maurizio dizendo 'Esperem e verão! As vendas explodirão!', e todos costumavam rir por dentro e dizer 'Vendas não explodem; elas não funcionam dessa maneira!'", lembrou-se Swanson. "Bom, as vendas simplesmente fizeram isso: explodiram!"

Em agosto, com a planejada oferta pública inicial de ações (IPO), a Vendôme, que tentara comprar a Gucci no passado, ofereceu no último minuto 850 milhões de dólares pela empresa, mais de duas vezes sua primeira proposta um ano antes. Agora o Investcorp tinha um novo dilema: deveria fechar o negócio ou continuar com o IPO?

O Investcorp consultou a opinião de seus conselheiros, que avaliaram a companhia em mais de 1 bilhão de dólares. "Vocês podem conseguir mais", eles disseram.

Um executivo sênior do Investcorp que liderava o processo de oferta para o público ligou para Kirdar, que estava de férias em seu iate no sul da França. Kirdar ouviu, com os olhos fixos nas águas azuis da Côte d'Azur, o resumo da história feito pelo executivo. Embora houvesse muita gente no Investcorp que teria optado pela venda para a Vendôme a fim de livrar-se da Gucci de uma vez por todas, Nemir permaneceu irredutível. Ele nunca deixou de acreditar no potencial da Gucci.

"Enquanto existir apenas um interessado, não venda", disse finalmente. Para delinear a descrição acionária dos investidores, que é um documento financeiro detalhado exigido pela Comissão de Seguridade e Títulos (SEC) dos Estados Unidos, antes que as ações fossem oferecidas ao público, a equipe da Gucci se reunia em sessões secretas fora dos escritórios para que os funcionários não conhecessem o plano. "Um de nossos encontros foi num velho castelo, frio e com um vento cortante, fora de Florença, sem nenhum luxo especial", lembrou Johannes Huth. "O fogo crepitava na lareira para ajudar a esquentar a sala onde trabalhávamos, quando uma corrente de ar desceu, espalhando as brasas e iniciando um incêndio. Estávamos reunidos com os mais importantes banqueiros de investimento do mundo e repentinamente a sala se encheu de fumaça e todos começaram a tossir e praguejar, e tivemos de pegar nossos papéis e sair", disse Huth rindo. Um dos banqueiros voltou mais tarde com um capacete de bombeiro.

Em 5 de setembro, o Investcorp anunciou seu plano de tornar a Gucci pública, oferecendo trinta por cento da companhia para as bolsas de valores internacionais. O Investcorp ainda ficaria com o controle majoritário. O próximo passo era preparar um obrigatório *tour* de marketing a fim de vender as ações da Gucci para bancos de investimento europeus e americanos, que iriam negociá-las no mercado aberto, uma vez que a empresa estava registrada.

Sabendo que os analistas financeiros internacionais atormentariam De Sole sem piedade, os gerentes do Investcorp contrataram um técnico profissional e prepararam um discurso que De Sole precisava memorizar. "Não queríamos falas de improviso", lembrou Huth.

As emergências de última hora reduziram o tempo de ensaio de De Sole de três semanas para dois dias. A SEC inesperadamente pediu para que o Investcorp reescrevesse parte da descrição acionária da Gucci, enquanto a comissão do mercado acionário de Milão recusou-se a registrar a empresa, citando suas perdas recentes. "Era importante ter um registro no mercado acionário da Europa", contou Huth, que lutou para encontrar outro mercado acionário europeu que aceitasse a Gucci. No último momento, ele obteve luz verde da Bolsa de Valores de Amsterdã.

"Era como uma ópera italiana", disse Huth mais tarde. "Nada estava pronto; nada funcionava; era tudo um caos. E tudo se encaixou no último minuto e funcionou belamente."

De Sole – com discurso perfeito – e seus funcionários, contaram a história deles sobre a Gucci através da Europa, Oriente e Estados Unidos, estimulando a ansiedade em relação ao IPO. Tanto que o Investcorp aumentou a oferta de ações para quarenta e oito por cento. Na noite anterior ao registro em Nova York, os executivos trabalharam até tarde, ajustando os detalhes finais da oferta. O preço ficou acertado em 22 dólares por ação e, após lançar todos os pedidos iniciais, eles perceberam que a demanda pelas ações da Gucci havia sido quatorze vezes maior do que eles tinham para oferecer (*oversubscribed*) – um sucesso importante para uma empresa que estivera mal das pernas apenas dois anos antes.

Na manhã de 24 de outubro de 1995, Domenico De Sole, Nemir Kirdar, a equipe da Gucci, os executivos do Investcorp e os banqueiros atravessaram as majestosas portas da fachada renascentista da Bolsa de Valores de Nova York. Uma bandeira italiana estava ao lado da bandeira com estrelas e listras.

Dentro, De Sole, surpreso, viu um banner da Gucci suspenso sobre o andar mercantil e um sinal digital piscando onde se lia ATENÇÃO PARA AÇÕES QUENTES: GUCCI. Quando a Bolsa abriu para a comercialização às 9h30, como de costume, um pandemônio se formou com pedidos de última hora das ações da Gucci. Na hora em que finalmente recomeçou a comercialização, às 10h05, o preço da ação foi instantaneamente de 22 para 26 dólares. De Sole ligou para a fábrica em Scandicci, onde todos os trabalhadores estavam reunidos no restaurante a seu pedido. Pelo alto-falante, De Sole orgulhosamente anunciou um bônus de 1 milhão de liras (cerca de 630 dólares) para cada funcionário em todo o mundo. Aplausos e gritos de aprovação foram ouvidos. Apenas um ano antes, os altos executivos da LVMH e da Vendôme torceram o nariz para as perspectivas de que a Gucci alcançaria 438 milhões de dólares em vendas em 1998. A Gucci fechou o ano fiscal de 1995 com um rendimento recorde de 500 milhões de dólares. Em abril de 1996, o Investcorp completou a venda em uma oferta secundária que foi mais bem-sucedida que a primeira, tornando a Gucci uma empresa de capital totalmente aberto pela primeira vez em sua história de setenta e quatro anos. Isso não tinha sido afetado pelo fato de Ford ter produzido outra coleção arrasadora em março, destacando vestidos brancos simples e retos com modelagem sensual e reluzentes cintos dourados em formato de G, que enlouqueceram o mundo da moda. Agora de propriedade de grandes e pequenos investidores na Europa e Estados Unidos, a Gucci era uma anomalia na Itália, onde mesmo companhias de capital aberto eram usualmente controladas por um comitê de acionistas, e na indústria da moda, a maioria das empresas ainda era privada.

De Sole, o advogado naturalizado americano que tinha sobrevivido a todas as vicissitudes da administração da família Gucci para liderar a empresa no futuro, sabia que os anos vindouros seriam de desafios. Agora ele tinha de responder a acionistas orientados para o lucro e para o mercado global de ações.

"Esta é a vida real que temos que desempenhar", ele disse na época. "Posso ser demitido."

Entre as duas ofertas públicas, o Investcorp recebeu um total de 2 bilhões de dólares, ou 1,7 bilhão de dólares líquidos, depois de pagos taxas e impostos. A reviravolta da Gucci – ainda que quase dez anos após o Investcorp ter feito seu investimento inicial – tinha sido o mais espetacular, o mais inesperado sucesso na história de quatorze anos do banco.

A reviravolta marcante da Gucci e o seu espetacular registro no mercado de ações rapidamente pavimentou o caminho para outras empresas de artigos de luxo entrarem na Bolsa de Valores de Nova York, incluindo Donna Karan, Ralph Lauren e a loja de departamentos Saks Fifth Avenue, que também pertencera ao Investcorp, enquanto a Ittierre SpA, uma grande confecção italiana de roupas, entrou na Bolsa de Milão.

O IPO da Gucci também aglutinou em um só setor o disperso mundo de empresas de luxo e de grifes famosas, que estavam cotadas no mercado internacional de ações. Antes de a Gucci ter capital aberto, as poucas empresas já registradas eram díspares e não tinham nada em comum: a LVHM ainda era vista largamente como uma empresa de bebidas, Hermès tinha tão pouca oscilação que dificilmente atrairia a atenção e a joalheria italiana Bulgari, registrada pouco tempo antes, era muito pequena, com valor abaixo dos 100 milhões de dólares.

"A Gucci criou um setor", disse Huth. "Que tinha entre dois e três bilhões de dólares em ações no mercado – e as pessoas passaram a ficar de olho nesse tipo de ação."

Para promover a flutuação das ações da Gucci, o Investcorp tinha encorajado os grandes bancos internacionais de investimento a designar analistas específicos para cobrir o contexto da Gucci em um setor mais amplo de artigos de luxo, uma vez que eles se especializavam em outros setores como o de aviação, o automobilístico e o de engenharia. O Investcorp preparou programas de treinamento para auxiliar os analistas a entenderem o fortalecimento da Gucci em comparação com seus concorrentes. De uma hora para outra, esses analistas – muitos dos quais tinham previamente coberto o setor de moda e varejo – descobriram-se com assentos privilegiados nos desfiles da Gucci, acompanhando as músicas com os pés e lutando para adicionar um olhar crítico em moda no rol de sua *expertise* em análise financeira. Eles cunharam o termo *fashion risk*, indicando as implicações que uma coleção fraca pode ter nas vendas e começaram a entender os ciclos de negócios nas companhias de moda, incluindo fornecedores, entregas e vendas diretas, assim como a importância das críticas aos desfiles, a brilhante difusão da moda e a influência de Hollywood.

Enquanto a comunidade de investimentos estudava os múltiplos da Gucci, Tom Ford modernizava mais o visual da empresa, tornando-o *sexy*, deixando de lado todas as onze categorias de produtos existentes e iniciando uma nova coleção que incluía até mesmo uma cama de cachorro em couro preto e vasilhas de ração feitas de acrílico.

Ele esforçou-se para criar uma versão dos anos 1990 de uma moda mais trivial do que aquela que a Gucci havia exibido em 1960 e 1970; ele sentia que "bom gosto em excesso pode ser chato!", Ford continuava a desafiar a linha tênue entre o *sexy* e o vulgar.

"Eu impulsionei a Gucci tanto quanto pude", Ford disse mais tarde. "Não poderia ter feito saltos mais altos, ou saias mais curtas." Em 1997, a *Vanity Fair* chamou a calcinha fio dental com duplo G de Ford de uma das coqueluches mais quentes do ano. Ele a havia atrevidamente apresentado durante o desfile masculino de janeiro, quando um embaraçoso murmúrio correu entre a plateia, e a colocou de volta no desfile feminino de março.

"Nunca tão poucos milímetros quadrados de tecido gerarem tanta excitação", escreveu o *Wall Street Journal* a respeito da lingerie, que foi vendida em todas as lojas ao redor do mundo e impulsionou a venda de itens mais convencionais.

Uma vez que tinha boa expressividade, Tom Ford começou a namorar o *set* de Hollywood. Primeiro ele se tornou íntimo. Havia se apaixonado por Los Angeles, chamada por ele de "a verdadeira cidade do século XX", em razão de sua arquitetura, estilo de vida e influência na cultura contemporânea. Ele comprou uma casa lá, fotografou várias campanhas publicitárias da Gucci na cidade e começou a esbarrar em atores e atrizes – alguns dos quais se tornaram seus amigos. Fez sua aparição com um evento que Hollywood jamais esquecerá: um desfile quente, com jantar e uma festa com dança a noite inteira num hangar privado do aeroporto de Santa Monica. A Gucci patrocinou a noite, que levantou cifras recordes em benefício de uma campanha contra a aids promovida pela cidade de Los Angeles. A lista de convidados parecia a relação de indicados para o Oscar, e o estilo da festa foi todo com assinatura Tom Ford – especialmente os quarenta dançarinos usando fio dental Gucci sobre cubos gigantes de acrílico.

Ford exerca firme controle em todos os aspectos da imagem da Gucci – não apenas sobre as coleções de roupas e objetos, mas também sobre o novo conceito da loja, a publicidade, decoração dos escritórios, roupa dos funcionários e até mesmo sobre os arranjos florais dos eventos da Gucci.

No lançamento do perfume Envy em Milão, Ford pintou de preto tudo o que pôde – desde o chão, paredes e teto de um imenso *hall*, que foi transformado numa elegante sala de jantar para a ocasião, até o menu do evento: macarrão com molho de tinta de lula, *sticks* de pão preto e mesmo a entrada, uma mistura de vegetais, que coloriram de uma única cor os pratos de vidro transparente.

Quando Ford finalmente acabou seu trabalho na reforma da *flagship* de um 1300 metros quadrados na rua Sloane em Londres – a loja-modelo da Gucci para todas as outras no mundo inteiro –, ele colocou seguranças de preto nas portas, usando Gucci da cabeça aos pés e fones de ouvido, um toque típico de Ford. Fora, a fachada de pedra calcária polida e aço escovado era tão imponente quanto um cofre-forte de banco. Dentro, chão de mármore travertino, colunas em acrílico e lustres quadrados criavam um clima de palco, sobre o qual os produtos da Gucci eram dispostos como estrelas.

Até mesmo o formato que Ford desenvolveu para os desfiles de moda era controlado. Em um tempo em que outros designers ainda ofereciam muitos temas diferentes em cada apresentação, pensando que a imprensa, os compradores e também os consumidores quisessem várias opções, Ford colocava na passarela apenas as três roupas mais importantes de sua coleção de mais de 50 trajes.

"Eu tinha centenas de trajes no *showroom*, centenas de fotos polaroides e vinte minutos para convencer o mundo sobre meu ponto de vista", disse Ford. Ele revisava, revisava e revisava, perguntando a si mesmo "Qual é a minha mensagem? O que quero dizer?". Uma vez que decidia, Ford usava um holofote para focalizar a atenção do público durante a apresentação.

"Em qualquer outro desfile, há apenas um pouco de luz que passeia em volta e você pode ver as pessoas olhando para seus próprios sapatos ou em volta para as outras pessoas da plateia. Eu queria ter a atenção total", Ford explicou. "Queria aquela qualidade cinemática. Quando todos estão olhando para a mesma coisa exatamente ao mesmo tempo, posso controlá-los e trazê-los para dentro, para cima e para baixo e ouvi-los gritar ao mesmo tempo!"

A maneira clara e focada de Ford de mostrar roupas facilitava a decisão de todos – imprensa, lojistas e clientes – porque o estilista já havia feito esse trabalho por eles.

De forma tão determinada quanto Ford, De Sole renegociou a licença da fragrância Gucci com a Wella depois de uma briga notável, e comprou a fabricação dos relógios Gucci da Severin Montres, do difícil Severin Wunderman, por 150 milhões de dólares após pechinchar longa e duramente um acordo. A nova equipe de criação e negócios formada por Ford e De Sole era tão aclamada quanto a de Yves Saint Laurent e seu sócio Pierre Bergé.

Apesar de todo o sucesso, não seria uma trajetória fácil e tranquila para eles. Em setembro de 1997 – apenas um mês depois de o *Wall Street Journal* considerar a Gucci como "o nome mais quente de artigos de luxo para as vítimas da moda" –, dois anos inebriantes de vendas e preços de ações altos deram uma freada brusca. De Sole, que voltara recentemente de uma viagem pela Ásia, não gostou do que viu lá. Os melhores hotéis e restaurantes de Hong Kong, que por anos foram ancoradouros de turistas japoneses, estavam vazios, enquanto as vendas despencavam no Havaí – outro local de parada de japoneses em viagem. A Gucci tinha cerca de quarenta e cinco por cento de seus negócios na Ásia, e ainda mais com os turistas japoneses em outros mercados. Da mesma forma que impulsionaram as vendas da Gucci em 1994, os clientes japoneses as frearam três anos mais tarde.

No dia 24 de setembro de 1997, De Sole, alarmado, previu crescimento menor do que o esperado para a segunda metade do ano. Ele foi o primeiro executivo de artigos de luxo a avisar que a crise asiática afetaria os mercados internacionais nos meses seguintes. Em resposta, o preço da ação da Gucci, que tinha atingido 80 dólares em novembro de 1996, teve uma queda repentina de setenta por cento nas semanas seguintes, atingindo 31 dólares.

Tom Ford – que naquela época tinha uma carteira de ações da Gucci valendo milhões de dólares – estremeceu quando as ações da Gucci caíram e repreendeu seriamente De Sole a portas fechadas por ter sido tão explícito em relação às perspectivas negativas, que afetaram profundamente a boa notícia da aquisição da Severin Montres. Mas o aviso de De Sole provou ser um guia para toda a indústria – rapidamente a Prada, a LVMH e a DFS, para citar algumas, lutavam para conter suas perdas na Ásia.

O preço baixo e instável das ações da Gucci significou que, pela primeira vez desde seu lançamento no mercado, a empresa poderia ser arrematada por 2 bilhões de dólares. Fofocas alarmantes apareciam contando que outros capitães da indústria de artigos de luxo, tais como Bernard Arnault da LVMH, já conhecido como o barão do *takeover* (tomar o controle acionário), eram considerados compradores da Gucci. Em novembro, apesar do intenso *lobby* feito por De Sole, os acionistas da Gucci frustraram uma medida de prevenção da tomada de controle, que limitava o poder de voto de um único acionista a vinte por cento, não importasse a quantidade de ações. Isso deixou a Gucci ainda mais vulnerável – embora naquele momento todos os potenciais reis do *takeover* estivessem ocupados, escorando seus próprios impérios na Ásia.

"É privilégio dos acionistas decidir", disse De Sole, tentando esconder seu desapontamento. "Fiz o meu dever."

De Sole sobreviveu às guerras da família como um campeão, liderando a Gucci em um novo território. Mas como todo conquistador, ele teria de criar coragem para novas guerras.

# Prisões

Com os cabelos escuros e despenteados, Alessandra Gucci empurrou a mãe para dentro do espaçoso banheiro principal do apartamento na Corso Venezia sem que nenhum dos oficiais da polícia a visse. Patrizia e suas duas filhas tinham trocado a cobertura da Galleria Passarella por aquele magnífico e extravagante apartamento alguns meses após a morte de Maurizio. Alessandra trancou a porta rapidamente atrás de si e empurrou a mãe para o canto da parede de mármore, onde achava que ninguém poderia ouvi-las.

"*Mamma!*", sussurrou Alessandra, segurando sua pequena mãe pelos ombros e olhando fixamente nos olhos arregalados de Patrizia. "Eu prometo a você que qualquer coisa que me contar agora será um segredo entre nós. Diga-me!", Alessandra apertava os ombros de Patrizia. "Diga-me se você fez isso. Se você me contar, eu juro do fundo do meu coração que não falarei para *nonna* Silvana ou Allegra."

Patrizia olhou para o rosto pálido de sua filha mais velha. Por um instante ela estudou os olhos azuis transtornados, que havia pouco estavam fechados dormindo em paz.

Às 4h30 da manhã de sexta-feira, 31 de janeiro de 1997, dois carros de polícia estacionaram em frente ao *pallazo* da Corso Venezia. Filippo Ninni, o chefe de polícia da Criminalpol de Milão, desceu e tocou a campainha do apartamento onde viviam Patrizia, Alessandra, Allegra, duas empregadas e Roana, uma cocker spaniel, um pássaro, dois patos, duas tartarugas e um gato.

"*Polizia! Aprite!*", gritou no interfone sem obter resposta. A imponente porta de madeira em arco continuava fechada. Depois de tocar diversas vezes sem resultado, Ninni, exasperado, ligou para o número do celular de Patrizia Reggiani. Ele sabia que ela estava em casa porque seus homens a seguiram após o jantar. Também suspeitava que ela estivesse acordada porque sabia pelas ligações grampeadas que ela estivera ao telefone com seu namorado, um homem de negócios chamado Renato Venona, que Patrizia chamava de *teddy bear*. Eles tinham se falado até as 3h30 da manhã. Patrizia, que sofria de insônia crônica, sempre conversava com amigos por telefone de madrugada e depois dormia até o meio-dia. Uma voz estrangeira, grogue, finalmente atendeu à porta e Ninni ouviu o pássaro grasnando ao fundo.

"Escute, é a polícia, você tem que me deixar entrar", Ninni disse polidamente. Poucos momentos depois, o sonolento empregado filipino abriu a pesada porta e Ninni e seus homens o seguiram subindo os degraus de mármore que os levariam até o apartamento. Seus passos podiam ser ouvidos no silêncio da madrugada. Os oficiais olharam com cobiça para os móveis e acompanharam o empregado até a sala de estar. Ele, então, foi chamar Patrizia.

Calma e indiferente, apesar da incursão matutina, Patrizia entrou na sala poucos minutos depois, usando uma camisola azul-pálido. Dos oficiais que estavam na sala, ela reconheceu apenas um *carabiniere* alto e loiro, Giancarlo Togliatti, dos interrogatórios que seguiram a morte de Maurizio. Dois anos haviam passado desde o assassinato e nenhum suspeito tinha sido encontrado. Patrizia contatava o departamento de polícia de tempos em tempos para se atualizar sobre as investigações, mas nos últimos tempos eles não tinham nada a relatar. Ela acenou com a cabeça para Togliatti e fixou o olhar inexpressivo sobre Ninni, que era claramente o responsável. Ele se apresentou e mostrou a ela o mandado de prisão que tinha em mãos.

"*Signora* Reggiani, eu devo dizer que a senhora está presa por assassinato", disse Ninni, com sua voz grave. Ninni, um investigador veterano que dedicara a vida na luta contra o comércio de drogas em Milão, sentia-se mais confortável rastreando os chefões da máfia e invadindo depósitos abandonados do que de pé ali na suntuosa sala de estar de Patrizia Regiani. Ele olhou para os olhos inexpressivos dela.

"Sim, eu vi", ela respondeu vaga e desinteressadamente, olhando para o documento nas mãos de Ninni.

"Sabe por que estamos aqui?", Ninni perguntou, espantado pelo desinteresse de Patrizia.

"Sim", ela disse impassivelmente. "É sobre a morte de meu marido, não é?"

"Desculpe, *signora*", Ninni replicou. "A senhora está presa. Deve nos acompanhar."

Minutos depois, em seu quarto no andar de cima, Alessandra acordou aterrorizada com dois policiais ao lado dela. Eles explicaram que a mãe dela estava sob ordem de prisão e seria levada com eles.

"Eles mexeram em tudo no meu quarto, meus bichinhos de pelúcia, meu computador. Depois desceram." Allegra, chocada e assustada, juntou-se a eles pouco tempo depois com outro investigador. Enquanto Allegra soluçava baixinho na sala de estar, Ninni ordenou que fosse se trocar para acompanhá-los. Foi quando Alessandra acompanhou-a e a empurrou para dentro do banheiro. Mãe e filha – uma o reflexo mais jovem da outra – olharam-se por um instante.

"Eu juro para você, Alessandra, eu juro que não fui eu", Patrizia disse enquanto um dos oficiais batia na porta. Enquanto Patrizia se trocava, supervisionada por uma oficial feminina, os outros agentes faziam uma busca no apartamento, apreendendo papéis e uma pilha dos diários de Patrizia com capa de couro. Quando ela apareceu, eles a olharam descrentes. Patrizia havia colocado joias cintilantes em ouro e diamantes e um casaco de *mink* que ia até o chão. Com suas mãos manicuradas, ela agarrava uma bolsa de couro da Gucci.

"Bem", ela disse, inspecionando sua atônita plateia. "Estou pronta." "Estarei de volta à noite" Patrizia falou decidida enquanto beijava as filhas. Ao sair, ela colocou um par de óculos escuros para esconder os olhos, que estavam pálidos e vulneráveis sem a costumeira maquiagem pesada.

Qualquer compaixão que Ninni poderia ter sentido por Patrizia desvaneceu naquele momento. "Aonde ela pensa que vai, a um baile de máscaras?", ele se perguntou enquanto descia a escada de mármore em direção ao pátio.

Magro e musculoso, com olhos negros penetrantes e um bigode austero, Ninni tinha reputação de ser um investigador determinado, nada bobo e apaixonado pelo trabalho policial. Seus principais adversários eram as famílias italianas do sul que migraram para Milão e que tiravam vantagem do crescente comércio de droga vinda dos Bálcãs. Muitas dessas famílias haviam sido derrotadas nas guerras de clãs na terra natal e simplesmente foram para o norte à procura de trabalho, achando dinheiro rápido e fácil nas drogas.

Enquanto Ninni subia de posto na corporação policial de Milão, ele sempre pensava em Modesto, um siciliano que tinha chegado à cidade com uma grande família para manter. No início, Modesto circulava pelas ruas com um realejo, enviando sete ou oito filhos para pedir esmolas aos transeuntes. Logo, Modesto vendeu o realejo por uma ocupação mais lucrativa, tornando-se um dos mais importantes senhores da droga na região da Lombardia, nas redondezas de Milão.

Ninni também vinha do sul, de uma pequena cidade fora de Taranto, na região de Puglia localizada no salto da bota da Península Itálica.

Quando menino, ele devorava romances e filmes policiais, estudando atentamente todas as técnicas de investigação utilizadas. Nas reuniões familiares, ele bombardeava dois de seus parentes que trabalhavam na polícia com perguntas sobre o trabalho deles. Ninni deixou de frequentar a Universidade de Roma para inscrever-se na academia de polícia, enfurecendo seu pai, um trabalhador da indústria naval.

"Você está maluco?", seu pai esbravejou. "Você quer ser morto? O trabalho na polícia é perigoso." Mas Ninni insistiu – além de apaixonado pela ideia de se tornar policial, ele queria independência financeira. Seu pai ainda sustentava seus dois irmãos adolescentes em casa e odiava quando pediam a ele dinheiro para os livros escolares. O velho finalmente concordou, acompanhando-o a Roma no dia de seu ingresso na academia. No final da primeira semana, o pai de Ninni voltou para ver como o filho estava se saindo. No momento em que viu a expressão cansada de Ninni, mandou-o pegar suas coisas para voltar para casa. Ninni não hesitou.

"Não", respondeu, balançando a cabeça. "Vim para cá sabendo que seria difícil e só sairei daqui quando me formar, a menos que eles me mandem embora."

Não só Ninni sobreviveu à academia, como fez sua primeira prisão antes de começar o seu primeiro emprego – em um trem indo de Roma para Milão. Uma cigana havia acabado de bater a carteira de um *carabiniere* e agredido, gritado e resistido à frustrada voz de prisão do jovem oficial, que queria ter de volta a carteira.

"Vou mostrar a você o que fazer", disse Ninni resumidamente ao *carabiniere* enquanto puxava a bolsa da mão da cigana e a atirava plataforma abaixo. Quando a mulher atônita arrastou-se atrás da bolsa, Ninni a prendeu e recuperou a carteira.

Nem todas as prisões de Ninni foram tão simples. Em Milão, ele brigou com facções guerrilheiras da máfia calabresa – os clãs de Salvatore Batti e Giuseppe Falchi –, cujas hostilidades aumentavam nos tiroteios diários. Porém, com a maneira de aprisionar de Ninni, seus nervos de aço e senso ético, ele ganhava respeito de seus colegas e também dos membros do clã. Em 1991, com a ajuda de apenas quatro homens, ele fez mais de quinhentas prisões. Ninni tratava as pessoas que prendia com dignidade, acreditando que mesmo os criminosos deviam ser respeitados. Sua humanidade não só mereceu o elogio de um dos mais perigosos senhores da droga de Milão, como também salvou sua vida. Durante um julgamento, o chefe calabrês Salvatore Batti olhou-o na sala da Corte e disse: *"Dotto'*

*Ninni, se voi non fuste una persona onesta, avesse la morte*" ou "Se não fosse um homem honesto, já estaria morto".

Com Patrizia no banco traseiro, o carro de polícia corria pelas ruas vazias de Milão até o quartel-general da Criminalpol na Piazza San Sepolcro, um quarteirão histórico atrás do centro financeiro, que data da era romana. Uma delegacia de polícia era a última coisa que deveria se esperar do prédio de três andares do Pallazzo Castani, que se erguia em torno de um pátio central enfeitado com um pórtico arqueado com três lados e datado da Renascença.

Ninni e seu esquadrão acompanharam Patrizia para dentro da tortuosa entrada de pedra, por entre os perfis esculpidos dos imperadores romanos Adriano e Nerva. Acima, havia uma viga com uma inscrição em latim que dizia: "*Elegantiae, publicae, commoditati privatae*" ou "Para a elegância pública e conforto privado". Outra inscrição em grego antigo desejava boa sorte para aqueles que entravam.

Ninni entregou Patrizia para seu braço direito, inspetor Carmine Gallo, um homem baixo e forte, com olhos escuros e ternos. Gallo levou Patrizia para baixo por um *hall* com vento encanado até um gabinete decorado austeramente com escrivaninhas de metal e gabinetes de arquivos. Ela olhou as janelas com barras pesadas localizadas no topo das paredes enquanto Gallo preenchia seu registro. Uma fotografia dos juízes Giovanni Falcone e Paolo Borsellino, assassinados pela máfia, encarava-os. Em pouco tempo, a mãe de Patrizia, Silvana, chegou com Alessandra e Allegra, com os semblantes cansados. Elas também foram acompanhadas até o gabinete de Gallo quando Ninni apareceu na porta, olhando Patrizia resplandecendo em ouro e pele, sentada perto da escrivaninha. Ele sentiu uma onda de repugnância.

"Sempre tentei ajudar as pessoas que prendi", disse Ninni mais tarde. "Mas olhei para ela e senti algo que nunca havia sentido antes. Eu a vi como uma mulher vazia, uma mulher que achava que o dinheiro podia comprar tudo. Não tenho orgulho disso, mas não consegui conversar com ela – algo que nunca acontecera em minha carreira."

Com seu bigode escuro, Ninni virou-se para Silvana, irritado e indignado.

"*Signora*, não é uma boa ideia mandar sua filha para a prisão vestida desse jeito, com todas essas coisas caras", disse.

"São dela, se ela quer levá-las, é problema dela, ninguém pode impedi--la", respondeu Silvana, fechando a cara.

"Faça como quiser, mas as autoridades prisionais vão confiscar tudo no minuto que ela entrar. Não será permitido que ela as mantenha consigo", disse Ninni, virando-se e saindo.

"É melhor você me dar tudo isso", concordou Silvana, tirando de Patrizia os pesados brincos dourados, os grossos braceletes de ouro e diamantes e o casaco de mink. Depois, ela remexeu na bolsa Gucci.

"Por que cargas d'água você trouxe essas coisas?", ela perguntou à filha, com irritação, tirando os lápis de lábios, estojos de maquiagem e creme para o rosto. "Você não precisará disso", continuou quando Patrizia começou a tremer de frio. O inspetor Gallo ergueu os olhos de seus papéis e ofereceu-lhe sua jaqueta verde esporte, à prova de vento, que ela aceitou prontamente.

"Senti pena dela", Gallo admitiu mais tarde. Patrizia devolveu o casaco assim que entrou na cela. "Ela tinha chegado ao fim do caminho. Tinha feito tudo o que podia."

Naquela mesma manhã, quatro outras pessoas foram presas em diversos lugares da Itália e acusadas de participar do assassinato de Gucci. A amiga de muito tempo de Patrizia, Pina Auriemma, foi presa em Somma Vesuviana, perto de Nápoles, por um esquadrão de policiais à paisana, e depois levada a Milão. Ivano Savioni, um porteiro de hotel de Milão e Benedetto Ceraulo, um mecânico, também foram levados para o prédio da Criminalpol na Piazza San Sepolcro. Orazio Cicala, um falido gerente de restaurante, que já estava preso por problemas com drogas em Monza, subúrbio de Milão, foi autuado no dia seguinte. A notícia surpreendente salpicou todos os jornais: depois de dois anos, a ex-esposa de Maurizio Gucci e quatro cúmplices improváveis foram presos por seu assassinato.

Apenas dois meses antes, a investigação sobre a morte de Maurizio não tinha chegado a lugar nenhum. O promotor público de Milão, Carlo Nocerino pediu mais tempo, mas foi ficando desestimulado conforme as semanas iam passando e nenhuma pista consistente aparecia — até a noite de quarta-feira, 8 de janeiro de 1997. Filippo Ninni estava trabalhando até tarde, como sempre fazia, quando o vigia noturno avisou que havia uma ligação para ele.

"Chefe, tem um cara na linha. Não disse o nome, mas falou que é urgente e não quer falar com outra pessoa, só com o senhor."

Ninni acendeu a luminária de sua mesa, que sempre preferia que tivesse lâmpada fluorescente para iluminar as pilhas de arquivos sobre sua mesa de tampo de vidro, em meio a computadores que ele lutou para conseguir do departamento de polícia a fim de realizar mais rapidamente o trabalho de cruzamento de informações. Sobre o papel de parede desbotado, Ninni tinha pendurado cuidadosamente mais de vinte diplomas, certificados e placas de honra ao mérito que recebeu ao longo de sua carreira. No centro da sala, ficava um sofá de couro surrado ladeado por duas poltronas arrumadas ao redor de uma mesa de centro onde estava sua propriedade mais preciosa: um jogo de xadrez em pedra-sabão e esculpido à mão. Ninni gostava da maneira como as peças de xadrez creme e bege pareciam suaves em sua mão.

Aquela noite, Ninni estava revendo os arquivos de um caso de drogas que estava quase resolvido. A investigação começou com um único traficante de drogas italiano. Em vez de prendê-lo imediatamente, Ninni e sua equipe seguiram seus rastros. Posteriormente, o trabalho deles levou-os à prisão de mais de vinte pessoas em toda a Europa e ao confisco de mais de 360 quilos de cocaína, 10 quilos de heroína e um arsenal de armas de fogo. Quando descobriram o esconderijo da droga, que estava enterrada no chão de um pequeno negócio no norte da Itália que operava escavadeiras, Ninni ficou atônito. Um estoque interminável de latas cheias de pacotes plásticos de cocaína saía do chão.

Ele fechou o arquivo, curioso em saber quem poderia estar ligando tão tarde e disse ao vigia que poderia passar a ligação.

"É o Ninni?", uma voz baixa e grossa falou, como o som de um metal pesado sendo arrastado no concreto.

"Sim, quem é?"

"Eu preciso falar com você pessoalmente", respondeu a voz. Ninni sentiu a urgência, o medo e o desespero. "Tenho uma informação importante que preciso passar a você. Contarei tudo o que sei", insistiu a voz.

Ninni, ao mesmo tempo intrigado e perplexo, perguntou: "Quem é que está falando? Como sei que posso confiar em você? Eu tenho inimigos aí fora, ao menos me diga do que se trata!"

"É suficiente se eu disser que é sobre o assassinato de Gucci?" A voz rascante se tornou ruidosa.

Ninni prestou mais atenção. Seus colegas *carabinieri* estavam investigando a morte misteriosa do homem de negócios por quase dois anos sem conseguir nada. O magistrado Carlo Nocerino voltara havia um ano da Suíça, onde tinha ido investigar os negócios de Gucci, sem nenhuma pista. Checando rumores de que Gucci havia investido em uma rede de cassinos, Nocerino descobriu que os "cassinos" eram na verdade um hotel luxuoso com um pequeno *hall* de jogos na estação de esqui suíça Crans-Montana. Tudo era correto – nenhum traço de negociatas sinistras. Todas as iniciativas desse outro negócio de Gucci, desde que ele tinha vendido a companhia da família, estavam apenas no começo. Nocerino também voou para Paris a fim de entrevistar Delfo Zorzi, que tinha concordado, sob rígidas condições, a só responder a perguntas dos promotores a respeito da bomba na Piazza Fontana – e também concordou em falar com Nocerino sobre o empréstimo de Gucci. Zorzi confirmou que Gucci lhe devolvera integralmente os famosos 40 milhões de dólares que havia encontrado "sob o assoalho". Nocerino fechou o arquivo "negócios" de Gucci em maio, mas ficou sem outras pistas consistentes. Justamente naquela manhã, Ninni tinha lido no jornal que Nocerino conseguira uma prorrogação para continuar a investigação.

Ninni havia acompanhado o caso com interesse. Na manhã em que Gucci foi morto, Ninni estava passando na vizinhança a caminho do gabinete quando ouviu o relato do assassinato no rádio de polícia instalado em seu carro. Ele pediu ao motorista para se dirigir até a cena do crime na Via Palestro e a encontrou lotada de *carabinieri*. Ninni ficou de lado, observando a cena. O corpo de Maurizio Gucci jazia no topo da escada, enquanto paramédicos e investigadores moviam-se confusamente. A comoção acalmou-se quando Nocerino entrou no *foyer*, enxotando todo mundo menos os *carabinieri*. Nas semanas e nos meses seguintes, Ninni enviara seus homens para colher informações sobre o assassinato de Gucci sempre que era preso um membro do submundo do crime de Milão. Se o assassino fosse um matador profissional, Ninni pensava, então o mundo do crime da cidade saberia e, mais cedo ou mais tarde, ele ouviria alguma coisa. Mas cada vez mais as pessoas davam de ombros ou balançavam a cabeça. Com o passar do tempo, Ninni ficou convencido de que o matador não poderia ter sido profissional. Ele estava seguro de que deveriam ser investigados os negócios pessoais de Gucci.

"*Dottor* Ninni, acho que sei quem matou Maurizio Gucci", disparou a voz.

"Você pode vir até meu gabinete?", Ninni perguntou.

"Não. É muito perigoso. Encontre-me na *gelateria* na Piazza Aspromonte", o interlocutor falou, indicando a sorveteria da praça no lado leste da estação ferroviária central da cidade.

"Tenho 49 anos, sou pesado; estarei usando uma jaqueta vermelha... Tenha certeza de que estará sozinho."

Ninni hesitou e depois concordou: "Estarei lá em meia hora".

A mente de Ninni girava rapidamente quando ele entrou em seu carro. Perto da Piazza Aspromonte, pediu para o motorista parar algumas quadras antes e andou o resto do caminho, por ruas escuras cheias de hotéizinhos de uma estrela, patrocinados por prostitutas e imigrantes ilegais tentando estabelecer uma nova vida. Quando chegou à *gelateria* que a voz havia indicado, Ninni viu um homem do lado de fora, uma protuberante figura numa jaqueta acolchoada, que parecia verde por causa do letreiro de néon. Os dois homens se cumprimentaram com cautela e começaram a andar em volta de um pequeno parque no centro da Piazza Aspromonte. O homem se identificou como Gabriele Carpanese com a voz rascante que Ninni reconheceu. Com sobrepeso e a saúde debilitada, ele andava devagar e respirava com dificuldade. Ninni, um rápido estudioso de perfis, imediatamente condoeu-se de seu misterioso interlocutor, e levou apenas alguns minutos para decidir se podia confiar nele. Ele apontou seu carro e o motorista no fim da rua e convidou Carpanese a voltar com ele para o gabinete, onde era mais quente e estariam mais seguros de olhares curiosos.

Confortavelmente instalados no sofá de couro do gabinete de Ninni, Carpanese contou sua história enquanto Ninni brincava com a rainha em pedra-sabão de seu amado jogo de xadrez. Carpanese retornara para a Itália com a esposa havia muitos meses, depois de desistir de tentar operar uma *trattoria* no exterior, primeiro em Miami e mais tarde na Guatemala. Sua esposa tinha recebido o diagnóstico de câncer de mama e ele havia desenvolvido diabetes, e seus problemas de saúde os forçaram a voltar para a Itália, onde poderiam receber tratamento através do sistema público de saúde. Eles encontraram alojamento num hotel de uma estrela perto da Piazza Aspromonte até que pudessem se estabelecer. Carpanese fez amizade com o porteiro do hotel, Ivano Savioni, sobrinho de 40 anos da dona. Savioni controlava a entrada e saída de todos de seu posto em sua escrivaninha, que ficava no estreito *hall* de entrada do Hotel Adry. Podia ver os visitantes do lado de fora da porta de vidro tingida de um lado só, mas não podia ser visto e, com o toque de um dedo numa campainha, ele decidia quem podia entrar ou não. Um homem forte, com maxilar definido, pescoço grosso e cabelos negros e ondulados, que ele penteava para trás com gel, Savioni usava óculos com aros dourados e ternos escuros baratos com camisas cor-de-rosa ou pêssego que achava estarem na moda. Para Carpanese, Savioni parecia bem-intencionado, embora estivesse constantemente com dívidas, fazendo malabarismos e armando esquemas para pagar uma fila de credores. Ele juntava dinheiro extra roubando prostitutas no hotel enquanto sua tia, sem saber de nada, estava fora. Agradecido por não ser delatado por Carpanese, Savioni dava-lhe um desconto na conta ou roubava para ele uma ou duas garrafas do bar do hotel.

Quando as escassas economias de Carpanese se tornaram magras e as esperanças de conseguir um trabalho diminuíram, ele usou sua imaginação. Criou uma história emocionante para Savioni dos áureos tempos em que traficava na América do Sul, convencendo Savioni de que era um senhor da droga e estava sendo procurado por diversas agências de inteligência e polícias, inclusive o FBI, em diversos países. Carpanese contou a Savioni que tinha milhões de dólares provenientes do tráfico de droga guardados em bancos americanos e que estaria pronto para pagar por seu alojamento assim que resolvesse seu problema legal.

"Assim que meus advogados ajeitarem as coisas, eu estarei pronto para agradecer a você de maneira apropriada e recompensá-lo — com juros — por sua gentil hospitalidade", Carpanese prometeu para Savioni, que estava apavorado e convenceu a tia Luciana a deixar o desafortunado casal permanecer no hotel sem pagar nada por mais alguns meses. Savioni, que não conseguiu muito dinheiro em sua curta incursão pelo tráfico, esperava que Carpanese pudesse colocá-lo em contato com bons fornecedores.

Numa noite quente de agosto de 1996, Carpanese contou a Ninni, ele e Savioni estavam descansando na calçada de um café, fumando e tomando cerveja. Raramente um carro passava e os apartamentos estavam fechados, esperando silenciosamente pelo retorno de seus habitantes das férias de verão. Muitos dos hotéis da vizinhança de ocupação individual estavam com suas portas fechadas por causa das férias. Não havia muito o que fazer na cidade vazia, mas estava muito quente para dormir, ou mesmo ficar dentro de casa; o ar estava muito pesado com o calor e a umidade. Savioni se inclinou para trás em sua cadeira, deu uma longa tragada em seu Marlboro e olhou para Carpanese. Ele também tinha se envolvido em alguma coisa muito grande, algo que estivera em todos os jornais, disse confidencialmente, estudando Carpanese para medir a reação dele.

"O que você pensa que é, algum tipo de chefe?"

"Pense o que quiser", replicou Savioni, abatido com o ceticismo de seu novo amigo, que ele muito queria impressionar. Nas semanas seguintes, Savioni contou a Carpanese todos os detalhes do planejamento e da execução do assassinato de Maurizio Gucci.

Carpanese estava chocado. Ele não podia acreditar que Savioni tinha se metido em algo tão sério. Depois de brigar com sua consciência por semanas, ele decidiu relatar a história para as autoridades. Sabia que ele e a esposa talvez perdessem o alojamento, mas achava que podia ganhar alguma compensação com a informação. Antes do Natal de 1996, ele foi até o telefone da Piazza Aspromonte, discou o número da Corte Suprema de Milão e pediu à telefonista que o colocasse em contato com o magistrado responsável pela investigação de Gucci. Ele mexia nervosamente o fio de metal gelado do telefone enquanto ouvia a mensagem pré-gravada, mas ninguém respondia. Depois de esperar quase cinco minutos, as fichas acabaram e ele desligou. Quando ele tentou novamente alguns dias depois, a telefonista disse que não sabia quem era o responsável pelo caso Gucci. Carpanese então ligou para os *carabinieri*, mas a telefonista se recusou a completar a ligação porque ele não dizia o nome ou o motivo da ligação. Uma noite no começo de janeiro, quando mudava de canal à toa na sala úmida do Hotel Adry, ele parou num programa de entrevistas sobre o crime organizado, no qual Ninni participava como convidado. Carpanese gostou de sua atitude incisiva e de seus comentários sensatos e resolveu que ele seria o homem em quem confiaria. Então voltou ao telefone.

Carpanese contou a Ninni a história do assassinato, com riqueza de detalhes, que somente quem tivesse participado poderia saber. Ninni teve certeza de que Carpanese contava a verdade.

Patrizia Reggiani encomendou o assassinato de Maurizio Gucci e pagou 600 milhões de liras, ou quase 375 mil dólares por ele, Carpanese contou. Sua amiga de longo tempo, Pina Auriemma tinha auxiliado e agiu como intermediária, repassando o dinheiro e as informações entre Patrizia e os matadores. Pina estivera com Savioni, um velho amigo, que, por sua vez, envolveu Orazio Cicala, um sicialiano de 56 anos que tinha uma pizzaria em Arcore, um subúrbio ao norte de Milão. Savioni sabia que Cicala, sobrecarregado com dívidas de jogo que o tinham arruinado, bem como à sua família, precisava de dinheiro. Cicala encontrou o matador e dirigiu o carro da fuga – o Renault Clio verde do próprio filho. O carro que Cicala roubara para o trabalho havia desaparecido – ou fora roubado novamente ou apreendido pela polícia! O nome do assassino era Benedetto, um ex-mecânico que morava atrás do restaurante de Cicala. Benedetto tinha conseguido um revólver Beretta de calibre 7.65 para matar Maurizio Gucci, montou um silenciador com um cilindro metálico forrado com feltro, trouxe as balas da Suíça e destruiu a arma depois.

Nos meses que se passaram após o assassinato, Patrizia tomou a residência na Corso Venezia, desfrutando de todos os benefícios do patrimônio multimilionário – ao qual teve acesso em virtude de seu controle sobre as duas filhas, herdeiras de Maurizio.

Ao mesmo tempo, a gangue de cúmplices se tornou insatisfeita, contou Carpanese. Eles tinham corrido todos os riscos por uma ninharia, enquanto *la signora* vivia no luxo. Agora eles queriam pressioná-la para receber mais dinheiro.

Ninni o ouvia, girando a rainha de pedra-sabão nos dedos. Enquanto Carpanese falava, um plano começou a tomar forma em sua cabeça.

"Você está disposto a voltar para o Hotel Adry com um microfone?", Ninni perguntou para o homem ofegante.

Carpanese, embora parecesse desconfortável, concordou. Ninni, tocado pela honestidade e senso de justiça daquele homem, a despeito de todas as desgraças, prometeu ajudá-lo no que pudesse. Mais tarde auxiliou Carpanese a encontrar uma casa, um emprego e roupas, e visitava-o constantemente para ver como ele e a mulher estavam passando.

"Bem, Ninni, se você acha que pode tirar alguma coisa disso, vá em frente", Carlo Nocerino disse relutante para o chefe da Criminalpol quando se sentaram no apertado gabinete da promotoria, no quarto andar da Corte Suprema de Milão. Ninni tinha acabado de contar ao magistrado a história de Carpanese e explicar seu plano: ele queria enviar um detetive secreto para armar uma armadilha para Savioni e os cúmplices do esquema. Ninni já tinha achado o homem, um jovem policial chamado Carlo Collenghi, que falava espanhol fluentemente porque sua mãe era de Bogotá. Carlo poderia se passar por "Carlos", um matador calejado do cartel de Medellín que estaria visitando Milão "a trabalho". Carpanese apresentaria Carlos a Savioni, recomendando-o como a pessoa ideal para "persuadir" *la signora* a dar mais dinheiro a eles. O chefe dos magistrados, Borelli, disse para Nocerino autorizar o plano de Ninni. "Se ele está por trás disso", disse, "você pode ter certeza de que é sério."

O plano de Ninni funcionou brilhantemente. No dia seguinte, Carpanese convidou Carlos ao Hotel Adry, onde o apresentou a Savioni, que o olhou de cima a baixo, prestando atenção nos cabelos loiros encaracolados, nos frios olhos azuis, na camisa preta de seda meio desabotoada e na pesada corrente de ouro pendurada no pescoço.

"*Buenos días*", disse Carlos, estendendo a mão para Savioni, onde faiscava um anel de diamante rosa. Sob a camisa de seda, dois pequenos microfones estavam colados ao peito. A algumas quadras dali, oficiais da unidade de Ninni ouviam a conversa dentro de uma van da polícia repleta de equipamentos eletrônicos.

"Onde você está hospedado?", Savioni perguntava a Carlos e era traduzido por Carpanese.

"Diga a seu amigo que eu não respondo a esse tipo de pergunta", Carlos disse, enquanto Savioni gaguejava um pedido de desculpas, olhando para os frios olhos do "colombiano" com um respeito ainda maior.

Os três homens foram para a sala de televisão, onde podiam conversar mais confortavelmente. Savioni serviu café para todos.

"Quanto de açúcar?", perguntou a Carlos, que fingia não entender italiano, enquanto Carnapese traduzia.

Carpanese explicou a Carlos, em espanhol, que Savione queria pedir sua ajuda e Savioni se esforçava em entender. Assim que terminaram, Carpanese voltou-se para o porteiro.

"Não se preocupe, Savioni. Carlos vai resolver todos os seus problemas. Embora pareça jovem, ele é um matador profissional, o melhor, utilizado pelos mais importantes traficantes do clã de Medellín. Ele matou mais de cem pessoas. É a pessoa certa para dar uma lição à *la signora*."

O maxilar de Savioni ficou ainda maior quando um sorriso iluminou sua face.

"Por que você não liga para Pina e não conversa com ela sobre isso?", perguntou Carpanese. "Agora nós já vamos. Carlos tem alguns negócios para resolver."

Savioni levantou-se, feliz, impressionado e muito agradecido. "Claro, claro, tenho certeza de que Carlos é muito ocupado. Por que você não pega meu carro? E hoje, esta noite, o jantar é por minha conta", disse colocando uma nota de 100 mil liras na mão de Carpanese.

Carpanese dirigiu o enferrujado Cordoba quatro portas vermelho, um modelo espanhol popular e barato da Seat, pela Via Lulli, checando o espelho retrovisor para se certificar de que estavam sendo seguidos pela van da polícia. Carlos se divertia brandamente com o microfone colado em seu peito. "*Ragazzi!* Que sorte! Vamos encher esta lata de sardinhas com escutas!"

De volta ao pátio da Piazza San Sepolcro, a equipe de Ninni colocou microfones escondidos em todos os cantos do carro de Savioni e inseriram um chip atrás do painel para a localização via satélite. Os telefones de todos os suspeitos tinham sido grampeados, e os agentes de Ninni ocupavam o posto central de escuta na Piazza San Sepolcro, noite e dia.

Naquela tarde, Savioni ligou para Pina em sua bela casa perto de Nápoles. "Pina, você precisa vir a Milão assim que puder. Eu tenho uma solução para o nosso probleminha. Precisamos conversar."

Na noite seguintes, as fitas gravaram outra conversa — Pina, de Nápoles, ligando para Patrizia.

"*Ciao*. Sou eu. Você viu a notícia poucas semanas atrás?", Pina perguntou.

"Sim", respondeu Patrizia. "Mas é melhor não falar sobre isso por telefone. Precisamos nos ver."

Pina chegou a Milão no dia 27 de janeiro. Savioni foi buscá-la com o velho Seat vermelho no aeroporto Linate de Milão, rastreado pela polícia via satélite. Embora tivesse sido bonita na juventude, Pina, agora beirando os 51 anos, aparentava a vida difícil no rosto. Seus cabelos com mechas loiras caíam desalinhados nos ombros e seus olhos de *basset hound* tinham bolsas profundas. A testa parecia permanentemente vincada. Savioni dirigiu até a praça perto do Hotel Adry, onde estacionou para conversar. O gravador da polícia foi acionado.

"*Gesummio*, Ivano", disse Pina, invocando Jesus Cristo no dialeto napolitano, contorcendo as mãos e apertando sua fina capa de chuva cinza contra o peito. "Quando li há semanas que eles iam estender a investigação, quase desmaiei em cima do jornal. Eles já prorrogaram uma vez por seis meses e não deu em nada. O que poderiam ter? Em que será que estão pensando?"

"*Dai, stai tranquilla*", Savioni censurou, oferecendo um cigarro, que ela aceitou agradecida. "Eles não têm nada. É só rotina", completou acendendo o cigarro dela.

"Parei de ligar porque acho que meu telefone está grampeado", Pina continuou, torcendo as mãos. "Acho que *ela* está sendo seguida. Se todo esse negócio começar a feder, conte-me imediatamente – vou sair do país, senão acabo na prisão. Minha amiga Laura diz que nunca vão nos encontrar – mas precisamos ter muito cuidado. Um passo em falso e... todo esse inferno vem à tona!"

"*Ascoltami*, Pina, escute. Tenho algo importante para lhe contar", disse Savioni, acendendo o próprio cigarro. "Encontrei um colombiano, um cara realmente durão. Você precisa ver os olhos dele, parecem gelo. Já matou mais de cem pessoas. Carpanese nos apresentou – viu só? Sempre soube que deixá-lo ficar de graça iria render alguma coisa –, bem, esse cara pode nos ajudar com *la signora*. Ele fará com que ela pague mais."

Pina olhou para os lados de Savioni, enquanto a fumaça do cigarro saía pela fresta da janela.

"Tem certeza? Talvez não seja a melhor hora. Se eles prorrogaram as investigações, talvez precisemos apenas ficar quietos agora. E se eles a estiverem seguindo?"

Savioni fechou o semblante e balançou a cabeça.

"Oh, Pina, é hora de acabar com isso", exclamou. "Você recebe um pagamento mensal, e nós?"

"Sim, colossais 3 milhões de liras (cerca de 1,8 mil dólares) por mês", Pina devolveu rispidamente. É uma grande quantia para se viver! E o que acontece se ela mudar de ideia? Estou acabada. Você sabe que eu vejo as coisas como você – nós corremos todos os riscos e ela ficou com os benefícios. Talvez você esteja certo. Talvez eu deva falar com ela novamente, dizer 'Fizemos as coisas juntos e agora você tem de nos dar o que nos pertence'", disse Pina.

"E se ela disser não", interferiu Savioni, "chamamos o colombiano de olhos gelados para nos trazer a cabeça dela numa bandeja de prata!"

Nos dias seguintes, o gravador da polícia registrou a conversa que Patrizia, Pina e Savioni tiveram. Ninni vibrava de prazer. Ele tinha uma fita de Savioni e Pina falando sobre a trama. Tinha uma conversa entre Savioni e Benedetto Ceraulo, o suposto matador, e tinha uma conversa entre Savioni e Pina sobre Cicala, o suposto motorista do carro de fuga. Tudo o que precisava era *la signora* e sua mão estaria completa. Mas *la signora* era inteligente e, embora falasse ao telefone constantemente, nunca discutia nada comprometedor. Ninni aguardava. Ele tinha aprendido ao longo dos anos sobre a importância de não ser levado pela emoção de uma investigação.

"Se você tem uma boa pista, tudo o que tem a fazer é ir até o fim", Ninni disse mais tarde. "Eu tinha tudo armado: 'Carlos', os telefones grampeados, grampos no carro – sabíamos quem eram e o que tinham feito. Tudo o que eles tinham de fazer era falar."

Ninni não teve todo o tempo que queria. No dia 30 de janeiro, um dos agentes no posto de escuta entrou em contato com ele.

"*Capo!* Acho que o senhor deveria ouvir isto." Ele mostrou a conversa daquela manhã entre Patrizia e um de seus advogados.

"Há nuvens escuras sobre esta família", o advogado disse de maneira agourenta, embora o objetivo da ligação fosse apenas uma dívida inócua que Patrizia contraíra com um joalheiro local. Depois de uma reunião de emergência com Nocerino e seus superiores, eles acharam que tinham evidências suficientes para diminuir o tempo das investigações. Planejaram as prisões para o amanhecer do dia seguinte.

"Pensávamos que ela estava ciente de nossas investigações", Ninni disse mais tarde. "Ficamos com medo de que ela saísse da Itália e que nós jamais a pegássemos."

Quando os agentes trouxeram Savioni para a Criminalpol na Piazza San Sepolcro, na manhã de 31 de janeiro de 1997, Ninni pediu para que o levassem até seu gabinete. Savioni caiu sobre a cadeira em frente à mesa. Ninni pediu para que tirassem as algemas. Ele ofereceu um cigarro e Savioni aceitou.

"Você perdeu desta vez", Ninni falou lentamente. "Estamos um passo à sua frente – sabemos de tudo. Sua única esperança é confessar e, se você fizer isso, as coisas ficarão mais fáceis."

"Eu realmente pensei que ele fosse amigo", disse Savioni balançando a cabeça e dando uma tragada no cigarro. Ele compreendeu que Carpanese tinha ido à polícia. "Tenho certeza de que foi ele. Ele me traiu."

Naquele momento, alguém bateu à porta. Ninni olhou para cima e viu Collenghi, o investigador loiro e de olhos azuis.

"Ah, veja quem está aqui, Savioni! Um amigo seu", disse Ninni, sorrindo travessamente.

Savioni voltou-se e reconheceu "Carlos", o colombiano de olhos gelados.

"Não, Carlos, eles pegaram você também?", ele deixou escapar. "*Ciao*, Savioni", disse "Carlos" com seu italiano perfeito. "Sou o *ispettore* Collenghi."

Savioni levou seu punho à testa. "Que idiota que eu sou!", murmurou.

"Como você pode ver, fizemos uma boa jogada desta vez!", Ninni disse. "Você gostaria de ouvir suas próprias palavras? Posso mostrá-las. Sua única esperança é confessar", repetiu Ninni. "A Corte será mais leniente com você se o fizer."

# Julgamento

Pouco antes das 9h30 da manhã de 2 de junho de 1998, a porta do lado direito do banco do juiz abriu de repente e cinco policiais femininas, usando vistosas boinas azuis, acompanharam Patrizia até a sala lotada do tribunal de Milão. Um murmúrio tocou conta da multidão. Fotógrafos e cinegrafistas de televisão surgiram à frente, enquanto ela entrava, com um olhar sobressaltado, parecendo um cervo assustado. Seus advogados, em amplas togas pretas, enfeitadas com borlas e peitilhos brancos e franzidos, levantaram para cumprimentá-la.

O julgamento relacionado ao assassinato de Maurizio Gucci já estava em sessão por diversos dias, mas aquela cinzenta manhã de terça-feira marcou a primeira aparição de Patrizia no tribunal. Ela tinha preferido ter as sessões preliminares em sua cela na prisão de San Vittore, como era de seu direito. Patrizia consultou rapidamente seus advogados, dois importantes criminalistas. O respeitado e grisalho Gaetano Pecorella seria eleito como *deputato* no parlamento italiano antes de o julgamento terminar, enquanto o eternamente bronzeado Gianni Dedola defendia líderes industriais, incluindo magnatas da televisão e o antigo primeiro-ministro Silvio Berlusconi. Ambos os advogados recomendaram que Patrizia comparecesse ao tribunal bem antes de ser interrogada em sua defesa, a fim de se familiarizar com a atmosfera do local.

Patrizia passou direto pelo promotor Carlo Nocerino e pela fila de advogados e jornalistas atrás dele, sentando-se no último banco. Atrás dela, curiosos acotovelavam-se para ter uma boa visão, pressionando-se contra a barra de madeira que separava os participantes do julgamento, do público. Do lado esquerdo de Patrizia, entre as guardas de boinas azuis ao seu redor, jornalistas observavam-na e rabiscavam em blocos todos os detalhes de sua aparência. Todos os traços da rainha da sociedade coberta de joias e tão autoconfiante não existiam mais. Com quase 50 anos de idade, pálida e descuidada, a Patrizia que entrou no tribunal nesse dia tinha perdido todo o porte. Nunca ela estivera tão em foco, e, no entanto, nada a tinha preparado para o que teria de enfrentar. Os cabelos escuros, curtos e despenteados caíam em seu rosto inchado devido aos medicamentos. Ela olhava para as mãos, de cabeça baixa, evitando os olhares, com um terço de contas verdes pálidas enrolado em seu pulso direito, oferecido a ela pelo popular padre Monsignor Miligno. No pulso esquerdo, um relógio Swatch de plástico azul. Embora os *closets* da Corso Venezia transbordassem com roupas de estilistas e tivessem prateleiras cheias de conjuntos de bolsas e sapatos, naquela manhã Patrizia usava calças simples de algodão azul, uma camisa polo e um suéter com listras azuis e brancas jogado nos ombros. Sempre consciente de sua diminuta estatura, seus pés pequenos calçavam mules pontudos em couro branco, com saltos de dez centímetros.

Do lado de fora, estacionados com os motores funcionando em frente ao tribunal, estavam os caminhões com equipamento de televisão, prontos para transmitir ao vivo. De mármore branco, com a inscrição IVSTITIA na fachada, o enorme prédio tinha sido projetado por Marcello Piacentini, um famoso arquiteto do regime de Mussolini.

Igrejas, jardins e dois conventos foram destruídos para dar lugar ao tribunal, que ocupava um quarteirão inteiro da cidade, na parte leste de Milão. A cada dia, uma multidão corria para o tribunal, estacionando frotas de bicicletas, lambretas e carros do lado de fora e inundando as escadas de concreto para lidar com o mais desprezível aspecto da vida. Do lado de dentro, quilômetros de corredores se estendiam ao redor do *lobby* principal, cujas colunas altíssimas elevavam-se por alguns andares. De lá, uma espiral de corredores ligava as 65 salas do tribunal e os 1200 escritórios, em uma confusão kafkaniana. Exatamente atrás do tribunal ficava a Santa Maria della Pace, a basílica onde Maurizio tinha se casado com Patrizia vinte e seis anos antes.

Por semanas, antes do julgamento, os jornais as emissoras de televisão italianas produziram hilariantes histórias sobre o confronto entre a "Viúva Negra", como chamavam Patrizia, e a "Bruxa Negra", apelido de Pina, a despeito dos protestos de Auriemma de que ela não tinha reais poderes ocultos. Em março, dois meses antes de o julgamento ter início, Pina quebrou o longo e obstinado silêncio e confessou. Ela disse que Patrizia havia mandado uma mensagem secreta à sua cela, via outra companheira de prisão, oferecendo "encher a cela dela com ouro" se assumisse toda a culpa pelo assassinato de Maurizio. Ofendida e furiosa, Pina disse que mandou Patrizia para o inferno – e pediu ao seu advogado para chamar Nocerino.

"Eu sou uma mulher de idade e vou ficar aqui um longo tempo! De que me serviriam 2 bilhões de liras (ou cerca de 1,3 milhão de dólares) em uma prisão?", declarou Pina. Ela tinha completado 52 anos de idade em março.

Ambas, Pina e Patrizia, estavam na ala feminina da prisão de San Vittore, localizada no centro-oeste da cidade de Milão. Savioni, o porteiro do hotel, e Ceraulo, o suposto atirador, também estavam detidos lá, enquanto Cicala, o antigo dono da pizzaria estava preso em Monza, fora de Milão. San Vittore mantinha cerca de 2 mil pessoas em suas dependências; a prisão foi construída em 1870 para abrigar apenas 800 presos. Modelo copiado da Filadélfia, muito famosa entre os especialistas em direito penal, tinha instalações que consistiam de uma torre central, da qual saíam quatro alas de concreto em forma de estrela. Somente cerca de cem detentos eram mulheres, alojadas separadamente em um prédio baixo de concreto, que dava para a entrada principal, entre duas alas frontais. Guardas armados faziam a ronda no topo dos muros externos, que fechavam a prisão e outros controlavam as torres em cada canto. Os guardas observavam as prisioneiras durante os exercícios no pátio todas as manhãs e tardes, enquanto a poucos metros dali, no outro lado dos muros, os residentes de Milão moviam-se de lá para cá nas congestionadas ruas da cidade. A entrada de San Vittore parecia-se com os portões de uma fortaleza medieval. Pedras cor-de-rosa cercavam as altas portas e janelas superiores em arco; no topo do prédio principal os muros eram arrematados por ameias.

A San Vittore tinha se tornado o símbolo da *Tangentopoli* e a escandalosa limpeza promovida pela operação "Mãos Limpas", contra a corrupção. Uma cruzada de magistrados havia prendido líderes políticos e industriais, pressionado-os a confessar que haviam pago e recebido subornos no valor de milhões de dólares. Entretanto, a detenção sem julgamento, naquele lugar ameaçador, com traficantes, viciados em drogas e mafiosos deu início a uma calorosa controvérsia de direitos civis. Ainda havia os que acusavam as detenções de terem causado dois suicídios entre os encarcerados políticos e industriais.

Os advogados de Patrizia batalharam em vão para conseguir uma liberação para prisão domiciliar, alegando razões médicas e psicológicas, citando ainda os frequentes ataques epilépticos, em consequência da operação para remoção do tumor no cérebro. Cada dia em San Vittore deixava Patrizia muito distante do dourado mundo que havia conquistado e perdido.

Logo que chegou, Patrizia havia discutido com outras prisioneiras. "Elas pensam que eu sou privilegiada, mimada e que tive tudo na vida, então é evidente que tenho que pagar por isso", disse. Ela pediu permissão para ficar sozinha, em um jardim separado, durante os intervalos, após algumas mulheres terem escarnecido e cuspido nela, e depois de terem atirado uma bola de voleibol em sua cabeça durante a pausa de um exercício em grupo no pátio principal. O diretor da San Vittore, um homem compreensivo, que tentou manter o moral alto a despeito da superlotação, concordou. Mas, quando Patrizia pediu permissão para instalar um refrigerador em sua cela para guardar o rocambole de carne e outras iguarias feitas em casa pela mãe e trazidas a ela todas as sextas-feiras, ele negou. Quando ela ofereceu um refrigerador para cada cela, ele também negou. Patrizia suspirava resignada com sua sorte na prisão e assistia à televisão até tarde da noite dentro das paredes cinza da cela número doze, para não fumantes.

Essa cela no terceiro andar, media não mais que seis metros quadrados e tinha dois beliches de solteiro, uma mesa, duas cadeiras e dois armários alinhados na parede, deixando uma estreita passagem no meio. Um pequeno corredor no fundo dava para uma pequena sala com toalete e pia no canto. Do outro lado ficavam uma mesa e cadeiras para refeições trazidas em bandejas pelo pessoal da prisão três vezes ao dia e recebidas através de uma abertura na porta de ferro da cela. Patrizia se encolhia em sua cama à direita, na parte de baixo do beliche, onde havia grudado na parede uma fotografia do padre Pio, um célebre reverendo destinado à beatificação, cuja imagem estava sendo altamente comercializada.

No começo, ela recusou-se a se socializar com as colegas – Daniela, presa por falência fraudulenta, e Maria, uma romana acusada de prostituição. Isolava-se em sua cama, folheando revistas e rasgando fotografias das roupas de que ela gostava. Silvana fazia tudo o que podia para mimá-la, trazendo suas camisolas e lingeries em *chiffon* e seda, que se tornaram motivo de inveja das outras detentas. Silvana também trouxe batom, cremes faciais e o perfume favorito de Patrizia, Paloma Picasso. Patrizia escrevia longas cartas para suas filhas, fechando os envelopes com adesivos de corações, flores e o nome Patrizia Reggiani Gucci, que tinha se recusado a abolir. Ela proibiu Alessandra e Allegra de visitá-la, exceto no Natal e na Páscoa, dizendo que uma prisão não era o lugar ideal para duas jovens visitarem a mãe.

Duas vezes por semana, a polícia feminina acompanhava Patrizia até o telefone cor de laranja no fim do longo corredor, para que ela pudesse ligar para casa. Além de biblioteca, oficina de costura e capela, a prisão San Vittore orgulhava-se de seu salão de beleza, onde Patrizia ia uma vez por mês. Lá, com a permissão do diretor da prisão, o guru Cesare Ragazzi, famoso cabeleireiro italiano, cuidava do implante de cabelo que cobria a cicatriz de Patrizia, resultado da cirurgia no cérebro. À noite, em razão da insônia, lia livros cômicos, que a ajudavam a adormecer. Ela pensava o tempo todo em seu julgamento, que estava próximo.

Pina, receosa de que Patrizia decidisse culpá-la, quebrou seu pacto de silêncio e contou toda a sórdida história para Nocerino, acusando Patrizia de mentora do plano de assassinato. A confissão de Pina confirmou o que Savioni havia dito no gabinete do inspetor Ninni, no dia de sua prisão. Nocerino delirava de alegria. A despeito de sua inútil incursão por dois anos nos negócios de Maurizio, até a abertura do julgamento, em maio de 1998, ele tinha acumulado um surpreendente montante de provas contra Patrizia, abarrotadas em 43 caixas de papelão. Os advogados de defesa tiveram de pagar uma pequena fortuna para fotocopiar todo o conteúdo, e os funcionários do tribunal precisavam, repetidamente, movimentar de lá para cá essas caixas em carrinhos de metal. Além das confissões de Pina e Savioni, Nocerino tinha milhares de páginas de transcrição das conversas telefônicas, incluindo as de Patrizia e aquelas de seus companheiros de acusação, bem como os depoimentos de amigos, empregados, psiquiatras e profissionais que conheciam o casal Gucci. No outono de 1997, os investigadores tinham vasculhado a cela de Patrizia, encontrando extratos de sua conta no banco Monte Carlo, com o codinome "Lotus B", que mostravam saques correspondentes às somas que Pina e Savioni tinham dito ter recebido. Na margem, próximo aos números, Patrizia tinha escrito "P" para Pina. Nocerino tinha até o diário com capa de couro de Patrizia, que a polícia confiscara quando ela fora presa. Mas não tinha a confissão direta do envolvimento de Patrizia, e isso o perturbava.

De seu assento, na parte de trás da sala de julgamento, Patrizia, impassível, observava a cela de aço marrom — uma característica nos tribunais da Itália — que ficava ao lado direito da sala de teto altíssimo. Embora na Itália, como nos Estados Unidos, os réus sejam considerados inocentes até que se prove a culpa, os acusados de crimes violentos devem ser julgados de dentro dessa cela. No interior dela, Benedetto Ceraulo, o atirador acusado, e Orazio Cicala, o suposto motorista do carro de fuga, apoiavam seus braços nas grades e observavam o mar de jornalistas e advogados e a audiência curiosa. Ceraulo, de 46 anos, vestido elegantemente com camisa social e paletó, com cabelo recentemente aparado e penteado, olhava para a multidão, num misto de orgulho, insegurança e inquietação. Ele se declarava inocente e não havia nenhuma prova direta de seu envolvimento no crime, embora Nocerino estivesse certo de sua culpa, pois tinha provas circunstanciais suficientes para a incriminação, incluindo uma confissão de Savioni, acusando-o como o assassino. O calvo Cicala, de 59 anos, estava perto dele; seu paletó enorme pendia dos ombros como se estivesse pendurado em um cabide; após dois anos na cadeia, o pizzaiolo falido tinha perdido mais de 15 quilos e muitos de seus cabelos. Uma série de janelas basculantes, com vidros foscos, acima da cela, forneciam a única ventilação da sala. O revestimento em mármore preto das paredes chegava a cerca de dois metros e meio de altura, daí para cima, um reboco branco e sujo ia até o teto alto.

Patrizia recusava-se a olhar para Pina, que estava sentada algumas fileiras à sua frente, exibindo um novo estilo de cabelo e um suéter de lã com o desenho de um tigre. De tempos em tempos, Pina se inclinava para falar ao ouvido de seu advogado, Paolo Traini, um homem corpulento, sorridente, que pontuava seu discurso gesticulando com seus óculos de leitura de um azul brilhante, o que iniciou uma moda entre outros advogados nos tribunais de Milão. Ivano Savioni, o porteiro do Hotel Adry, com rosto inchado e cabelos brilhando por causa do gel, usava um terno preto com camisa rosa berrante e afundava-se silenciosamente na cadeira à direita de Patrizia, rodeado por policiais.

Murmúrios envolveram o tribunal quando o juiz Renato Ludovici Samek entrou na sala, seguido de seu assistente, ambos vestindo as usuais roupas judiciais, togas pretas com peitilhos brancos. Após sua entrada, os seis jurados civis e dois extras, usando ternos e uma faixa cerimonial listrada em branco, vermelho e verde, as cores da bandeira italiana, se acomodaram atrás do pódio de madeira, ao redor da plataforma e em frente à sala do tribunal. Samek sentou-se, seguido de seu assistente e também dos jurados, que ficavam de ambos os lados do juiz. Samek parecia severo com seus óculos na ponta do nariz, observando os guardas da corte expulsarem os cinegrafistas e fotógrafos.

"Se eu ouvir outro celular tocar, o proprietário será solicitado a deixar a sala", disse Samek, enfrentando a audiência, após ter tentado, sem sucesso, em razão dos toques de telefones celulares, abrir a sessão. Um homem elegante, sereno, tranquilo, de lábios finos e com os cabelos já apresentando entradas, Samek tornou-se famoso na comunidade judicial de Milão no dia em que atiradores invadiram uma sala de julgamento de alta segurança, no subsolo de San Vittore, enquanto ele presidia, em 1988, o julgamento do chefe da máfia Angelo Epaminonda – um homem perigoso, dono de uma longa lista de homicídios em seus registros. Enquanto os advogados e assistentes legais, aterrorizados, esconderam-se rapidamente embaixo de mesas e cadeiras, Samek levantou-se de um pulo, pedindo ordem – era a única pessoa em pé na sala inteira. O tiroteio, uma série de atentados por parte dos membros da máfia, deixaram dois *carabinieri* seriamente feridos. Para mostrar que o Estado não se intimidaria diante de tal violência, Samek suspendeu o julgamento apenas momentaneamente e a audiência foi reiniciada naquela mesma tarde.

Durante o julgamento Gucci, Samek mostrou ser um mestre na tarefa de exigir e controlar uma pauta intensiva na Corte, de três dias de audiência por semana, e de reuniões com os jurados durante dias alternados, para rever as provas. Samek decidiria o caso com o júri, como é prática no sistema judicial italiano, exigindo clareza durante todo o julgamento. Intolerante a questões e respostas evasivas, frequentemente tomava o interrogatório das testemunhas ele mesmo, algo nunca visto em uma Corte americana. Discretamente, os advogados de defesa comparavam Samek à enorme figura em baixo-relevo de Sant'Ambrogio, padroeiro de Milão, que, ameaçador, impunha-se no alto da parede atrás da tribuna do juiz. Em sua mão direita, Sant'Ambrogio traz um chicote de couro, com sete tiras amarradas, fazendo duas figuras frágeis caírem com seus golpes.

Nas semanas e nos meses seguintes, os italianos não perderam um só detalhe do julgamento Gucci, tanto pelos jornais como pela televisão, enquanto os relatórios das testemunhas revelavam uma épica história de amor, desilusões, poder, riqueza, luxo, ciúmes e ganância.

O julgamento Gucci tornou-se, na Itália, o equivalente ao caso O. J. Simpson nos Estados Unidos. "Esta história não é um caso de assassinato", murmurava o advogado de Patrizia, Dedola, "ela faz as tragédias gregas parecerem histórias para crianças."

O julgamento focalizava as vidas apaixonadas e excessivas de Maurizio e Patrizia em completo contraste com o sórdido e miserável mundo no qual Pina e seus três cúmplices viviam. E tanto quanto o caso O. J. Simpson, o qual enfatizava as divididas atitudes raciais na sociedade americana, o julgamento Gucci mostrava o abismo que separava a riqueza e a pobreza na Itália.

Assim, milhões de italianos estavam assistindo à televisão fascinados, desde poucos dias antes de a promotoria e a defesa apresentarem seus discursos de abertura. Nocerino, o promotor, um homem moreno e simpático, ficava do lado esquerdo da Corte, de frente para a tribuna do juiz e próximo à câmera de televisão – a qual Samek tinha aprovado para a abertura e o encerramento do julgamento –, e pintava Patrizia como uma divorciada obcecada, cheia de ódio que, fria e determinadamente, orquestrara o assassinato de seu ex-marido para ganhar o controle de seu patrimônio multimilionário.

"Eu pretendo provar que Patrizia Martinelli Reggiani negociou o preço que pagaria para o planejamento e a execução do assassinato de Maurizio Gucci e fez os pagamentos em diversas prestações, até a última parcela", Nocerino disse, com a voz ecoando alto na Corte.

Os advogados de defesa de Patrizia, Pecorella e Dedola, ficavam do lado direito da Corte e não negavam o obsessivo ódio de sua cliente por Maurizio, algo, eles admitiam, sobre o qual ela tinha falado abertamente. Mas pintavam Patrizia como uma mulher rica e doente, que tinha se tornado um brinquedo nas mãos de sua velha amiga, Pina Auriemma. Pina, não Patrizia, eles diziam, planejou o assassinato e depois chantageou e ameaçou Patrizia pelo silêncio. Os 150 milhões de liras (cerca de 93 mil dólares) que Patrizia pagou antes do assassinato eram um empréstimo generoso para uma amiga em necessidade, os advogados diziam. Os 400 milhões de liras (cerca de 250 mil dólares) que ela pagou depois, tinham sido cruelmente extorquidos pela mesma amiga por meio de ameaças a ela, Patrizia, e suas filhas. A prova, disse Dedola dramaticamente com sua voz ressoante e barítona, foi uma carta de três linhas que Patrizia escreveu, assinou e depositou em um cartório de Milão em 1996, que dizia: "Fui forçada a pagar centenas de milhões de liras para a minha segurança e a de minha família. Se alguma coisa vier a acontecer comigo, será porque eu sei o nome da pessoa que matou meu marido: Pina Auriemma".

A elegante oratória de Dedola e a aparentemente desesperada carta de Patrizia não contavam com o duro golpe recebido pela defesa naquela manhã cinzenta de terça-feira — uma confissão surpresa de Orazio Cicala, o motorista do carro de fuga. A estratégia da defesa empalideceu contra o bizarro relato que Cicala, um semianalfabeto, contou em um discurso simples, de gramática incorreta, em dialeto siciliano: a história de uma princesa vingativa, Patrizia, e um paupérrimo homem, ele mesmo.

Os guardas da prisão, com seus bonés azuis, haviam liberado Cicala da cela do tribunal, permitindo que ele ficasse perto de sua advogada, uma jovem mulher em seus 40 anos. Eles formavam um estranho par: a glamourosa e elegante advogada que cativou a sala de julgamento com boa aparência, a voz rica, os cabelos escuros e roupas justas, e o muito magro e encurvado Cicala, que tinha destruído a própria família, primeiro com dívidas de jogo e depois com uma acusação de assassinato.

Com a boca desdentada, Cicala descreveu o dia em que Savioni tinha vindo a seu encontro, dizendo que conhecia uma mulher que queria matar seu marido. "Primeiro eu disse que não estava interessado, mas no dia seguinte ele me perguntou de novo e daquela vez eu aceitei, mas disse também que aquilo ia custar caro. Quando ele me perguntou 'Quanto?', eu disse 'Meio bilhão de liras!' (mais de 300 mil dólares)", Cicala contou, entusiasmando-se com a tarefa e começando a se interessar pela atenção que estava despertando. "Eles voltaram e disseram que estavam de acordo. Eu disse que queria metade à vista, e a outra parte depois do fato."

Cercado por agiotas, Cicala disse que ficou muito feliz em receber os 150 milhões de liras de Pina e Savioni, em envelopes amarelos, selados, em diversas prestações, durante o outono de 1994, mas não fez nada para planejar o assassinato. Quando Pina e Savioni começaram a pressioná-lo, ele mentiu para ganhar mais tempo, dizendo que os assassinos que ele havia contratado tinham sido presos e que o carro que ele roubara para o serviço tinha desaparecido.

"Quando eles me pediram o dinheiro de volta, eu disse que já tinha dado às pessoas e que não poderia reavê-lo", Cicala continuou falando, com seu paletó largo demais dançando frouxamente em seu esquálido corpo enquanto ele gesticulava.

Patrizia, que estava ouvindo impassivelmente no último banco da sala, pareceu se sentir mal de repente e uma enfermeira, devidamente uniformizada de branco, correu para seu lado, com uma pequena maleta de couro e uma seringa, perguntando-lhe se queria uma injeção. Patrizia tinha recebido prescrições de remédios para controlar os ataques, devido à sua cirurgia no cérebro. Seus advogados tinham providenciado uma enfermeira para atendê-la durante o julgamento, no caso de uma emergência médica. Almejando também que a presença do uniforme branco pudesse influenciar o júri a ser favorável a Patrizia.

Patrizia interpretava o papel de mulher forte, recusando injeções. "Não, não", cochichou ela, inclinando-se e segurando um lenço de papel em seu rosto. "Somente um pouco de água, por favor."

Cicala descreveu também um encontro com a própria Patrizia, que acelerou o plano de assassinato. Até o fim de 1994, Patrizia lidava somente com Pina, que em troca, disse ele, passava informações e dinheiro para Savioni e Cicala. Mas no início de 1995, frustrada pela falta de ação e preocupada com o fato de poder estar sendo enganada, Patrizia descartou Pina e tomou o assunto em suas próprias mãos, Cicala contou.

"Uma tarde — deve ter sido em fins de janeiro, começo de fevereiro, porque estava muito frio —, eu estava em casa e a campainha tocou; era Savioni", continuou Cicala. "Então eu desci as escadas com ele e ele me cochichou 'Ela está no carro!'."

"E você perguntou o que ela estava fazendo lá?", indagou Nocerino, sentando em sua cadeira do lado esquerdo do tribunal.

"Não, eu não disse nada. Eu só entrei no banco de trás do carro de Savioni e lá estava uma senhora com óculos de sol, sentada no banco da frente, que se apresentou como Patrizia Reggiani", Cicala disse ao promotor, acrescentando que ficou sabendo na hora que ela era a mulher que queria matar o ex-marido, Maurizio Gucci. "Eu sentei no banco traseiro e ela se virou para mim perguntando quanto eu tinha recebido, o que tinha acontecido com o dinheiro e em que ponto estava tudo aquilo."

"Eu lhe disse que tinha recebido 150 milhões de liras, que eu havia encontrado as pessoas para fazer o trabalho, mas elas tinham sido presas, que eu precisava de mais dinheiro e mais tempo. Naquele ponto, ela disse: 'Se eu lhe der o dinheiro, você tem de me garantir que vai conseguir fazer, porque o tempo está passando. Ele está para viajar num cruzeiro e, quando faz isso, fica fora por meses'."

Cicala respirou fundo e pediu um pouco de água. "E aqui chegamos ao ponto principal", continuou, olhando em volta do tribunal para confirmação.

"Por favor, por favor, continue", disse Nocerino gesticulando sua mão, recostando-se confortavelmente em sua cadeira.

"Ela disse que não era uma questão de dinheiro, mas de um trabalho bem-feito e eu lhe perguntei: 'Se eu fizer isso eu mesmo e alguma coisa me acontecer, como fica minha situação?'. Ela disse: 'Olhe, Cicala, se você me deixar fora disso e eles descobrirem que foi você, as paredes de sua cela serão cobertas com ouro', e eu disse: 'Eu tenho cinco filhos, cinco filhos que arruinei; eu os deixei no meio da rua', e ela disse: 'Haverá o suficiente para você, seus filhos e os filhos de seus filhos'."

Cicala olhou novamente para a corte, para o promotor e seus advogados, como que para desculpá-lo pelo que ele tinha de dizer em seguida.

"Eu finalmente vi a chance", continuou, falando devagar, "uma vez mais e para sempre, de arranjar as coisas para minha família, para meus filhos, os quais eu tinha arruinado. Naquele momento, eu determinei que tinha que fazer a coisas", disse abrindo suas mãos. "Eu não sabia como ou quando, mas eu estava determinado a fazê-la!"

Nas semanas seguintes, Pina telefonou para ele diariamente, com uma avalanche de informações sobre todos os passos de Maurizio Gucci, continuou Cicala. "Maurizio Gucci tornou-se o assunto do dia", disse, volvendo os olhos em sua memória.

Incerto de que ele mesmo poderia executar o crime, Cicala decidiu contratar um matador, um homem descrito como um pequeno traficante de drogas que ele conhecia. Como Samek olhou para ele ceticamente e Nocerino observou consternado, Cicala negou que o matador fosse Benedetto Ceraulo – o homem mal-encarado na cela ao lado dele –, dizendo que ele estava com medo de pronunciar o nome real do matador porque ele ainda se encontrava solto. Ninguém acreditou nele, mas não havia nada a ser feito: na Itália, um acusado que senta no banco dos réus, em sua própria defesa, não é obrigado a dizer a verdade, somente a verdade e nada mais que a verdade.

Na noite de domingo, 26 de março, Pina, que sabia que Maurizio tinha retornado de uma viagem de negócios a Nova York, ligou para Cicala para dar uma mensagem codificada *Il pacco è arrivato* – "o pacote chegou".

Na manhã seguinte, Cicala apanhou o matador e foram juntos à Via Palestro esperar Maurizio.

"Nós esperamos cerca de 45 minutos, e então nós o vimos do outro lado da rua, na Corso Venezia; ele começou a andar na calçada." Cicala disse que olhou em seu relógio: eram 8h40 da manhã.

"O matador perguntou-me: 'É esse o rapaz?'."

Cicala reconheceu o homem que andava jovialmente pela rua por causa de uma foto que Pina tinha lhe dado.

"Eu disse: 'Sim, é ele'."

"Nesse momento, o assassino saiu do carro e foi até a porta do prédio, fingindo olhar o número. Eu saí com o carro e foi aí que tudo aconteceu", disse Cicala, olhando a Corte silenciosa. "Eu não vi nada nem ouvi nada; estava dirigindo. Então o assassino pulou para dentro do carro e nós saímos pela rota de fuga para Arcore que havíamos planejado no fim de semana. Ele achava que tinha matado o *portinaio* também. Eu o deixei e voltei para casa. Eram 9 horas da manhã."

Quando Pina sentou-se no banco dos réus, algumas semanas mais tarde, ela explicou, em sua forma napolitana arrastada e sádica, como Patrizia lhe havia pedido para planejar o assassinato de Maurizio.

"Nós éramos como irmãs, ela me contava tudo", disse Pina, que tinha trocado o suéter com motivos de tigre por outro, com rosas grandes. "Ela queria fazer aquilo ela mesma, mas não tinha coragem. Por causa de sua mentalidade italiana típica do norte, ela entendia que todos nós, do sul, devíamos ter ligações com a *camorra*", continuou Pina revirando os olhos, referindo-se à máfia napolitana. A outra única pessoa que Pina conhecia em Milão era Savioni, marido de uma amiga. Pina, que estava em Milão ajudando Patrizia com o manuscrito de seu livro, descreveu a insuportável pressão em que a amiga a colocava.

"Cada dia que passava era, para ela, um dia perdido", Pina continuou. "Ela me torturava, dia após dia, e, em troca, eu torturava Savioni, que, em troca, torturava Cicala. Eu não podia mais suportar aquilo!"

Pina disse que, após a morte de Maurizio, ela caiu em depressão e ficou emocionalmente abalada, nervosa e paranoica. Alguns dias após o funeral, ela reuniu forças e ligou para Patrizia.

"E aí, está tudo bem?", Pina perguntou.

"Sim, estou ótima, ótima, com um 'O' maiúsculo", Patrizia disse enfaticamente. "Eu estou finalmente em paz comigo mesma, estou serena e as meninas também estão serenas. Isto tudo me deu uma tremenda tranquilidade e alegria."

Pina contou a Patrizia que ela estava em apuros, deprimida, tomando tranquilizantes e até pensando em suicídio.

"Ora, Pina, controle-se, não exagere!", disse Patrizia friamente. "Está tudo acabado agora; fique calma, comporte-se, e não desapareça." Pina mudou-se para Roma e vivia com os 3 milhões de liras, ou cerca de 1,8 mil dólares por mês que Patrizia enviava a ela. Num certo ponto, Pina disse que não aguentou mais e desabafou com uma amiga.

"Patrizia está pagando o meu sofrimento", disse ela à amiga, que ouvia horrorizada. Essa frase tornou-se um tema do julgamento, tanto nos jornais como no tribunal.

Pina frequentemente ficava furiosa durante o julgamento, pelos esforços de Patrizia em jogar a culpa nela – e num certo momento ela retaliou, pedindo para fazer uma declaração espontânea à Corte. Samek consentiu, e Pina, em pé, acusou a mãe de Patrizia, Silvana, de saber tudo a respeito do plano de assassinato que sua filha estava organizando, acrescentando que, meses antes da morte de Maurizio, Silvana tinha contratado um italiano de nome Marcello, que tinha ligações com uma gangue chinesa que proliferava em Milão, mas os dois não tinham chegado a um acordo com relação ao preço e, por isso, nada tinha acontecido. Nos meses seguintes à prisão de Patrizia, Nocerino tinha também recebido um memorando do irmão de criação de Patrizia, Enzo, que havia muito tinha se mudado para Santo Domingo. Nele, Enzo não só acusava Silvana de ser cúmplice de Patrizia como também a acusava de ter apressado a morte de *Papà* Reggiani, para ficar com todo o patrimônio dele. Enzo, que tinha problemas financeiros crônicos, processou Silvana para receber uma parte maior das propriedades de Reggiani – e perdeu. Silvana vigorosamente negou as alegações sinistras de seu enteado, dizendo que ela tinha mantido seu marido vivo por meses além do prognóstico dado por seus médicos. Enquanto os jornais italianos publicavam histórias sobre a "Dupla Predatória, Mãe e Filha", os promotores abriram uma investigação formal com base nas acusações contra Silvana – embora nada tenha chegado perto das acusações de Pina, e Silvana continuasse negando completamente qualquer envolvimento em ambos os casos.

Algumas testemunhas incitaram todo o tribunal, que se tornou uma pequena comunidade de advogados, jornalistas, assistentes legais e curiosos, que voltavam dia após dia para o desdobramento do julgamento. Onorato, o porteiro que presenciou o crime, deslocou-se de sua casa na Sicília e impressionou a todos com seu testemunho, falando sobre o tiro que recebeu e sobre sua incrível sobrevivência. Alda Rizzi, a antiga governanta dos Gucci, chocou a todos quando descreveu seu telefonema angustiado à Patrizia, na manhã que Maurizio tinha sido assassinado, e ouviu, através do telefone, o som de música clássica, tocando muito alto, enquanto Patrizia estava serena e indiferente. Antonietta Cuomo, a médium amiga de Maurizio, descreveu como tentava protegê-lo dos maus espíritos e acalmá-lo nos seus negócios. Paola Franchi que, apesar de seus esforços, não conseguiu obter nenhuma propriedade de Maurizio — entretinha a Corte com detalhes de seu romance e planos de casamento. Nunca, nem uma só vez, em quatro longas horas, olhou para Patrizia, que a olhava fixamente, sem nenhuma expressão no rosto, de seu novo lugar no banco da frente, entre seus advogados. Durante o julgamento, ambas, Paola e Patrizia, referiam-se a Maurizio como "marido", embora, na época de sua morte, ele não fosse casado com nenhuma das duas. Pequenos diamantes piscavam discretamente nos dedos e lóbulos de Paola. Vestida com um conjunto de linho ricamente bordado, ela cruzava e descruzava as longas e bronzeadas pernas enquanto falava, e todos os olhos da Corte seguiam a tornozeleira de ouro, balançando provocativamente em sua graciosa perna.

"A melhor coisa que pode acontecer à Patrizia agora", disse Paola aos jornalistas quando saiu do tribunal após o testemunho, "é cair num total esquecimento."

As audiências se arrastavam verão adentro, os policiais e investigadores recriavam o crime, a busca mal planejada do assassino de Maurizio entre os seus contatos de negócios, a descoberta inesperada, dois anos antes, graças a Carpanese e o inspetor Ninni. O gerente que cuidava da conta bancária de Patrizia, vindo de Monte Carlo, descreveu os pacotes de dinheiro que ele pessoalmente enviou ao seu apartamento em Milão, dinheiro que Patrizia subsequentemente disse ser um empréstimo para sua grande amiga Pina.

"Se o dinheiro era um empréstimo, por que você não o enviou através de uma transferência bancária?", exasperou-se um dos dois advogados de Pina, Paolo Trofino, um napolitano magro, desajeitado, com cabelos ensebados que chegavam até a altura dos ombros e um sorriso aberto.

"Eu nem mesmo sei o que é uma transferência bancária", refutou Patrizia, passivamente atestando em seguida, "eu faço todos os meus pagamentos em dinheiro."

Os médicos contaram a história da doença de Patrizia. Os advogados detalhavam os termos do acordo de seu divórcio. Amigos recontavam os longos e vingativos discursos contra Maurizio. As testemunhas desfilavam no tribunal e Patrizia, na Corte, ao longo de todos esses testemunhos, ouvia silenciosamente e juntava forças.

Em julho, com cabelos arrumados e unhas dos pés pintadas no salão de San Vittore, ela tomou o banco dos réus em seu elegante conjunto verde pistache e desempenhou uma bem-composta defesa de três dias, sagazmente rebatendo todas as denúncias contra ela. Patrizia parecia ser quase a mesma de sempre – orgulhosa, sarcástica, arrogante, intransigente e inflexível. Observada por três psiquiatras, a pedido dos jurados da Corte – que mais tarde a declararam perfeitamente sã –, ela parecia às vezes mais lúcida que o próprio Nocerino. Os psiquiatras, subsequentemente, a diagnosticaram como tendo uma desordem de personalidade narcisista, acrescentando que ela era egocêntrica, se ofendia com facilidade e que exagerava seus problemas com um forte complexo de superioridade. Estaria ela talvez tentando se eximir de sua própria culpa? Estaria ela relutante em confessar a verdade às suas duas filhas: que ela tinha matado o pai delas? Ou estava falando a verdade? Estava Pina tentando livrar sua própria cara? Os psiquiatras decidiram rapidamente.

"Nós podemos compreender suas atitudes", disse um deles, que testemunhava, "mas nós não podemos perdoá-las. Não é por se sentir repudiado que alguém está autorizado a matar pessoas!"

No banco, Patrizia descreveu seus primeiros treze anos de casamento com Maurizio como de perfeita felicidade – o que acabou quando ele se tornou mais influenciado por uma série de consultores comerciais do que pela própria esposa.

"As pessoas diziam que nós éramos o casal mais bonito do mundo", Patrizia lembrou. "Mas após a morte de Rodolfo, Maurizio, antes de executar as decisões do pai, decidiu tomar suas próprias decisões, cercando-se de uma série de conselheiros para apoiá-lo."

"Ele se transformou como uma almofada, que toma a forma da última pessoa que se sentou nela!", disse Patrizia com desgosto.

Ela descreveu sua separação e os acordos de divórcio, nos quais ele deu a ela centenas de milhares de liras por mês, mas nenhuma escritura das propriedades que ela tanto cobiçava. "Ele me dava os ossos e por isso achava que não tinha que me dar a carne", Patrizia acrescentou sarcasticamente.

Um dia, antes do divórcio, Patrizia disse ter chegado à propriedade de Saint Moritz com as duas meninas e encontrou as portas da casa trancadas e as fechaduras trocadas.

"Eu estava apenas um *pouco* irritada, então chamei a polícia", contou à Corte. "Eles me deixaram entrar e eu troquei novamente as fechaduras. Então eu liguei para Maurizio e perguntei: 'O que isto significa?'. Ele disse: 'Você não sabe que, quando um casal se separa, as fechaduras são trocadas?'. E eu respondi: 'Bom, eu também troquei as fechaduras e agora nós vamos ver quem troca o quê!'."

Patrizia reconheceu que, com o passar dos anos, seu ódio por Maurizio transformou-se em obsessão.

"Por que?", perguntou Nocerino. "Porque ele deixou você ou porque ele estava com outra mulher?"

"Eu não o respeitava mais", disse ela calmamente após um breve silêncio. "Ele não era mais o homem com quem eu tinha me casado, ele não tinha mais os mesmos ideais", continuou, descrevendo como ficou decepcionada ao saber da atitude de Maurizio para com Aldo; ou quando ele abandonou a própria casa e as filhas e de seus fracassos nos negócios.

"Então por que você anotou todos os seus telefonemas e cada encontro com suas filhas em seu diário?", perguntou Nocerino, citando exemplos para a Corte. "18 de julho: Mau ligou e depois desapareceu; 23 de julho: Mau ligou, ele se encontrou com as meninas, nós conversamos; 12 de setembro: Mau foi ao cinema; 16 de setembro: Mau ligou; 17 de setembro: Mau encontrou-se com as meninas na escola." "Talvez... talvez não houvesse nada melhor a fazer", respondeu Patrizia debilmente.

"Não parece, pelo menos pelas anotações em seu diário, que Maurizio tivesse abandonado a família, as meninas", disse Nocerino.

"Ele tinha momentos de tremendo interesse – e aí ele chamava as meninas e dizia 'OK, eu vou com vocês ao cinema esta tarde', e as meninas ficavam em casa esperando por ele, que não aparecia, e aí ele ligava à noitinha e dizia 'Oh, *amore*, sinto muito, eu esqueci. Que tal amanhã?'. E as coisas se repetiam", Patrizia explicou.

"E as anotações – 'PARADEISOS', no dia em que Maurizio morreu, e 'Não há crime que não possa ser comprado', dez dias antes do assassinato –, como a senhora explica essas anotações?", perguntou Nocerino.

"Desde que comecei a trabalhar no meu manuscrito, escrevia citações, expressões ou provérbios que me atraíam ou me intrigavam, nada mais", Patrizia respondeu friamente.

"E as ameaças escritas em seu diário, a fita cassete que a senhora enviou a ele, na qual dizia que não ia lhe dar um minuto de paz?", perguntou Nocerino.

Os olhos escuros de Patrizia semicerraram.

"Como uma pessoa se sentiria se estivesse em uma clínica e os médicos lhe dessem apenas alguns dias de vida, e a mãe dela levasse as crianças para o marido e dissesse 'Sua esposa está morrendo', e ele respondesse 'Estou muito ocupado, não tenho tempo', e as meninas tivessem que ver a mãe ser levada na maca sem saber se ela voltaria ou não viva da cirurgia? Como essa pessoa se sentiria?"

"E o relacionamento com Paola Franchi?", Nocerino a pressionou.

"Todas as vezes que nós conversávamos, Maurizio dizia: 'Ei, você sabia que estou saindo com uma mulher que é completamente diferente de você? Ela é alta, loura, olhos verdes e sempre anda três passos atrás de mim!'", Patrizia contou. "Pelo que pude entender, ele sempre quis uma mulher loura andando três passos atrás dele. Eu era diferente."

"E a senhora estava preocupada com a possibilidade de ele se casar?" "Não, porque Maurizio me disse: 'No dia que eu me divorciar, eu não vou querer ter outra mulher do meu lado, nem por engano!'."

Patrizia disse que ficou sabendo pela primeira vez a respeito do plano para assassinar Maurizio através de Pina, poucos dias depois que ele morreu. Em um passeio, as duas mulheres pararam em frente aos jardins de inverno, atrás do apartamento na Corso Venezia, para olhar os flamingos cor-de-rosa andando delicadamente pelo gramado bem cuidado. Patrizia descreveu a conversa das duas à Corte.

"Então, você está feliz a respeito do belo presente que nós te demos?", Pina perguntou. "Maurizio se foi, você está livre. Savioni e eu estamos sem uma única lira – você é a galinha dos ovos de ouro." Pina – sua amiga de mais de vinte e cinco anos, a mulher que tinha estado ao seu lado no nascimento de Allegra, que a tinha ajudado quando foi abandonada por Maurizio e durante sua cirurgia no cérebro – tornou-se "arrogante, rude e vulgar", ameaçando-a e a suas filhas se ela não pagasse 500 milhões de liras pela morte de Maurizio.

"Eu me senti mal, perguntei se ela tinha enlouquecido, disse que iria à polícia. Ela disse que se eu fizesse isso, iria me acusar. 'Todos sabem que você andou falando em encontrar um assassino para matar Maurizio Gucci.' Ela me disse: 'Não se esqueça – já houve uma morte, mas pode facilmente haver três (ela própria e as duas meninas)'. Ela disse que queria 500 milhões de liras", Patrizia dizia enquanto Pina, sentada poucas fileiras atrás, bufava impaciente, abrindo seus braços, sacudindo a cabeça em total desaprovação.

"Por que a senhora não se rebelou?", perguntou Nocerino. "Por que a senhora não foi à polícia?"

Patrizia olhou para ele como se a resposta fosse óbvia: "Porque eu estava com medo do escândalo que poderia explodir, assim como aconteceu", respondeu. "Além do mais", ela acrescentou passivamente, "a morte de Maurizio era algo que eu queria por tantos anos – aquilo me parecia um preço justo a pagar pela sua morte."

Nocerino lembrou Patrizia de que, nos meses após a morte de Maurizio, ela e Pina conversavam ao telefone quase diariamente, fizeram um cruzeiro juntas no *Creole* e foram ao Marrocos em férias.

"Seu relacionamento era mais o retrato típico de uma amizade íntima entre duas mulheres do que o de uma vítima sendo chantageada", observou Nocerino.

"Pina me advertiu de que os telefones estavam certamente grampeados e me disse que eu não deveria mostrar nenhuma tensão em minha voz ou palavras. Ela disse que nosso comportamento tinha que parecer tão normal quanto sempre tinha sido", Patrizia replicou sem bater os cílios.

Em setembro, Silvana tomou o banco dos réus para defender a filha. Vestida simplesmente com calça marrom e blazer xadrez combinando, com seu cabelo vermelho puxado na testa, ela descreveu Patrizia como "uma massa de modelar nas mãos de Pina – Pina decidia tudo, desde o que elas tinham que jantar ao lugar onde deveriam passar as férias". Com os dedos nodosos e retorcidos descansando no cabo da bengala com ponteira de prata e os olhos castanho-escuros densos e embaçados, ela disse: "Parecia que Pina tinha bebido seu cérebro". Silvana também admitiu que Patrizia falava abertamente a respeito de encontrar um assassino para matar Maurizio – e que ela, Silvana, não imaginava que fosse sério.

"Ela dizia isso como se dissesse 'Você não gostaria de ir tomar chá no Sant'Ambroeus?'. Eu nunca dei muito valor às palavras dela, infelizmente."

Samek elevou o olhar sobre os óculos para observar Silvana. "'Infelizmente' por quê?", perguntou ele.

"Porque eu deveria tê-la feito parar de dizer coisas tão estúpidas", Silvana respondeu.

"Hummmm", refletiu alto Samek. "Esse 'infelizmente' não me convence."

Em fins de outubro, Nocerino lançou seus argumentos finais, que duraram dois dias e não pouparam nenhum detalhe do complexo julgamento. Samek retirou os óculos de leitura e sentou-se em sua cadeira de couro de espaldar alto. O banco de testemunhas estava vazio diante da Corte e havia uma única câmera de televisão, focalizando Nocerino.

"Patrizia Martinelli Reggiani tem categoricamente rejeitado a acusação de ter mandando assassinar Maurizio Gucci", Nocerino disse, suas palavras ressoando na sala de teto alto. "Ela nos ofereceu a sua versão dos fatos, dizendo que Pina Auriemma deu-lhe um presente e a ameaçou para receber pagamentos. Esta é a sua defesa, que não é digna de fé", Nocerino disse suavemente, antes de levantar a voz mais uma vez. "Patrizia Martinelli Reggiani era uma mulher da alta sociedade, cujo orgulho foi profundamente ferido nas mãos de seu marido. *Somente sua morte poderia cauterizar aqueles ferimentos!*", gritou ele na Corte. "E, após a morte de Maurizio, ela fala da serenidade que finalmente sente, e escreve a palavra 'PARADEISOS' em seu diário – isso nos explica seu espírito", Nocerino disse. No encerramento, ele pediu à Corte pena de prisão perpétua – a punição mais severa sob as leis italianas – para todos os cinco réus. Patrizia imediatamente anunciou uma greve de fome em protesto.

As filhas de Patrizia, Alessandra e Allegra, vieram à Corte pela primeira vez no dia em que os advogados de defesa levantaram-se para pronunciar seus argumentos finais. As duas garotas ficaram abraçadas no banco de trás com Silvana enquanto Patrizia permanecia na frente com seus advogados.

Quando Dedola, o advogado de Patrizia, começou a falar, encheu a sala com sua voz trepidante de barítono.

"Havia uma *ladra* que roubou de Patrizia o desejo de ver seu marido morto!", Dedola falava em tom baixo e devagar. "Uma *ladra* que tomou as coisas em suas mãos. Essa *ladra* está em nossa Corte, e o nome dela é Pina Auriemma!"

Durante os intervalos na oratória final de Dedola, Patrizia ia ao encontro das filhas, abraçando-as e beijando-as. Ela vira as meninas poucas vezes desde que fora presa. Enquanto ela abraçava as meninas, era rodeada pelo pipocar de *flashes* das máquinas fotográficas dos *paparazzi*, que lotavam a sala. As meninas afagaram o rosto de Patrizia e entregaram-lhe uma sacola com cenouras que haviam trazido para que ela comesse alguma coisa a despeito de sua greve de fome. Elas conversavam embaraçadamente, em voz baixa, fingindo ignorar a multidão de curiosos que tiravam delas qualquer privacidade que porventura esperavam ter.

Em 3 de novembro, o último dia de julgamento, o céu, os prédios e as ruas, tudo parecia ter o mesmo tom de cinza sujo, um fenômeno comum do inverno de Milão. Samek iniciou os procedimentos exatamente às 9h30 da manhã e anunciou que o veredicto seria pronunciado naquela tarde. Repórteres correram para fora da sala do tribunal a fim de notificar suas matrizes. Samek então permitiu que cada um dos réus fizesse uma declaração.

Patrizia, usando um conjunto risca de giz Yves Saint Laurent e uma jaqueta de capuz em vinil preto, forrada com tecido prata, levantou-se primeiro. Ela tinha descartado a declaração preparada por seus advogados, preferindo usar suas próprias palavras.

"Fui ingênua até o ponto de idiotice", disse ela. "Eu me envolvi contra minha vontade e nego categoricamente que tenha sido cúmplice." Então repetiu um velho adágio que ela atribuiu a Aldo Gucci: "Nunca deixe nem mesmo o mais amigável dos lobos entrar em seu galinheiro: cedo ou tarde, ele sentirá fome". Silvana pigarreou diante da determinação e recusa de sua filha em ler o que os advogados haviam preparado para ela.

Naquela noite, Roberto e Giorgio Gucci, assistindo ao julgamento de Patrizia nos noticiários separadamente – Roberto em Florença, Giorgio em Roma –, explodiram em fúria por ela ter invocado o nome de Aldo na sórdida história que tinha criado.

No fim da tarde, o céu estava denso com nevoeiro e garoa intermitente. Jornalistas, cinegrafistas e carros de televisão tentavam chegar até o tribunal, onde os olhos de mármore de Sant'Ambrogio olhavam soturnos e ameaçadores para a Corte lotada. Murmúrios enchiam a sala e as guardas de boinas azuis trouxeram Patrizia e seus quatro cúmplices. Ela sentou-se no banco entre seus advogados, com os olhos arregalados, a pele pálida, cor de cera. Enquanto os jornalistas se acotovelavam por espaço, Nocerino colocou a mão no braço de Togliatti, o jovem *carabiniere* que tinha trabalhado ao seu lado durante os três últimos anos. Por um instante, as cabeças se aproximaram enquanto Nocerino sussurrava no ouvido de Togliatti.

"*Mi raccomando*, o que quer que aconteça, controle-se. Não se exalte", disse Nocerino, sabendo que Togliatti poderia perder o controle depois de ter investido os últimos três anos de sua vida à procura de solução para o assassinato de Gucci – Nocerino não queria nenhuma reação inconveniente, tanto de satisfação como de desespero.

Todos os olhares seguiam a secretária de Samek enquanto ela andava entre a Corte lotada e a bancada do juiz. Apenas Silvana, Alessandra e Allegra estavam ausentes. Naquela manhã, após as declarações finais dos réus, elas foram à Santa Maria delle Grazie, a igreja que atrai centenas de turistas todos os anos para ver a moderna restauração de *A Última Ceia*. Elas acenderam três velas: a primeira para Santo Expedito o santo das causas urgentes – como Patrizia havia solicitado – e mais duas, uma para Patrizia e outra para Maurizio. Alessandra voltou a Lugano, onde tinha seu próprio apartamento e cursava Administração em uma filial da prestigiosa Universidade Bocconi de Milão, pois preferia viver sozinha. Discretamente, ela colocou três santinhos na manga de seu casaco – Santo Expedito, Nossa Senhora de Lourdes e Santo Antônio – e tentou assistir às aulas, mas as imagens do tribunal, de sua mãe, dos advogados, do júri e do juiz não saíam de sua cabeça e ela não conseguiu se concentrar. Voltou para o apartamento, assistiu a seu desenho favorito – *A Bela e a Fera*, da Disney – e rezou.

Às 17h10, após quase sete horas de deliberações, a sirene soou e Samek entrou na sala, seguido do magistrado assistente e dos seis jurados. Fotógrafos e cinegrafistas correram para a frente da Corte. Por alguns segundos, os únicos sons na sala eram os das portas fechando-se ruidosamente.

Samek desviou o olhar momentaneamente da folha branca de papel em suas mãos para observar a multidão antes de começar a ler.

"Em nome do povo italiano..."

Patrizia Martinelli Reggiani e seus quatro cúmplices foram considerados culpados pelo assassinato de Maurizio Gucci. Samek leu alto as sentenças, que, nas cortes italianas, são proferidas no momento do veredicto: Patrizia Reggiani, vinte e nove anos; Orazio Cicala, vinte e nove anos; Ivano Savioni, vinte e seis anos; e Pina Auriemma, vinte e cinco anos. A despeito da solicitação de Nocerino, somente Benedetto Ceraulo, o matador, recebeu a pena de prisão perpétua. A multidão murmurava.

As câmeras de televisão focalizavam Patrizia. Ela permanecia imóvel, com os olhos grudados no rosto de Samek. Enquanto ele lia alto sua sentença, seus olhos agitaram-se. Ela olhou para baixo por um instante, depois para cima outra vez, impassível até Samek terminar a leitura. Ele olhou para a Corte novamente, dobrou a folha de papel e saiu rapidamente. Eram 17h20.

A multidão avançou para a frente quando as portas se fecharam atrás de Samek e dos jurados. Jornalistas e câmeras se aglomeravam ao redor de Patrizia, que se protegia entre as vestes escuras dos advogados.

"A verdade é filha do tempo", disse ela, e em seguida, fechou a boca firmemente, recusando-se a falar mais. Dedola, pelo celular, ligou para o número da Corso Venezia, onde Silvana e Allegra ficaram esperando. Assim que Samek leu o veredicto, o sangue subiu à cabeça de Togliatti. Ele nunca tinha ouvido ou visto um caso em que uma pessoa que encomendara um assassinato recebesse uma pena menor do que a do matador. Ele olhou para Nocerino, controlou sua raiva e saiu correndo da sala, sua cabeça calculando rapidamente: vinte e nove anos? Isso significava que Patrizia Reggiani poderia sair em doze ou quinze anos. Ela estaria então com 62 a 65 anos de idade. Togliatti, dentre todos os casos de assassinato em que tinha trabalhado, sentiu-se enojado.

Na cela, Benedetto Ceraulo, rude, grosseiro, pulou do banco alcançando as barras e olhou para sua mulher no público. Ela, a mãe de seu filho recém-nascido, tinha caído em lágrimas.

"Eu sabia que isso ia terminar assim", gritava Ceraulo para a multidão. "Eles pensam que descobriram a pólvora! A não ser gritar pela minha inocência, não há mais nada que eu possa fazer. Eu sou apenas um macaco na jaula!"

Apesar da dura pena, Pina, Savioni e Cicala suspiraram de alívio. Estava tudo acabado; eles tinham se livrado da prisão perpétua. Com o passar do tempo, por bom comportamento, poderiam ficar livres em quinze anos ou menos.

Samek emitiu, mais tarde, sua opinião por escrito, na qual explicava o raciocínio por trás de cada sentença. No caso de Patrizia, reiterou a seriedade de seu crime, embora reconhecesse o impacto de sua desordem de personalidade narcisista, como diagnosticado pela equipe de psiquiatras, justificando assim os vinte e nove anos de pena, em vez de prisão perpétua.

"Maurizio Gucci foi sentenciado à morte pela ex-esposa, que encontrou pessoas dispostas a satisfazer seu ódio em troca de dinheiro", continuou Samek. "Seu ódio foi cultivado, dia após dia, sem clemência, por um homem – o pai de suas filhas – que era jovem, saudável e sereno, o qual ela um dia amou. Maurizio Gucci certamente tinha seus defeitos – talvez ele não fosse o mais presente dos pais, nem o mais atencioso dos ex--maridos, mas aos olhos de sua esposa, ele cometeu um erro imperdoável: Maurizio Gucci tirou dela, com o divórcio, um imenso patrimônio e um nome internacionalmente reconhecido – e o *status* que o acompanhava, benefícios, luxo e prerrogativas. Patrizia Reggiani não tinha intenção nenhuma de se desfazer disso tudo."

Samek afirmou que o comportamento de Patrizia era especialmente sério em vista da gravidade do crime, do longo planejamento, dos motivos econômicos, da desconsideração pelos laços emocionais que uniam Maurizio a ela por meio de suas filhas, e o sentimento de libertação e serenidade que ela admitiu sentir após a morte dele.

Samek apontou que a desordem de personalidade de Patrizia emergiu quando sua vida se desviou dos sonhos e das expectativas. "Durante o longo período no qual a vida era generosa para com Patrizia Reggiani, ela não manifestou nenhum sinal de distúrbio", continuou Samek. "Mas no instante que esse mecanismo foi quebrado, seus sentimentos e seu comportamento foram além dos padrões aceitáveis, manifestando sinais de perturbação. Patrizia Reggiani não pode subestimar a seriedade do que fez: um ato de extrema violência somente porque alguém não respeitou seus desejos, não levou a cabo suas ambições, ou preencheu suas expectativas."

Maurizio Gucci morreu pelo que ele tinha – seu nome e sua fortuna – e não pelo que ele era.

De volta à sala de parede rosa, no apartamento da Corso Venezia, Silvana balançava-se para frente e para trás no confortável sofá, diante do retrato a óleo de Patrizia, que tomava toda a parede, cujos olhos claros e brilhantes fitavam a cabeça da mãe.

"Vinte e nove anos, vinte e nove anos", Silvana dizia repetidamente, como se, fazendo isso, ela pudesse, de alguma forma, cancelar o seu significado. Allegra abraçou a avó para consolá-la e então ligou para Alessandra em Lugano para lhe dar a notícia. Depois que desligou, o telefone tocou incessantemente: eram os amigos, parentes e a assistente social de Patrizia, em San Vittore, para consolá-las.

"Eu não tenho vinte e nove anos para esperar", Silvana disse bravamente, abraçando Allegra outra vez. "É hora de parar de chorar. Amanhã de manhã, às 9h30, nós iremos ver Patrizia. Nós temos que tirá-la de lá."

Na semana em que Patrizia recebeu sua sentença, as lojas Gucci em todo o mundo expuseram em suas vitrines um par de algemas em prata de lei – embora um porta-voz tenha assegurado aos clientes que a exibição desse objeto era apenas uma "coincidência".

# Tomando o controle

Domenico De Sole havia acabado de se ajeitar na cama com a esposa, Eleanore, em sua casa geminada em Knightsbridge, para tirar uma soneca no meio da manhã, depois de voar sobre o Atlântico, de Nova York a Londres, durante a noite. Era uma quarta-feira, 6 de janeiro de 1999, e eles haviam acabado de voltar das férias que tiraram para esquiar no Colorado com suas duas filhas, que nessa época já eram adolescentes.

No outono anterior, De Sole e Ford haviam mudado os escritórios corporativos da Gucci para Londres, apesar das operações de produção da empresa terem permanecido em Scandicci e a matriz jurídica do grupo, em Amsterdã, como antes. A mudança veio cinco anos depois de Bill Flanz ter fechado San Fedele e levado o centro de operações da Gucci de volta para Florença, dizendo que era importante unir a cabeça da empresa com seu coração. Mas, muita coisa havia acontecido em cinco anos e tanto De Sole quanto Ford acreditavam que a mudança seria positiva para a Gucci. Ter um centro corporativo de operações em Londres ajudaria a empresa a recrutar gerentes internacionais de alto nível. Era difícil encontrar pessoal qualificado disposto a mudar-se para Florença. Além disso, o coração de Ford estava tentado a mudar-se para Londres – florescente na moda e viveiro de novas tendências. Apesar de Paris ser sempre chique, ele não havia achado a cidade acolhedora. "Eu estava pronto para viver em algum lugar que falasse minha língua!", admitiu ele. A esposa de De Sole estava empolgada: ela desejava mudar-se de Florença. A princípio, a ida para Londres havia causado certa preocupação e controvérsia dentro da firma, mas isso parecia ter-se dissipado. De Sole viajava frequentemente para Florença, onde mantinha um escritório. A mudança também possibilitou a Ford unir sua equipe de criação em Londres. Anteriormente, ele e seus assistentes tinham de fazer viagens entre Florença e Paris, uma situação inconveniente e ineficiente. Ford pediu que equipamentos de videoconferência fossem instalados em muitas de suas casas e nos escritórios principais da Gucci ao redor do mundo para que pudesse conduzir reuniões sobre acessórios e design onde estivesse. Apesar de reconhecer que o equipamento era caro, ele acreditava que a economia de tempo e energia compensava o investimento.

Naquela manhã, De Sole, como não era de costume, queria ter umas horas de sono antes de ir ao escritório, localizado provisoriamente em um imóvel alugado na rua Grafton, a alguns passos da loja da Gucci na Old Bond Street. Ele esperava que o dia fosse tranquilo, especialmente porque os negócios estavam fechados na Itália por ser Dia de Reis. Pela primeira vez depois do último junho, quando a empresa de moda rival Prada anunciou que tinha comprado 9,5 por cento da Gucci, a maior aquisição de um único acionista, De Sole sentia-se relaxado. A Prada havia aparentemente parado por aí e seu representante havia votado a favor da administração na última reunião de acionistas. De Sole acreditava que a Gucci estava segura.

A Prada havia chacoalhado a indústria da moda e abalado De Sole quando anunciou pela primeira vez ter adquirido uma parte da Gucci no verão anterior. Alguns pensaram que a Prada, menor que a Gucci e inexperiente em tomadas de controle acionário, poderia ter sido testa de ferro de um grupo maior. Mas à medida que os meses passavam sem novos acontecimentos, De Sole pensou que a Prada não tinha nem a força financeira nem alianças maiores para assumir o controle da Gucci, que naquela época valia mais de 3 bilhões de dólares.

Em pouco mais de dez anos, Patrizio Bertelli, o rabugento e inconstante toscano casado com a descendente de Mario Prada e chefe de design, Miuccia Prada, havia engenhosamente transformado a Prada de uma modesta e desconhecida produtora de malas em uma casa de acessórios e de moda com força global, tornando-a uma das mais duras rivais da Gucci. Bertelli, mergulhado nas tradições toscanas de trabalhar com o couro e ex-fornecedor da Gucci, enfureceu-se com a expansão desta sob uma nova administração e com seu controle crescente sobre os fabricantes regionais. A Prada consolidou sua central de negócios e design em Milão e suas operações de produção em Terranova, perto de Arezzo, cerca de uma hora de Florença. Tanto a Gucci quanto a Prada começaram a exigir contratos exclusivos de seus fornecedores para assegurar a capacidade de produção e desencorajar cópias e falsificações. Bertelli sentiu a intrusão e não gostou disso. Homem explosivo, conhecido por seus violentos ataques, ele era frequentemente assunto de histórias ultrajantes nos círculos da moda. A história de que ele quebrou o para-brisa de carros estacionados irregularmente nas vagas reservadas da Prada tornou-se uma lenda em Milão. Outro episódio também destacou-se nos jornais. Um dia, uma bolsa repentinamente voou de uma das janelas superiores e atingiu uma mulher que andava na calçada do lado de fora dos escritórios da Prada. Bertelli saiu correndo e desculpou-se com a mulher repetidamente. Ele admitiu que havia atirado a bolsa em uma explosão de raiva.

Quando a Gucci se recuperou, Bertelli criticou tudo o que pôde em seu concorrente florentino. Menosprezou Dawn Mello, chamando-a de arrogante, acusou Ford de copiar as ideias que haviam feito o sucesso da Prada; de fato, a Prada fez a primeira bolsa preta de nylon, mas logo todos a produziram, incluindo a Gucci. Bertelli, um admirador de Bernard Arnault, da LVMH, sonhava em expandir a empresa por meio de aquisições no setor de artigos de luxo e moda.

"Arnault construiu um império de artigos de luxo com lógica financeira. Eu não vejo por que não se pode fazer isso com lógica industrial", disse ele. Quando Bertelli decidiu fazer seu primeiro movimento, atacou a Gucci, sentindo um prazer perverso no desconforto de De Sole em relação ao colega acionista. Bertelli ligou para De Sole, sugerindo que os dois grupos poderiam explorar suas "sinergias" em áreas como encontrar excelentes locais para lojas a preços competitivos ou em compras de espaços publicitários.

De Sole discutiu com Bertelli: "Patrizio, essa empresa não é minha. Eu tenho de falar com minha diretoria. Nós não podemos fazer essa *pizza* juntos".

Os partidários da Gucci subestimaram seu desconforto a respeito do ataque e apelidaram a Prada de "Pizza". Um funcionário da Gucci mandou para De Sole uma bandagem geriátrica grande, vendida em farmácias italianas para artrite e reumatismo, com a marca "Bertelli". Ele colou a bandagem em um cartaz gigante escrito à mão com mensagens de encorajamento, como: "O ÚNICO Bertelli que tememos é ESSE aqui". Esse cartaz foi colocado em seu escritório em Scandicci, aonde ele ia regularmente.

No outono, o preço das ações da Gucci despencou para 35 dólares como reflexo da crise financeira asiática. Decepcionado, Bertelli viu seu investimento definhar e não comprou mais. Em janeiro, à medida que as perspectivas na Ásia melhoravam e analistas previam fortes ganhos para a Gucci, o preço subiu para mais de 55 dólares por ação. De Sole então pensou que o preço estava alto o suficiente para evitar os compradores de barganhas da Bolsa de Valores e deu um suspiro de alívio. A ameaça, aparentemente, havia passado.

Minutos depois do casal De Sole ter-se ajeitado para sua soneca, o telefone tocou. Constance Klein, assistente de De Sole em Londres, estava na outra ponta, com a voz tensa. "Senhor De Sole, lamento incomodá-lo, é urgente."

"Com licença, querida. Eu só vou atender essa ligação e já volto", De Sole disse para Eleanore, dirigindo-se para outro recinto, enquanto a mulher revirava os olhos insatisfeita. Ela balançou a cabeça descrente e virou-se para dormir sozinha; conhecia muito bem os hábitos de trabalho de seu marido.

Eleanore não viu o marido novamente até perto da meia-noite daquele dia, quando um exausto e estupefato De Sole arrastou-se de volta para casa depois de um dos mais severos dias em sua carreira de quatorze anos na Gucci.

Klein havia ligado para dizer que De Sole tinha uma ligação urgente de Yves Carcelle, o presidente da Louis Vuitton e braço direito de Bernard Arnault, o esperto presidente cinquentão do grupo de artigos de luxo LVMH. De Sole e Carcelle tinham um relacionamento cordial e frequentemente consultavam um ao outro sobre tendências na indústria. Mas algo a respeito da urgência da ligação disparou um alarme na cabeça de De Sole. Ele soube instantaneamente que Carcelle não estava ligando para bater papo.

Do quarto ao lado, De Sole ligou de volta para Carcelle. Ele estava certo. O executivo francês disse a De Sole que a LVMH havia adquirido mais de cinco por cento das ações comuns da Gucci e que faria um pronunciamento oficial naquela tarde. Numa voz firme, Carcelle disse a De Sole que Arnault, impressionado com tudo o que a Gucci havia conquistado nos últimos anos, decidira fazer uma aquisição "passiva" na Gucci com intenção puramente "amigável".

De Sole desligou o telefone, atônito. O momento que ele havia temido por meses havia chegado. Não só a LVMH era o maior conglomerado de artigos de luxo do mundo, mas sua lucrativa divisão Louis Vuitton era um dos mais diretos concorrentes da Gucci. Nos últimos anos, a Louis Vuitton também havia adotado muitas das mesmas estratégias da Gucci. Contrataram um jovem e sofisticado estilista – o americano Marc Jacobs – para criar uma nova linha de roupas para o dia a dia, e abriram uma nova e resplandecente loja, uma *flagship*, na Champs-Elysées, para dar às roupas grande visibilidade.

Naquela tarde, do seu escritório no terceiro andar, na casa cor creme da rua Grafton, que a Gucci alugou até que o prédio comprado fosse reformado, De Sole falou com a pessoa imediatamente abaixo de Arnault, Pierre Godé, um advogado francês de maneiras elegantes, penetrantes olhos azuis e cabelos grisalhos. Da central da LVMH – uma colmeia de escritórios silenciosos, de carpetes cinza, na avenida Hoche, pertinho do Arco do Triunfo – Godé reiterou a mensagem de Carcelle: "Esse é um investimento *passivo*".

"Desculpe, Pierre", De Sole finalmente disse ao telefone, "mas exatamente quantas ações vocês têm?"

Quando Godé disse não saber a quantidade certa, De Sole sabia que estava em apuros. "Certo", ele disse para si mesmo, "aqui vamos nós." De Sole ligou para o banco Morgan Stanley, e descobriu que seu fiel gerente, James McArthur, que havia contornado o problema da Prada no verão anterior, estava saindo na semana seguinte para um ano sabático na Austrália. De Sole, cujo método de resolver problemas dependia de trabalhar com pessoas conhecidas e leais, sentiu uma ponta de desespero. McArthur ligou para seu chefe, um francês de 42 anos chamado Michael Zaoui. Em minutos, Zaoui tocou a campainha do escritório da Gucci na rua Grafton.

De Sole cumprimentou-o, tentando esconder o nervosismo. O bonito e educado diretor de investimentos, cujo sustento eram batalhas hostis pela tomada do controle acionário, acomodou-se em uma das cadeiras Charles Eames que Tom Ford havia escolhido para o escritório de De Sole. Zaoui começou a contar a De Sole o que ele sabia sobre Arnault.

Arnault, criado numa província por um magnata da construção, quando jovem abandonou a carreira como concertista de piano e frequentou o instituto militar e de engenharia da elite francesa, École Polytechnique. Depois mudou-se para os Estados Unidos em 1981 para ajudar a expandir o ramo de corretagem de imóveis da família. Sua mudança para os Estados Unidos, incitada pela eleição na França do presidente socialista François Mitterrand, deu a ele uma nova perspectiva e o ensinou uma maneira diferente e mais efetiva de fazer negócios. Quando voltou à França em 1984, ele pegou 15 milhões de dólares do dinheiro de sua família e comprou uma empresa estatal falida de tecidos chamada Boussac, que continha uma joia – a Christian Dior. Desde então, no curto tempo de uma década, tornou-se um ícone no mundo de artigos de luxo, acumulando uma impressionante gama de grifes, incluindo Givenchy, Louis Vuitton e Christian Lacroix, sem mencionar os fabricantes de bebidas Veuve Clicquot, Moët et Chandon, Dom Perignon, Hennessy e Château d'Yquem, a fabricante de perfumes Guerlain e a loja de cosméticos e perfumes Sephora.

"LVMH é a sua criação, e ele a controla", disse Zaoui. "Não existe dúvida de que ele é o chefe."

Mas as famílias devastadas, as campanhas de difamação e aposentadorias forçadas que ele deixou em seu rastro deram-lhe desagradáveis apelidos na imprensa francesa. Seus críticos o apelidaram de "O exterminador" e "O lobo em *cashmere*" por trazer táticas de beisebol americano para o fino mundo dos negócios franceses. Um homem alinhado, de membros longos, cabelos grisalhos, um grande nariz curvado e lábios finos, Arnault também havia sido apelidado de "Tin Tin", o personagem do desenho belga, por suas sobrancelhas escuras e circunflexas. Apesar de poder parecer infantil e excêntrico algumas vezes, sua imagem permanecia mais cruel do que gentil. Apesar de evitar a política, o poder crescente de Arnault trouxe-lhe a aceitação parisiense tanto nos negócios como do ponto de vista social. Ele e sua segunda esposa, uma bonita pianista concertista canadense chamada Hélène Mercier, com quem Arnault se casou em 1991, eram bajulados. A mulher havia lido as reportagens sobre seu supostamente cruel marido com perplexidade; para ela, ele era charmoso, amoroso e um pai atencioso que sempre arrumava tempo para colocar pelo menos um de seus três filhinhos na cama para dormir.

Zaoui não descreveu um pai consciente para De Sole. "Ele é esperto, rápido e tem uma mente estratégica, como um jogador de xadrez que pensa vinte jogadas à frente", disse, explicando que o estilo de Arnault era continuar sua ação em uma "tomada de controle sorrateira" até que conseguisse o controle total da empresa. Zaoui tinha certeza que aquele era o plano de Arnault para a Gucci. Apesar de ele fazer propostas tranquilizadoras para os gerentes das empresas para as quais havia voltado sua atenção, depois de entrar nelas, ele os desligava. Na Louis Vuitton, depois de aliar-se com o ex-presidente e membro da família, Henri Racamier, Arnault o expulsou em uma batalha tão sarcástica que o então presidente francês, François Mitterrand, fez um discurso televisionado em rede nacional desaprovando ambos os lados e pediu à agência da Bolsa de Valores francesa para investigá-los. Na Christian Dior, Arnault demitiu seis executivos veteranos em quatro anos, também sacudindo o setor de moda francesa.

Zaoui havia observado com atenção as táticas de Arnault durante outra batalha corporativa europeia altamente divulgada. Em 1997, a fábrica de cerveja Guinness, da qual a LVMH possuía uma parte significativa, brigou com Arnault a respeito de uma fusão com o conglomerado de alimentos e bebidas britânico Grand Met. Na época, a imprensa francesa especulou que se Arnault não pudesse impedir a fusão, ele poderia vender sua parte na Guinness por aproximadamente 7 bilhões de dólares e usar esse dinheiro para comprar outra marca.

"Isso seria suficiente para comprar a luxuosa casa italiana Gucci, a grande rival da Louis Vuitton", o *Le Monde* escreveu, gerando um alvoroço de fofocas até então infundadas. Arnault, no fim das contas, chegou a um acordo sobre a Grand Met e as duas empresas fundiram-se, dando origem ao grupo gigante de bebidas Diageo, no qual a LVMH começou como a maior acionista, com onze por cento, apesar de mais tarde reduzir suas ações.

Uma disputa obstinada pelo controle da rede Duty Free Shops (DFS) havia precedido a briga de Arnault com a Guinness, contribuindo para a imagem de Arnault como conquistador sem coração. Em todas as suas campanhas, Godé foi o braço direito de Arnault. "Arnault vinha com as ideias e Godé trazia para ele a munição", disse Marie-France Pochna, autora de uma biografia de Christian Dior.

Arnault culpava-se por ter desistido da Gucci em 1994, dizendo que ela não valia nada. Naquela época, ele estava preocupado em digerir a aquisição da LVMH em 1990, o que havia envolvido significativas implicações financeiras.

"Nós tínhamos outras prioridades", admitiu Godé durante uma entrevista em uma das pequenas e espelhadas salas de reuniões do último andar da LVMH. "Agora todos dizem que a Gucci é maravilhosa, mas naquela época era uma bagunça! A virada da empresa poderia ter falhado, ninguém sabia", adicionou.

Concentrando-se em reavivar suas marcas, Arnault havia conseguido grande visibilidade para a Christian Dior, Givenchy e Louis Vuitton, entre outras, com uma nova geração de jovens e renomados estilistas e poderosas campanhas de marketing – também sacudindo o ramo de negócios e moda franceses. De todas as marcas, Louis Vuitton tornou-se a mais bem-sucedida comercialmente. Com a posição dominante da LVMH na França, fazia sentido para Arnault começar a expandir seu alcance para outros países. Até então, a indústria de luxo francesa sempre olhava para a Itália como um mero fornecedor. Mas com o retorno da Gucci, o crescimento meteórico da Prada e o sucesso contínuo de outros, como Giorgio Armani, Arnault começou a ver o país como um campo perfeito para potentes aquisições e alianças.

"A Itália é um lugar com o qual deveríamos ter ligações", insistiu Concetta Lanciaux, influente diretora de recursos humanos de Arnault – a mesma pessoa que Maurizio Gucci havia tentado contratar –, que escolheu a dedo a maioria dos talentos em design contratados por Arnault para a LVMH nos últimos anos. "Estava escrito. Isso não dizia respeito apenas à Gucci, tratava-se da liderança da indústria de artigos de luxo europeia", disse a loira executiva de olhos escuros da LVMH, que nasceu na Itália, e passou a maior parte de sua vida profissional nos Estados Unidos e na França.

Arnault não foi adiante com a Gucci no outono de 1997, quando todos esperavam que ele o fizesse, porque estava preocupado com a fusão Guinness-Grand e batalhando com as recentemente adquiridas lojas DFS, severamente atingidas pela crise financeira asiática.

À medida que o mercado asiático ganhava lentamente condições estáveis em 1998, Arnault direcionou sua atenção para a Gucci. Uma corporação, com o endereço da LVMH em Paris, silenciosamente começou a comprar ações da empresa em 1998, acumulando aproximadamente 3 milhões delas.

"Se quiser a empresa, ele pode tê-la!", De Sole explodiu, andando agitadamente em frente a Zaoui. "Eu vou velejar. Minha mulher já está farta de tudo isso. Quero passar mais tempo com minhas filhas."

De Sole, o sobrevivente da Gucci, percebeu muito bem que estava à beira de uma nova batalha. Ele não estava certo se a queria.

Zaoui olhou De Sole nos olhos. "Domenico", ele respirou fundo, "isso é uma guerra. Eu já passei por essas brigas. É preciso uma determinação incrível e não há garantias. Você realmente tem de querer ganhar."

De Sole desmoronou em outra cadeira Charles Eames de frente para Zaoui. Ele sabia que não tinha escolha. Não poderia simplesmente ir embora.

"OK, Michael, o que nós faremos?", disse De Sole com a palma das mãos para cima, dedos esticados. "Nunca fiz uma tomada de controle corporativo antes, mas certamente sei como brigar."

Zaoui pediu um bloco de papel e uma caneta: "Diga-me, Domenico, quais são as defesas da empresa?".

À medida que De Sole falava, Zaoui percebia que não havia muito. O melhor que a Gucci tinha eram os benefícios oferecidos para Tom Ford e Domenico De Sole – os dois mais preciosos funcionários da Gucci – no caso de uma mudança no controle. A equipe do Morgan Stanley havia apelidado esses benefícios de a "bomba Dom-Tom", ou "comprimido de veneno humano". As cláusulas permitiam que Ford saísse da Gucci, transformando em dinheiro suas consideráveis opções de ações se um acionista acumulasse 35 por cento das ações da empresa. Ford também tinha o direito de seguir De Sole para fora da empresa; ele poderia sair um ano depois se De Sole fosse embora. A cláusula de De Sole era mais aberta à interpretação; o diretor-executivo da Gucci poderia ir embora se qualquer acionista único assumisse o "controle efetivo" da empresa.

Dois dias depois, a sala de reunião do terceiro andar da Gucci, na rua Grafton, foi inaugurada como a mais nova sala de guerra. De Sole havia reunido um pequeno grupo de executivos seniores da Gucci. Pelas semanas e meses seguintes, eles se tornariam sua equipe de guerra. Um deles era um velho amigo de De Sole e advogado geral da Gucci, Allan Tuttle, o mesmo homem para o qual Rodolfo havia dado seu casaco em Veneza, dezesseis anos antes. De Sole havia trazido Tuttle do Patton & Boggs em Washington, contratando-o para trabalhar para a Gucci em tempo integral. Outro era o diretor financeiro da empresa, Bob Singer; De Sole havia trabalhado muito ao lado dele na apresentação da Gucci para o lançamento na Bolsa de Valores, quatro anos antes. Rick Swanson, o homem que havia apoiado De Sole dentro do Investcorp, também estava lá. Tuttle, Singer e Swanson, assim como os demais, não eram apenas profissionais talentosos, mas também soldados leais; De Sole sabia que podia contar com eles. Zaoui esboçou as míseras opções da Gucci para os preocupados executivos: ou negociar com Arnault ou encontrar um comprador em potencial com o qual eles poderiam fundir-se para defender-se dele.

A luta subsequente pelo controle da empresa prendeu a atenção da comunidade de moda e negócios internacionais, enquanto De Sole e uma pequena equipe de executivos, advogados e gerentes bancários preparavam a mais determinada, surpreendente e bem-sucedida defesa com a qual Arnault jamais se deparou em seus quinze anos no ramo.

Apesar de o conflito direto entre a Gucci e Arnault ser só uma batalha de tomada de controle corporativo relativamente pequena diante de uma onda de consolidações corporativas que varria a Europa, para a Gucci, isso marcou uma nova fronteira. A Gucci havia evoluído totalmente de uma pequena loja florentina de bolsas para uma corporação de moda global que havia estimulado o apetite do mais temido e respeitado rei do *takeover*. Em 1998, as vendas da Gucci ultrapassaram a marca de 1 bilhão de dólares – apenas cinco anos depois de ter comunicado perdas de dezenas de milhões.

Naquela quarta-feira de janeiro, enquanto De Sole se preparava para brigar, Arnault havia desafiado sua liderança frente a um dos mais bem-sucedidos grupos de artigos de luxo do mundo. De Sole realmente havia começado a pensar em aposentadoria, querendo passar mais tempo com sua família e velejando em seu novo barco de dezenove metros, *Slingshot*. Mas em algumas poucas horas, o avanço de Arnault trouxera sua atenção de volta.

"Eu estava pronto para me aposentar", admitiu De Sole, "mas não ia deixar ninguém me colocar para fora. Não costumo começar brigas, mas se começar uma briga comigo, eu vou lutar tanto quanto você." E ele lutou.

De Sole havia sobrevivido a todas as guerras da Gucci – primeiro como combatente das discórdias de família, depois como elemento fundamental que permitiu ao Investcorp derrubar Maurizio. No processo, fez seus próprios inimigos e detratores. Seus críticos o pintaram como cruel, mercenário, que agia em causa própria, com uma estranha habilidade de casar seus próprios interesses com os da empresa para não parecer egoísta. Ao mesmo tempo, De Sole era a figura na história da Gucci que mais havia mudado. Ao longo dos anos, havia se transformado de um subordinado, desajeitado e malvestido empregado para um articulado e controlador diretor-executivo. A revista *Forbes* colocou um retrato de De Sole com olhos de aço – sua barba agora impecavelmente aparada – na capa de sua edição global de fevereiro de 1999 com uma reportagem intitulada "Construtor de marca".

De Sole liderou a briga de Rodolfo contra Aldo, a de Aldo contra Paolo e a de Maurizio contra Aldo e seus primos. Agiu decisivamente na luta do Investcorp contra Maurizio. Depois de anos de trabalho duro e pouco reconhecimento, o Investcorp havia finalmente lhe entregado o prêmio. Agora, a campanha para defender-se do desafio de Arnault atrairia a LVMH ao espaço de De Sole, onde sua melhor arma seria o sofisticado conhecimento jurídico. Ele insistiu com prazer na briga. "O sujeito [Arnault] simplesmente se convidou para jantar sem telefonar primeiro!", De Sole disse indignado.

Quando Zaoui e uma equipe de advogados aprofundaram-se nos regulamentos da Gucci, descobriram que o estatuto da empresa havia, na verdade, sido escrito para facilitar uma aquisição hostil; enquanto o Investcorp procurava uma saída em 1995, essa solução teria sido fácil. Porém essas mesmas disposições deixaram a porta da frente da Gucci bem aberta para intrusos.

Em 1996, De Sole havia instituído o *Project Massimo* para examinar cada possível defesa que poderia manter potenciais invasores do lado de fora. Os banqueiros e advogados da Gucci reviraram cada pedra – reestruturação defensiva de ações, fusões parciais e totais com outras empresas, incluindo a Revlon – mas encontraram pouco. Depois de acionistas destruírem os propostos vinte por cento de limite para votação em 1997, não havia muito mais o que fazer. Não havia mais nenhum truque na cartola.

"Nós estávamos simplesmente sentados, à espera de que alguém nos controlasse", lembrou Tom Ford. "Era muito frustrante."

No verão de 1998, depois de a Prada obter sua parte nas ações, De Sole e Ford até mesmo se encontraram com o rei das aquisições alavancadas, Henry Kravis, e consideraram comprar a empresa eles mesmos. Mas logo perceberam que uma compra desse tipo seria muito cara e arriscada, possivelmente começando um leilão de preços com um comprador profissional do mercado de ações, que teria condições de pagar mais do que eles.

Para a apresentação de moda masculina da Gucci em janeiro, Tom Ford colocou modelos de rostos brancos com lábios vermelhos sangue caminhando agressivamente pela passarela com o tema musical de *Psicose*, expondo seus dentes como Drácula, como se dissessem "Afaste-se!" para Arnault. No dia seguinte, Zaoui ligou para um gerente de investimentos da LVMH em Londres. "Essa mensagem é oficial", disse. "Pare agora!"

Para espanto de todos, em 12 de janeiro, Arnault apareceu em Milão como convidado-surpresa na apresentação masculina de Giorgio Armani, em que foi cercado por jornalistas e *paparazzi*. Essa aparição simbolizou as mudanças dramáticas no ramo da moda e de artigos de luxo, no qual homens de negócios haviam se tornado estrelas e as estrelas – pelo menos por um instante – haviam se tornado irrelevantes. Na época, ambos Arnault e Armani abalaram o mundo da moda mais uma vez por reconhecerem que seus dois grupos estavam em conversações, mais tarde consolidando a imagem de Arnault como tubarão branco, forte o bastante para derrotar mesmo a maior presa. Por fim, nada aconteceria a partir da conversa deles. Também nada surgiu das anteriores e pouco conhecidas conversas entre Ford, De Sole e Giorgio Armani. A ideia de fundir as duas empresas em uma gigante e poderosa casa de moda igualmente forte em roupas e acessórios já nascera morta.

Nas semanas seguintes de janeiro, a comunidade de moda e negócios assistiu com medo aos avanços de Arnault com golpes-relâmpagos, comprando rapidamente grandes quantidades de ações da Gucci de investidores institucionais particulares e do mercado aberto. No meio de janeiro, Bertelli vendeu a Arnault sua parte de 9,5 por cento, recebendo alegremente uma quantia bruta de 140 milhões de dólares pelo acordo, chamando os rendimentos de *simpatica plusvalenza*, um lucro prazeroso. Do dia para a noite, o diretor-executivo da "Pizza" tornou-se um gênio aos olhos de seus colegas.

Durante os nove meses seguintes, Bertelli seguiu projetando o ponto fundamental de seu sonho — emergindo no leme do primeiro grupo de artigos de luxo com base de produção italiana. Ele comprou ações da empresa da estilista alemã Jil Sander, conhecida por sua alta qualidade e estilo minimalista, e do estilista austríaco Helmut Lang. No outono de 1999, uniria forças com a LVMH para adquirir uma grande parte da marca de acessórios, com base em Roma, Fendi, bem debaixo do nariz da Gucci. O ramo de artigos de luxo não era mais só uma questão de qualidade, estilo, comunicação e lojas, mas uma questão de disputas corporativas cruéis que ressaltavam quão caras as ações se tornaram.

No fim de janeiro de 1999, Arnault tinha acumulado assustadores 34,4 por cento da Gucci, por cerca de 1,44 bilhão de dólares. Nas três semanas desde que a LVMH anunciara sua tacada inicial, as ações da Gucci subiram quase trinta por cento, e a imprensa internacional esperou cada movimento.

Até o *New York Times*, que já vira muitas disputas corporativas, chamou o assunto de "o mais fascinante suspense que já atingiu a indústria da moda".

Arnault esperava amenizar seus movimentos agressivos através de canais indiretos, não só de Yves Carcelle, que deu a notícia para De Sole, mas também por meio de um velho amigo de De Sole de Harvard, Bill McGurn, que trabalhou como advogado em Paris para a firma de Nova York Cleary, Gottlieb, Steen & Hamilton, uma das que representavam a LVMH. Por frequentes conversas com McGurn, Godé sentiu-se confiante de que um acordo amigável seria possível.

Nesse meio-tempo, De Sole procurava desesperadamente um potencial comprador, outra empresa que pudesse entrar como parceira e protelar o avanço da LVMH. Falou com pelo menos nove possíveis "salvadores", mas nada deu certo. Nenhum comprador em potencial em seu juízo perfeito queria entrar em uma empresa que parecia condenada a pertencer à LVMH. Além disso, cada vez que De Sole contatava um possível novo parceiro, Arnault comprava logo outra grande quantidade de ações.

"Isso é Davi contra Golias", disse De Sole muito desgastado a certo ponto da batalha, querendo não ter tratado Bertelli com indiferença. Arnault sorria. De seu modesto, envidraçado quartel-general na avenida Hoche, em Paris, ele conhecia cada movimento de De Sole. "As pessoas que o recusaram ligavam para nós." Ele dava risada.

À noite, De Sole conversou sobre o problema com sua esposa, Eleanore, que lembrou-se bem dos caminhos do mundo dos negócios de seus dias como executiva da IBM, mas havia mantido sua desenvolvida sensibilidade moral. Ela o aconselhou a não fazer o que era "melhor" para De Sole, mas o que era "certo" para a Gucci.

Resignado e com raiva, De Sole concordou em encontrar Arnault, mas não se sentiu confortável sobre isso. Os dois lados discutiram a respeito do horário e do local por quase uma semana. Arnault havia proposto uma refeição para manter a reunião pessoal; De Sole optou por uma reunião em ambiente de trabalho.

"Eu o convidei para almoçar", Arnault gracejou mais tarde, "e ele me convidou para o Morgan Stanley!"

A reunião, em 22 de janeiro no escritório de Paris do Morgan Stanley, foi tensa, um encontro com roteiro, para o qual os dois homens haviam ensaiado seus papéis. Os dois diretores-executivos usaram o tempo para estudar um ao outro. Arnault, o brilhante barão do *takeover* (tomada de controle), educado na França; De Sole, o determinado, de considerações rápidas, nascido em Roma, educado em Harvard.

"Eles eram totalmente opostos", disse Zaoui, que compareceu à reunião. "Arnault foi formal e estava pouco à vontade; De Sole foi natural, direto e articulado."

Arnault se desmanchou em elogios para com De Sole e Ford, dizendo que seu interesse na Gucci não era hostil. Ele aconselhou De Sole a considerar que a Gucci poderia se beneficiar do controle da LVMH e pressionou-o para ter representação na diretoria. De Sole fez objeção, citando conflito de interesses. Ele se arrepiava só de pensar que a LVMH poderia trazer seus executivos para dentro da diretoria da Gucci e ter acesso total a informações confidenciais, desde vendas, marketing e distribuição até compradores em potencial e novas estratégias. Ele pediu para Arnault ou parar de comprar as ações da Gucci, ou fazer uma oferta pela empresa toda, fechando o capital.

O medo de De Sole era de que Arnault pudesse comprar ações da Gucci suficientes para efetivamente controlar a empresa sem fazer uma oferta justa para todos os acionistas pela totalidade das ações. Apesar do regulamento da Bolsa de Valores de Nova York não estipular um mínimo sobre o qual um comprador deve fazer uma oferta completa para todos os acionistas de uma empresa da qual acumulou uma parte significativa – chamada de oferta pública –, a maioria das empresas cotadas nos Estados Unidos já têm medidas antitomada de controle em seus contratos corporativos. A mesma coisa acontece na Bolsa de Valores de Amsterdã, onde a Gucci também estava cotada. As bolsas de valores em outros países da Europa, tais como Reino Unido, Alemanha, França e Itália, haviam aprovado leis antitomada de controle, estabelecendo um limite máximo na compra de ações. Passando desse teto, uma oferta pública seria exigida. A Gucci encontrava-se em uma terra de ninguém: seu estatuto não tinha defesas e seus esforços para instituí-las tinham sido derrubados por votação de seus próprios acionistas – e ela estava listada em duas bolsas de valores que haviam escolhido não estabelecer limitações específicas de tomada de controle, deixando o ônus para a própria empresa.

De Sole tentou fazer Arnault concordar em parar de avançar. "Havia boa-vontade no começo", lembrou Zaoui. "De Sole até apareceu na reunião seguinte com uma bolsa da Gucci para a esposa de Arnault." Ele ofereceu a Arnault dois lugares na diretoria da Gucci em troca de reduzir seus direitos de voto para vinte por cento. Mas, na terceira reunião deles, Arnault rejeitou a oferta e ameaçou processar pessoalmente De Sole e os membros da diretoria se eles não cedessem. Os dois lados ficaram frustrados. Em 10 de fevereiro, citando seus direitos como acionista, Arnault enviou uma carta à Gucci exigindo uma reunião extraordinária de acionistas para apontar um representante da LVMH para a diretoria da Gucci. A ação deixou De Sole enfurecido.

"Nós estávamos convencidos de que a proposta seria bem-aceita!", disse Godé mais tarde, afirmando que a LVMH havia proposto um candidato de fora sem ligações com ela e havia pedido só um representante, em vez de três. "Nós pensávamos que era um sinal de boa-fé."

Mas o sangue de De Sole estava fervendo a respeito de um relatório que havia chegado a seus ouvidos: um executivo da LVMH contara a um dos acionistas institucionais da Gucci que eles queriam ter seus próprios "olhos e ouvidos" na diretoria a fim de se prepararem para obter o controle total. De Sole não estava disposto a deixar o lobo entrar em seu galinheiro.

"Eu me convenci de que eles nunca quiseram fazer uma oferta total e justa pela empresa", disse De Sole.

No domingo, 14 de fevereiro, funcionários do banco e executivos da Gucci juntaram suas forças na pequena sala de reuniões da rua Grafton. Desde que a Prada comprara as primeiras ações da Gucci, um advogado chamado Scott Simpson, que trabalhara no escritório de Londres da poderosa firma de advogados Skadden, Arps, Slate, Meagher & Flom famosa por seu trabalho em batalhas corporativas de tomada de poder — estava estudando uma tática absurda e arriscada que ele pensou que poderia funcionar. Até então não testada em tribunais holandeses, a tática de defesa concentrava-se em uma falha no regulamento da Bolsa de Valores de Nova York. A ideia era um plano de posse de ações para funcionários, que permitiria à Gucci lançar um enorme lote de ações para os empregados — e por meio disso, diluir a porcentagem de Arnault. O plano não faria Arnault desaparecer, mas neutralizaria seu poder de voto. De Sole tinha a carta na manga e tentou pela última vez fazer com que Arnault ou concordasse com um acordo de "paralisação" por escrito, que o proibiria legalmente de comprar mais ações, ou fizesse uma oferta completa pela empresa toda. A resposta de Arnault chegou pelo fax da Gucci na tarde de 17 de fevereiro em forma de carta, pedindo à Gucci que desse à comissão da LVMH "uma razão válida" para aceitar uma paralisação. De Sole, inicialmente relutante em começar uma briga, mas agora duro e determinado, explodiu.

"Uma razão para uma paralisação? Ele quer uma razão?", De Sole gritou. "Hoje à noite ele terá uma razão!"

Na manhã seguinte, 18 de fevereiro, a Gucci anunciou que havia lançado um plano, consistindo em 3 milhões de novas ações, para os funcionários da Gucci. O lote de novas ações imediatamente diluiu a parte de Arnault para pouco menos de 25,6 por cento e neutralizou seu poder de voto. De Sole havia dado seu disparo inicial.

"Ele começou a gostar do jogo à medida que caminhávamos", Zaoui disse. "Ficou determinado a vencer."

Quando a notícia do plano estourou, nem Arnault nem Godé sabiam exatamente do que consistia. Godé teve uma reação atrasada quando a notícia surpreendente da Reuters rolou pela tela em sua mesa; Arnault recebeu a notícia via fax em um quarto de hotel em Nova York e pediu um relatório imediato de Godé, que disse tanto a seu chefe quanto à enxurrada de repórteres que ligavam, que esse plano era uma violação clara à regulamentação da Bolsa de Nova York. Antes de fazer contato com a Gucci, Arnault teve a garantia dos advogados da LVMH em Nova York de que nenhuma empresa cotada na Bolsa de Nova York poderia lançar novas ações que somassem mais de vinte por cento de seu capital. Só mais tarde, depois de ligações urgentes para os oficiais da Bolsa, a LVMH ficou sabendo o que os advogados da Gucci já sabiam: o veto contra o lançamento de novas ações não se aplicava a empresas estrangeiras, que, ao contrário, eram reguladas por leis em seus próprios países. A Gucci, com o quartel-general corporativo em Amsterdã, não tinha tais restrições sob a lei holandesa.

"Nós ficamos muito surpresos quando vimos aquela medida horrível", admitiu Godé mais tarde. "Eram ações fantasmas que de repente apareceram, pertenciam a ninguém e a empresa as financiava. Não era coincidência que o número de ações batia com o número de ações que nós tínhamos."

Outra surpresa para a LVMH veio no rastro desse plano – em uma apresentação de documento na Comissão de Seguridade de Títulos (SEC), a Gucci havia revelado as cláusulas que permitiriam a Tom Ford e Domenico De Sole demitirem-se no caso de mudança de controle. No momento, a equipe De Sole/Ford era considerada um dos bens mais valiosos da Gucci. Se saíssem, o valor de mercado da empresa seria muito menos atraente após uma tomada de controle. A Gucci sustentou que seus advogados haviam informado a LVMH das medidas muito antes; a LVMH afirmou que não sabia nada sobre os benefícios que permitiam ao *dream team* da Gucci escapar, recolhendo milhões de dólares em opções de ações.

Arnault atirou de volta, exigindo que a Gucci bloqueasse o plano sob a acusação de que a administração da empresa tinha dado um golpe baixo. A afirmação de De Sole de que um diretor da LVMH representava conflito de interesses era um simples pretexto para manter a empresa para si próprio foi a declaração da LVMH. Uma semana depois, um tribunal de Amsterdã congelou tanto as ações da LVMH da Gucci quanto as ações do plano. Mais uma vez, o futuro da Gucci estava nas mãos de um tribunal, suas ações congeladas e sua administração sob cerco. Apesar de o juiz holandês ter ordenado que ambos os lados negociassem em boa-fé, os dois campos sentiram-se magoados e com raiva. De Sole acusou James Lieber, um advogado americano e antigo braço direito de Arnault, chamando-o de fascista na imprensa francesa e parou de acreditar em qualquer coisa que Arnault dissesse.

"Tornou-se intensamente pessoal", lembrou Zaoui.

A tensão crescia. De Sole ordenou varreduras de segurança regulares nos escritórios da Gucci da rua Grafton para assegurar que microfones escondidos não haviam sido plantados. Tom Ford notou um homem dormindo em um carro do lado de fora do apartamento que ele e Buckley mantinham em Paris e achou que fosse um detetive particular da Kroll Associates, firma de investigação com sede em Nova York que Arnault havia supostamente contratado para bisbilhotar a vida do diretor artístico da Gucci.

Destemido, Arnault começou a enrolar suas ofensas com açúcar, mandando mensagens de conciliação diretamente para Tom Ford, num esforço para criar intriga entre ele e De Sole e atrair o texano para o lado da LVMH. Se De Sole escapulisse sob a cláusula da mudança de controle, Arnault poderia encontrar outro administrador para substituí-lo, mas, se Ford saísse, a imagem inteira da Gucci iria com ele.

"Homens de negócios existem muitos, mas estilistas são poucos", um executivo da LVMH comentou explicitamente em uma teleconferência com jornalistas.

Então, Arnault mandou uma jornalista francesa, amiga de Ford, encontrar o estilista para jantar em Milão. Ford descobriu no meio da refeição que ela estava lá realmente em nome de Arnault e concordou em ligar para ele depois da refeição.

"Ele me abordou de todas as formas menos pela certa – a direta." Ford finalmente concordou em almoçar com Arnault várias semanas depois no Mosimann's, o clube executivo londrino, onde, dez anos antes, um exilado Maurizio Gucci havia mobiliado a sala Gucci com o tecido verde que era sua marca registrada e suntuosa mobília Empire. No dia do encontro dos dois, notícias do suposto encontro secreto estamparam as páginas cor de damasco do *Financial Times* – juntamente com detalhes do plano de opções de ações de Ford, revelando que ele tinha opções de 2 milhões de ações, com as quais ele esperava conseguir 80 milhões de dólares, de acordo com o preço das ações na época. Ford imediatamente culpou a LVMH pelo vazamento – e cancelou o almoço. O esforço para separar Ford e De Sole havia somente aproximado mais os dois homens.

Enquanto isso, apesar do plano ter dado um tempo para a Gucci, ele não havia mudado a vulnerabilidade fundamental da empresa para uma aquisição hostil e o resultado do movimento ainda estava nas mãos do tribunal holandês. A Gucci ainda tinha que encontrar seu comprador em potencial.

Domenico De Sole nunca havia ouvido falar de François Pinault, embora este fosse um dos homens mais ricos da França. Em junho de 1998, a revista *Forbes* havia classificado Pinault como o trigésimo quinto homem mais rico do mundo com um patrimônio líquido estimado em 6,6 bilhões de dólares. Nascido na Normandia, Pinault, com 62 anos de idade, havia transformado, no decorrer dos anos, uma pequena serraria familiar no maior grupo não alimentar europeu, Pinault Printemps Redoute SA (PPR), tornando-se um nome familiar na França. Suas posses incluíam a loja de departamentos Printemps, a cadeia de lojas Fnac, e o catálogo de pedidos pelo correio Redoute. Seus mais conhecidos bens fora da França incluíam a casa de leilão Christie's, calçados Converse e malas Samsonite. Durante uma conversa rotineira com um dos funcionários do banco Morgan Stanley, os ouvidos de Pinault se animaram com a menção da Gucci. Ele estava atraído havia algum tempo pelo ramo de artigos de luxo. Depois de uma rápida viagem a Nova York, onde deu uma passada na loja da Gucci na Quinta Avenida, que na época ainda ostentava a decoração de mármore escuro e vidro dos dias de Aldo Gucci – solicitou uma reunião com Domenico De Sole. Eles se encontraram no prédio do Morgan Stanley, na London Mayfair, em 8 de março. De Sole fez seu discurso – que havia polido até a perfeição, colecionando vários "Não, obrigado" de outros parceiros em potencial – a respeito de como ele e Tom Ford haviam levado a Gucci em cinco anos de uma empresa com vendas de 200 milhões de dólares para 1 bilhão. Tanto ele quanto Ford sabiam que o que havia levado a Gucci a essa marca não levaria a empresa à marca dos 2 bilhões de dólares, disse De Sole, contando a Pinault o sonho deles de transformar a Gucci em uma empresa multimarcas. Era exatamente o que Pinault queria ouvir.

"Eu gosto de construir coisas", disse o sorridente Pinault com seus olhos azuis. "Essa é a chance de criar um grupo global."

Pinault, que desistira da escola, havia obtido todos os tradicionais símbolos franceses de sucesso, vinícolas, mídia e ligações políticas. Ele era amigo íntimo do presidente francês Jacques Chirac. Agora queria entrar com força total no território de Arnault, e a Gucci lhe deu essa oportunidade.

"Há espaço para dois nesse ramo", disse Pinault. "A Gucci estava com a corda no pescoço, o nó estava apertado e a contagem regressiva havia começado: era só uma questão de tempo para que se tornasse uma divisão da LVMH."

Pinault convidou De Sole e Ford para almoçar em sua casa em Paris no dia 12 de março, juntamente com seus executivos seniores, o presidente da PPR, Serge Weinberg e seu braço direito, Patricia Barbizet. O pequeno grupo comeu peixe assado no apartamento excessivamente mobiliado de Pinault em meio a uma impressionante coleção de arte que incluía pinturas de Mark Rothko, Jackson Pollock e Andy Warhol, e esculturas de Henry Moore e Pablo Picasso. De Sole e Ford gostaram do estilo direto, sensato e da mente aberta de Pinault – muito diferente, eles acharam, dos estratagemas de Arnault.

"Eu gostei dos olhos dele, houve um entendimento instantâneo", lembrou Ford, que observou admirado a maneira como Pinault ouvia e respeitava as opiniões de seus assistentes seniores sem perder a autoridade. "Um até mesmo o corrigiu."

"Houve uma química pessoal instantânea", concordou Weinberg, um executivo alto, de olhos claros que havia trocado uma carreira promissora no setor público para ajudar a combinar as diversas aquisições de Pinault em um grupo duradouro e sem percalços quase dez anos antes. "Eu senti que todos nós falávamos a mesma língua", disse Weinberg.

"Não era uma questão de idioma, mas de personalidade."

Esse sentimento acompanhou uma das mais rápidas e mais difíceis negociações que os banqueiros dos dois lados jamais haviam visto. O tempo era curto. Pinault estabeleceu um prazo final: 19 de março, o dia no qual as negociações exigidas pelo tribunal entre a Gucci e a LVMH seriam definidas. Se a Gucci e Pinault não se entendessem em uma semana, não haveria acordo.

Naquela noite, um esquadrão de advogados e gerentes de investimento de ambos trabalharam nos detalhes básicos da aliança Gucci-Pinault. Como de costume em tais acordos ultrassecretos, aos jogadores foram dados codinomes: "Ouro" para a Gucci, "Platina" para Pinault e "Negro" para Arnault.

UM PEQUENO E DISCRETO hotel executivo na rue de Miromesnil, sem serviço de quarto e sem cafeteria tornou-se um de seus pontos de encontro menos prováveis com os executivos entrando e saindo secretamente pela porta dos fundos. De Sole conduziu um duro ajuste comercial na questão de preços e controle, temendo que, à medida que fizesse isso, Pinault recuasse. Mas, ao contrário, Pinault já tinha outra carta para jogar. Ele ligou para De Sole e Ford para uma reunião particular no Dorchester Hotel, em Londres. Se De Sole e Ford concordassem, ele queria comprar a Sanofi Beauté, que possuía a famosa Yves Saint Laurent (YSL) e uma divisão de perfumes, e entregar para a Gucci administrar. O próprio Arnault havia rejeitado a compra da Sanofi antes do Natal, dizendo que era muito cara.

"Nós queremos, sim!", exclamou Ford enquanto De Sole lançava-lhe um olhar do tipo "onde é que nós estamos nos metendo?". "Sim!", disse Ford. "YSL é a marca número um do mundo!"

O próprio Ford havia acompanhado o trabalho de Yves Saint Laurent – especialmente desde os anos 1970 – como inspiração para seus sensuais ternos masculinos, *smokings* e toques boêmios. O pensamento mágico de que Ford e De Sole pudessem trabalhar para a YSL excitou a todos na sala.

Em uma semana, a Gucci havia escapado por pouco dos tubarões famintos da LVMH e passado a comandar um acordo que avaliou a empresa em 7,5 bilhões de dólares e aplicou 3 bilhões de dólares no banco, juntamente com início do plano para transformar a Gucci em um grupo de artigos de luxo multimarcas como a LVMH.

Na manhã de 19 de março, sob os *flashes* das câmeras, Pinault e a Gucci anunciaram a inesperada nova aliança: François Pinault havia concordado em investir 3 bilhões de dólares por uma fatia de quarenta por cento da Gucci (mais tarde aumentados para quarenta e dois por cento), além de entregar a ela a Sanofi, que Pinault havia acabado de comprar por 1 bilhão de dólares. O acordo avaliou o preço da Gucci em 75 dólares a ação – um aumento de treze por cento sobre o valor médio durante os últimos dez dias de negociação – e obrigou a Gucci a lançar mais trinta e nove milhões de novas ações para Pinault. O acordo reduziu efetivamente as ações de Arnault de 34,4 por cento para 21 por cento e o afastou de tomar qualquer decisão. A Gucci concordou em aumentar a diretoria para nove membros em vez de oito e em dar ao grupo de Pinault quatro representantes, além de três das cinco cadeiras em um novo comitê de estratégia para avaliar futuras aquisições. De Sole e Ford alegremente descreveram sua recente parceria como um "sonho que se torna realidade". Eles explicaram para os repórteres que estavam dispostos a dar a Pinault o que haviam recusado a Arnault, porque a PPR não era uma concorrente direta e a Gucci seria a peça fundamental de uma nova estratégia em artigos de luxo em vez de ser incluída apenas como uma divisão em um grupo maior como a LVMH. Pinault também havia concordado com todas as condições deles e assinado um acordo de não aumentar o número de suas ações.

Quando a notícia do acordo Gucci-PPR atingiu os jornais on-line, Arnault estava fora de Paris fazendo um discurso para um grupo de gerentes da LVMH, na Euro Disneyland. Ele encurtou seu compromisso e correu de volta para Paris, a menos de uma hora de lá. Seus assistentes seniores, Godé e Lieber, souberam do sólido acordo no Hotel Amstel, em Amsterdã, pouco antes de sua reunião com o conselheiro geral da Gucci, Alan Tuttle, no Hotel Krasnapolsky.

"O que nós faremos agora?", Lieber perguntou desesperadamente. "Mantemos os nossos compromissos", disse Godé entredentes. Quando Tuttle encontrou-os, o executivo da Gucci educadamente negou-se a fornecer aos dois homens detalhes adicionais do acordo com Pinault, enfurecendo a dupla da LVMH.

"Para ter uma reunião bem-sucedida, três coisas são necessárias: cortesia, transparência e boa vontade", disse Godé severamente. "Eu lamento que nesta manhã o senhor não tenha mostrado nenhuma delas", atirou enquanto ele e o outro executivo da LVMH levantavam-se e saíam. No começo da tarde, reuniram-se com Arnault na sala de reuniões do último andar da LVMH, na avenida Hoche. Exatamente no dia anterior, em uma conferência de seus analistas em Paris, Arnault havia insistido que não tinha intenção de fazer um lance total pela Gucci. Sob a luz da aliança com Pinault, Arnault percebeu que tinha duas opções: permanecer como um acionista minoritário sem poder em uma empresa controlada por uma administração hostil ou tentar comprar a Gucci por inteiro. Naquela tarde, Arnault deu um lance de 81 dólares por ação da Gucci, avaliando a empresa em mais de 8 bilhões de dólares – um número extraordinário considerando que apenas seis anos antes a Gucci estava à beira da falência.

De Sole estava ao telefone em uma sala de conferências em seu hotel em Paris explicando o acordo com Pinault para um repórter quando ele soube da notícia. Encurtou a entrevista e começou a gritar: "Eu consegui! Eu consegui! Eu consegui!". Parecia que finalmente Arnault havia feito o que De Sole havia pedido o tempo todo: fazer uma oferta pela Gucci toda.

O lance de Arnault nunca foi a lugar nenhum. A oferta dependeria do cancelamento do acordo da Gucci com Pinault. Mas a equipe da Gucci havia jogado suas cartas muito bem e assegurou que o acordo com Pinault fosse inabalável, uma transação à vista. Ofertas seguintes de Arnault, nas quais ele aumentou o preço para 85 dólares a ação, e, de acordo com alguns repórteres, chegando a 91 dólares cada – o que avaliava a empresa em quase 9 bilhões de dólares – também não foram a lugar nenhum. A comissão de diretores da Gucci examinou e então rejeitou cada uma, por não ser completa e incondicional. Arnault deu entrada em uma nova rodada de processos para bloquear o acordo com Pinault. Em 27 de maio, em uma sala de paredes verdes da Câmara de Empreendimentos de Amsterdã, cinco juízes em becas pretas, presidindo sob uma fotografia da rainha Beatrix, sustentaram o acordo da Gucci com a PPR. Apesar de o tribunal ter vetado o plano de venda de ações aos funcionários, a pílula de veneno sem precedentes cumpriu seu propósito, conseguindo mais tempo para a Gucci achar seu cavaleiro branco. De Sole ligou imediatamente para Tom Ford, que estava em Los Angeles para receber um prêmio, com a boa notícia. Então, instruiu sua equipe para fazer planos para uma festa. Naquela noite, os cansados, radiantes e aliviados membros da equipe da Gucci celebraram em uma barca flutuando nos canais de Amsterdã, cumprimentando-se alegremente com champanhe que não pertencia à LVMH.

Lambendo suas feridas, Arnault e Godé recuaram para sua torre de vidro e mármore na avenida Hoche, admitindo envergonhadamente que talvez estivessem errados. Mas eles recusaram-se a ir embora. Apesar do senso comum ditar que Arnault venderia logo as ações da Gucci, ele teimosamente manteve sua posição acreditando que, cedo ou tarde, faria as coisas do seu jeito.

"Nós vamos ficar bem aqui", disse Godé na época. "Não é todo dia que nos sentamos e assistimos as pessoas trabalharem por nós. Mas se as coisas não derem certo como anunciado, estaremos na primeira fila." Ele sorriu, indicando que a LVMH estaria pronta para atacar a fim de proteger seus interesses. Na metade do ano 2000, no entanto, a LVMH parecia pronta para liberar as ações da Gucci.

Para Domenico De Sole, o verdadeiro fim da batalha com a LVMH não aconteceu até julho de 1999, quando uma série de compromissos da diretoria da Gucci foi aprovada apesar da oposição da LVMH na reunião anual geral de acionistas em Amsterdã.

"Todos os acionistas independentes votaram a nosso favor", disse De Sole. "Para mim, aquele foi o verdadeiro fim da batalha. Arnault pensou que era o mestre do universo! Bom, ele foi detonado!"

Nesse meio-tempo, como Godé havia prometido, a LVMH continuou no pé de De Sole, atacando primeiro o acordo com Pinault, depois a planejada aquisição da Yves Saint Laurent pela Sanofi Beauté. Arnault montou desafios técnicos na maneira como a aliança Gucci-PPR havia sido concluída, declarando que a união entre as empresas havia sonegado 30 milhões de dólares em impostos corporativos na transação. A Gucci defendeu suas ações, dizendo que seus advogados haviam determinado que não estavam obrigados a pagar o imposto e que eles haviam, assim, economizado dinheiro para seus acionistas. A Gucci, de qualquer forma, afastou a alegação, dizendo que, mesmo que fossem obrigados a pagar, era uma questão menor em comparação com o acordo de 3 bilhões que eles haviam assegurado. Apesar disso, Arnault deixou sua intenção bem clara: ele estava observando cada movimento de De Sole, e também anunciou que acreditava que o valor de 6 bilhões de francos (por volta de 1 bilhão de dólares) pela Sanofi Beauté – o grupo de fragrâncias que possuía a YSL – era excessivo. Como segundo maior acionista da Gucci, ele poderia ameaçar a transação se conseguisse provar que não era do interesse dos acionistas da Gucci. O próprio Arnault havia desistido de comprar a Sanofi em dezembro, dizendo que era muito cara.

Além de Arnault, De Sole tinha outros dois franceses com os quais competir. O primeiro era Pierre Bergé, o mal-humorado presidente de 68 anos e um dos fundadores da YSL. Bergé, que tinha um incontestável contrato até 2006, o qual lhe dava poder de veto sobre decisões criativas tomadas na casa, não estava com muita vontade de ser colocado de lado. Também não estava disposto a permitir recém-chegados em seu santuário privado da Yves Saint Laurent, uma construção em estilo proustiano, na avenida Marceau, em Paris, com espaçosos salões com cortinas verdes e candelabros, estúdios de design e escritórios.

"Esse prédio e esses escritórios são intocáveis!", Bergé havia enfatizado. "Esse é o reino da alta-costura."

Do outro lado da mesa de negociação, Domenico De Sole estava igualmente inflexível. Ele e Tom Ford tinham de ter controle total ou não haveria acordo.

O outro francês com o qual De Sole precisava lidar era seu próprio salvador e recente parceiro – François Pinault, que havia comprado a YSL por meio de sua empresa privada, a Artemis SA, mas estava ansioso para completar a transferência para a Gucci.

"Eu estava negociando muito duramente com meu maior acionista!", disse De Sole. "Nós precisávamos encontrar uma fórmula que desse à Gucci controle total. O acordo tinha que ganhar a submissão dos membros independentes da diretoria."

"O ponto forte da equipe Tom Ford-Domenico De Sole era a habilidade deles em exercer controle sobre a arte e o valor de uma marca através do design do produto, marketing e conceitos de lojas", observou um consultor de artigos de luxo de Milão, Armando Branchini, vice-presidente sênior da Intercorporate. "Teria sido uma vergonha se eles não tivessem liberdade para fazer isso."

Exatamente quando parecia que não havia solução para o problema, o próprio Pinault apresentou um acordo atrativo: ele compraria a operação de alta-costura por sua própria empresa de investimento, a Artemis, e a Gucci ficaria com o resto. Além da YSL, a Sanofi possuía a marca Roger & Gallet e uma divisão de licenças de fragrâncias que incluíam a Van Cleef & Arpels, Oscar de la Renta, Krizia e a Fendi. Na YSL, já havia uma divisão entre a alta-costura – que ainda era criada pelo próprio Yves Saint Laurent – e as coleções de roupas femininas e masculinas da Rive Gauche, que eram criadas pelos jovens estilistas Albert Elbaz e Hedi Slimane, respectivamente. A separação formal do negócio em duas empresas distintas parecia natural e possível. A solução de Pinault deu a todos o que queriam. Yves Saint Laurent e Pierre Bergé assinaram o contrato passando o controle total da marca Yves Saint Laurent para De Sole e Ford pelo magnífico pagamento de 70 milhões de dólares, enquanto eles manteriam o controle artístico e executivo das operações de alta-costura, empregando 130 pessoas, registrando vendas de 40 milhões de francos – e operando constantemente no vermelho. Pinault concordou em engolir essa pílula com o interesse de progredir com a transação maior.

"Eu sou muito reservado, mas algumas pessoas muito teimosas leram isso errado e me consideraram fraco", disse De Sole. "Eu não sou fraco. Fui muito simples. Sabia do que precisava."

De Sole havia mostrado sua veia para negociações durante os últimos meses, quando uma vigorosa guerra de lances explodiu sobre a marca Fendi, de Roma, a queridinha do mercado de acessórios por sua chamada bolsa *baguette*, um modelo versátil criado em 1997 que voou das lojas mais rapidamente do que poderia ser fabricada. A Fendi era controlada por cinco espertas irmãs, as filhas da fundadora da empresa, Adele Fendi, e suas famílias. Quando rumores de pretendentes circularam, os preços das ofertas começaram a girar muito além dos valores regulares para marcas de luxo que eram cotadas na indústria na época. À medida que o preço subia, os primeiros interessados, incluindo a joalheria italiana Bulgari e o conglomerado americano Texas Pacific Group, caíam fora. De Sole, que havia feito uma oferta para uma participação majoritária que avaliou a empresa em 1,3 trilhão de liras, ou estimados 700 milhões de dólares, observou os outros irem embora, pensando que tinha o acordo assegurado. Então, Patrizio Bertelli, da Prada – que muito tempo atrás fora fornecedor de artigos de couro para a Fendi – apareceu em cena com uma oferta de 1,6 trilhão de liras, ou o equivalente a aproximadamente 850 milhões de dólares. De Sole realmente queria comprar a Fendi. Acreditava que ele e Ford poderiam fazer maravilhas com a firma italiana de peles, couro e acessórios, cujas raízes não eram diferentes das da Gucci. Por isso, cobriu a oferta com mais 50 milhões de liras. Então, Bertelli mandou a bomba: ele se associou à LVMH em uma aliança sem precedentes, vencendo a Gucci em uma oferta que avaliou a empresa toda em mais de 900 milhões de dólares, mais de 33 vezes o valor total da Fendi. Naquela época, na indústria, um múltiplo de 25 para um valor de venda já era considerado alto. O acordo da Fendi fez De Sole sentir-se como se os seus dois maiores inimigos tivessem conspirado contra ele. Apesar de tudo, voltou-se para seus diretores, dizendo: "Nós podemos bater o lance da Prada-LVMH, mas, a meu ver, é muita coisa".

Ele havia recusado algumas condições da família Fendi, incluindo assegurar empregos para os membros mais jovens da família e seus cônjuges. "Eu posso tratar as pessoas bem, mas eu não posso prometer emprego para ninguém", disse De Sole. "Não se trata mais de família."

A transação da Fendi, apesar de a Gucci ter perdido, ajudou De Sole de duas maneiras: ela o estabeleceu como negociador duro, que poderia ir embora se não conseguisse o que queria e acabou com o argumento de Arnault de que a Gucci estava pagando muito pela Sanofi, aliviando um pouco da pressão que rondava essa transação.

Em 15 de novembro de 1999, a Gucci finalmente anunciou que havia adquirido a Sanofi Beauté, e com ela o histórico nome Yves Saint Laurent, que a veterana jornalista de moda Suzy Menkes apelidou de "o mais brilhante troféu da moda" no *International Herald Tribune*. No processo, a Gucci havia inclusive conseguido obter observações consideravelmente conciliatórias de Bergé, bem conhecido no ramo por sua língua afiada: "A única coisa que eu queria proteger era o senhor Yves Saint Laurent. Se outros querem vir e aplicar seu marketing e técnicas de comunicação, deixe-os vir. Nós não sabemos como fazer essas coisas. Nós criamos a maior casa de alta-costura, mas não sabemos sobre marketing".

Com a aquisição da YSL, a Gucci não havia somente dado o primeiro passo para tornar-se um grupo multimarcas, mas o havia feito com um dos nomes de ouro da indústria. Em 19 de novembro, a Gucci também anunciou que havia comprado o controle de um pequeno fabricante de sapatos de luxo em Bolonha chamado Sergio Rossi, pagando 179 bilhões de liras (cerca de 100 milhões de dólares) por setenta por cento da empresa, deixando a família Rossi com o restante. Mais aquisições seguiriam, incluindo a compra da fina joalheria francesa Boucheron, em maio de 2000.

Por volta de janeiro de 2000, Tom Ford foi nomeado diretor de criação da Yves Saint Laurent, como esperado, mantendo ainda seu cargo na Gucci. O anúncio veio bem na hora para que Ford participasse do desfile de moda da YSL em Paris e seguiu a notícia divulgada em novembro de 1999 de que a Gucci havia indicado uma de suas jovens estrelas ascendentes, o diretor de vendas de 36 anos Mark Lee, como novo diretor-chefe da Yves Saint Laurent Couture, como a empresa é conhecida hoje. Quando a indicação de Lee foi anunciada, muitos no ramo nem mesmo sabiam quem era aquele homem tímido, de fala macia. Nem mesmo a Gucci havia preparado uma biografia para ele. Lee havia trabalhado na Saks Fifth Avenue, na Valentino, na Armani e na Jil Sander antes de juntar-se à Gucci, e era muito respeitado por seus colegas em razão de seu estilo reservado e cuidadoso. Enquanto o trabalho de Ford seria para revitalizar a glória desbotada da YSL, o de Lee seria gerenciar o trabalho do dia a dia das roupas, fragrâncias e acessórios da marca, o que incluiria fiscalizar 187 licenças.

Enquanto os abalos e tremores no ramo de artigos de luxo continuavam a virar relacionamentos estabelecidos de cabeça para baixo, esses dois afiados jovens americanos haviam sido encarregados de dois dos mais visíveis – e previamente sagrados – trabalhos na moda francesa. A questão seguinte na mente de todos era: quem Ford traria para desenhar as roupas da YSL; ou ele mesmo faria os desenhos, e, se os fizesse, ele continuaria a desenhar para a Gucci? Apesar de, em todas as áreas, ser um jovem brilhante e talentoso, que havia trazido uma nova perspectiva para a indústria, um homem que combinou moda, design, estilo de vida e negócios em um conceito supremo, ele conseguiria fazer tudo?

A Gucci estivera na crista da onda da consolidação impulsionando a indústria de artigos de luxo e ainda tinha uma lista de empresas que gostaria de trazer para sua órbita. No entanto, De Sole mantinha que a questão real ainda era criatividade, e não tamanho.

"Tom e eu olhamos para nossos trabalhos como reparadores", disse De Sole. "Nós realmente somos gerentes de marca. Quando olhamos para uma empresa, não é para dizer 'Vamos comprá-la', mas 'O que fazemos com ela?'. Não somos investidores, de jeito nenhum." De fato, Ford e De Sole não eram banqueiros de investimento; não vieram da difícil área mercantil florentina que havia engendrado a Gucci, mas haviam trazido sua própria marca de espírito, determinação e liderança que continuou a empurrar a Gucci para o estrelato como uma empresa internacional.

\* \* \*

EM SEUS OITENTA ANOS de história, a Gucci deu a volta por cima em momentos cruciais. Ela ganhou atenção pelas palhaçadas litigiosas sem precedentes de suas segunda e terceira gerações quando se abriram as cortinas para os altos e baixos de um negócio controlado pela família, e quando buscava realizações no mundo dos artigos de luxo. Nos anos 1950, Aldo levou a Gucci para Nova York, um dos primeiros nomes italianos a aterrissar ali. Nos anos 1960 e 1970, a Gucci representou estilo e *status*. Nos anos 1980, Maurizio convidou um sofisticado parceiro financeiro para dividir o capital social privado da Gucci e assinou um contrato de sociedade. Ele estava entre os primeiros no ramo a fazer isso. No início dos anos 1990, novamente na vanguarda da indústria, Maurizio importou talento americano em design e marketing para o coração do luxo europeu por meio da contratação de Dawn Mello e Tom Ford. Dirigida pelo Investcorp no fim dos anos 1990, a Gucci alcançou uma das primeiras bem-sucedidas ofertas públicas jamais encenadas na indústria da moda e de artigos de luxo. No final da década, com De Sole no controle, a Gucci, primeiramente advertida das dificuldades econômicas que vinham perturbar o mercado asiático e depois resistindo a uma das mais ferozes aquisições hostis no ramo, venceu todas as dificuldades contra tomadas de controle com uma defesa não testada previamente e uma notável nova parceria. Seguindo a batalha Gucci-LVMH, a Comunidade Europeia estabeleceu regulamentações que abrangem toda a comunidade em relação a tomadas de controle e propostas de compras. Além disso, a Escola de Negócios de Harvard planeja conduzir um estudo de caso das realizações da Gucci.

"Eu estava interessado em uma empresa italiana que tivesse um largo apelo além dos limites de um setor ou um único país, uma empresa na qual tivessem ocorrido mudanças dramáticas e que possuísse uma marca de consumo largamente reconhecida", disse o professor David Yoffie, que está liderando o estudo.

Tolstói escreveu em *Anna Karenina*: "todas as famílias felizes se parecem, mas cada família infeliz é infeliz do seu próprio jeito". A infelicidade peculiar nos Gucci terminou dramaticamente em tribunais, salas de comissões executivas e manchetes de jornais para o mundo ver. "A história da Gucci é o perfeito exemplo do que uma família não deve fazer", refletiu Severin Wunderman. "A quantidade de sangue derramado foi trágica e uma lição de como não terminar uma dinastia." E se as coisas tivessem sido diferentes? E se a família tivesse sido mais unida, a Gucci seria hoje um quieto e previsível negócio de família produzindo em grande quantidade as bolsas de plástico com o logo GG e as listras vermelha e verde, ou estaria fazendo as bolsas de alça de bambu? Se Maurizio Gucci tivesse completado sua visão já radicalmente diferente da visão de seus parentes – a Gucci seria mais como a Hermès, uma segura e respeitável firma de luxo com lindos produtos e sem fogos de artifício? A família Gucci sentia-se humilhada toda vez que uma nova revolta era publicada nas manchetes dos jornais. Mas quem pode dizer se a disfunção deles e a publicidade não ajudaram a iniciar essa inexplicável mágica que inspirou o nome Gucci com rentabilidade e estilo, valorizando tanto a empresa que terminou por separar a família? Foi essa mágica, combinada com o alto estilo e a elevada qualidade dos produtos da Gucci, que a fez especial aos olhos do consumidor. Afinal, em seu auge anterior nos anos 1960 e 1970, a Gucci ainda só vendia bolsas pretas e marrons, mocassins italianos baratos e malas de qualidade. Apesar de toda a mágica com a qual Tom Ford trabalhou na passarela, em Hollywood e nas brilhantes campanhas publicitárias da

Gucci, sapatos e bolsas pretas ainda são os produtos mais vendidos nas lojas da Gucci ao redor do mundo.

Quando perguntado, no passado, de onde essa mágica vinha, Roberto Gucci respondeu sem hesitar: *"L'azienda era la famiglia e la famiglia era l'azienda!* A empresa era a família e a família era a empresa! As questões que criaram as separações foram da empresa, não de família", referindo-se aos confrontos primeiro com o desejo de Paolo para criar e licenciar linhas menos caras para compradores mais jovens, e depois com a missão ambiciosa de Maurizio de levar a Gucci para um nível mais elevado e os sacrifícios que isso exigia. "Quando você tem uma empresa em que a administração e a família são uma só, então é mais difícil", disse Roberto. Em um furacão grotesco, no qual o sangue corria mais abundante que as políticas da empresa, Aldo Gucci havia até mesmo arrasado financeiramente seu filho Paolo quando este ficou sem dinheiro depois de levar a Gucci ao tribunal.

Enquanto os produtos da Gucci tornavam-se símbolos de *status*, a empresa e a família ganhavam os corações dos funcionários, que se mantiveram leais ao longo dos anos apesar dos altos e baixos do mercado e das disputas de família. "Era algo que entrava em seu sangue pouco a pouco, como uma droga", disse um empregado de longa data. "Você começa a entender o produto, a conhecer os artesãos e passa a ver o potencial e a senti-lo dentro de si. Você fica orgulhoso de trabalhar para essa empresa. É difícil explicar. Acredite ou não."

E a noção de que havia realmente uma família Gucci de carne e osso por trás das malas e bolsas assinadas também cativava os consumidores.

A história da Gucci simboliza as brigas travadas por muitas famílias e pessoas na Europa que criaram e fizeram crescer seus próprios negócios. Agora eles encaram a clássica situação sem saída: o preço que eles devem pagar por seu sucesso muitas vezes os afasta de suas empresas. À medida que a competição global acelera consolidações industriais, famílias e pessoas donas de empresas precisam render-se e entregar sua autonomia a uma administração profissional, unir-se a novos negócios, ou vender inteiramente o seu empreendimento, se esperam sobreviver financeiramente.

Outros têm competido com o destino mais calmamente. A decisão de Valentino em 1998 de vender sua casa de moda para a empresa italiana de investimento HdP foi acompanhada de algumas lágrimas elegantes durante a conferência de imprensa que anunciava a venda. A decisão de Emanuel Ungaro de vender sua *maison* de Paris para a família florentina Ferragamo em 1997 foi selada com calorosos apertos de mão. Mais recentemente, a estilista alemã Jil Sander cedeu com tranquilidade o controle para a marca italiana Prada na esperança de ajudar seu negócio a crescer muito além do que ela podia alcançar sozinha. A família romana Fendi manteve fechadas com sucesso as cortinas de suas rupturas internas enquanto audaciosamente coreografava as órbitas dos pretendentes que a circundavam até concordar em vender o controle para a aliança entre a Prada e a LVMH.

As guerras da família Gucci evoluíram para uma luta entre administração familiar e administração financeira profissional quando Maurizio falhou em casar sua visão com um programa forte e pragmático. Tristemente, a mulher forte e pragmática com a qual Maurizio se casou levou-o a seu próprio fim violento. Dirigido por sua visão, mas acorrentado a seu temperamento, Maurizio Gucci não pôde fazer o que era realmente preciso porque falhou em projetar uma base financeira forte para seu sonho. Apesar de tudo, abriu caminho para que Domenico De Sole e Tom Ford entrassem com sua mistura vitoriosa de senso de negócios e estilo – e a combinação certa de poder, ego e imagem para trazer a mágica de volta. Seguindo a transição, a Gucci reapareceu como líder no mercado de artigos de luxo.

Em retrospectiva, a fórmula parece clara, mas ela pode ser copiada? "Eu acho que não", disse Suzy Menkes, a respeitada crítica de moda do *International Herald Tribune*. "Tem de haver um ingrediente mágico. É como fazer um filme de Hollywood: você pode ter um ótimo roteiro e todas as estrelas certas, mas nem sempre será sucesso de bilheteria. Às vezes dá certo, às vezes não."

Agora, a família Gucci, bem recompensada, assiste de fora – com um misto de tristeza e amargura – à empresa que leva o nome dela e continua a dominar as notícias de negócios e de moda. Giorgio Gucci ainda vive em Roma com Maria Pia e viaja frequentemente para Florença, onde adquiriu uma respeitada fábrica florentina de artigos de couro, Limberti, hoje um dos fornecedores da Gucci, e onde trabalha com seu filho mais velho, Guccio. Guccio, que se casou com uma moça de uma família rica de fabricantes de tecidos de uma cidade média perto de Florença, tem sido o mais "empresarial" da quarta geração. Tentou primeiro começar um negócio de artigos de couro sob seu próprio nome em 1990 e subsequentemente uma coleção de gravatas com o nome de Esperienza, em 1997. Atualmente trabalha na Limberti em tempo integral, e tem tido, ao longo dos anos, várias desavenças judiciais com a empresa Gucci em questões que abrangem desde o uso de seu nome até outras de ordem imobiliária.

O restante da família, que em sua maioria vive em relativo anonimato entre Milão e Roma, acha o contínuo sucesso da Gucci difícil de engolir. "Um dia a amargura vai acabar?", Alessandro, filho mais novo de Giorgio, perguntou à mãe, Orietta, uma vez.

Roberto Gucci ainda vive em Florença, onde fundou seu próprio negócio em artigos de couro, House of Florence, um mês depois de Maurizio vender a empresa para o Investcorp. A House of Florence, que produz acessórios e bolsas de couro feitos à mão à maneira antiga, funciona em uma loja na Via Tornabuoni não muito longe da loja da Gucci e tem escritórios em Tóquio e Osaka. A esposa de Roberto, Drusilla, e cinco de seus seis filhos – Cosimo, Filippo, Uberto, Domitilla e Francesco – também trabalham na companhia. A sexta, Maria Olympia, é freira. Os olhos de Roberto ainda brilham quando fala das bolsas de couro feitas à mão e dos artesãos que as confeccionam.

"Não faço nada a mais nada a menos do que me ensinaram – é tudo o que eu sei fazer", disse Roberto Gucci. "Aprendi esse negócio e ninguém vai tirá-lo de mim, e vou continuar nesse caminho."

Os Gucci que sobraram recolheram-se em vida privada. A filha de Aldo e Bruna, Patricia, que tem casas em Palm Beach e na Califórnia, com frequência visita a mãe, que vive sossegadamente em Roma. A filha mais nova de Paolo, Patrizia, que trabalhou para a Gucci entre 1987 e 1992 sob a chefia de Maurizio, vive nas redondezas de Florença em uma vila cheia de árvores, onde segue carreira como pintora. Sua irmã mais velha, Elisabetta, mãe de duas crianças, é dona de casa.

Em Milão, Patrizia, tendo perdido o recurso, passa os dias em sua cela em San Vittore, tentando esquecer o passado e impossibilitada de imaginar um futuro. Sua mãe, Silvana, vive no amplo apartamento da Corso Venezia e visita Patrizia regularmente, ainda levando seu bolo de carne favorito todas as sextas-feiras. Em fevereiro de 2000, o promotor público Carlo Nocerino silenciosamente encerrou o processo de relatórios que diziam que Silvana havia apressado a morte de seu marido, Fernando Reggiani, e que tinha sabido dos planos ou ajudado Patrizia a planejar a morte de Maurizio. Agora Silvana toma conta das filhas de Patrizia e Maurizio. Alessandra completou seu curso de Administração em Lugano e Allegra vive no apartamento da Corso Venezia com a avó e estuda Direito em Milão – como seu pai fez. Apesar do custo, as meninas têm mantido o magnífico iate de Maurizio, o *Creole*, com o qual participam da regata Nioularge, em Saint-Tropez, todos os anos, em memória de seu pai. Elas também têm desfrutado de tranquilos cruzeiros de férias no *Creole* e de visitas a bordo de membros da elite europeia – o príncipe Albert de Mônaco, por exemplo. Hoje, Alessandra e Allegra pensam em seu pai como Peter Pan, o garoto que nunca queria crescer.

"Ele amava brincar", lembrou Alessandra. "Ele e Allegra jogavam futebol por horas, aí voltavam para casa exaustos e começavam com o videogame. Ele era apaixonado por Ferraris, Fórmula 1 e Michael Jackson. Em um Natal, ele chegou em casa com uma arara vermelha gigante para mim, tocou a campainha e falou com uma voz engraçada de arara. Ele sempre entregou seus presentes pessoalmente."

Mas ele não estava sempre lá com as meninas.

"Uma vez, passamos meses nos falando seis vezes por dia", Alessandra contou. "Aí ele desaparecia e reaparecia quatro ou cinco meses depois. Conseguia ser alternadamente doce e frio. Mas eu estava convencida de que um dia, apesar de todas as brigas, cedo ou tarde, ele e minha mãe ficariam juntos novamente." A coisa mais importante que os pais podem fazer por seus filhos é amar um ao outro.

Algumas quadras ao norte da Corso Venezia, Paola Franchi mora com seu filho, Charly, no apartamento do décimo segundo andar deixado para ela por seu segundo marido. Em uma suntuosa sala de estar decorada com estofados de veludo, antiguidades finas e as famosas cortinas de seda verdes, sobre as quais ela e Patrizia haviam discutido, fotos de Maurizio Gucci adornam cada mesa e prateleira.

Talvez, de todas as pessoas que Maurizio deixou para trás, a que tem a vida mais vazia sem ele é Luigi Pirovano, seu motorista fiel. Agora aposentado e viúvo, Luigi passa seus dias traçando mais uma vez as memórias de Maurizio. Todos os dias, ele dirige para Milão de sua casa em Monza, nos subúrbios ao norte da cidade e passeia por seus antigos assombros – o apartamento do décimo andar da Corso Monforte, onde Maurizio e Rodolfo moraram, e a Via Monte Napoleone, onde, em 1951, Rodolfo abriu a loja da Gucci original de Milão, que ainda funciona perto da elegante nova loja principal. Luigi passa pela casa Bonaparte na Via Cusani, onde Maurizio morou uma vez, e pela Via Palestro, onde, em dias ensolarados, ele para o carro para andar pelos caminhos de areia do Giardini Pubblici, no lado oposto às janelas onde Maurizio tinha seu escritório e a porta onde ele morreu. Quatro anos se passaram até que Luigi conseguisse almoçar no Bebel's, uma *trattoria* de estilo familiar que servia os filés *fiorentina* preferidos de Maurizio, aonde ele havia levado Alessandra e Allegra para almoçar uma semana antes de ser baleado.

Enquanto come e conversa com os donos do Bebel's, Luigi levanta os óculos de tartaruga em seu nariz, exatamente como Maurizio costumava fazer. Na verdade, os óculos de Luigi são de Maurizio. Um rio de memórias passa como uma cachoeira pela mente de Luigi – recordações de

Maurizio quando menino, seu primeiro carro, os primeiros moletons, seu relacionamento com Patrizia, o início dos problemas, *il periodo sbagliato*. Houve vezes em que Luigi levou para Maurizio, febril, canja de galinha feita em sua própria cozinha, cuidando de seu garoto para voltar à saúde no solitário *pied-à-terre*; regularmente passavam noites dividindo um frango assado que Luigi conseguia pegar em uma *delicatessen* local; viagens constantes – Florença, Saint Moritz, Monte Carlo, Roma e outras mais.

"Maurizio estava sozinho. Completamente, inteiramente, fundamentalmente sozinho. Para ele, só havia Luigi. Noite após noite eu deixava minha esposa e filho para ficar com ele", lembrou Luigi. "Era muito, muito para pedir a alguém – mas quem quer ouvir essas coisas?"

No funeral de Maurizio, Luigi chorou incontrolavelmente. Seu filho olhou feio para ele e disse: "*Papà*, você não chorou dessa maneira quando a *Mamma* morreu".

Luigi ainda fica com Maurizio regularmente, visitando seu túmulo no pequeno cemitério suíço no monte Suvretta, bem embaixo da propriedade de Saint Moritz, que ele amava tanto, e o lugar onde Patrizia e as meninas decidiram que ele deveria ser enterrado. Luigi também visita Rodolfo, que está enterrado com o resto de sua família – Aldo, Vasco, Rodolfo, Alessandra, Grimalda, Guccio e Aida – no cemitério de Soffiano, na divisa de Florença.

Em Florença, em seu escritório de pé-direito duplo com vista para o Arno, Roberto ainda culpa Maurizio pela perda da Gucci e acusa Patrizia, sem mencionar o nome dela. São estranhos que entram para uma família, segundo Roberto, que atrapalham o delicado equilíbrio de poder que a família cuidadosamente alcançou. "Qual é a faísca que acende o fogo da ambição, o fogo que queima a razão, princípios morais, respeito e consideração, na busca de riquezas desconhecidas? Se alguém já tem essa ambição e a seu lado tem alguém que assopra a brasa para virar fogo – ao invés de jogar água –, é assim que acontece. Os Gucci eram uma ótima família", entoa Roberto. "Eu peço perdão por todos os seus erros – quem não erra? Não quero criticar seus erros e não quero aceitá-los, mas não posso esquecê-los. A vida é um livro gigante com muitas páginas. Meu pai me ensinou a virar a página. Como ele costumava dizer: 'Vire a página! Chore se precisar, mas continue jogando!'."

Os Gucci foram forçados a virar a página quando o desejo falhou em manter sintonia com a realidade. A partir do momento em que a família e a empresa dissociaram-se, a família iniciou seu trágico e amargo caminho, enquanto a empresa começou a escalar da confusão para um sucesso sem precedentes. Hoje, enquanto a Gucci desenvolve seu grupo de artigos de luxo, a história da Gucci continua a desdobrar-se à medida que novos jogadores, cativados, comprometem-se a perpetuar a mágica. O desafio agora é mudar de uma administração ativa de uma única marca e criar o talento necessário para lidar com várias marcas, lembrando-se que o legado da Gucci tem dois gumes.

# Epílogo

A entrada mais cobiçada em paris na semana de 12 de março de 2001, quando os estilistas apresentavam suas coleções outono/inverno *prêt-à-porter* em espaços pela cidade, não era para um desfile, mas para a amplamente divulgada inauguração, na noite de terça-feira, dos *Les Années Pop*, uma exibição patrocinada pela Gucci e a Yves Saint Laurent no Centro Georges Pompidou. *Les Années Pop* não era somente a primeira grande exposição cultural patrocinada pelo grupo Gucci, mas sua grande entrada para a moda parisiense com o seguinte cenário: uma enorme e iluminada versão do retrato de Elizabeth Taylor, feito por Andy Warhol, pendurada na porta, saudando os visitantes com sua irradiação incandescente parecida com um cartum num fundo turquesa, tez branca, cabelos negros, olhos penetrantes e lábios cor de rubi. Na área embaixo, um elenco de bonitos jovens usando *smoking* preto esporte e carregando imensos guarda-chuvas pretos acompanhavam os convidados na garoa da noite pelo carpete negro que ia até a porta. Uma vez lá dentro, uma série de escadas rolantes levavam os visitantes para um lado do Pompidou, escurecido para a ocasião, para serem recebidos com champanhe no moderno restaurante George V na cobertura. Tom Ford tinha feito sua magia, guarnecendo as escadas rolantes com um trilho sinistro de luzes vermelhas que jogavam as imagens e rostos para cima em uma corrente de silhuetas melancólicas mais semelhantes aos quadros iniciais dos filmes de James Bond do que à abertura de uma exibição de arte. A torrente de pessoas rolava passando como um "Who's who" virtual da moda francesa, arte e negócios. O dono da PPR e acionista da Gucci François Pinault chegou cedo e saiu também cedo com seu séquito vestido de cinza; o estilista Jean Charles de Castelbajac, cujas coleções ao longo dos anos têm feito um tributo colorido à era pop, passeou pela exibição usando sua echarpe roxa, acompanhado de um amigo usando um conjunto com inspiração pop de sua última coleção. Outras figuras estavam presentes, incluindo o ícone da moda Pierre Cardin; as celebridades Bianca Jagger e Chiara Mastroianni; a musa *fashion* de Ford, Carine Roitfeld, recém-nomeada editora da *Vogue* francesa; a editora da *Vogue* italiana, Franca Sozzani; a editora da *Vogue* americana, Anna Wintour; a redatora de moda do *International Herald Tribune*, Suzy Menkes; o jovem estilista inglês, Alexander McQueen, cuja casa de moda foi recentemente adquirida pelo grupo Gucci, e muitas outras. Animados pelas taças de champanhe gelado consumidas, os convidados elogiaram excitados a exibição do quinto andar. A mostra, compreendendo peças datadas de 1956 a 1968, retratou perto de duzentos artistas, cem projetos de arquitetura e 150 objetos pop, incluindo o famoso vestido Mondrian de Yves Saint Laurent, conjuntos Courrèges, Pierre Cardin e Paco Rabanne, e uma exaustiva e colorida coleção de itens de plástico – rádios portáteis, objetos de cozinha, monitores de televisão, mesas, cadeiras, além de uma variedade de potes, vasilhas e canecas Tupperware.

Tom Ford, cuja reputação como estilista estava projetada na apresentação da coleção *prêt-à-porter* Yves Saint Laurent Rive Gauche na noite seguinte, escapou da roda de pessoas que se fechava em torno dele no bar e foi embora cedo, deixando para um efervescente Domenico De Sole a tarefa de lidar com a multidão.

Domenico De Sole estava em sua melhor forma. Desde que ganhara a batalha contra a LVMH no verão anterior, ele tinha encabeçado a missão de construir o grupo multimarcas da Gucci. Depois de comprar a Sanofi

Beauté, que incluía a Yves Saint Laurent e licenças das melhores fragrâncias, que variavam do histórico rótulo Roger & Gallet até Fendi, Oscar de la Renta e Van Cleef & Arpels, a Gucci também comprou setenta por cento da sapataria italiana de fino acabamento Sergio Rossi, toda a joalheria de luxo Boucheron, oitenta e cinco por cento do fabricante de relógios de luxo, baseado em Genebra, Bédat & Co., e 66,7 por cento da marca de artigos de couro Bottega Veneta. Em um movimento que eletrizou a indústria, De Sole e Ford também lançaram uma nova estratégia para comprar ações das casas de moda de jovens e promissores designers. Embora tenham falhado em chegar a um acordo com o estilista de moda masculina Hedi Slimane, primeiramente na YSL e depois na Christian Dior, eles compraram cinquenta e um por cento das ações dos negócios do talentoso designer britânico Alexander McQueen em dezembro de 2000. O lance efetivamente fisgou McQueen bem debaixo do nariz de Arnault, que havia contratado o jovem para desenhar para a Givenchy e renovado o contrato com ele. De Sole disse à imprensa que a ação nada tinha a ver com a contenda judicial que continuava com a LVMH. Entretanto, a Givenchy cancelou seu desfile de *couture* e o de *prêt-à-porter* em março, apresentando desfiles particulares para grupos pequenos de clientes e jornalistas enquanto Arnault e McQueen disputavam ruidosamente a imprensa.

"Ele está sempre reclamando de alguma coisa", disse Arnault amargamente para o *New York Times*, acrescentando que a LVMH não havia despedido o estilista completamente "porque somos educados".

"A empresa está raspando o tacho para ter mais receita", replicou McQueen à revista *Time*, chamando a atmosfera da LVMH de "prostíbulo" e a companhia de "insegura".

No começo de abril de 2001, a Gucci anunciou um acordo com outra jovem estilista, Stella McCartney, filha de Paul e Linda McCartney, cujas criações para a marca Chloé estabeleceram sua reputação de talento emergente. O jovem estilista seguinte na lista de compras da Gucci foi Nicolas Ghesquiere, que tinha feito nome na lendária casa de *haute couture* Balmain, adquirida pela Gucci em julho de 2001.

"Tom e eu estivemos conversando por longo tempo sobre como contratar novos talentos da moda", disse De Sole em março de 2001 durante uma entrevista em Milão antes do desfile feminino *pré-à-porter*. "Há jovens inacreditavelmente talentosos, e investir neles é muito barato se compararmos com o custo de investimento em grandes estilistas. O retorno pode ser astronômico no futuro – um verdadeiro gol de placa."

Além dessa farra de compras, durante o ano de 2000, a Gucci também se moveu rapidamente para modernizar o enfraquecido negócio da Yves Saint Laurent, cortando cem de suas 167 licenças, com o objetivo de mudar o foco do negócio: de empresa voltada para a concessão de licenças para uma empresa que exerce controle direto sobre a produção e distribuição. A Gucci reestruturou as fábricas da YSL, fundiu operações sobrepostas, atualizou as lojas existentes com novas pinturas e arranjos das vitrines ("Havia buracos no carpete!", De Sole lembrou), examinou novas locações estratégicas e inaugurou um protótipo de um novo conceito de loja desenvolvido pelo arquiteto William Sofield (que também fez as lojas da Gucci) no shopping do hotel Bellagio de Las Vegas.

A criação de Ford para uma nova e interessante campanha publicitária para a histórica fragrância Opium, da Yves Saint Laurent, ganhou notoriedade instantânea. A campanha, amplamente vista em pôsteres nos pontos de ônibus do mundo todo, mostrava a atriz Sophie Dahl com um novo cabelo vermelho. Dahl posou nua, apenas com maquiagem exótica e sapatos de saltos altos, deitada de costas e se acariciando com dedos lânguidos em uma imagem que a fazia parecer tão suave quanto uma estátua de mármore. A campanha ganhou prêmio na Espanha e gerou um alvoroço em todos os lugares – com milhares de dólares de propaganda gratuita para o grupo Gucci.

Em outros lances de modernização que exploraram as novas sinergias do grupo Gucci, a Sergio Rossi começou a produzir os calçados YSL, a Gucci Timepieces assumiu a produção e distribuição de relógios para todas as marcas do grupo e as próprias instalações da Gucci começaram a vender os cosméticos YSL nos Estados Unidos.

"Agora, se você compra um batom YSL na Saks Fifth Avenue em Nova York", De Sole adora repetir, "ele foi enviado dos armazéns da Gucci em Nova Jersey!"

De Sole também arrebatou uma nova divisão de administradores brilhantes dos grandes adversários da Gucci. Seu maior golpe foi a contratação de Giacomo Santucci, da Prada, para se tornar o novo presidente da Divisão Gucci. Na Prada, Santucci tinha sido diretor comercial e também funcionava como o número dois do CEO Patrizio Bertelli. Ele tinha sido peça-chave na expansão do grupo no Oriente e na estreia no negócio de cosméticos com uma linha inovadora de produtos de cuidados para a pele em embalagens de dose única. Thierry Andretta foi atraído da Céline, marca da LVMH, onde ele tinha arquitetado uma reviravolta, para encabeçar uma nova atividade de negócios na Gucci, e Massimo Macchi veio da Bulgari para supervisionar as joias e relógios. O estilo americano de administrar da Gucci, voltado para o mérito, com bons salários e atrativas opções em ações para os funcionários, ficou conhecido em toda a indústria.

"As pessoas querem trabalhar na Gucci", disse De Sole na entrevista em Milão. "Os negócios não têm outro bem senão as pessoas. Agora posso contratar quem eu quiser!"

De Sole e Ford não contemplaram o crescimento continuado da Gucci apenas com mão de obra qualificada. Durante o ano de 2000, a companhia renovou as *flagships* de Nova York (a loja da Quinta Avenida continuava intocada desde a reforma ambiciosa com mármore, vidro e bronze de Aldo Gucci em 1980), Paris e Roma. Abriram uma loja nova no Japão, readquiriram o controle das franquias em Singapura e na Espanha e também compraram a produção do *prêt-à-porter* feminino da Zamasport.

"A Gucci é agora uma máquina bem azeitada", completou De Sole na entrevista.

De Sole e Ford direcionaram seus planos para a revitalização da grife Yves Saint Laurent em Paris, mas eles sabiam que esse sonho não seria fácil de conseguir. Em outubro de 2000, a estreia da coleção de Ford para a YSL recebeu uma crítica indiferente da imprensa. Dizendo que ele queria voltar às raízes do nome Yves Saint Laurent, Ford tinha mostrado reduzidos ternos com calças preto e branco e ombros largos e poucos vestidos misturados. Ford e De Sole cortesmente chamaram tanto Yves Saint Laurent como seu sócio, Pierre Bergé, para assistir ao desfile, que aconteceu em uma caixa desmontável de um andar que a Gucci armou no meio dos jardins delicadamente cuidados atrás do famoso Musée Rodin. A austera caixa preta contrastava totalmente com a graciosa paisagem da construção do século XVIII em meio a árvores frutíferas bem podadas e roseiras. Dentro, a melancólica luz roxa, as lufadas de incenso e as grandes cadeiras acolchoadas em cetim preto sugeriam mais uma *lounge* esfumaçada do que um desfile de moda. A caixa preta – que um jornalista chamou de "a caixinha de joias de YSL" – era o teatro no qual a habilidade de Ford para assumir-se como um dos maiores designers de todos os tempos seria testada.

Como esperado, o recluso Yves Saint Laurent não apareceu, mas Bergé sim e sentou-se carrancudo na primeira fila, ladeado pelas musas de Saint Laurent: a loira andrógina Betty Catroux de um lado e a mais feminina e excêntrica Loulou de la Falaise do outro. Os críticos disseram que o bem executado mas simplista desfile estava mais relacionado ao estilo brilhante e sexy da Gucci do que ao legado de Yves Saint Laurent. Os editores de moda cochichavam entre si que talvez Ford não tivesse a *expertise* necessária para desenhar para ambas as casas.

"Eu sabia que não seria fácil", Ford disse mais tarde. "Eles são difíceis de agradar, mas o fato é que eu não estou tentando lhes agradar. Não estou tentando ser Yves."

Os íntimos sabiam que, muito além do desafio do design, fazer a produção desse desfile tinha sido um esforço hercúleo. Todos os costureiros e pessoal de criação da YSL haviam ficado na operação *couture*, que permanecera nas mãos de Yves Saint Laurent e Bergé. Outras barreiras incluíam restrições apresentadas pelo sistema de trabalho e produção francês. Então Ford elaborou a primeira coleção *prêt-à-porter* YSL com a equipe de criação da Gucci nas fábricas da Gucci. Desde então, Ford contratou um jovem diretor de criação, Stefano Pilati, que trabalhou na coleção Miu Miu da Prada, e formou um forte time de estilistas para a Yves Saint Laurent.

A tensão cresceu quando Yves Saint Laurent, depois de não aparecer na estreia de Ford, compareceu ao desfile de estreia de Hedi Slimane para a coleção masculina da Christian Dior em janeiro de 2001. Saint Laurent, flagrado por uma equipe de vídeo conversando com Bernard Arnault da LVMH na primeira fila, foi filmado dizendo que "sofre como um mártir" e que "é terrível, é terrível". Depois acrescentou: "Senhor Arnault, tire-me deste plano desonesto". A conversa, que foi ao ar em fevereiro pela rede de TV a cabo Canal Plus, foi interrompida pelo sócio de Saint Laurent, Pierre Bergé: "Yves! Há microfones por toda a parte. Não diga nada!". Embora não tenha havido referência na gravação ao que aborrecia Saint Laurent, *tout Paris* entendeu que ele se referia à venda do *prêt-à-porter* da YSL à Gucci e, ansiosa, esperou pelos próximos capítulos da guerra pelo luxo. Embora a noite do champanhe no Pompidou tenha sido uma jogada de mestre no avanço da Gucci no seu estabelecimento dentro da moda parisiense, o teste verdadeiro esperou Ford no desfile de modas da YSL no dia seguinte.

Domenico De Sole assistiu a tarde de 14 de março de 2001 como se uma multidão animada de jornalistas, editores de moda, compradores e fotógrafos começassem a arquivar na grande caixa preta a coleção de outono da YSL. Enquanto Ford examinava, nos bastidores, de seu elenco de modelos com olhos esfumaçados em uma checagem final antes de mandá-las para a passarela, De Sole cuidava da multidão transbordando nas cadeiras de cetim preto. Ele cumprimentou François Pinault e o CEO da PPR, Serge Weinberg, e também os sócios de outros grupos, antes de se isolar num local de observação estratégica nas escadas que davam para um lado da passarela. Registrou a presença de varejistas importantes, editores e sócios empresariais, sem mencionar o seu bando de novos vice-presidentes.

Apesar do sucesso brilhante da exibição *Les Années Pop* na noite anterior, o teste real do talento de Ford dependia do efeito dos próximos vinte minutos de passarela da YSL, e nada poderia ser dado como certo. As luzes se apagaram, a música esquentou, e as modelos entraram na passarela em passos largos, num poderoso, ruidoso, alardeante e pregueado tributo aos dias chiques e boêmios da Yves Saint Laurent. Com exceção dos dois primeiros vestidos de seda franzidos – os dois em tons de rosa – o resto da coleção era totalmente preto: blusas sexy e transparentes estilo camponês esvoaçavam sobre cintos secretos de espartilhos e saias de babados, blusas macias com saiote curto preso a elas escorregavam em cima saias de lenço que caíam sobre sandálias gladiadoras modernas, paletós brilhantes caíam sobre saias flamencas e uma grande quantidade de saias justas sinuosas. A coleção triunfou com a tomada moderna do espírito Saint Laurent. Ainda sobre a escada, De Sole suspirou aliviado. Nas críticas elogiosas publicadas no dia seguinte, os editores de moda e os compradores posicionaram largamente a coleção como um dos pontos mais altos de toda a estação. Tom Ford e Gucci estavam liderando a moda mais uma vez; contudo a euforia deles não duraria muito.

Bernard Arnault roubou os refletores no dia seguinte com uma notícia inesperada enviada ao mesmo tempo que os editores do mundo eram arrebatados na caixa de joias preta de YSL: depois de negociar até as duas da manhã, a LVMH tinha contratado o pouco conhecido designer galês Julien MacDonald para o lugar de McQueen na Givenchy. Apesar do sucesso de Ford no desfile da YSL, os jornais do mundo destacaram mais manchetes para a LVMH e a Givenchy.

A competição e brigas judiciais entre a Gucci e a LVMH chegaram ao limite. No mercado, a LVMH tinha perseguido ativamente a sua própria expansão por meio de uma grande quantidade de aquisições, que incluíam a marca do estilista italiano Emilio Pucci, o day-spa americano Bliss, a marca de cosméticos baseada na Califórnia Hard Candy, os relógios de luxo TAG Heuer e Ebel, a fina camisaria Thomas Pink, os cosméticos BeneFit, a Donna Karan e uma *joint venture* com a gigante empresa exploradora de diamantes De Beers Consolidated Mines. Arnault tinha também recrutado talentos administrativos, incluindo a contratação de Pino Brusone, antigo diretor administrativo da Giorgio Armani, inicialmente como vice-presidente sênior de compra e desenvolvimento de marcas do grupo de moda da LVMH e mais tarde empossado CEO da Donna Karan International. Em março de 2001, a LVMH anunciou resultados recordes em 2000, quando as vendas aumentaram trinta e cinco por cento, para 10,9 bilhões de dólares, e previu vendas de dígitos dobrados e crescimento nos lucros para 2001. A LVMH mencionou como exemplo o espetacular desempenho da Louis Vuitton, que continuava a ser a estrela do grupo, e também o lançamento de fragrâncias de sucesso, na qual se incluíam a J'adore, da Christian Dior, a Flower, da Kenzo, a Issima, da Guerlain.

Poucas semanas depois, a Gucci apresentou seu relatório, em que bateu todas as projeções para 2000, com salto de oitenta e três por cento na receita bruta, para 2,26 bilhões de dólares e lucros diluídos por ação de 3,31 dólares (comparados aos previstos 3,10 ou 3,15 dólares). O lucro líquido chegava a 336,7 milhões de dólares.

"O ano de 2000 foi crítico", disse De Sole aos jornalistas amontoados no Amsterdam's Hilton Hotel, se referindo ao relatório de resultados financeiros. "Esse ano viu as mudanças mais dramáticas na história da companhia desde que abrimos o capital para o mercado, porque a Gucci evoluiu da realidade de uma empresa com uma só marca para uma entidade com muitas marcas. Também provamos que podemos administrar melhor que as outras. Continuamos a administrar bem a Gucci e mostramos nosso estilo veloz e agressivo de administração."

Na frente legal, depois de dois anos de duras batalhas, a briga Gucci *versus* LVMH continuava sem dar trégua. LVMH tinha entrado com processos tanto para ter a aliança da PPR com a Gucci cancelada, como para forçar a PPR a fazer uma oferta completa para a Gucci. No outono de 2000, a Gucci entrou com uma queixa oficial antitruste na Comunidade Europeia, argumentando que a LVMH estava violando a lei de competitividade da Europa. A queixa discutia o abuso de posição da LVMH como acionista da Gucci ao tentar frustrar sua estratégia de aquisição, e pedia que a LVMH vendesse seus vinte por cento de ações. Em janeiro de 2001, a LVMH voltou à Corte dizendo-se preparada a aceitar uma oferta feita pela PPR em maio/junho de 2000 para a compra das ações Gucci, no valor de cem dólares cada. Os advogados da PPR disseram que a oferta não estava mais na mesa.

As aquisições inteligentes da Gucci, o sucesso na construção de um time corporativo, os momentos inebriantes de moda e as defesas legais astutas não puderam maquiar o grande golpe que ela recebeu no dia 8 de março de 2001, uma semana antes do triunfo da caixa de joias. Nesse dia, o juiz Huub Willems, da Corte de Apelos da Câmara de Empreendimentos de Amsterdã – um tribunal comercial com poderes especiais para rever ações corporativas, em particular no que diz respeito a falências e à má administração – finalmente decidiu lançar uma investigação sobre a aliança da Gucci com a PPR, o acordo que tinha ajudado a agir defensivamente contra o avanço da LVMH em 1999.

"Isto é tudo o que temos pedido nos últimos dois anos", disse James Lieber, diretor de assuntos corporativos da LVMH no dia do anúncio. "Acreditamos que a decisão de hoje sinaliza um passo em direção ao cancelamento da transação da PPR." O tribunal também ordenou à Gucci que financiasse a investigação, que seria conduzida por três profissionais independentes designados pela Corte. O custo estimado era de 100 mil dólares. A LVMH prometeu, em seus arquivos legais que, se o acordo da PPR fosse anulado, ficaria permanentemente restrito o seu limite acionário na Gucci nos atuais vinte por cento, não iria querer representatividade na diretoria da Gucci e não interferiria na administração e nas futuras aquisições da Gucci. A LVMH também se ofereceu para reunir-se com grandes bancos de investimento internacionais para conseguir 3 bilhões de dólares que incrementassem o capital para que a Gucci não tivesse que renunciar ao caixa que ela tinha recebido com o trato feito com a PPR.

"Como resultado do cancelamento da transação com a PPR e o comprometimento da LVMH, a Gucci poderá novamente ser uma empresa independente, ao passo que hoje, com a PPR tendo quarenta e quatro por cento, ela é controlada", disse James Lieber. "Como tal, a companhia pode ser objeto de aquisição por uma terceira parte no futuro, por um preço que incluiria um bônus pelo controle, e que beneficiaria todos os acionistas da Gucci, inclusive a LVMH."

A decisão do tribunal de investigar a má administração da Gucci inverteu-se numa decisão prematura em maio de 1999, quando a Corte manteve a aliança da Gucci e PPR, determinando que a Gucci tinha o direito de se defender. A LVMH teve sucesso em anular essa determinação pela Suprema Corte da Holanda em junho de 2000. Em setembro, a Suprema Corte ordenou a Câmara de Empreendimentos que reexaminasse o caso da Gucci-PPR e sugeriu vigorosamente que a Câmara conduzisse uma investigação formal antes de formalizar suas conclusões. A Gucci anunciou sua intenção de colaborar com a investigação, mas no fim de março de 2001 a empresa declarou que apelaria da decisão, como fez a PPR.

Pressionando o caso, os advogados da LVMH fizeram uma acusação formal que um acordo de compra e venda secreto de uma quantidade de ações para Tom Ford e Domenico De Sole tinha assegurado a colaboração deles no trato da Gucci com a PPR. A Gucci negou a alegação, dizendo que "não havia relação" entre o contrato com a PPR e a opção de compra e venda de ações, que, mantinha, foi proposto em junho de 1999, bem depois da determinação da Câmara sustentando a aliança com a PPR. A LVMH mencionou como exemplo um documento confidencial que de alguma forma tinha sumido dos arquivos do conselheiro legal da Gucci, Allan Tuttle (a Gucci alegou que o documento havia sido roubado), dizendo que o memorando de Tuttle provava que tinha havido um pacto secreto para a cessão do acordo de compra e venda de ações – uma suposição que a Gucci reiterava não ser verdadeira. Na metade de maio de 2001, a Gucci estava colaborando com as primeiras solicitações dos investigadores enquanto sua equipe de advogados esquadrinhava os livros e documentos para preparar uma defesa. O resultado da investigação não era esperado antes de setembro. Os advogados e porta-vozes apresentavam uma postura confiante e correta para a imprensa quando eram questionados sobre a investigação e De Sole dizia estar confiante de que a aliança com a PPR seria mantida; mas os ataques legais contínuos da LVMH o exasperavam.

"Posso dizer uma coisa?", De Sole perguntou a um pequeno grupo de jornalistas no começo de maio durante a regata Trofeo Zegna, em Portofino, um torneio anual patrocinado pela Ermenegildo Zegna, uma fabricante de roupas masculinas de qualidade, incluindo a linha da Gucci. De Sole, um marinheiro apaixonado e participante habitual, havia vendido o próprio barco, o *Slingshot*, no ano anterior e integrava a tripulação do *Carrera*, que pertencia ao amigo e construtor de iates de luxo Luca Bassani. Agora, queria marcar um ponto com os jornalistas que participavam do jantar de gala da regata no elegante Villa Beatrice, localizado acima da baía de Portofino.

"Bernard Arnault é um mentiroso patológico, e desta vez vocês podem escrever isso!"

No início de 2001, a Câmara de Empreendimentos de Amsterdã não era o único tribunal europeu revendo os casos da Gucci. Em 19 de fevereiro, depois de três horas de deliberação, a Corte di Cassazione de Roma, a Corte Suprema da Itália, condenou Patrizia Reggiani e seus quatro cúmplices pela morte de Maurizio Gucci, em março de 1995. Pouco antes, a Corte havia rejeitado o apelo de Patrizia para ser liberada da prisão por questões de saúde. O caso do assassinato Gucci teve apelação tanto pelo promotor Carlo Nocerino como pelos novos advogados de Patrizia, Francesco Caroleo Grimaldi e Mario Giraldi, que tinham escritório em Roma. Patrizia, com o apoio de sua mãe e de suas filhas, tinha objetado sua condenação incessantemente desde que o juiz Samek dera o veredicto da Corte em novembro de 1998. Furiosa com o fracasso de seus advogados de Milão, que perderam a primeira apelação em março de 2000, ela dispensou Gianni Dedola e Gaetano Pecorella e contratou os dois romanos para trabalhar a sua apelação final na Corte di Cassazione. Patrizia esperava reverter sua condenação, incluindo o fato de que seu estado mental não era compatível com a sentença. Nocerino também apelou, pedindo à Corte Suprema que rejeitasse as atenuantes que tinham movido o juiz Samek a dar a Patrizia 29 anos de cadeia e ao matador, Ceraulo, prisão perpétua, alegando que era impossível que o mandante do crime tivesse um tratamento mais leniente do que aquele que o praticou. Confirmando a sentença, o tribunal rejeitou ambos os apelos.

Embora a decisão da corte efetivamente golpeasse quaisquer esperanças que Patrizia pudesse nutrir de que sua sentença fosse revogada, seus novos advogados prontamente anunciaram que proporiam uma demanda para ter o caso todo anulado sob a alegação de que o veredicto subjacente não tinha sido justificado pelos fatos – um cenário improvável na opinião de todos.

Nesse meio-tempo as experiências de Patrizia na cadeia iam de mal a pior. Ela brigava com as outras presas e as acusava de a machucarem e maltratarem – protestos interpretados como esforços para dar continuidade aos seus pedidos para ser liberada da prisão. Em uma ocasião, Patrizia denunciou formalmente outra presa, aparentemente uma médium, de receber perto de 4 milhões de liras (por volta de 2 mil dólares) pela venda de um amuleto de ouro designado para protegê-la de inveja. Patrizia acusou-a de nunca ter entregado o amuleto, mesmo depois de ser solta. O desesperado diretor da San Vittore, descrevendo os contínuos conflitos como inofensivos, embora produzissem rupturas, puniu Patrizia transferindo-a para outra instalação prisional fora de Milão, no subúrbio de Opera. Essa mudança provocou uma tentativa de suicídio; dizem que as autoridades teriam encontrado Patrizia em sua nova cela com um lençol amarrado em torno do pescoço.

"Eu queria partir de uma vez para sempre", ela teria dito para a mãe, mas as autoridades prisionais rejeitaram o episódio, dizendo que ela só queria chamar a atenção. Depois que a publicidade esmoreceu, o diretor da San Vittore concordou em trazê-la de volta.

"Depois de tudo o que aconteceu entre Patrizia Reggiani e Pina Auriemma, no final das contas elas não suportam ficar separadas", disse o advogado de Pina, Paolo Traini. "Pina estava consumindo-se sem Patrizia lá."

As condições de Patrizia variavam. Em alguns dias, ela só podia andar com a ajuda de muletas – ao menos uma vez ela se sentiu tão enfraquecida que foi incapaz de encontrar seu cabeleireiro para seu habitual tratamento de implante de cabelos. Silvana continuava a visitar Patrizia lealmente toda sexta-feira, trazendo a cada vez as iguarias caseiras preferidas de sua filha, como pão de atum, assado de vitela e almôndegas; as lingeries da moda e várias revistas de fofocas. Silvana também trazia para casa a roupa suja de Patrizia. Alessandra terminou seus estudos de Administração na Universidade Bocconi, no *campus* de Lugano, enquanto Allegra estudou na escola de Direito de Milão, seguindo os passos do pai. Ambas visitavam a mãe sempre que podiam. A família continuou a competir nas regatas europeias historicamente prestigiadas.

A antiga namorada de Maurizio Gucci, Sheree McLaughlin, voltou aos Estados Unidos para começar uma nova vida depois que o romance terminou em 1990. Depois de anos viajando de lá para cá, de Concorde ou em jatos particulares entre Nova York e Milão, muitas vezes apenas para o fim de semana, levou algum tempo para que ela se estabelecesse novamente em seu próprio país. Ela ocupou uma série de cargos até que se tornou diretora de comunicação da Giorgio Armani Le Collezioni. No verão de 2000, Sheree se casou com um administrador financeiro chamado Rob Loud. Alto, com cabelos compridos loiros escuros, Loud era um homem apaixonado, de fala mansa e acolhedor que tinha uma surpreendente semelhança com Maurizio Gucci. A primeira filha deles, uma menina chamada Livingston Taylor Loud, nasceu no dia 19 de março de 2001.

A vida da última namorada de Maurizio, Paola Franchi, foi atingida por outra tragédia. No começo de 2001, quando passava o feriado de Natal com o pai, o filho adolescente, Charly, inesperadamente se suicidou.

Quanto aos Gucci, Roberto permaneceu em Florença, onde continuou a operar sua House of Florence, enquanto seu irmão Giorgio passava mais tempo em Cuba, onde comprou uma propriedade em Havana e abriu uma boutique de moda no centro comercial da cidade. Ele também desenvolveu uma coleção de roupas fabricada na Espanha para ser vendida na boutique. Em junho de 2001, lançou uma nova coleção de acessórios em couro com o nome "Giorgio G" na casa da família na Via della Camillucia, onde ainda morava com a mulher Maria Pia quando não estava viajando. Giorgio sofreu de um mal-estar intestinal no outono de 2000 enquanto visitava o Panamá e precisou ser levado às pressas de volta para a Itália, quase à morte. Mas foi operado com sucesso. Seu filho Guccio continuou a trabalhar para a Limberti, empresa de artigos de couro baseada em Florença que seu pai tinha adquirido e que produzia acessórios de alta qualidade em couro para nomes famosos.

No aniversário de morte de Maurizio, em 27 de março de 2001, Giuseppe Onorato, ainda porteiro do prédio número 20 da Via Palestro, escreveu uma carta para o jornal de Milão *Corriere della Sera* em memória do homem exuberante de 47 anos que havia morrido numa poça de sangue diante de seus olhos seis anos antes.

"Para mim, hoje é uma data triste", escreveu Onorato. "Só Maurizio não pode se lembrar desse dia porque não está mais vivo, e tenho certeza de que, se pudesse escolher, ele ainda gostaria de estar na Terra, mais feliz e jovial do que nunca, como era sua natureza. Eu, que ainda estou aqui, sempre me lembrarei dele com uma oração, pedindo que ela ilumine quem o enviou para a morte, quem pagou para eliminá-lo do mundo que ele amava tanto. Ele tinha todos os motivos para amar a vida: era bonito, rico, famoso e amado por alguns. Infelizmente, era odiado por outros. Talvez ele nunca tenha entendido a extensão do ódio que o cercava."

Onorato também escreveu que, para ele, todos os dias, desde aquela manhã fatídica de março de 1995, têm sido negativos. Embora a Corte tenha ordenado Patrizia Reggiani a pagar 200 bilhões de liras (quase 100 milhões de dólares, na época) pelos danos causados a Onorato, ele ainda não havia visto uma lira.

"E ainda hoje estou imerso em coisas negativas – processos civis, advogados, fisioterapia, consultas médicas e dores agudas na minha mão esquerda. Dores que sempre me lembram aquele dia horrível... E quando as pessoas dizem 'Imagine em quanto dinheiro você está nadando agora', ou 'O que você quer dizer com eles não pagaram os danos ainda?' sinto-me pior."

Uma pessoa sensível e digna, Onorato ponderou seu estado pensando que existem aqueles que estão em condições piores. "Para mim, é um consolo saber que ainda estou vivo, apesar de tudo", ele escreveu.

Onorato continuou especulando: "Há uma questão que tem me torturado por muito tempo: se, em vez de mim, um dos ricos residentes de meu prédio levasse um tiro no braço naquela manhã, ele já teria seus problemas resolvidos? A lei é igual para todos ou não?".

# Posfácio

A grife Gucci e a família que a fundou continuam a inspirar, surpreender e causar espanto. Aqui estão alguns destaques dos últimos vinte anos, desde a publicação de *Casa Gucci*.

## A Família Gucci
## Patrizia Reggiani:

Numa noite quente de verão, em 2010, um motorista de táxi de Milão chamado Davide atendeu a um chamado na Piazza San Babila, uma grande praça no coração do luxuoso bairro comercial da cidade. Ele foi buscar duas mulheres vestidas em trajes de gala, que estavam saindo da inauguração de uma loja privada. Elas lhe disseram que queriam ir para San Vittore, "nos fundos". San Vittore era a prisão da cidade, localizada perto do centro da cidade. Enquanto dirigia, Davide ficou intrigado. Sabia que não havia residências ou lojas nas ruas atrás da prisão.

Sem hesitação, elas o instruíram a encostar o carro junto à parede da prisão. Câmeras vigiavam duas pequenas portas sob a torre de guarda. No banco de trás do táxi, uma das mulheres despiu o vestido de festa, jogou-o dentro de uma bolsa, que entregou à amiga, e vestiu um macacão. Ela saiu do táxi e se dirigiu para uma das portas. A amiga, que permaneceu no táxi, disse a Davide que esperasse até que a outra mulher entrasse.

Essa mulher, explicou ela, era Patrizia Reggiani, de 61 anos, condenada a 29 anos de prisão, em 1998, por encomendar o assassinato do ex--marido, Maurizio Gucci. Ela já cumprira mais de dez anos da sua pena e tinha permissão para fazer excursões curtas e supervisionadas. A amiga precisava garantir que Patrizia voltaria em segurança para a prisão.

Nos anos após sua condenação, Patrizia havia estabelecido uma rotina em San Vittore. Ela começou a trabalhar com jardinagem num dos pátios internos da prisão e foi autorizada a manter um animal de estimação – um furão chamado Bambi. Recebia visitas semanais de sua mãe idosa, Silvana Barbieri, e de suas filhas, Alessandra e Allegra, que eram adolescentes quando ela foi condenada.

No outono de 2011, ela recusou a liberdade condicional, porque isso significaria que teria de aceitar um emprego de meio período. "Nunca trabalhei um dia da minha vida", disse ela. "Por que vou começar agora?"

Patrizia saiu da prisão em 2014, depois de cumprir 16 anos de sua sentença de 29 anos, que foi reduzida por bom comportamento. Pina Auriemma e os demais cúmplices do assassinato de Maurizio também foram libertados, exceto o assassino, Benedetto Ceraulo, que cumpre a pena de prisão perpétua num presídio de segurança máxima.

Pouco depois de sair da prisão, os *paparazzi* avistaram Patrizia passeando com uma amiga na Via Monte Napoleone, o coração do chamado "Triângulo de Ouro", luxuoso bairro comercial de Milão, com seu papagaio de estimação, Boh, empoleirado em seu ombro. As equipes de televisão frequentemente a emboscavam pela cidade, enchendo-a de perguntas. Uma vez perguntaram a ela: "Patrizia, por que você contratou um pistoleiro para matar Maurizio Gucci? Por que você mesma não atirou nele?".

Ela brincou: "Minha visão não é tão boa, não queria errar o alvo!". Em 2014, ela mudou de ideia sobre não trabalhar e passou a ser consultora de uma grife, a Bozart, que satisfazia as condições para que obtivesse a liberdade condicional. Ela ajudou a desenvolver uma coleção de bolsas e joias com as cores do arco-íris, inspiradas em Boh, seu papagaio. A coleção foi apresentada no mesmo dia em que a Gucci fazia seu desfile de moda nas proximidades.

Após sua libertação, Patrizia mudou-se com a mãe para a Via San Barnaba, no centro de Milão – a alguns passos do tribunal onde havia sido julgada e sentenciada por ter encomendado o assassinato de Maurizio. Ela declarou oficialmente que não tinha condições de se manter e ganhou uma pensão do governo de 300 a 400 euros por mês – menos de 500 dólares. As relações com a mãe azedaram. Ela conta que elas mal se falavam e não se sentavam juntas à mesa nas refeições.

Silvana temia que Patrizia administrasse mal sua herança. Antes de morrer, em abril de 2019, Silvana havia procurado um administrador nomeado pelo tribunal para supervisionar os negócios da filha. Patrizia disse ao jornal *Guardian*, em 2016, que estava fora da prisão havia apenas três dias quando: "Encontro um homem na casa, com uma carta da minha mãe dizendo que eu era incompetente".

Posteriormente, Patrizia disse ao *Il Giorno*: "O pedido dela foi motivado pelo amor – não por mim, mas pelo seu dinheiro. Se pudesse, ela levaria tudo consigo para a próxima vida".

Patrizia, que apelidou San Vittore de "Victor Residence", falou bem do tempo que passou ali. "Às vezes eu gostaria de estar de volta à Victor Residence, porque minha mãe é muito difícil", disse Patrizia ao *The Guardian*. "Ela me repreende todos os dias sem motivo."

Segundo Patrizia, o relacionamento com as filhas também se tornou tenso. Alessandra e Allegra haviam casado e tido filhos, moravam na Suíça e Patrizia não as via com frequência. No outono de 2018, elas pediram a um tribunal suíço que suspendesse o apoio financeiro vitalício que Maurizio concordara em pagar a Patrizia em 1993, após o divórcio. A soma anual era de cerca de 1 milhão de francos suíços e as meninas deviam a ela um total de cerca de 26 milhões de francos suíços, incluindo pagamentos atrasados do seu tempo na prisão, de acordo com relatos da mídia. Um tribunal de apelação italiano concluiu que Patrizia tinha direito à soma anual. Foi feita uma apelação e o assunto foi encaminhado para a Suprema Corte da Itália, que não emitiu um veredicto.

Patrizia decidiu que era hora de fazer as pazes. Ela disse numa entrevista à televisão italiana, em novembro de 2019, que, usando o dinheiro da herança da mãe, indenizou o porteiro de Maurizio, Giuseppe Onorato, que havia levado um tiro no braço durante o ataque. Disse que queria pagar Paula Franchi, namorada de Maurizio na época do assassinato, que também tinha feito uma reclamação. Patrizia disse: "Quero fazer o que é certo".

Patrizia disse que fez uma proposta para as filhas: renunciaria à soma anual que recebia, em troca de uma pensão mensal e do uso da casa de Maurizio em Saint Moritz, L'Oiseaux Bleu, durante um mês todo ano. Ela também pediu para passear no histórico iate de Maurizio, o *Creole*, que as filhas tinham conservado, e para passar um tempo com os netos.

# A grife Gucci Revitalização:

Enquanto isso, a grife Gucci prosperava sob a direção criativa do estilista italiano Alessandro Michele, um ex-assistente de estúdio contratado em 2015, após a saída abrupta da diretora de longa data Frida Giannini. Alessandro, um romano contratado por Ford e De Sole em 2002 para desenhar bolsas, desenvolveu um estilo neorromântico, *gender fluid*, que encantou críticos e clientes, tornando a grife o que a crítica de moda do *New York Times* Vanessa Friedman descreveu como "talvez a grife mais influente dos últimos cinco anos".

Robin Givhan, crítica de moda do *Washington Post,* disse numa entrevista que "ele realmente parecia estar a par da mudança nas definições de gênero e focado na ideia de receber a diversidade de braços abertos".

Em 25 de maio de 2020, três meses após o *lockdown* na Itália, em razão da pandemia de Covid-19, Alessandro fez uma videoconferência, do seu estúdio em Roma, para anunciar à imprensa que a grife planejava reduzir de cinco para dois o número de desfiles por ano e tornar menos definida a linha divisória entre as coleções masculina e feminina.

Ele disse, enquanto movimentava lentamente um grande leque preto diante do rosto: "Precisamos de mais oxigênio para que esse sistema complexo possa renascer".

Faz anos que o extenuante calendário de moda de quatro semanas, que vai de Nova York a Londres, de Milão a Paris, em sua divisão clássica outono-inverno e primavera-verão, tem pesado na indústria do luxo. Com a pandemia do coronavírus fechando lojas, interrompendo cadeias de suprimentos, forçando demissões e cortando lucros, mudanças havia muito esperadas no modo como as grifes de *haute couture* apresentavam seus produtos se tornaram imperativas.

Enquanto estava em quarentena, durante os primeiros meses da pandemia, Alessandro fez uma série de anotações num diário, "Vou abandonar o ritual desgastado das sazonalidades e dos desfiles para recuperar uma nova cadência, mais próxima do meu apelo expressivo". A Gucci publicou na internet trechos desse diário, sob o título "Notas do Silêncio". Ele escreveu: "Vamos nos encontrar apenas duas vezes por ano, para compartilhar os capítulos de uma nova história". Ao anunciar a programação simplificada de desfiles, Michele voltou a posicionar a Gucci como uma pioneira na indústria da moda. Embora outras grifes já houvessem anunciado mudanças no calendário dos desfiles em razão da pandemia, a Gucci foi a primeira a tornar essas mudanças permanentes.

Como a Gucci renasceu pela terceira vez em cinco décadas?

## Saída de Tom & Dom:

O início dos anos 2000 seriam os últimos anos de Tom Ford e Domenico De Sole na casa Gucci. Tom & Dom, como a dupla de *designer*/CEO foi apelidada pela mídia da moda, eram considerados uma das melhores equipes criativo-administrativas da história da indústria da moda. Em menos de dez anos, eles transformaram a Gucci, que passou de uma empresa florentina nada rentável de artigos de couro, para um conglomerado global de luxo, de capital aberto.

Tom Ford levou sua visão de design das "vendas de sexo" a níveis sem precedentes, incluindo uma campanha polêmica na primavera de 2003, filmada pelo agora desacreditado fotógrafo de moda Mario Testino, apresentando a modelo Carmen Kass com um G depilado nos pelos pubianos. (Embora tenha negado, Testino, foi acusado de assédio sexual em 2018, encerrando definitivamente sua carreira de fotógrafo de moda.)

Ford também causou burburinho com o anúncio do perfume Opium, de Yves Saint Laurent, que apresentava a sexy e curvilínea modelo inglesa Sophie Dahl. Neta do autor de livros infantis Roald Dahl, ela foi fotografada reclinada sobre veludo preto, vestindo nada além de joias de ouro, sombra verde e um par de sandálias de salto alto YSL.

Depois que o financista francês François Pinault resgatou a Gucci, em 1999, de uma tentativa hostil de aquisição por parte do presidente da LVMH, Bernard Arnault, Pinault incentivou Tom e Dom a transformar o novo grupo Gucci num império de multimarcas de luxo, para rivalizar com o de Arnault. Ford e De Sole conquistaram e revitalizaram grifes que o mundo da moda havia esquecido, como Balenciaga e Boucheron. Financiaram novos estilistas, como Stella McCartney e Alexander McQueen, este último deixou a Givenchy, de propriedade da LVMH, rival da Gucci. O trabalho da dupla levou Natalie Massenet, fundadora do Net-a-Porter, a apelidar Ford de "desfibrilador da moda".

Mas a era Tom & Dom no grupo Gucci não estava destinada a durar muito tempo. Depois de levar a Gucci da quase falência para o patamar da bem-sucedida grife de *haute couture*, com vendas anuais de quase 3 bilhões de dólares, Ford e De Sole iniciaram negociações difíceis – e por fim malsucedidas – com o proprietário francês da *maison*, agora dirigida pelo filho de Pinault, François-Henri Pinault. As negociações se estenderam por mais de um ano e Ford e De Sole insistiram em manter o controle criativo e administrativo do grupo. Serge Weinberg, o presidente-executivo da PPR na época, disse que a empresa nunca poderia ter feito tal exigência aos seus acionistas.

Ford e De Sole anunciaram, no outono de 2003, que deixariam a empresa em abril de 2004, o que fez com que as ações da PPR despencassem. As notícias sobre a partida anunciada também provocaram um aumento nas vendas, uma vez que os fãs correram para comprar os últimos modelos Gucci desenhados por Ford.

Rita Clifton, da consultoria da Interbrand em Londres, disse na época: "Essa é a prova de fogo da Gucci. A vantagem de ter uma marca forte é que ela consegue sobreviver a esses tipos de mudança de gestão".

Segundo disse Ford posteriormente, ele nunca sonhara que um dia deixaria a Gucci, descrevendo a experiência como "devastadora". Ele planejava se aposentar do mundo da moda e se concentrar na produção de filmes – o que era um sonho acalentado.

"Eu não estava preparado para o que pareceu ter uma agenda lotada e um estilo de vida corrido num dia e de repente ter a identidade como que arrancada de você", disse Ford numa entrevista de 2016, para Jess Cagle, da *People Magazine*. "Eu tinha páginas em branco na minha agenda. Levei muito tempo para encontrar um projeto de filme que tivesse a ver comigo."

Mas a parceria Tom & Dom estava preparada para um novo desafio: Ford convenceu De Sole a ajudá-lo a lançar a grife Tom Ford, o que eles fizeram em 2005, apenas um ano após deixar a Gucci.

"Uma nova grife?", disse De Sole. "Eu tinha decidido que queria me aposentar. Estava exausto, não queria fazer NADA! Tom disse: "Você está maluco, temos que voltar ao trabalho!".

Ford e De Sole começaram com licenças de perfumes e óculos com Estée Lauder e a fabricante italiana de óculos Marcolin. Aos poucos foram construindo a marca, que se expandiu em quase todas as categorias: roupas masculinas, uma coleção feminina, cosméticos, acessórios e muito mais, criando um novo império na indústria do luxo que estimam valer cerca de 2 bilhões de dólares em vendas no varejo, com lojas da propriedade da marca e *shop-in-shops* em cidades de todo o mundo, de Nova York a Xangai.

Em 2010, Ford apresentou sua linha de roupas femininas, com um pequeno desfile em sua *flagship* na avenida Madison, apresentando as modelos famosas Beyoncé, Daphne Guinness e Lauren Hutton.

Agora, De Sole mora com a esposa Eleanore na casa dos sonhos, que construíram na costa da Carolina do Sul. Além do trabalho com Tom Ford, De Sole é presidente da Sothebys e faz parte de conselhos administrativos, entre eles o da marca italiana de roupas masculinas Ermenegildo Zegna.

Ford fundou sua nova produtora de filmes, Fade to Black Productions, em 2005 e dirigiu dois filmes premiados. O primeiro, *A Single Man* [Direito de Amar], baseado no romance de Christopher Isherwood, foi lançado em 2009 e estrelado por Colin Firth e Julianne Moore. Em 2016, produziu e dirigiu *Nocturnal Creatures* [Animais Noturnos], um *thriller* sombrio estrelado por Amy Adams e Jake Gyllenhaal. Ford tem dois projetos de filmes em execução, sobre os quais não quer revelar detalhes, dizendo que está concentrado nos seus negócios no mundo da moda.

Ford falou sobre o seu trabalho na moda e no cinema com a editora Tina Brown em 2009: "Acho que tenho que me ver como uma marca, mas para mim são duas coisas muito diferentes", disse ele. "Não sei se as pessoas teriam julgado o que faço na moda de maneira diferente se eu não tivesse feito um filme de sucesso."

Ford e seu parceiro de longa data — agora marido — Richard Buckley deram as boas-vindas ao filho, Alexander John Buckley Ford, em 23 de setembro de 2012. Ford e Buckley mantêm Jack, como o chamam, fora dos holofotes da mídia. Mas Ford costuma comentar sobre a tendência do filho de usar tênis leves e se vestir de preto. Em 2019, Ford vendeu sua casa no bairro de Bel Air, em Los Angeles, projetada pelo renomado arquiteto Richard Neutra, por 20 milhões de dólares. Agora Ford, Buckley e Jack moram em Los Angeles, numa mansão que pertencia à socialite californiana Betsy Bloomingdale e que compraram por 39 milhões de dólares.

Em junho de 2019, Ford foi nomeado presidente do Conselho de Designers de Moda dos Estados Unidos, substituindo a estilista Diane von Furstenberg. Sua primeira tarefa importante: lidar com as consequências devastadoras que a pandemia do coronavírus causou na indústria da moda. Ford se uniu à editora-chefe da *Vogue*, Anna Wintour, para lançar "A Common Thread", uma iniciativa com o objetivo de arrecadar fundos para empresas de moda afetadas pela pandemia e para contar suas histórias. Ford também lançou vários programas de apoio ao movimento Black Lives Matter.

# A Gucci depois de Ford:

O filho de François Pinault, François-Henri, assumiu oficialmente as rédeas da PPR em 2005. O jovem Pinault mudou os rumos do grupo, que passou a chamar Kering em 2013, levando-o do mundo do varejo ao seu foco exclusivo em artigos de luxo. Ao longo do caminho, ele foi abrindo mão dos ativos de varejo menos lucrativos da PPR, como a loja de departamentos Printemps e a cadeia de lojas Fnac. Pinault também mudou a estratégia da marca, transferindo o poder de volta para a Gucci e outras grifes do grupo — e afastando-o do designer, como havia acontecido durante o reinado de Tom Ford.

Quando Tom e Dom deixaram a Gucci, a PPR optou por não substituir Ford por outra estrela, mas contratar a equipe de estilistas da própria *maison*. A empresa nomeou três deles para assumir a direção de criação da Gucci: Frida Giannini para acessórios, Alessandra Facchinetti para roupas femininas e John Ray para roupas masculinas.

Os designs de Facchinetti, porém, receberam críticas negativas e ela deixou a Gucci depois de apenas duas temporadas. Ray pediu demissão logo em seguida, alegando motivos pessoais. Em 2005, Frida Giannini foi nomeada a única diretora de criação da Gucci. Ela havia atuado na grife romana Fendi antes de se juntar à Gucci, em 2002, como designer de acessórios, sob o comando de Ford e De Sole. Uma de suas primeiras ações foi reintroduzir a icônica estampa Flora numa linha inteira de bolsas – uma ideia que ela havia proposto a Ford várias vezes no passado e ele rejeitara. Ela também estreou com uma coleção masculina com a estampa Flora. Embora a coleção tenha vendido bem, não foi aclamada pelos críticos de moda.

Em 2008, Pinault contratou Patrizio di Marco, um executivo de moda experiente que orquestrara a revitalização de outra propriedade da Gucci, a grife italiana de artigos de couro Bottega Veneta, para assumir o cargo de diretor-executivo da Gucci. O desafio de Di Marco era manter a grife crescendo, à medida que o mercado dos artigos de luxo desacelerava, após a crise financeira de 2008.

Di Marco preparou uma proposta de 150 páginas sobre o que faria com a grife e a apresentou a François-Henri Pinault, durante uma reunião de três horas em Londres. "Havia um único ponto fraco em toda a proposta", disse Di Marco numa entrevista, "e era Frida." Frida Giannini tinha ouvido rumores de que Di Marco não estava satisfeito com o produto e já estava pronta para recebê-lo, quando ele chegou para a primeira reunião em seu escritório, em Florença. Ela colocou Di Marco, um homem de mais de um metro e oitenta de altura, num sofá baixo e produziu um dossiê descrevendo suas coleções e a visão da grife. Esse encontro se transformou num encontro de mentes que se prolongou por oito horas, durante as quais eles fumaram sem parar e falaram sobre logotipos, grifes e artigos de luxo.

Essa reunião marcou o início de uma nova equipe criativo-administrativa na Gucci. Um ano depois, a parceria se tornou mais íntima durante uma viagem de negócios a Xangai. "Eu me apaixonei por Frida", disse Di Marco. "Foi amor verdadeiro." A filha do casal, Greta, nasceu apenas duas semanas depois de Frida apresentar a coleção de outono-inverno de 2013 da Gucci e eles se casaram em Roma, em 2015. A noiva usava um vestido cor-de-rosa da grife Valentino, cujos diretores de criação eram seus amigos.

As primeiras dúvidas de Di Marco sobre o talento de Frida para o design de moda provaram estar corretas. Durante vários anos, os resenhistas emitiram opiniões variadas sobre seus desfiles. Embora a coleção Flora se saísse bem comercialmente, ela não impressionava a mídia da moda. O crescimento das vendas estava desacelerando e os consumidores do crescente mercado de luxo da China, antes clientes fervorosos da Gucci, estavam optando por estilos menos cravejados de logos. Embora a Gucci respondesse por quase um terço da receita anual da Kering, o crescimento das vendas nas grifes menores do grupo, como Yves Saint Laurent e Bottega Veneta, estava ultrapassando o da Gucci. Em sua resenha da coleção de primavera de 2009 da Gucci, Robin Givhan, crítica de moda do *Washington Post*, escreveu "A Gucci perdeu seu brilho. A grife que antes causava arrepios na indústria da moda está se transformando, com uma pressa quase urgente, em apenas mais uma empresa que vende bolsas e sapatos para aqueles mais interessados numa grife do que num grande estilo".

Em dezembro de 2014, Kering anunciou que o par CEO-diretor de criação estava deixando a grife no que o *New York Times* descreveu como "a maior mudança desde que Tom Ford e Domenico De Sole deixaram a Gucci em 2004". Pinault disse que as mudanças visavam dar "um novo impulso" à marca Gucci.

Di Marco dirigiu-se aos funcionários numa despedida emocionada, no refeitório da empresa, em Florença, e redigiu um memorando de 3 mil palavras aos funcionários, no qual descrevia seus inimigos como "nani" ou "anões". "Contra minha vontade, deixo minha catedral inacabada", escreveu ele no memorando, cujos trechos foram publicados no New York Times.

Di Marco deixou o cargo em 1º de janeiro de 2015, substituído pelo veterano da indústria do luxo Marco Bizzarri, que já era chefe do departamento de artigos de alfaiataria e couro. Frida Giannini deveria ficar até apresentar sua coleção feminina no fim de fevereiro. Em 9 de janeiro, porém, Frida foi repentinamente demitida e escoltada para fora do prédio no mesmo dia, alterando os planos de que ela apresentaria suas últimas coleções.

Com a especulação sobre quem conseguiria o cargo mais cobiçado da Gucci, os nomes de jovens estrelas vieram à baila, como Riccardo Tisci, diretor de criação da *maison* Givenchy, de propriedade da LVMH, ou Hedi Slimane, da Yves Saint Laurent, marca pertencente à Kering. Pinault surpreendeu o mundo da moda ao nomear o designer associado de Frida, Alessandro Michele. Pinault tinha ficado impressionado com a visão criativa de Michele quanto à grife e com o conhecimento que ele tinha dela, e decidiu correr o risco.

"O que faz de você uma marca de luxo no século XXI é a sua capacidade de mostrar criatividade ao mercado", disse Pinault. "A marca não é criativa por si só – a criatividade é uma característica humana, demonstrada por uma mente criativa, um indivíduo."

Se antes Pinault tinha uma imagem de playboy bilionário no mundo dos negócios franceses – reforçada quando ele teve um filho fora do casamento com a ex-top model Linda Evangelista e outro com a atriz Salma Hayek, com quem se casou depois –, ele provou que os céticos estavam errados, transformando com sucesso a Kering num grupo de artigos de luxo, com vendas de quase 19 bilhões de dólares, em 2019, e um valor de mercado de cerca de 87 bilhões de dólares. O primeiro desfile de Alessandro Michele – que ele organizou cinco dias após a demissão de Frida – foi uma mudança radical na imagem da Gucci e cativou os críticos ao mostrar o inesperado. Um modelo masculino usava uma blusa vermelha com um laço na gola e sandálias casuais. Modelos femininos cruzavam a passarela em ternos com estampas gráficas. Os modelos exibiam braços cheios de pulseiras – um dos visuais favoritos de Alessandro – e mocassins forrados de pele, que se tornaram campeões de vendas. Os designs bigêneros incluíam um top vermelho transparente de renda e blusas com golas e mangas franzidas.

Em sua edição Masculinidade, de outubro de 2019, a *GQ* escreveu que o desfile "o classificou como uma das pessoas mais provocativas da moda. A mudança na moda masculina iniciada por Alessandro Michele é sísmica, com aquele primeiro conjunto de uma beleza etérica prevendo meia década de revolta luxuosa".

Apesar de todo o sucesso do *reboot* de Alessandro, a Gucci teve problemas. As autoridades italianas investigaram a casa de moda por supostamente desviar dinheiro, de 2011 a 2017, por meio de uma empresa suíça, para evitar o pagamento dos impostos mais altos da Itália. No fim de 2017, os escritórios da empresa em Milão e Florença foram invadidos pela polícia italiana. A Kering concordou em pagar 1,25 bilhão de euros (1,4 bilhão de dólares) em maio de 2019, para pôr fim às acusações.

## *In Memorium:*

Roberto Gucci, filho mais novo de Aldo, morreu em outubro de 2009, aos 76 anos, em sua propriedade em Bagazzano, localizada no sopé das montanhas, nos arredores de Florença.

Dawn Mello, diretora de criação da Gucci na época de Maurizio, morreu em fevereiro de 2020, em Nova York, aos 88 anos. Mello foi uma das primeiras mulheres a ter um cargo de liderança no ramo do varejo, tornando-se, por fim, presidente do empório de luxo Bergdorf Goodman, de Nova York, cargo que ela deixou em 1989, para atuar na Gucci e ao qual retornou em 1994. Sua estética de elegância discreta "ajudou a mudar o panorama da moda americana", escreveu Ruth La Ferla no *New York*

*Times. Dawn: The Career of the Legendary Fashion Retailer Dawn Mello*, um livro de John A. Tiffany que narra sua carreira, foi publicado em junho de 2019. Tom Ford escreveu no prefácio: "Ela é uma visionária. Estava à frente do seu tempo em muitos aspectos".

Em junho de 2020, o iraquiano Nemir Kirdar, fundador do grupo Investcorp, o banco de investimentos de Bahrein que comprou cinquenta por cento da Gucci nos anos 1980, fez parceria com Maurizio, comprou-a e abriu o capital da empresa, morreu em Antibes, na França, aos 83 anos. Kirdar ficou à frente do Investcorp por três décadas e supervisionou os investimentos de outras empresas, incluindo a Saks Fifth Avenue e a Tiffany & Co. Em 2019, o Investcorp havia acumulado mais de 30 bilhões de dólares em ativos sob a gestão dele, com escritórios em cidades como Nova York, Londres e Mumbai. O *Washington Post* o descreveu como o "pai do patrimônio privado no Golfo Pérsico".

# Tudo é Gucci:

Ao longo dos anos, a grife Gucci disparou, encolheu e ressurgiu. Os membros da família Gucci amaram e lutaram, e lutaram um pouco mais. Com tudo isso, a Gucci, de alguma forma, abriu caminho para o léxico contemporâneo. Hoje a frase "Everything's Gucci" [Tudo é Gucci] é uma expressão usada para tudo o que é bom, *cool* ou de qualidade.

Como disse Givhan, do *Washington Post*, "É uma grife italiana que já tem uma mitologia cultural. Sempre foi uma grife associada a uma vida boa, ao viver bem, ao lazer e ao ser fabuloso".

E, agora, enquanto a Gucci se prepara para comemorar os 100 anos da sua fundação, por Guccio Gucci em 1921, não há dúvida de que continuará seguindo em frente.

Fotos

Guccio Gucci (à direita) em 1904, com seus pais, Gabrielle e Elena.
(Cortesia da Gucci)

Artesãos trabalhando na Via delle Caldaie. (Cortesia da Gucci)

Rodolfo Gucci na época em que atuava no cinema.
(Martinis/Croma)

Sandra Ravel (Alessandra Winklehaussen), à esquerda, em *Those Three French Girls*, com as atrizes Fifi Dorsay e Yola D'Avril, em 1931. (Farabolafoto)

CASA GUCCI    499

Vasco (à esquerda) e Rodolfo Gucci (à direita) com um visitante
na loja Gucci em Roma (ao fundo, display de bolsas). (Martinis/Croma)

Vasco, Aldo e Rodolfo Gucci embarcando para Nova York. (Martinis/Croma)

Vasco e Aldo Gucci em Nova York. (Martinis/Croma)

CASA GUCCI    501

Rodolfo Gucci atendendo uma cliente na loja de Milão, na Via Monte Napoleone. (Farabolafoto)

Maurizio Gucci, quando jovem, esquiando com amigos em Saint Moritz. (Martinis)

Sophia Loren saindo da loja Gucci de Roma, na Via Condotti. (Farabolafoto)

Jackie Onassis em Nova York, em 1979, carregando sua bolsa "Jackie". A versão G-G vendeu a quantidade recorde de 6 mil peças quando foi relançada em 1999. (Farabolafoto)

Paolo Gucci. (Edelstein/Grazia Neri)

CASA GUCCI  503

Maurizio e Patrizia nos tempos felizes de seu casamento.
(Pizzi/Giacomino Foto)

Maurizio, Allegra, Alessandra e Patrizia Gucci.
(Rotoletti/Grazia Neri)

Maurizio Gucci em seu escritório em Milão (ao fundo, a foto de Rodolfo com Guccio). (Art Streiber)

Bolsa Gucci com alça de bambu. (Cortesia da Gucci)

Tom Ford e Dawn Mello em seu restaurante favorito de Milão, o Alle Langhe. (Davide Maestri)

CASA GUCCI    505

Maurizio Gucci e Paola Franchi na sala de estar de seu apartamento na Corso Venezia, em 1994. (Massimo Sestini/Grazia Neri)

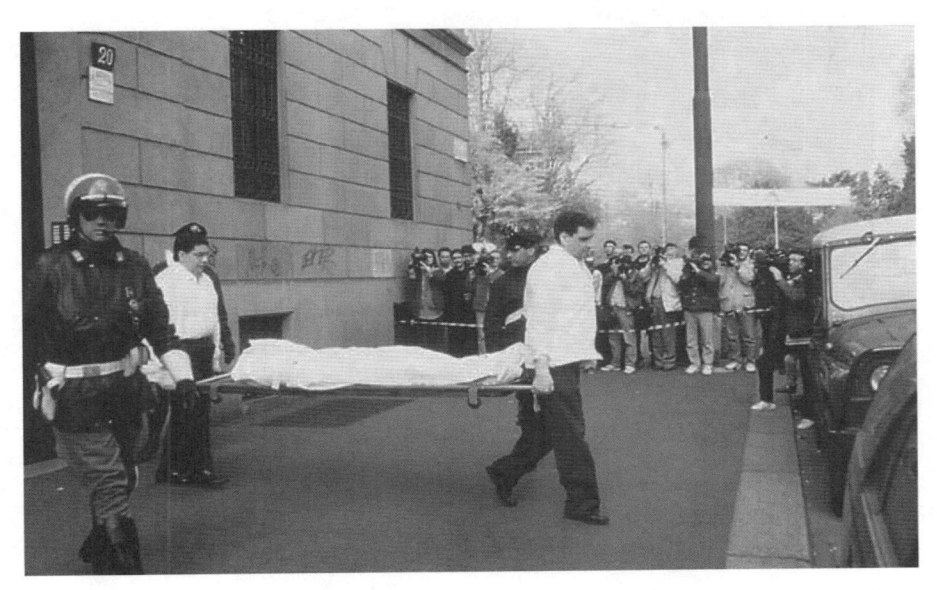

O corpo de Maurizio Gucci sendo carregado na frente de seu escritório da Via Palestro, no dia 27 de março de 1995. (Farabolafoto)

Allegra Gucci, Patrizia Reggiani e Alessandra Gucci no funeral de Maurizio Gucci. (Farabolafoto)

Patrizia em sua casa após a morte de Maurizio. (Palmiro Mucci)

Tom Ford na época em que era o diretor de criação da Gucci.
(Cortesia da Gucci)

Domenico De Sole quando era o CEO da Gucci. (Cortesia da Gucci)

A modelo Amber Valetta no desfile de 1995 da Gucci, que ajudou a grife a retomar o sucesso. (Cortesia da Gucci)

O modelo G-string (fio dental) lançado na coleção masculina, em janeiro de 1997. (Giovanni Giannoni)

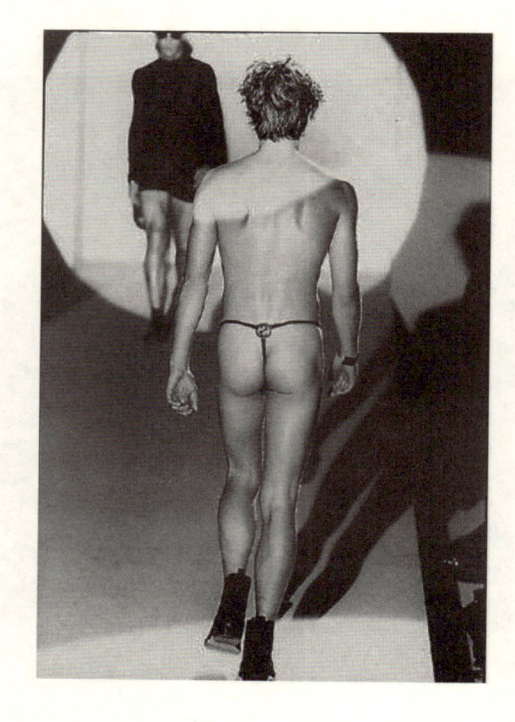

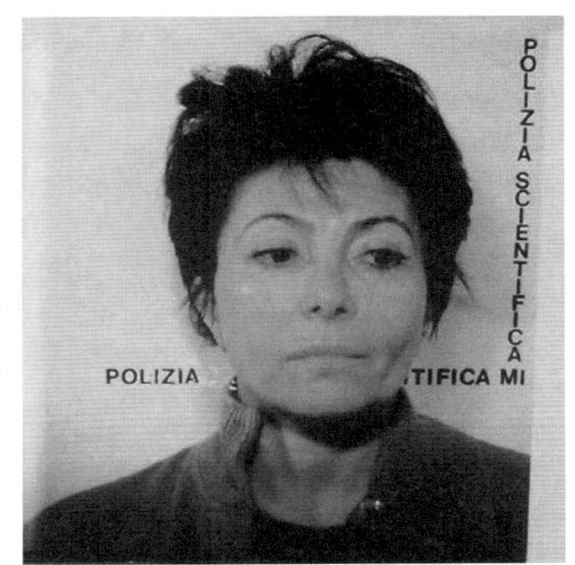

Patrizia Reggiani Martinelli
no dia de sua prisão.
(Farabolafoto)

Pina Auriemma, "A Bruxa Negra", e seus advogados.
(Farabolafoto)

Os acusados Benedetto Ceraulo, o atirador, e Orazio Cicala, o motorista, no julgamento pelo assassinato de Maurizio Gucci. (Farabolafoto)

(A partir da esquerda) Alessandra e Allegra Gucci, Silvana Reggiani e Patrizia Reggiani Martinelli com um de seus advogados, Gaetano Pecorella, em seu julgamento. (Farabolafoto)

Alessandra Gucci na capa da revista semanal *Sette*, em 1998, que tinha a manchete "Ninguém pode nos julgar". (Armando Rotoletti)

Allegra Gucci na Corso Venezia sentada em frente ao retrato de sua mãe. (Rotoletti/Grazia Neri)

A dinastia Gucci: (a partir da esquerda) Giorgio, Maurizio, Roberto, Aldo, Alessandro, Paolo, Elisabetta, Patrizia, Guccio e Rodolfo (à frente). (Cortesia da Gucci)